ŒUVRES
COMPLÈTES
DE BOILEAU DESPRÉAUX.

TOME II.

ŒUVRES

COMPLÈTES

DE BOILEAU DESPRÉAUX,

AVEC DES PRÉLIMINAIRES ET UN COMMENTAIRE,
REVUS ET AUGMENTÉS,

Par M. DAUNOU,

MEMBRE DE L'INSTITUT, PROFESSEUR AU COLLÉGE ROYAL DE FRANCE.

TOME SECOND.

PARIS,

CHEZ PEYTIEUX, LIBRAIRE,

GALERIE DELORME.

1825.

ÉPITRES.

AVIS AU LECTEUR[1].

Je m'étois persuadé que la fable de l'huître, que j'avois mise à la fin de cette épître au roi, pourroit y délasser agréablement l'esprit des lecteurs[2] qu'un sublime trop sérieux peut enfin fatiguer, joint que la correction que j'y avois mise sembloit me mettre à couvert d'une faute dont je faisois voir que je m'apercevois le premier; mais j'avoue qu'il y a eu des personnes de bon sens qui ne l'ont pas approuvée. J'ai néanmoins balancé long-temps si je l'ôterois, parce qu'il y en avoit plusieurs qui la louoient avec autant d'excès que les autres la blâmoient; mais enfin je me suis rendu à l'autorité d'un prince[3], non moins considérable par les lumières de son esprit que par le nombre de ses victoires. Comme il m'a déclaré franchement que cette

---

[1] Cet avertissement fut mis, en 1672, à la tête de la seconde édition de la première épître.

[2] *Les lecteurs*, au lieu de l'*esprit des lecteurs*, dans l'édition de Saint-Marc et dans plusieurs des suivantes.

[3] Condé. — Marmontel reproche fort aigrement à Despréaux d'avoir hésité à retrancher cette fable, et porte ensuite sur toutes les épîtres de ce poète un jugement conçu en ces termes:

« En général, les défauts dominants des épîtres de Boileau sont la sécheresse
« et la stérilité, des plaisanteries parasites, des vues courtes et de petits des-
« seins. On lui a appliqué ce vers :

Dans son génie étroit il est toujours captif.

« Son mérite est dans le choix heureux des termes et des tours. Il se piquoit
« surtout de rendre avec grace et avec noblesse des idées communes qui n'a-
« voient point encore été rendues en poésie. » (*Éléments de littérature*, t. III, p. 252.)

Despréaux possède sans doute au plus haut degré le talent d'écrire; mais il n'y a pas moins de correction dans ses dessins que dans son style; et c'est à la noblesse et à la vérité des pensées qu'il doit le plus souvent la beauté, la grace et l'énergie de ses vers. Il est superflu d'ajouter ici aucune réflexion sur ses épîtres : elles valent mieux que ses satires, dont plusieurs sont excellentes. L'épître première, la quatrième, la septième et la neuvième, se défendront assez d'elles-mêmes contre les injures de Marmontel. (Voyez notre discours préliminaire, tome I, pages xx-xxiii.)

AVIS AU LECTEUR.

fable, quoique très-bien contée, ne lui sembloit pas digne du reste de l'ouvrage, je n'ai point résisté ; j'ai mis une autre fin [1] à ma pièce, et je n'ai pas cru, pour une vingtaine de vers, devoir me brouiller avec le premier capitaine de notre siècle. Au reste, je suis bien aise d'avertir le lecteur qu'il y a quantité de pièces impertinentes qu'on s'efforce de faire courir sous mon nom, et entre autres une satire contre les maltôtes ecclésiastiques [2]. Je ne crains pas que les habiles gens m'attribuent toutes ces pièces, parce que mon style, bon ou mauvais, est aisé à reconnoître ; mais comme le nombre des sots est grand, et qu'ils pourroient aisément s'y méprendre, il est bon de leur faire savoir que, hors les onze pièces qui sont dans ce livre [3], il n'y a rien de moi entre les mains du public ni imprimé, ni en manuscrit.

[1] *Une nouvelle fin*, dans l'édition de Saint-Marc, etc. — Cette autre fin consiste dans les quarante derniers vers.

[2] Production du P. Sanlecque, Génovéfain. En voici quelques vers :

>   Tout le monde en naissant doit à la sacristie :
>   Il faut payer l'entrée et payer la sortie....
>   Veut-on se marier ? faut acheter un ban ;
>   On en achète deux ; le pasteur vous les vend.
>   Vous ne les aurez pas, s'il y manque une obole...,.

Despréaux auroit bien eu les mêmes idées, s'il eût traité le même sujet ; mais il les auroit autrement exprimées.

[3] Le discours au roi, les neuf premières satires et l'épître I. Boileau ne tient compte ici que de ses ouvrages en vers : il y joignait en 1672 le discours en prose sur la satire, qui avoit paru en 1668.

ÉPITRE I.

(1669)

AU ROI.

CONTRE LES CONQUÊTES[1].

Grand roi, c'est vainement qu'abjurant la satire
Pour toi seul désormais j'avois fait vœu d'écrire.
Dès que je prends la plume, Apollon éperdu
Semble me dire : Arrête, insensé ; que fais tu[2]?
Sais-tu dans quels périls aujourd'hui tu t'engages?
Cette mer où tu cours est célèbre en naufrages.[3]

---

[1] (H.) Après le traité d'Aix-la-Chapelle, conclu en 1668, Colbert vouloit éteindre dans l'ame de Louis XIV le funeste goût des conquêtes. Ce fut pour seconder les vues pacifiques de ce ministre que Boileau composa cette épître : le roi la lut, récompensa le poète, et fit la guerre. Cette pièce avoit été présentée à Louis XIV par madame de Thiange, sœur du maréchal de Vivonne et de madame de Montespan.

[2] (I.) Cum canerem reges et prœlia, Cynthius aurem.
    Vellit, et admonuit.
                    (*Virg.*, egl. VI, v. 3, 4.)

[3] (V.) Où vas-tu t'embarquer? Regagne le rivage.
    Cette mer où tu cours est célèbre en *naufrage*.

C'étoit ainsi que ces deux vers avoient été d'abord composés. *En naufrage* au singulier n'étoit pas très-correct : Boileau mit le pluriel à la fin des deux vers ; mais Pradon observa qu'il suffisoit bien de gagner un seul *rivage*, et il ajouta qu'il étoit étrange d'entendre Apollon donner un tel conseil à quelqu'un qui n'étoit point encore embarqué. Despréaux refit les deux vers, et les imprima en 1701 tels que nous venons de les reproduire.

Ce n'est pas qu'aisément, comme un autre, à ton char
Je ne pusse attacher Alexandre et César[1];
Qu'aisément je ne pusse, en quelque ode insipide[2],
T'exalter aux dépens et de Mars et d'Alcide,
Te livrer le Bosphore, et, d'un vers incivil,
Proposer au sultan de te céder le Nil;
Mais, pour te bien louer, une raison sévère
Me dit qu'il faut sortir de la route vulgaire;
Qu'après avoir joué tant d'auteurs différents,
Phébus même auroit peur s'il entroit sur les rangs;
Que par des vers tout neufs, avoués du Parnasse,
Il faut de mes dégoûts justifier l'audace;
Et, si ma muse enfin n'est égale à mon roi,
Que je prête aux Cotins des armes contre moi.
 Est-ce là cet auteur, l'effroi de la Pucelle,
Qui devoit des bons vers nous tracer le modèle,
Ce censeur, diront-ils, qui nous réformoit tous?
Quoi! ce critique affreux n'en sait pas plus que nous!

---

[1] (H.) Corneille avoit dit, dans le *Prologue d'Andromède*, en parlant de Louis XIV :

> Il lui montre Pompée, Alexandre, César,
> Mais comme des héros attachés à son char;

et depuis, dans un remerciement au roi, il avoit rappelé et presque répété ces deux vers :

> Qu'un jour Alexandre et César
> Sembleroient des vaincus attachés à ton char.

On a donc tout lieu de croire, quoi qu'en dise Monchesnai (*Boloeana*, XCVI) que Boileau a voulu désigner ici Corneille.

[2] (V.) Les vers 7, 8, 9, se lisoient, avant 1701, de cette manière :

> Ce n'est pas que ma main, comme une autre, à ton char,
> Grand roi, ne pût lier Alexandre et César;
> Ne pût, sans se peiner, dans quelque ode insipide....

N'avons-nous pas cent fois, en faveur de la France,
Comme lui dans nos vers pris Memphis et Byzance[1],
Sur les bords de l'Euphrate abattu le turban,
Et coupé, pour rimer, les cèdres du Liban?
De quel front aujourd'hui vient-il, sur nos brisées,
Se revêtir encor de nos phrases usées?
  Que répondrois-je alors? Honteux et rebuté,
J'aurois beau me complaire en ma propre beauté,
Et, de mes tristes vers admirateur unique,
Plaindre, en les relisant, l'ignorance publique:
Quelque orgueil en secret dont s'aveugle un auteur,
Il est fâcheux, grand roi, de se voir sans lecteur,
Et d'aller du récit de ta gloire immortelle,
Habiller chez Francœur[2] le sucre et la canelle[3].
Ainsi, craignant toujours un funeste accident,

---

[1] (H.) Ce vers et les deux suivants font allusion à une stance de Malherbe, dont les expressions et les rimes avoient été souvent copiées par de mauvais versificateurs:

> O combien lors aura de veuves
> La gent qui porte *le turban!*
> Que de sang rougira les fleuves
> Qui lavent les pieds du *Liban!*...
> Et que de mères à *Memphis,*
> En pleurant, diront la vaillance
> De son courage et de sa lance
> Aux funérailles de leurs fils!...

[2] (B.) Fameux épicier.

(H.) Brossette dit que cet épicier demeuroit dans la rue Saint-Honoré, que son véritable nom étoit Claude Julienne, mais qu'un de ses aïeux avoit été surnommé Franc-Cœur par Henri III.

[3] (Cr.) « Si dans un ouvrage adressé à une personne illustre, dit
« Marmontel, on doit ennoblir les petites choses, à plus forte raison
« n'y doit-on pas avilir les grandes; et c'est ce que fait à tout mo-
« ment, dans les épîtres de Boileau, le mélange de Cotin avec Louis-
« le-Grand, *du sucre et de la canelle* avec la gloire de ce monarque.
« Un mot plaisant est à sa place dans une épître familière: dans une

J'imite de Conrart[1] le silence prudent[2].
Je laisse aux plus hardis l'honneur de la carrière,
Et regarde le champ, assis sur la barrière.
 Malgré moi toutefois un mouvement secret
Vient flatter mon esprit, qui se tait à regret.
Quoi! dis-je tout chagrin, dans ma verve infertile,
Des vertus de mon roi spectateur inutile,
Faudra-t-il sur sa gloire attendre à m'exercer
Que ma tremblante voix commence à se glacer?
Dans un si beau projet, si ma muse rebelle
N'ose le suivre aux champs de Lille et de Bruxelle,
Sans le chercher au nord de l'Escaut et du Rhin,
La paix l'offre à mes yeux plus calme et plus serein.
Oui, grand roi, laissons là les siéges, les batailles :

« épître sérieuse et noble, il est du plus mauvais goût. » (*Éléments de littérature*, article *Épître*.)

Il suffit, ce semble, de répondre à Marmontel qu'Horace, qui ne manquoit point de goût, et qui avoit un sentiment très-délicat de toutes les convenances, écrivoit à Auguste :

> Ne rubeam pingui donatus munere, et una
> Cum scriptore meo capta porrectus aperta
> Deferar in vicum vendentem thus et odores,
> Et piper et quidquid chartis amicitur ineptis!

[1] (B.) Fameux académicien qui n'a jamais rien écrit.

(H.) On trouve néanmoins, dans certains recueils, quelques vers de Conrart, et l'on a publié après sa mort ses lettres à Félibien. Les premières séances de l'Académie françoise se sont tenues chez Conrart qui, né à Paris en 1603, y mourut en 1675. Linière avoit fait sur lui cette épigramme :

> Conrart, comment as-tu pu faire
> Pour acquérir tant de renom;
> Toi qui n'as, pauvre secrétaire,
> Jamais imprimé que ton nom?

[2] (V.) Les éditions antérieures à la mort de Conrart, portent :

> J'observe sur ton nom un silence prudent.

Qu'un autre aille en rimant renverser les murailles ;
Et souvent, sur tes pas marchant sans ton aveu,
S'aille couvrir de sang, de poussière et de feu.
A quoi bon, d'une muse au carnage animée,
Échauffer ta valeur, déjà trop allumée?
Jouissons à loisir du fruit de tes bienfaits,
Et ne nous lassons point des douceurs de la paix.
   Pourquoi ces éléphants, ces armes, ce bagage,
Et ces vaisseaux tout prêts à quitter le rivage?
Disoit au roi Pyrrhus un sage confident[1],
Conseiller très-sensé d'un roi très-imprudent.
Je vais, lui dit ce prince, à Rome où l'on m'appelle.—
Quoi faire?—L'assiéger.—L'entreprise est fort belle,
Et digne seulement d'Alexandre ou de vous :
Mais, Rome prise enfin, seigneur, où courons-nous[2]?—
Du reste des Latins la conquête est facile.—
Sans doute, on les peut vaincre[3] : est-ce tout?—La Sicile
De là nous tend les bras; et bientôt sans effort,
Syracuse reçoit nos vaisseaux dans son port.—
Bornez-vous là vos pas[4]?—Dès que nous l'aurons prise,
Il ne faut qu'un bon vent, et Carthage est conquise.
Les chemins sont ouverts : qui peut nous arrêter?—
Je vous entends, seigneur, nous allons tout dompter :

---

[1] (B.) Plutarque, dans *la vie de Pyrrhus*.

[2] (V.) Mais quand nous l'aurons prise enfin, que ferons-nous ?
(*Avant* 1683.)

[3] (V.) Fort bien, ils sont à nous. (*Première édition.*)
Sans doute ils sont à nous. (*Dans les édit. suiv., avant* 1683.)

[4] (V.) C'est la quatrième leçon ; les trois premières étoient :
Nous y voilà, suivons. (*Première édition.*)
Vous arrêtez-vous là ? (*Seconde édition.*)
En demeurez-vous là ? (*Édit. suivantes, avant* 1701.)

Nous allons traverser les sables de Lybie,
Asservir en passant l'Égypte, l'Arabie,
Courir de là le Gange en de nouveaux pays,
Faire trembler le Scythe aux bords du Tanaïs,
Et ranger sous nos lois tout ce vaste hémisphère;
Mais, de retour enfin, que prétendez-vous faire? —
Alors, cher Cinéas, victorieux, contents,
Nous pourrons rire à l'aise [1], et prendre du bon temps. -
Eh! seigneur, dès ce jour, sans sortir de l'Épire,
Du matin jusqu'au soir qui vous défend de rire [2]?

Le conseil étoit sage et facile à goûter [3] :
Pyrrhus vivoit heureux s'il eût pu l'écouter ;
Mais à l'ambition d'opposer la prudence,
C'est aux prélats de cour prêcher la résidence.

Ce n'est pas que mon cœur, du travail ennemi,
Approuve un fainéant sur le trône endormi;
Mais, quelques vains lauriers que promette la guerre,
On peut être héros sans ravager la terre.
Il est plus d'une gloire [4]. En vain aux conquérants
L'erreur, parmi les rois, donne les premiers rangs;

---

[1] (V.) Nous pourrons chanter, rire. (*Première édition.*)

[2] (I.) . . . . Quod petis hic est :
    Est Ulubris, animus si te non deficit æquus.
             (*Hor.*, lib. I, ep. xi, v. 29, 30.)

[3] (Cr.) Pas si facile, puisque Boileau va nous dire que Pyrrhus *ne put l'écouter;* en ajoutant même qu'il n'est pas plus aisé aux ambitieux d'être prudents qu'aux prélats de cour de résider dans leurs diocèses.

[4] (Cr.) On accuse Despréaux de manquer de philosophie. « Il en eut
« assez, répond La Harpe, pour louer *un roi conquérant* bien moins
« sur ses victoires que sur des actes d'administration intérieure. Peut-
« être y avoit-il quelque courage à dire au vainqueur de l'Espagne,
« au conquérant de la Franche-Comté :

    . . . . En vain aux conquérants
    L'erreur, parmi les rois, donne les premiers rangs, etc.

Entre les grands héros ce sont les plus vulgaires.
Chaque siècle est fécond en heureux téméraires;
Chaque climat produit des favoris de Mars;
La Seine a des Bourbons, le Tibre a des Césars:
On a vu mille fois des fanges Méotides
Sortir des conquérants goths, vandales, gépides.
Mais un roi vraiment roi, qui, sage en ses projets,
Sache en un calme heureux maintenir ses sujets;
Qui du bonheur public ait cimenté sa gloire,
Il faut pour le trouver courir toute l'histoire [1].
La terre compte peu de ces rois bienfaisants;
Le ciel à les former se prépare long-temps.
Tel fut cet empereur [2] sous qui Rome adorée
Vit renaître les jours de Saturne et de Rhée;
Qui rendit de son joug l'univers amoureux;
Qu'on n'alla jamais voir sans revenir heureux [3];
Qui soupiroit le soir, si sa main fortunée
N'avoit par ses bienfaits signalé la journée.
Le cours ne fut pas long d'un empire si doux.
Mais où cherché-je ailleurs ce qu'on trouve chez nous?
Grand roi, sans recourir aux histoires antiques,
Ne t'avons-nous pas vu dans les plaines belgiques,
Quand l'ennemi vaincu, désertant ses remparts,
Au-devant de ton joug couroit de toutes parts,
Toi-même te borner, au fort de ta victoire [4],

---

[1] (Cr.) Expression aussi juste que poétique.

[2] (B.) Titus.

[3] (I.) Voltaire a presque transcrit ce vers, lorsqu'il a dit, dans le chant III de *la Henriade*:

> Le pauvre alloit le voir et revenoit heureux.

[4] (Cr.) Saint-Marc, dans ses *Essais philologiques* (tome V page 468

Et chercher dans la paix[1] une plus juste gloire?
Ce sont là les exploits que tu dois avouer;
Et c'est par là, grand roi, que je te veux louer.
Assez d'autres, sans moi, d'un style moins timide,
Suivront au champ de Mars ton courage rapide;
Iront de ta valeur effrayer l'univers,
Et camper devant Dôle au milieu des hivers[2].
Pour moi, loin des combats, sur un ton moins terrible,
Je dirai les exploits de ton règne paisible:
Je peindrai les plaisirs en foule renaissants[3];
Les oppresseurs du peuple à leur tour gémissants[4].
On verra par quels soins ta sage prévoyance
Au fort de la famine entretint l'abondance[5];
On verra les abus par ta main réformés,
La licence et l'orgueil en tous lieux réprimés[6],
Du débris des traitants ton épargne grossie[7],
Des subsides affreux la rigueur adoucie[8];
Le soldat, dans la paix, sage et laborieux[9];

de son édition de Boileau), prétend qu'on ne doit pas dire *au fort de la victoire;* mais cette expression, pour être énergique, n'en est pas moins correcte, et seroit admissible même en prose.

[1] (B.) La paix de 1668.

[2] (B.) Le roi venoit de conquérir la Franche-Comté en plein hiver. —(En février 1668.)

[3] (H.) Le Carrousel de 1662; les fêtes de Versailles en mai 1664. Les *plaisirs* coûtent moins que les conquêtes, mais ils ne sont pas non plus des signes bien certains du bonheur public.

[4] (H.) Chambre de justice établie en 1661 contre les malversations des traitants.

[5] (B.) Ce fut en 1663.—(Ou plutôt en 1662.)

[6] (B.) Plusieurs édits pour réformer le luxe.

[7] (B.) La chambre de justice.

[8] (B.) Les tailles furent diminuées de quatre millions.

[9] (B.) Les soldats employés aux travaux publics.

Nos artisans grossiers rendus industrieux[1];
Et nos voisins frustrés de ces tributs serviles
Que payoit à leur art le luxe de nos villes [2].
Tantôt je tracerai tes pompeux bâtiments,
Du loisir d'un héros nobles amusements.
J'entends déjà frémir les deux mers étonnées
De voir leurs flots unis aux pieds des Pyrénées[3].
Déjà de tous côtés la chicane aux abois
S'enfuit au seul aspect de tes nouvelles lois[4].
Oh! que ta main par là va sauver de pupilles[5]!
Que de savants plaideurs désormais inutiles[6]!

[1] (B.) Établissement en France des manufactures.—(Tapisseries des Gobelins; Point de France, en 1665; Glaces, en 1666.)

[2] (V.) Ces deux excellents vers (que La Fontaine a particulièrement admirés) étoient, avant 1683, suivis des quatre que nous allons transcrire :

> Oh! que j'aime à les voir, de ta gloire troublés,
> Se priver follement du secours de nos blés,
> Tandis que nos vaisseaux, partout maîtres des ondes,
> Vont enlever pour nous les trésors des deux mondes!

Une phrase si traînante déparoit ce morceau, et en ralentissoit le mouvement.

[3] (B.) Le canal de Languedoc, entrepris en 1664.

[4] (B.) L'ordonnance de 1667, sur la procédure civile.

[5] (Cr.) La Harpe admire avec raison ce morceau où il n'y a pas un vers qui ne rappelle un fait. « Tout ce que la prose éloquente de « Voltaire a consacré dans le siècle de Louis XIV, les lois, les ma- « nufactures, les canaux, la police, les travaux publics, la dimi- « nution des tailles, les édifices élevés pour les arts, tout est ici « exprimé en beaux vers. »

[6] (V.) Au lieu des quarante vers qui vont suivre celui-ci, on en lisoit trente-deux, dans les premières éditions, en sorte que l'épître se terminoit comme il suit :

> Muse, abaisse ta voix : je les veux consoler;
> Et d'un conte, en passant, il faut les régaler.
> Un jour, dit un auteur, n'importe en quel chapitre....

Qui ne sent point l'effet de tes soins généreux ?
L'univers sous ton règne a-t-il des malheureux ?
Est-il quelque vertu, dans les glaces de l'Ourse,
Ni dans ces lieux brûlés où le jour prend sa source,
Dont la triste indigence ose encore approcher,
Et qu'en foule tes dons d'abord n'aillent chercher ?
C'est par toi qu'on va voir les muses enrichies
De leur longue disette à jamais affranchies [1].
Grand roi, poursuis toujours, assure leur repos.
Sans elles un héros n'est pas long-temps héros :
Bientôt, quoi qu'il ait fait, la mort, d'une ombre noire,
Enveloppe avec lui son nom et son histoire [2].

et les onze derniers vers de l'épître II, puis :

> Mais quoi ! j'entends déjà quelque austère critique,
> Qui trouve en cet endroit la fable un peu comique.
> Que veut-il ? c'est ainsi qu'Horace dans ses vers,
> Souvent délasse Auguste en cent styles divers ;
> Et, selon qu'au hasard son caprice l'entraîne,
> Tantôt perce les cieux, tantôt rase la plaine.
> Revenons toutefois : mais par où revenir ?
> Grand roi, je m'aperçois qu'il est temps de finir.
> C'est assez, il suffit que ma plume fidèle
> T'ait fait voir en ces vers quelque essai de son zèle.
> En vain je prétendrois contenter un lecteur
> Qui redoute surtout le nom d'admirateur ;
> Et souvent, pour raison, oppose à la science
> L'invincible dégoût d'une injuste ignorance :
> Prêt à juger de tout, comme un jeune marquis
> Qui, plein d'un grand savoir chez les dames acquis,
> Dédaignant le public que lui seul il attaque,
> Va pleurer au Tartufe et rire à l'Andromaque.

La pièce méritoit assurément de mieux finir.

[1] (B.) Le roi, en 1663, donna des pensions à beaucoup de gens de lettres de toute l'Europe. (1713)

[2] (I.)   Vixere fortes ante Agamemnona
            Multi, sed omnes illacrymabiles

En vain, pour s'exempter de l'oubli du cercueil,
Achille mit vingt fois tout Ilion en deuil;
En vain, malgré les vents, aux bords de l'Hespérie,
Énée enfin porta ses dieux et sa patrie :
Sans le secours des vers, leurs noms tant publiés
Seroient depuis mille ans avec eux oubliés.
Non, à quelques hauts faits que ton destin t'appelle,
Sans le secours soigneux d'une muse fidèle
Pour t'immortaliser tu fais de vains efforts.
Apollon te la doit : ouvre-lui tes trésors.
En poètes fameux rends nos climats fertiles :
Un Auguste aisément peut faire des Virgiles[1].
Que d'illustres témoins de ta vaste bonté
Vont pour toi déposer à la postérité !

 Pour moi qui, sur ton nom déjà brûlant d'écrire,
Sens au bout de ma plume expirer la satire,
Je n'ose de mes vers vanter ici le prix.
Toutefois si quelqu'un de mes foibles écrits
Des ans injurieux peut éviter l'outrage,
Peut-être pour ta gloire aura-t-il son usage;
Et comme tes exploits, étonnant les lecteurs,
Seront à peine crus sur la foi des auteurs,
Si quelque esprit malin les veut traiter de fables,
On dira quelque jour, pour les rendre croyables :
Boileau, qui, dans ses vers plein de sincérité,
Jadis à tout son siècle a dit la vérité,

<small>   Urgentur, ignotique longa
     Nocte, carent quia vate sacro.
       (*Hor.*, lib. IV, od. IX, v. 25-28.)

[1] (I.) Sint Mœcenates, non deerunt, Flacce, Marones.
      (*Mart.*, lib. VIII, epigr. LVI, v. 5.)</small>

Qui mit à tout blâmer son étude et sa gloire,
A pourtant de ce roi parlé comme l'histoire [1].

[1] (Cr.) « C'est là, dit La Harpe, prendre ses avantages avec toute « l'adresse possible. » Nous ne croyons pas en effet que Louis XIV, qui a reçu tant d'hommages, ait jamais été loué avec plus d'esprit, de grace, et de noblesse.

ÉPITRE II.

(1669)

A M. L'ABBÉ DES ROCHES [1].

CONTRE LES PROCÈS.

A quoi bon réveiller mes muses endormies,
Pour tracer aux auteurs des règles ennemies?
Penses-tu qu'aucun d'eux veuille subir mes lois,
Ni suivre une raison qui parle par ma voix?
O le plaisant docteur, qui, sur les pas d'Horace,
Vient prêcher, diront-ils, la réforme au Parnasse [2]!
Nos écrits sont mauvais; les siens valent-ils mieux?
J'entends déjà d'ici Linière furieux [3]
Qui m'appelle au combat sans prendre un plus long terme [4].

---

[1] (H.) Jean-François-Armand-Fumée des Roches, né vers 1636, mourut en 1711. Il descendoit d'Adam Fumée, premier médecin de Charles VII, et jouissoit de quelque considération dans le monde littéraire : Guéret lui a dédié le *Parnasse réformé*.

[2] (H.) On conclut de ce vers que Boileau travailloit dès lors à son *Art poétique*; mais il se pourroit qu'il ne fît ici allusion qu'à ses satires, puisqu'il ajoute :

> Nos écrits sont mauvais : les siens valent-ils mieux?

[3] (H.) On a vu Linière nommé plus honorablement dans la satire IX, vers 236 (tome I, page 180); mais il avoit fait depuis de mauvaises chansons contre Boileau, son bienfaiteur et son créancier.

[4] (I.) Crispinus minimo me provocat : accipe, si vis,
Accipe jam tabulas; detur nobis locus, hora,
Custodes; videamus uter plus scribere possit.
(*Hor.*, lib. I, sat. IV, v. 14-16.)

De l'encre, du papier! dit-il; qu'on nous enferme [1]!
Voyons qui de nous deux, plus aisé dans ses vers,
Aura plus tôt rempli la page et le revers.
Moi donc, qui suis peu fait à ce genre d'escrime,
Je le laisse tout seul verser rime sur rime,
Et, souvent de dépit contre moi s'exerçant,
Punir de mes défauts le papier innocent.
Mais toi, qui ne crains point qu'un rimeur te noircisse,
Que fais-tu cependant seul en ton bénéfice?
Attends-tu qu'un fermier, payant, quoiqu'un peu tard,
De ton bien pour le moins daigne te faire part?
Vas-tu, grand défenseur des droits de ton église,
De tes moines mutins réprimer l'entreprise?
Crois-moi, dût Auzanet [2] t'assurer du succès,
Abbé, n'entreprends point même un juste procès.
N'imite point ces fous dont la sotte avarice
Va de ses revenus engraisser la justice;
Qui, toujours assignant [3], et toujours assignés,
Souvent demeurent gueux de vingt procès gagnés [4].
Soutenons bien nos droits: sot est celui qui donne.
C'est ainsi devers Caen que [5] tout normand raisonne.

[1] (Cr.) « Mouvement impétueux, dit Le Brun; le vers suit l'action. »

[2] (B.) Fameux avocat au parlement de Paris.

(H.) Barthélemi Auzanet, ou Pierre Ausannet mourut fort âgé en 1683 (Brossette dit 1693): il a laissé des ouvrages qu'on a recueillis en 1705 en un volume in-folio, et parmi lesquels on distingue ses *Notes sur la coutume de Paris*; et ses *Observations sur l'étude de la jurisprudence*. — Il a eu le brevet de conseiller d'état.

[3] (V.) ...*assignans*, dans les anciennes éditions.

[4] (Cr.) « Deux vers aussi fermes que précis », dit Le Brun.

[5] (Cr.) On a cru trouver quelque dureté dans la rencontre des syllabes *Caen que*, mais ce choc même et l'expression *devers Caen*,

Ce sont là les leçons dont un père Manceau
Instruit son fils novice au sortir du berceau.
Mais pour toi, qui, nourri bien en-deça de l'Oise,
As sucé la vertu picarde et champenoise,
Non, non, tu n'iras point, ardent bénéficier [1],
Faire enrouer pour toi Corbin ni Le Mazier [2].
Toutefois si jamais quelque ardeur bilieuse
Allumoit dans ton cœur l'humeur litigieuse,
Consulte-moi d'abord, et, pour la réprimer,
Retiens bien la leçon que je te vais rimer.

Un jour, dit un auteur, n'importe en quel chapitre [3],
Deux voyageurs à jeûn rencontrèrent une huître.
Tous deux la contestoient [4], lorsque dans leur chemin

donnent de la force et de la vérité à ce vers, l'un de ceux que les lecteurs de Boileau ont le mieux retenus.

[1] (H.) Apparemment Des Roches, en sa qualité d'abbé, avoit quelque démêlé avec ses moines.

[2] (B.) Deux autres avocats.

(H.) Le Mazier a été déjà nommé dans la satire I, vers 123. — Jacques Corbin avoit plaidé sa première cause à quatorze ans, et avec un succès peut-être assez peu mérité : Martinet, ancien avocat, en prit de l'humeur, et fit à ce sujet une épigramme latine :

> Vidimus attonito puerum garrire senatu :
> Bis pueri, puerum qui stupuere, senes.

L'avocat Corbin étoit fils d'un versificateur qui sera nommé dans l'Art poétique de Boileau.

[3] (Cr.) « On ne peut, dit Le Brun, raconter plus rapidement ni « plus *naïvement*. » — Si l'on veut de la naïveté, c'est dans La Fontaine (IX. 9) qu'il faut lire la fable de l'Huître et des Plaideurs.

[4] (Cr.) Un procès-verbal ne diroit pas autrement : La Fontaine ne tient pas registre de la contestation, mais il la peint :

> L'un se baissoit déjà pour amasser la proie ;
> L'autre le pousse, et dit : Il est bon de savoir
>   Qui de nous en aura la joie.
> Celui qui le premier a pu l'apercevoir

La justice passa, la balance à la main.
Devant elle à grand bruit[1] ils expliquent la chose.
Tous deux avec dépens veulent gagner leur cause.
La justice, pesant ce droit litigieux[2],
Demande l'huître, l'ouvre, et l'avale à leurs yeux,
Et par ce bel arrêt terminant la bataille :
Tenez; voilà, dit-elle à chacun, une écaille.
Des sottises d'autrui nous vivons au palais.
Messieurs, l'huître étoit bonne. Adieu. Vivez en paix[3].

> En sera le gobeur; l'autre le verra faire.
> Si par là l'on juge l'affaire,
> Reprit son compagnon, j'ai l'œil bon, Dieu merci.
> Je ne l'ai pas mauvais aussi,
> Dit l'autre, et je l'ai vue avant vous, sur ma vie.
> Eh bien! vous l'avez vue; et moi je l'ai sentie.

[1] (V.) Devant elle aussitôt. (*Avant* 1683.)

[2] (Cr.) Boileau reprochoit à La Fontaine d'avoir substitué à la justice, le juge *Perrin Dandin;* et d'avoir oublié que *ce ne sont pas les juges* seuls, mais *la justice* (prise pour tous les gens de justice) *qui ruine les plaideurs en frais.* « Nous laissons aux gens de goût, dit d'A-
« lembert, à deviner si cette critique n'est pas une chicane : nous
« leur demanderons de plus, si Despréaux a été lui-même à l'abri de
« la censure, en représentant les gens de justice par la justice en
« personne, la balance à la main, et s'il y a rien qui ressemble moins
« à la justice *avec sa balance,* que les gens de justice *avec leurs mains*
« *avides.* » (*Note* XX *sur l'éloge de Despréaux.*)

[3] (Cr.) Chamfort (dans ses notes sur La Fontaine) transcrit les douze derniers vers de l'épître II de Boileau, et ajoute : « On voit
« quel avantage La Fontaine a sur Boileau. Celui-ci à la vérité a plus
« de précision; mais... il n'a pu éviter la sécheresse. *N'importe en quel*
« *chapitre* est froid, et visiblement là pour la rime. *Tous deux avec*
« *dépens veulent gagner leur cause :* cela n'a pas besoin d'être dit et
« les deux parties ne sont point par là distinguées des autres plai-
« deurs.... Les deux derniers vers dans Boileau sont plus plaisants
« que dans La Fontaine; mais le mot *sans dépens* de La Fontaine,
« équivaut, à-peu-près, à *messieurs, l'huître étoit bonne....* Dans La
« Fontaine, le discours des plaideurs anime la scène; l'arrivée de
« *Perrin Dandin* lui donne un air plus vrai que celle de *la justice*
« qui est un personnage allégorique. Je voudrois seulement que les

« deux pélerins de La Fontaine fussent *à jeun* comme ceux de Boi-
« leau. Cette fable de l'huître et des plaideurs est devenue, en quelque
« sorte, un emblême de la justice, et n'est pas moins connue que
« l'image qui représente cette divinité un bandeau sur les yeux et
« une balance à la main. »

ÉPITRE III.

(1673)

A M. ARNAULD[1],
DOCTEUR DE SORBONNE.

LA MAUVAISE HONTE.

Oui, sans peine, au travers des sophismes de Claude[2],
Arnauld, des novateurs tu découvres la fraude,
Et romps de leurs erreurs les filets captieux.
Mais que sert que ta main leur dessille les yeux,
Si toujours dans leur ame une pudeur rebelle[3],
Près d'embrasser l'église, au prêche les rappelle?
Non, ne crois pas que Claude, habile à se tromper,
Soit insensible aux traits dont tu le sais frapper;
Mais un démon l'arrête, et, quand ta voix l'attire,
Lui dit: Si tu te rends, sais-tu ce qu'on va dire?
Dans son heureux retour lui montre un faux malheur,
Lui peint de Charenton[4] l'hérétique douleur[5];

---

[1] (H.) Antoine Arnauld. Voyez tome I, page 230 et suiv.

[2] (B.) Il étoit alors occupé à écrire contre le sieur Claude, ministre de Charenton.

[3] (Cr.) Nous croyons, avec Saint-Marc, que *pudeur rebelle* n'est point ici une expression heureuse, ni même assez claire. — Le vers suivant manque aussi d'élégance.

[4] (B.) Lieu près de Paris où ceux de la R. P. R. (religion prétendue réformée) avoient un temple.

[5] (Cr.) Expression aussi juste que hardie, quoiqu'en aient dit Pradon (*Nouv. R.*, p. 58) et Saint-Marc (*Essais philol.* p. 470, 471).

Et, balançant Dieu même en son ame flottante [1],
Fait mourir dans son cœur la vérité naissante.

 Des superbes mortels le plus affreux lien,
N'en doutons point, Arnauld, c'est la honte du bien.
Des plus nobles vertus cette adroite ennemie
Peint l'honneur à nos yeux des traits de l'infamie,
Asservit nos esprits sous un joug rigoureux,
Et nous rend l'un de l'autre esclaves malheureux.
Par elle la vertu devient lâche et timide [2].
Vois-tu ce libertin en public intrépide,
Qui prêche contre un Dieu que dans son ame il croit [3] ?
Il iroit embrasser la vérité qu'il voit ;
Mais de ses faux amis il craint la raillerie,
Et ne brave ainsi Dieu que par poltronnerie.

 C'est là de tous nos maux le fatal fondement.
Des jugements d'autrui nous tremblons follement ;
Et, chacun l'un de l'autre adorant les caprices,
Nous cherchons hors de nous nos vertus et nos vices [4].
Misérables jouets de notre vanité,

---

[1] (Cr.) « C'est parler fort improprement, dit encore Pradon : on « ne balance point Dieu, mais les raisons qui prouvent un Dieu. » Voltaire en a mieux jugé : il a emprunté l'expression poétique de Boileau :

 Tu *balançois son dieu* dans son cœur alarmé.
  (*Zaïre*, acte V, scène x.)

[2] (Cr.) Le Brun dit que *timide* est un peu foible après *lâche*.

[3] (H.) Ce vers et le précédent désignent le prince de Condé, s'il faut en croire Brossette, ou plutôt Cizeron-Rival ; car Brossette n'a point publié lui-même cette remarque : mais Cizeron-Rival qui l'a imprimée en 1770, dit l'avoir trouvée dans les manuscrits de ce commentateur : voyez, page 185 du *Bolœana*, à la fin du troisième volume des lettres de Boileau et de Brossette.

[4] (I.) . . . . Nec te quæsiveris extra.
  (*Pers.*, sat. I, v. 7.)

Faisons au moins l'aveu de notre infirmité.
A quoi bon, quand la fièvre en nos artères brûle [1],
Faire de notre mal un secret ridicule?
Le feu sort de vos yeux pétillants et troublés,
Votre pouls inégal marche à pas redoublés :
Quelle fausse pudeur à feindre vous oblige?
Qu'avez-vous?-Je n'ai rien.-Mais...-Je n'ai rien, vous dis-je [2],
Répondra ce malade à se taire obstiné.
Mais cependant voilà tout son corps gangrené ;
Et la fièvre, demain se rendant la plus forte,
Un bénitier aux pieds va l'étendre à la porte [3].
Prévenons sagement un si juste malheur.
Le jour fatal est proche, et vient comme un voleur [4].
Avant qu'à nos erreurs le ciel nous abandonne,
Profitons de l'instant que de grace il nous donne.
Hâtons-nous ; le temps fuit, et nous traîne avec soi :
Le moment où je parle est déjà loin de moi [5].

[1] (I.) Neu si te populus sanum recteque valentem.
Dictitet, occultam febrem sub tempus edendi
Dissimules, donec manibus tremor incidat unctis.
(*Hor.*, lib. I, ep. XVI, v. 21-23.)

[2] (I.) Heus! bone, tu palles. — Nihil est. — Videas tamen istud,
Quidquid id est.
(*Pers.*, sat. III, v. 94, 95.)

[3] (I.) In portam rigidos calces extendit.
(*Pers.*, ibid., v. 105.)

[4] (I.) « Scitis quia dies domini, sicut fur in nocte, ita veniet. »
(*Epist. S. Pauli ad Thessal.*, I, v. 2.)

[5] (B.) *Pers.*, sat. V, v. 153.

(I.) Vive memor lethi, fugit hora : hoc quod loquor inde est.

Le vers de Boileau, non moins rapide que celui de Perse, fit une vive impression sur Arnauld : voici ce qu'en raconte Brossette.

Boileau qui se levoit ordinairement fort tard, étoit encore au lit la première fois qu'il récita cette épître à M. Arnauld qui étoit venu le visiter. Quand le poète en fut à ce vers, il le prononça d'un ton léger ;

Mais quoi! toujours la honte en esclaves nous lie!
Oui, c'est toi qui nous perds, ridicule folie :
C'est toi qui fis tomber le premier malheureux,
Le jour que, d'un faux bien sottement amoureux,
Et n'osant soupçonner sa femme d'imposture,
Au démon, par pudeur, il vendit la nature[1],
Hélas! avant ce jour qui perdit ses neveux,
Tous les plaisirs couroient au-devant de ses vœux.
La faim aux animaux ne faisoit point la guerre ;
Le blé, pour se donner, sans peine ouvrant la terre,
N'attendoit point qu'un bœuf pressé de l'aiguillon,
Traçât à pas tardifs un pénible sillon[2] ;
La vigne offroit partout des grappes toujours pleines,
Et des ruisseaux de lait serpentoient dans les plaines[3].

tout-à-coup Arnauld se leva de son siége, et se mit à marcher fort vite par la chambre, répétant à plusieurs reprises: le moment où je parle est déjà loin de moi.

[1] (Cr.) « La mauvaise honte ou plutôt la foiblesse, dit Marmontel « (*Élém. de littér.*, article *Épître*), produit de grands maux ; voilà « le vrai : mais quand on ajoute, pour le prouver, qu'Adam n'a été « malheureux que pour n'avoir pas osé soupçonner sa femme, voilà « de la déclamation. » Le Brun, sans examiner la pensée, critique le mot *pudeur* improprement employé pour la honte ou la mauvaise honte.

[2] (Cr.) On ne lit pas ce vers sans en admirer l'harmonie imitative.

[3] (I.) Boileau dans les vers 56-62 de cette épître emprunte des idées et même des expressions de Virgile, d'Horace et d'Ovide :

    Molli paulatim flavescet campus arista,
    Incultisque rubens pendebit sentibus uva,
    Et duræ quercus sudabunt roscida mella....
    Non rastros patietur humus, non vinea falcem ;
    Robustus quoque jam tauris juga solvet arator.
              (*Virg.*, egl. IV, v. 28-33.)

    ....Ipsaque tellus
    Omnia liberius nullo poscente ferebat.
              (*Virg.*, georg., l. I, v. 127, 128.)

Mais dès ce jour Adam, déchu de son état,
D'un tribut de douleurs paya son attentat.
Il fallut qu'au travail son corps rendu docile
Forçât la terre avare à devenir fertile.
Le chardon[1] importun hérissa les guérets,
Le serpent venimeux rampa dans les forêts[2],
La canicule en feu désola les campagnes[3],
L'aquilon en fureur gronda sur les montagnes.
Alors, pour se couvrir durant l'âpre saison,

> Reddit ubi cererem tellus inarata quotannis,
> Et imputata floret usque vinea....
> (*Hor.*, epod. XVI, v. 43, 44.)

> Mollia securæ peragebant otia gentes.
> Ipsa quoque immunis, rastroque intacta, nec ullis
> Saucia vomeribus, per se dabat omnia tellus....
> Mox etiam fruges tellus inarata ferebat:
> Nec renovatus ager gravidis canebat aristis.
> Flumina jam lactis; jam flumina nectaris ibant,
> Flavaque de viridi stillabant ilice mella.
> (*Ovid.*, Metam. I, v. 100-112.)

[1] (Cr.) Marmontel (*Élém. de litt.*, article *Harmonie*) se plaint avec raison de la rencontre des deux VOYELLES nazales *on im*; c'est un véritable hiatus, et peut-être, le plus désagréable de tous : il est à regretter qu'on l'ait toléré dans la versification françoise et que Despréaux en ait donné l'exemple. On le fait quelquefois disparoître en introduisant la consonne *n* entre les deux voyelles : *le chardon* N'*importun :* c'est une prononciation très-vicieuse.

[2] (I.) Ille malum virus serpentibus addidit atris,
Prædarique lupos jussit, pontumque moveri;
Mellaque decussit foliis, ignemque removit,
Et passim rivis currentia vina repressit.
(*Virg.*, Georg., lib. I, v. 128-131.)

Mox et frumentis labor additus, ut mala culmos
Esset robigo, segnisque horreret in arvis
Carduus....
(Ibid., v. 150-152.)

[3] (I.) Tum primum siccis aer fervoribus ustus
Canduit, et ventis glacies adstricta pependit:
Tum primum subiere domos....
(*Ovid.*, Metam., lib. I, v. 119-121.)

Il fallut aux brebis dérober leur toison.
La peste en même temps, la guerre et la famine[1],
Des malheureux humains jurèrent la ruine :
Mais aucun de ces maux n'égala les rigueurs
Que la mauvaise honte exerça dans les cœurs.
De ce nid à l'instant sortirent tous les vices.
L'avare, des premiers en proie à ses caprices,
Dans un infame gain mettant l'honnêteté,
Pour toute honte alors compta la pauvreté[2] :
L'honneur et la vertu n'osèrent plus paroître ;
La piété chercha les déserts et le cloître[3].
Depuis on n'a point vu de cœur si détaché
Qui par quelque lien ne tînt à ce péché.
Triste et funeste effet du premier de nos crimes!
Moi-même, Arnauld, ici, qui te prêche en ces rimes,
Plus qu'aucun des mortels par la honte abattu,
En vain j'arme contre elle une foible vertu.
Ainsi toujours douteux, chancelant et volage,
A peine du limon, où le vice m'engage[4],

[1] (I.) . . . . Macies et nova febrium
    Terris incubuit cohors.
                    (*Hor.*, lib. I, od. III, v. 30, 31.)

[2] (H.) Une note manuscrite de Brossette, publiée par Cizeron-Rival (tome III, page 186 des Lettres de Boileau, etc.), applique ce vers et les deux précédents à Charles-Marie Le Tellier, archevêque de Reims. Ce prélat ne concevoit pas comment on pouvoit être un honnête homme, à moins d'avoir un revenu de 10,000 livres. Un jour il s'informoit de la probité de quelqu'un : Monseigneur, lui répondit Boileau, il s'en faut de 4000 livres de rentes qu'il soit un homme d'honneur.

[3] (Cr.) *paroître* et *cloître* rimoient à l'oreille en 1669. — Dans le Lutrin, chant II, v. 113, 114, *paroître* rimera avec *s'accroître*.

[4] (I.)   Nequicquam cœno cupiens evellere plantam.
                    (*Hor.*, lib. I, sat. VII, v. 27.)

J'arrache un pied timide, et sors en m'agitant[1],
Que l'autre m'y reporte et s'embourbe à l'instant.
Car si, comme aujourd'hui, quelque rayon de zèle
Allume dans mon cœur une clarté nouvelle,
Soudain, aux yeux d'autrui s'il faut la confirmer,
D'un geste, d'un regard, je me sens alarmer;
Et, même sur ces vers que je te viens d'écrire,
Je tremble en ce moment de ce que l'on va dire.

[1] « *J'arrache un pied timide.* Il étoit difficile de terminer ce vers.
« Racine l'essaya sans succès. Boileau trouva enfin cet hémistiche *et
« sors en m'agitant :* hémistiche d'autant plus heureux qu'il fait image
« et rend le vers supérieur à celui d'Horace dont il est imité. »
Le Brun.

AVERTISSEMENT

IMPRIMÉ EN 1672

A LA TÊTE DE L'ÉPITRE IV.

Je ne sais si les rangs de ceux qui passèrent le Rhin à la nage devant Tholus sont fort exactement gardés dans le poème que je donne au public; et je n'en voudrois pas être garant, parce que franchement je n'y étois pas, et que je n'en suis encore que fort médiocrement instruit. Je viens même d'apprendre en ce moment que M. de Soubise [1], dont je ne parle point, est un de ceux qui s'y est le plus signalé [2]. Je m'imagine qu'il en est ainsi de beaucoup d'autres, et j'espère de leur faire justice [3] dans une autre édition. Tout ce que je sais, c'est que ceux dont je fais mention ont passé des premiers. Je ne me déclare donc caution que de l'histoire du fleuve en colère, que j'ai apprise d'une de ses naïades, qui s'est réfugiée dans la Seine. J'aurois bien pu aussi parler de la fameuse rencontre qui suivit le passage; mais je la réserve pour un poème à part. C'est là que j'espère rendre aux mânes de M. de Longueville [4] l'honneur que tous

---

[1] François de Rohan, prince de Soubise, traversa le Rhin à la tête des gendarmes de la garde, dont il étoit capitaine-lieutenant. Il mourut en 1712, dans sa quatre-vingt-unième année.

[2] Le pluriel *qui s'y sont signalés* seroit plus conforme aux lois générales du langage; mais le singulier n'est point incorrect, quoi que semble en penser Brossette; c'est une construction propre à la langue françoise, et qui, justifiée par beaucoup d'exemples classiques, peut encore aujourd'hui s'employer.

[3] *Leur* RENDRE *justice* vaudroit mieux; mais on a critiqué mal-à-propos l'expression *leur faire justice*, en la prenant pour équivalente à *faire justice d'eux*.

[4] Charles Paris, dernier duc de Longueville, né en 1649, tiroit, dit-on, son prénom de *Paris* de ce que le prévôt des marchands de la capitale l'avoit tenu sur les fonts de baptême. Il alloit être appelé au trône de Pologne, quand il périt au passage du Rhin. Voyez les lettres de madame de Sévigné des 17 juin, 20 juin et 3 juillet 1672.

les écrivains lui doivent, et que je peindrai cette victoire qui fut arrosée du plus illustre sang de l'univers ; mais [1] il faut un peu reprendre haleine pour cela [2].

[1] Ce *mais* est omis en quelques éditions.
[2] Boileau n'a exécuté aucun des projets annoncés dans cet avertissement.

ÉPITRE IV.

(1672)

AU ROI.

LE PASSAGE DU RHIN[1].

En vain, pour te louer, ma muse toujours prête,
Vingt fois de la Hollande a tenté la conquête.
Ce pays, où cent murs n'ont pu te résister,
Grand roi, n'est pas en vers si facile à domter.
Des villes que tu prends les noms durs et barbares
N'offrent de toutes parts que syllabes bizarres[2],
Et, l'oreille effrayée, il faut depuis l'Issel,
Pour trouver un beau mot courir jusqu'au Tessel[3].

[1] (H.) 12 juin 1672.

[2] (I.) Si nous en croyons Monchesnai (*Bolœana*, n° IX), l'idée de ces plaisanteries sur la dureté des noms allemands et hollandois avoit été suggérée à Boileau par une épigramme de Martial (liv. IV, épigr. XXXI) :

> Quod cupis in nostris dici legique libellis,
>   Et nonnullus honor creditur esse tibi :
> Ne valeam, si non res est gratissima nobis
>   Et volo te chartis inscruisse meis.
> Sed tu nomen habes averso fonte sororum
>   Impositum, mater quod tibi dura dedit ;
> Quod nec Melpomene, quod nec Polyhymnia possit,
>   Nec pia cum Phœbo dicere Calliope.
> Ergo aliquod gratum Musis tibi nomen adopta :
>   Non semper belle dicitur Hippodamus.

[3] (V.) Les éditions antérieures à 1701 avoient offert successivement ces trois leçons :

1° Pour trouver un beau mot, des rives de l'Issel

Oui, partout de son nom chaque place munie
Tient bon contre le vers, en détruit l'harmonie.
Et qui peut sans frémir aborder Voërden?
Quel vers ne tomberoit au seul nom de Heusden [1]?
Quelle muse à rimer en tous lieux disposée
Oseroit approcher des bords du Zuiderzée?
Comment en vers heureux assiéger Doësbourg,
Zutphen, Wageninghen, Harderwic, Knotzembourg?
Il n'est fort, entre ceux que tu prends par centaines,
Qui ne puisse arrêter un rimeur six semaines:
Et partout sur le Whal, ainsi que sur le Leck,
Le vers est en déroute, et le poète à sec [2].

Encor si tes exploits, moins grands et moins rapides,
Laissoient prendre courage à nos muses timides,
Peut-être avec le temps, à force d'y rêver,
Par quelque coup de l'art nous pourrions nous sauver.
Mais, dès qu'on veut tenter cette vaste carrière,
Pégase s'effarouche et recule en arrière;

> Il faut, toujours bronchant, courir jusqu'au Tessel.
> 2° Pour trouver un beau mot, il faut depuis l'Issel,
> Sans pouvoir s'arrêter, courir jusqu'au Tessel.
> 3° On a beau s'exciter: il faut depuis l'Issel,
> Pour trouver un beau mot, courir jusqu'au Tessel.

[1] (V.) ...*de Narden*, avant 1683.

[2] (Cr.) Ces vers sont heureusement tournés, élégamment écrits; la difficulté vaincue les rend plaisants, dit Le Brun : néanmoins on a reproché à Boileau de s'être arrêté si long-temps sur cette idée. Voltaire, dans son épître à la duchesse du Maine, s'exprime ainsi :

> Boileau pâlit au seul nom de Woërden:
> Que diroit-il, si, non loin d'Helderen,
> Il eût fallu suivre entre les deux Nèthes,
> Bathiani si savant en retraites,
> Avec d'Estrée à Rosmal s'avancer?
> Le nom du roi charme toujours l'oreille:
> Mais que Laufelt est dur à prononcer!

Mon Apollon s'étonne; et Nimègue[1] est à toi,
Que ma muse est encore au camp devant Orsoi[2].
 Aujourd'hui toutefois mon zèle m'encourage :
Il faut au moins du Rhin tenter l'heureux passage.
Un trop juste devoir veut que nous l'essayions[3].
Muses, pour le tracer, cherchez tous vos crayons :
Car, puisqu'en cet exploit tout paroît incroyable,
Que la vérité pure y ressemble à la fable,
De tous vos ornements vous pouvez l'égayer.
Venez donc, et surtout gardez bien d'ennuyer :
Vous savez des grands vers les disgraces tragiques;
Et souvent on ennuie en termes magnifiques.
 Au pied du mont Adule[4], entre mille roseaux,
Le Rhin tranquille, et fier du progrès de ses eaux,
Appuyé d'une main sur son urne penchante,
Dormoit au bruit flatteur de son onde naissante[5],
Lorsqu'un cri tout-à-coup suivi de mille cris[6]

---

[1] (H.) Capitale du duché de Gueldres, prise par Turenne le 7 juillet 1672, après six jours de siége.

[2] (H.) Place forte du duché de Clèves, prise en deux jours, au commencement de juin 1672.

[3] (V.) Le malheur sera grand, si nous nous y noyons.
(*Dans les premières éditions.*)

Il fait beau s'y noyer si nous nous y noyons.
(*Édition de 1694.*)

[4] (B.) Montagne d'où le Rhin prend sa source.

[5] (I.) Huic Deus ipse loci, fluvio Tiberinus amœno,
Populeas inter senior se attollere fontes
Visus : cum tenuis glauco velabat amictu
Carbasus, et crines umbrosa tegebat.
(*Virg.*, AEneid., lib. VIII, v. 31-34.)

[6] (Cr.) Cette savante répétition des *i* produit ici un son monotone et terrible pour l'oreille; dit Le Brun.

Vient [1] d'un calme si doux retirer ses esprits.
Il se trouble, il regarde, et partout sur ses rives
Il voit fuir à grands pas ses naïades craintives,
Qui toutes accourant vers leur humide roi [2],
Par un récit affreux redoublent son effroi.
Il apprend qu'un héros, conduit par la victoire,
A de ses bords fameux flétri l'antique gloire [3];
Que Rhinberg et Wesel, terrassés en deux jours [4],
D'un joug déjà prochain menacent tout son cours.
Nous l'avons vu, dit l'une, affronter la tempête
De cent foudres d'airain tournés contre sa tête.
Il marche vers Tholus, et tes flots en courroux
Au prix de sa fureur sont tranquilles et doux.
Il a de Jupiter la taille et le visage;
Et, depuis ce Romain [5], dont l'insolent passage
Sur un pont en deux jours trompa tous tes efforts,
Jamais rien de si grand n'a paru sur tes bords.

Le Rhin tremble et frémit à ces tristes nouvelles;
Le feu sort à travers ses humides prunelles.

[1] (V.) ... *vint*, éditions de 1672 et 1674.

[2] (Cr.) Heureuse expression employée ici pour la première fois, suivant Le Brun.

[3] (Cr.) « Molière n'approuva pas ce vers, parce qu'il signifie que « la présence du roi a déshonoré le fleuve du Rhin. L'auteur lui re- « présenta que ce sont les naïades de ce fleuve qui parlent du héros « de la France, comme d'un ennemi qui veut soumettre à son joug « leur empire; qu'ainsi il est naturel qu'elles disent que Louis a flétri « l'ancienne gloire du Rhin. Mais Molière ne se rendit pas. » BROSSETTE. Nous avons peine à comprendre comment Le Brun peut adopter l'étrange critique attribuée ici à Molière par Brossette.

[4] (H.) 4 et 6 juin 1672.

[5] (B.) Jules César.
Voyez, tome IV, la lettre du 8 avril 1703 où Despréaux répond à des observations critiques du médecin Falconnet.

C'est donc trop peu, dit-il, que l'Escaut en deux mois
Ait appris à couler sous de nouvelles lois;
Et de mille remparts mon onde environnée
De ces fleuves sans nom suivra la destinée!
Ah! périssent mes eaux! ou par d'illustres coups
Montrons qui doit céder des mortels ou de nous.
 A ces mots essuyant sa barbe limoneuse [1],
Il prend d'un vieux guerrier la figure poudreuse.
Son front cicatricé [2] rend son air furieux;
Et l'ardeur du combat étincelle en ses yeux.
En ce moment il part; et, couvert d'une nue,
Du fameux fort de Skink prend la route connue.
Là, contemplant son cours, il voit de toutes parts
Ses pâles défenseurs par la frayeur épars:
Il voit cent bataillons qui, loin de se défendre,
Attendent sur des murs l'ennemi pour se rendre.
Confus, il les aborde; et renforçant sa voix:

---

[1] (Cr.) L'épître au roi sur le passage du Rhin exigeoit, dit Marmontel, le style le plus héroïque: l'image grotesque du fleuve *essuyant sa barbe* y choque la décence. (*Elém. de litt.*, tome III, page 250.)
 Boileau ne dit point *essuyant sa barbe*, mais essuyant sa *barbe limoneuse*; et il y a trop peu de bonne foi à omettre, en citant ce trait, l'épithète qui l'ennoblit et le rend digne du style poétique. Elle manque, dit-on, de *dignité*; mais Horace a dit très-poétiquement, avant Boileau: *Rheni luteum caput*. (L. I, sat. X, v. 37.)

[2] (Cr.) Faut-il *cicatrisé*? nous ne le pensons pas: *cicatricé* se lit dans toutes les éditions avouées par Boileau; car celle de 1713, donnée après sa mort, ne lui appartient point, quoique préparée par lui: Renaudot et Valincour l'ont modifiée comme ils ont voulu. Un front *cicatricé* est un front couvert de cicatrices; une plaie *cicatrisée* est une plaie qui s'est refermée. Il est vrai que le dictionnaire de l'Académie françoise ne distingue pas ces deux mots et ne tient compte que de *cicatrisé*; mais il s'en faut que le dictionnaire soit un inventaire exact et complet de notre langue. — Voyez *cicatricé* et *cicatrisé* dans le dictionnaire de M. Boiste.

Grands arbitres, dit-il, des querelles des rois [1],
Est-ce ainsi que votre ame, aux périls aguerrie,
Soutient sur ces remparts l'honneur et la patrie [2] ?
Votre ennemi superbe, en cet instant fameux,
Du Rhin, près de Tholus, fend les flots écumeux :
Du moins en vous montrant sur la rive opposée,
N'oseriez-vous saisir une victoire aisée?
Allez, vils combattants, inutiles soldats;
Laissez-là ces mousquets trop pesants pour vos bras :
Et, la faux à la main, parmi vos marécages,
Allez couper vos joncs et presser vos laitages [3];
Ou, gardant les seuls bords qui vous peuvent couvrir,
Avec moi, de ce pas, venez vaincre ou mourir.

Ce discours d'un guerrier que la colère enflamme
Ressuscite l'honneur déjà mort en leur ame;
Et, leurs cœurs s'allumant d'un reste de chaleur,
La honte fait en eux l'effet de la valeur.
Ils marchent droit au fleuve, où Louis en personne,
Déjà prêt à passer, instruit, dispose, ordonne.
Par son ordre Gramont [4] le premier dans les flots

---

[1] (V.) Grands arbitres, dit-il, du destin de deux rois, etc.
(*Édition de* 1672.)

[2] (B.) Il y avoit sur les drapeaux hollandois: *pro honore et patria*.

[3] (Cr.) On va bien, *la faux à la main*, couper des joncs; mais non pas *presser des laitages*. Brossette assure que Despréaux a essayé plusieurs fois de changer cette construction vicieuse, et qu'il disoit : « Non-seulement je n'ai pu venir à bout de dire mieux, mais je n'ai « pu dire autrement. »

[4] (B.) M. le comte de Guiche.

(H.) « Le comte de Guiche, fils du maréchal de Gramont, a
« fait une action dont le succès le couvre de gloire ; car si elle eût
« tourné autrement il eût été criminel. Il se charge de reconnoître
« si la rivière est guéable ; il dit que oui. Elle ne l'est pas : des es-
« cadrons entiers passent à la nage sans se déranger. Il est vrai qu'il

S'avance soutenu des regards du héros :
Son coursier écumant sous son maître intrépide,
Nage tout orgueilleux de la main qui le guide.
Revel[1] le suit de près : sous ce chef redouté
Marche des cuirassiers l'escadron indompté.
Mais déjà devant eux une chaleur guerrière
Emporte loin du bord le bouillant Lesdiguière[2],
Vivonne[3], Nantouillet, et Coislin, et Salart ;
Chacun d'eux au péril veut la première part :
Vendôme[4], que soutient l'orgueil de sa naissance,
Au même instant dans l'onde impatient s'élance :
La Salle[5], Béringhen, Nogent, d'Ambre, Cavois,

« passe le premier ; cela ne s'est jamais hasardé ; cela réussit. Il en-
« veloppe des escadrons et les force à se rendre. » (*Lettre de madame
de Sévigné*, du 3 juillet 1672.)

(Nous avons écrit *Gramont* et non *Grammont*, parce que ces deux
noms paroissent appartenir à deux familles différentes. Voyez le dictionnaire de Moréri et le tome IV de l'*Histoire généalogique de la
Maison de France*, par le P. Anselme.

[1] (H.) Voyez, tome IV, la lettre de Despréaux au comte de Revel.

[2] (B.) M. le comte de Saux.

(H.) François-Emmanuel de Blanchefort de Bonne de Créqui,
duc de Lesdiguières, comte de Saulx, pair de France, gouverneur
du Dauphiné, mourut en 1681. Pendant le passage du Rhin, il fut
blessé, mais il sortit de l'eau le premier, et donna le premier coup à
l'ennemi. BROSSETTE.

[3] (H.) Louis-Victor de Rochechouart, duc de Mortemar et de
Vivonne, mort en 1688. Voyez, tome IV, les lettres qui lui sont
adressées par Boileau.

Le chevalier de Nantouillet étoit aussi un ami du poète.

Armand du Cambout, duc de Coislin, reçut plusieurs blessures après
avoir passé le fleuve : il mourut en 1702, âgé de soixante-sept ans.

[4] (H.) Le chevalier de Vendôme, depuis grand prieur de France,
n'avoit pas encore dix-sept ans, en 1672.

[5] (H.) Le marquis de La Salle fut l'un des premiers à passer le Rhin :
des cuirassiers françois le blessèrent de cinq coups, le prenant pour
un Hollandois.

Fendent les flots tremblants sous un si noble poids.
Louis, les animant du feu de son courage,
Se plaint de sa grandeur qui l'attache au rivage[1].
Par ses soins cependant trente légers vaisseaux
D'un tranchant aviron déjà coupent les eaux :
Cent guerriers s'y jetant signalent leur audace.
Le Rhin les voit d'un œil qui porte la menace ;
Il s'avance en courroux. Le plomb vole à l'instant,
Et pleut de toutes parts sur l'escadron flottant.
Du salpêtre en fureur l'air s'échauffe et s'allume,
Et des coups redoublés tout le rivage fume.
Déjà du plomb mortel plus d'un brave est atteint[2] :

Le marquis de Béringhen, colonel du régiment Dauphin, voyant que son cheval ne vouloit point passer, se jeta dans le bateau de M. le prince, se battit vigoureusement et reçut des blessures.

Arnauld de Bautru, comte de Nogent, périt dans l'action.

Louis d'Oger, marquis de Cavois ou Cavoie, s'y distingua : il sera souvent fait mention de lui dans la correspondance de Boileau et de Racine. Voyez tome IV.

[1] (Cr.) Dans le petit poème anglois de Prior sur la bataille de Hochstet, Voltaire ne trouve de bon qu'une apostrophe qu'il traduit ainsi :

> Satirique flatteur, toi qui pris tant de peine
> Pour chanter que Louis n'a point passé le Rhin.

To say how Louis did not pass the Rhine,)

[2] (H.) « L'auteur m'a dit qu'il étoit le premier de nos poètes qui « eût parlé en vers de l'artillerie moderne, et de ce qui en dépend, « comme les canons, les bombes, la poudre, le salpêtre, dont les « noms sont pour le moins aussi beaux et les images aussi magni- « fiques que celles des dards, des flèches, des boucliers et des autres « armes anciennes. » BROSSETTE.

Monchesnai (*Bolœana*, n° 52) assure que Boileau disoit : « Avant « moi, les poètes, ne pouvant mettre la poudre à canon en vers, « mettoient à leurs héros des traits et des flèches à la main ; ce qui « étoit bon pour les Grecs et les Romains, mais qui ne caractérise « point du tout notre nation. »

Nous en croirions bien plutôt Louis Racine qui s'exprime ainsi :

Sous les fougueux coursiers l'onde écume et se plaint [1],
De tant de coups affreux la tempête orageuse [2]
Tient un temps sur les eaux la fortune douteuse ;
Mais Louis d'un regard sait bientôt la fixer :
Le destin à ses yeux n'oseroit balancer [3].
Bientôt avec Gramont courent Mars et Bellone :
Le Rhin à leur aspect d'épouvante frissonne,
Quand, pour nouvelle alarme à ses esprits glacés,
Un bruit s'épand [4] qu'Enghien [5] et Condé [6] sont passés ;
Condé, dont le seul nom fait tomber les murailles,
Force les escadrons, et gagne les batailles [7];

« Boileau ne s'est jamais vanté, comme il est dit dans le *Bolæana*,
« d'avoir le premier parlé en vers de notre artillerie; et son dernier
« commentateur (Saint-Marc) prend une peine fort inutile, en rappe-
« lant plusieurs vers d'anciens poètes pour prouver le contraire. La
« gloire d'avoir parlé le premier du fusil et du canon n'est pas
« grande : il se vantoit d'en avoir le premier parlé poétiquement et
« par de nobles périphrases. » (*Mémoires sur la vie de Jean Racine*,
1808, page 77.)

[1] (Cr.) « *Se plaint* est admirable : il imprime au vers le sentiment
« et la vie. » LE BRUN. — Des censeurs plus sévères qui n'ont vu
dans ces deux mots *qu'une rime*, ne les ont apparemment pas compris.

[2] (Cr.) « *Orageuse*, uni à tempête, est ici une épithète habilement
« hasardée, dit Le Brun. » D'autres l'ont jugée insignifiante; et nous
croirions qu'en effet, après *les coups affreux* et *la tempête*, elle est
plutôt emphatique qu'expressive.

[3] (Cr.) « Ce vers étoit fait pour enivrer l'orgueil de Louis XIV ;
« c'étoit le mettre au-dessus des dieux de la fable qui fléchissoient
« sous le destin : *irrevocabile fatum*. » LE BRUN.

[4] (Cr.) Est-ce seulement comme moins usité que *s'épand* nous paroît ici beaucoup plus poétique que *se répand ?*

[5] (H.) Henri-Jules de Bourbon, né en 1643, mort en 1709.

[6] (H.) Louis II de Bourbon (père du précédent) est l'un des grands
capitaines du dix-septième siècle : né en 1621, il mourut en 1686.

[7] (I.) Tassoni avoit dit dans la *Secchia rapita*, canto V, v. 37, 38 :

Il magnanimo cor di Salinguerra

Enghien, de son hymen le seul et digne fruit,
Par lui dès son enfance à la victoire instruit.
L'ennemi renversé fuit et gagne la plaine;
Le dieu lui-même cède au torrent qui l'entraîne;
Et seul, désespéré, pleurant ses vains efforts,
Abandonne à Louis la victoire et ses bords.

Du fleuve ainsi dompté la déroute éclatante
A Wurts[1] jusqu'en son camp va porter l'épouvante.
Wurts, l'espoir du pays, et l'appui de ses murs;
Wurts...Ah! quel nom, grand roi, quel Hector que ce Wurts!
Sans ce terrible nom, mal né pour les oreilles,
Que j'allois à tes yeux étaler de merveilles!
Bientôt on eût vu Skink[2] dans mes vers emporté
De ses fameux remparts démentir la fierté;
Bientôt.... Mais Wurts s'oppose à l'ardeur qui m'anime.
Finissons, il est temps : aussi bien si la rime
Alloit mal à propos m'engager dans Arnheim[3],
Je ne sais pour sortir de porte qu'Hildesheim[4].

Oh! que le ciel[5], soigneux de notre poésie,
Grand roi, ne nous fit-il plus voisins de l'Asie!

Che fa dal nome suo tremar la terra ;

et Corneille avoit fait dire au capitan Matamore :

Le seul bruit de mon nom renverse les murailles,
Défait les escadrons, et gagne les batailles.
(*L'Illusion*, acte II, sc. II.)

[1] (B.) Commandant de l'armée ennemie. (1713)

[2] (H.) Fort qui passoit pour imprenable et qui fut pris le 21 juin, après trois jours de siége.

[3] (H.) Ville du duché de Gueldre.

[4] (H.) Dans l'électorat de Trèves.

[5] (Cr.) « A peine M. D. (Despréaux) a-t-il fait une centaine de « vers, dit Pradon, que le voilà à bout et plus fatigué que nos guer- « riers. Il trouve heureusement Wurts auquel il s'accroche; ce nom

Bientôt victorieux de cent peuples altiers,
Tu nous aurois fourni des rimes à milliers.
Il n'est plaine en ces lieux si sèche et si stérile
Qui ne soit en beaux mots partout riche et fertile.
Là, plus d'un bourg fameux par son antique nom
Vient offrir à l'oreille un agréable son.
Quel plaisir de te suivre aux rives du Scamandre;
D'y trouver d'Ilion la poétique cendre [1];
De juger si les Grecs, qui brisèrent ses tours,
Firent plus en dix ans que Louis en dix jours!
Mais pourquoi sans raison désespérer ma veine?
Est-il dans l'univers de plage si lointaine
Où ta valeur, grand roi, ne te puisse porter,
Et ne m'offre bientôt des exploits à chanter?
Non, non, ne faisons plus de plaintes inutiles :
Puisqu'ainsi dans deux mois tu prends quarante villes,
Assuré des bons vers dont ton bras me répond,
Je t'attends dans deux ans aux bords de l'Hellespont [2].

« lui fournit des turlupinades, etc. » (*Nouvelles remarques*, page 61.) Cette critique a été reproduite et versifiée par Prior.

[1] « Expression qui enrichissoit la langue poétique pour la première « fois. » LE BRUN.

[2] (Cr.) *Tarare-Ponpon*, ajouta Bussy-Rabutin, qui d'ailleurs écrivit une lettre où toute l'épître étoit amèrement censurée. Le P. Rapin et le comte de Limoges s'entremirent pour réconcilier Despréaux et Bussy qui, se craignant l'un l'autre, ne jugèrent point à propos de prolonger la querelle. (Voyez les Lettres de Boileau, tome IV.)

« Cette épître qui s'élève jusqu'à la hauteur de l'épopée, dit Le « Brun, est couronnée par un vers extrêmement énergique. Les con- « sonnances du premier hémistiche, loin d'être désagréables, donnent « de l'attitude à ce vers, d'autant plus heureux qu'il semble comman- « der la destinée du héros. »

ÉPITRE V.

(1674)

A M. DE GUILLERAGUES,
SECRÉTAIRE DU CABINET[1].

SE CONNOITRE SOI-MÊME.

Esprit né pour la cour, et maître en l'art de plaire,
Guilleragues, qui sais et parler et te taire[2],
Apprends-moi si je dois ou me taire ou parler.
Faut-il dans la satire encor me signaler,
Et, dans ce champ fécond en plaisantes malices,
Faire encore aux auteurs redouter mes caprices?
Jadis, non sans tumulte, on m'y vit éclater,
Quand mon esprit plus jeune, et prompt à s'irriter,
Aspiroit moins au nom de discret et de sage;
Que mes cheveux plus noirs ombrageoient mon visage.
Maintenant, que le temps a mûri mes désirs,
Que mon âge, amoureux de plus sages plaisirs,
Bientôt s'en va frapper à son neuvième lustre[3],

---

[1] (H.) Premier président de la cour des Aides, puis secrétaire de la chambre et du cabinet du roi, ensuite ambassadeur à Constantinople. Il mourut d'apoplexie en 1684 : il a laissé une relation de son ambassade.

[2] (I.) .... Dicenda tacendaque calles.
(*Pers.*, sat. IV, v. 5.)

[3] (B.) A la quarante-unième année. — L'auteur n'avoit réellement que trente-huit ans, lorsqu'il composoit cette épitre.

J'aime mieux mon repos qu'un embarras illustre [1].
Que d'une égale ardeur mille auteurs animés,
Aiguisent contre moi leurs traits envenimés;
Que tout, jusqu'à Pinchêne [2], et m'insulte et m'accable :
Aujourd'hui vieux lion je suis doux et traitable [3];
Je n'arme point contre eux mes ongles émoussés.
Ainsi que mes beaux jours mes chagrins sont passés :
Je ne sens plus l'aigreur de ma bile première,
Et laisse aux froids rimeurs une libre carrière.

 Ainsi donc, philosophe à la raison soumis,
Mes défauts désormais sont mes seuls ennemis :
C'est l'erreur que je fuis; c'est la vertu que j'aime.
Je songe à me connoître, et me cherche en moi-même [4] :
C'est là l'unique étude où je veux m'attacher.
Que, l'astrolabe en main [5], un autre aille chercher

---

[1] (Cr.) Le brun s'est bien gardé de louer *l'alliance* de ces deux mots : il s'en faut qu'elle soit heureuse.

[2] (B.) Pinchêne étoit neveu de Voiture.

(H.) Estienne-Martin de Pinchesne, natif d'Amiens, est indiqué par Baillet (*Jugem. des Sav.*, V. 395, in-4°) comme l'un des plus connus d'entre les disciples de Ménage, et aussi comme l'un des plus reconnoissants; car il a fort loué son maître. Pinchesne a fait imprimer en 1670, un vol. in-4° contenant *ses poésies héroïques où se voyent les éloges du roi, des princes et princesses et de toute la cour.* C'est, dit-il, ce qu'il a cru *pouvoir faire de plus recommandable pour l'honneur de son siècle.* On ne sait pas jusqu'à quelle époque il a vécu; mais ses vers étoient morts avant lui.

[3] (H.) On verra par les lettres de Boileau, tome IV, qu'il citoit volontiers ce vers.

[4] (I.) . . . . Nec te quæsiveris extra.
     (*Pers.*, sat. I, v. 7.)

[5] (Cr.) L'astrolabe ne sert point à découvrir si le soleil est fixe ou non. Aussi madame de La Sablière reprocha-t-elle à Boileau d'avoir parlé de cet instrument sans le connoître.

Si le soleil est fixe ou tourne sur son axe[1],
Si Saturne à nos yeux peut faire un parallaxe[2];
Que Rohaut[3] vainement sèche pour concevoir
Comment, tout étant plein, tout a pu se mouvoir;
Ou que Bernier[4] compose et le sec et l'humide
Des corps ronds et crochus errant parmi le vide :
Pour moi, sur cette mer qu'ici-bas nous courons,
Je songe à me pourvoir d'esquif et d'avirons,
A régler mes désirs, à prévenir l'orage,
Et sauver, s'il se peut, ma raison du naufrage.

[1] (Cr.) « Ceux qui tiennent que le soleil est fixe et immobile sont « les mêmes qui soutiennent qu'il tourne sur son axe; et ce ne sont « point là deux opinions différentes, comme M. Boileau paroît le « dire. » (Perrault, dans la préface de l'*Apologie des femmes.*)

[2] (Cr.) Il falloit *une* parallaxe : les astronomes font ce mot féminin. La parallaxe est la différence entre le lieu vrai d'un astre et son lieu apparent.

Boileau n'a jamais corrigé les fautes qui se trouvent dans ces vers. Il ne fut averti de la troisième qu'en 1706 ; il ne convenoit pas de la deuxième : Je n'ai songé, disoit-il, qu'à opposer le sentiment de ceux qui font tourner le soleil sur son axe au sentiment de ceux qui lui refusent ce mouvement de rotation. C'étoit une bien mauvaise excuse. (Voyez Dubos, *Réflexions critiques sur la poésie et la peinture*, part. II, sect. 32.) Quant à l'erreur sur l'usage de l'astrolabe, le poète s'est vengé dans la satire X, v. 425-437, tome I, p. 214, de l'*Observation critique* de madame de La Sablière et a dédaigné d'en profiter ; ce qui eût pourtant mieux valu.

[3] (B.) Fameux cartésien.

(H.) Jacques Rohault, né à Amiens en 1620 « abrégea et exposa « avec clarté et méthode la philosophie de Descartes. » C'est en ces termes que Voltaire a parlé de lui (*Siècle de Louis XIV*). Le *Traité de physique* de Rohault a eu long-temps des lecteurs.

[4] (B.) Célèbre voyageur qui a composé un abrégé de la philosophie de Gassendi.

(H.) François Bernier né à Angers en 1625, mourut en 1688. Outre l'abrégé de la philosophie de Gassendi, il a laissé une relation de voyages. Voyez, dans notre t. III, les notes sur l'*Arrêt burlesque.*

C'est au repos d'esprit que nous aspirons tous ;
Mais ce repos heureux se doit chercher en nous.
Un fou, rempli d'erreurs, que le trouble accompagne,
Et malade à la ville ainsi qu'à la campagne,
En vain monte à cheval pour tromper son ennui :
Le chagrin monte en croupe, et galope avec lui [1].
Que crois-tu qu'Alexandre, en ravageant la terre,
Cherche parmi l'horreur, le tumulte et la guerre?
Possédé d'un ennui qu'il ne sauroit dompter,
Il craint d'être à soi-même, et songe à s'éviter.
C'est là ce qui l'emporte aux lieux où naît l'aurore,
Où le Perse est brûlé de l'astre qu'il adore [2].

De nos propres malheurs auteurs infortunés,
Nous sommes loin de nous à toute heure entraînés.
A quoi bon ravir l'or au sein du nouveau monde?
Le bonheur tant cherché sur la terre et sur l'onde [3]
Est ici comme aux lieux où mûrit le coco,
Et se trouve à Paris de même qu'à Cusco [4] :

[1] (I.)   Post equitem sedet atra cura.
(*Hor.*, lib. III, od. 1, v. 40.)

Louis Racine (*Réflex. sur la poésie*) trouve le vers de Boileau plus expressif et plus rapide que celui d'Horace. Le poëte latin a dit aussi, liv. II, sat. VII, vers 115 :

. . . . Comes atra premit sequiturque fugacem.

[2] (Cr.) Le Brun admire dans ce vers le contraste de *brûlé* et *adore*.

[3] (I.) . . . . Navibus atque
Quadrigis petimus bene vivere. Quod petis, hic est,
Est ulubris, animus si te non deficit æquus.
(*Hor.*, lib. I, ep. XI, v. 28-30.)

[4] (B.) Capitale du Pérou.

L'édition de 1713, donnée par Renaudot et Valincour, est si fautive qu'on y lit une note conçue en ces termes : Potosi, ville du Pérou.

On ne le tire point des veines du¹ Potose.²
Qui vit content de rien possède toute chose.
Mais, sans cesse ignorants de nos propres besoins³,
Nous demandons au ciel ce qu'il nous faut le moins.

Oh! que si cet hiver un rhume salutaire,
Guérissant de tous maux mon avare beau-père,
Pouvoit, bien confessé, l'étendre en un cercueil,
Et remplir sa maison d'un agréable deuil⁴!
Que mon ame, en ce jour de joie et d'opulence,
D'un superbe convoi plaindroit peu la dépense!
Disoit le mois passé, doux, honnête et soumis,
L'héritier affamé de ce riche commis
Qui, pour lui préparer cette douce journée,
Tourmenta quarante ans sa vie infortunée.
La mort vient de saisir le vieillard catarrheux⁵ :

Aujourd'hui la capitale du Pérou est Lima; sous les Incas, c'étoit Cusco.

¹ (V.)... *de* dans l'édition de 1675.

² (B.) Montagne où sont les mines d'argent. — L'édition de 1713 ajoute : les plus riches de l'Amérique.

³ (Cr.) Le *Dictionnaire de l'Académie françoise*, édition de 1718, cite comme autant de phrases *faites*, reçues et correctes : *Il est ignorant du fait*; j'en suis ignorant; je suis ignorant de tout ce qui s'est passé, etc. Plusieurs écrivains du dix-septième siècle ont mis ainsi la préposition *de* après l'adjectif ou participe *ignorant*; ils imitoient la construction latine, *ignara mali*. *Ignorants de nos besoins* n'est donc pas une faute dans Boileau, mais une manière de parler que l'usage n'admet plus et qu'il ne convient ni d'imiter ni de censurer. Nous disons encore aujourd'hui : *n'ignorer de rien; à ce qu'il n'en ignore*, etc.

⁴ (L.) . . . . O si
Ebullit patrui præclarum funus! et o si
Sub rastro crepet argenti mihi seria, dextro
Hercule! pupillumve utinam quem proximus hæres
Impello, expungam!
(*Pers.*, lib. I, sat. II, v. 19-23.)

⁵ (V.) *Catherreux*, dans les éditions de 1675-1713.

Voilà son gendre riche; en est-il plus heureux?
Tout fier du faux éclat de sa vaine richesse,
Déjà nouveau seigneur il vante sa noblesse.
Quoique fils de meunier, encor blanc du moulin,
Il est prêt à fournir ses titres en vélin.
En mille vains projets à toute heure il s'égare :
Le voilà fou, superbe, impertinent, bizarre,
Rêveur, sombre, inquiet, à soi-même ennuyeux.
Il vivroit plus content, si, comme ses aïeux,
Dans un habit conforme à sa vraie origine,
Sur le mulet encore il chargeoit la farine.
Mais ce discours n'est pas pour le peuple ignorant,
Que le faste éblouit d'un bonheur apparent.
L'argent, l'argent, dit-on; sans lui tout est stérile[1] :
La vertu sans l'argent n'est qu'un meuble inutile.
L'argent en honnête homme érige un scélérat;
L'argent seul au palais peut faire un magistrat.
Qu'importe qu'en tous lieux on me traite d'infame[2] ?
Dit ce fourbe sans foi, sans honneur et sans ame;
Dans mon coffre tout plein de rares qualités,
J'ai cent mille vertus en louis bien comptés[3].
Est-il quelque talent que l'argent ne me donne?
C'est ainsi qu'en son cœur ce financier[4] raisonne.

---

[1] (I.) O cives, cives, quærenda pecunia primum est :
Virtus post nummos.
(*Hor.*, lib. I, ep. 1, v. 53.)

[2] (I.) ..... Quid enim salvis infamia nummis?
(*Juv.*, sat. I, v. 48.)

[3] (I.) ...... Populus me sibilat, at mihi plaudo
Ipse domi, simul ac nummos contemplor in arca
(*Hor.*, lib. I, sat. 1, v. 66, 67.)

[4] (V.) *Cet avare*, au lieu de *ce financier*, dans l'édition de 1675.

Mais pour moi, que l'éclat ne sauroit décevoir,
Qui mets au rang des biens l'esprit et le savoir,
J'estime autant Patru [1], même dans l'indigence,
Qu'un commis engraissé des malheurs de la France [2].
Non que je sois du goût de ce sage insensé [3]
Qui, d'un argent commode esclave embarrassé,
Jeta tout dans la mer pour crier : Je suis libre [4].
De la droite raison je sens mieux l'équilibre;
Mais je tiens qu'ici-bas, sans faire tant d'apprêts,
La vertu se contente et vit à peu de frais.
Pourquoi donc s'égarer en des projets si vagues?

Ce que j'avance ici, crois-moi, cher Guilleragues [5],
Ton ami dès l'enfance ainsi l'a pratiqué.
Mon père, soixante ans au travail appliqué,

---

[1] (B.) Fameux avocat et le meilleur grammairien de son siècle. Dans l'édition posthume de 1713, il y a seulement *un des bons grammairiens de notre siècle.* — Voyez tome I, p. 68.

[2] (V.) Au lieu de ce vers et du précédent, on lisoit avant 1683 :

> Je sais que dans une ame où manque la sagesse
> Le bonheur n'est jamais un fruit de la richesse.

Ces deux vers étoient bien foibles; mais on peut remarquer ici la délicatesse de Boileau qui, bienfaiteur de Patru, n'a voulu parler de l'*indigence* de cet excellent homme, qu'après sa mort.

[3] (B.) Cratès, philosophe cynique.
Dans l'édition de 1713 : « Aristippe fit cette action, et Diogène « conseilla à Cratès, philosophe cynique, de faire la même chose. »

[4] (I.) . . . . Quid simile isti
Græcus Aristippus? qui servos projicere aurum
In media jussit Libya, quia tardius irent
Propter onus segnes? Uter est insanior horum?
(*Hor.*, lib. II, sat. III, v. 99-102.)

[5] (Cr.) « Boileau a employé en rime le nom de *Guilleragues*, qui « n'est pas trop harmonieux; mais il vouloit sans doute rendre hom- « mage à l'amitié, et savoit qu'un nom consacré par lui de la sorte « ne s'oublieroit jamais. » LE BRUN.

En mourant me laissa, pour rouler et pour vivre,
Un revenu léger, et son exemple à suivre.
Mais bientôt amoureux d'un plus noble métier,
Fils, frère, oncle, cousin, beau-frère de greffier [1],
Pouvant charger mon bras d'une utile liasse,
J'allai loin du palais errer sur le Parnasse.
La famille en pâlit, et vit en frémissant
Dans la poudre du [2] greffe un poëte naissant :
On vit avec horreur une muse effrénée
Dormir chez un greffier la grasse matinée.
Dès-lors à la richesse il fallut renoncer :
Ne pouvant l'acquérir, j'appris à m'en passer ;
Et surtout redoutant la basse servitude,
La libre vérité fut toute mon étude [3].
Dans ce métier funeste à qui veut s'enrichir,
Qui l'eût cru que pour moi le sort dût se fléchir ?
Mais du plus grand des rois la bonté sans limite,
Toujours prête à courir au-devant du mérite,
Crut voir dans ma franchise un mérite inconnu,
Et d'abord de ses dons enfla mon revenu.
La brigue ni l'envie à mon bonheur contraires,
Ni les cris douloureux de mes vains adversaires [4],

---

[1] (H.) *Fils* de Gilles Boileau, greffier du conseil de la grand'-chambre. *Frère* de Jérôme Boileau qui exerça la même charge. *Oncle* de Dongois, greffier de l'audience de la grand'chambre. *Cousin* du même Dongois, époux d'une cousine germaine du poète. *Beau-frère* de Sirmond greffier du conseil après Jérôme Boileau.

[2] (V.) ...*d'un*, dans l'édition de 1675.

[3] (V.) Fut mon *unique* étude (avant 1713).

[4] (H.) Brossette dans son commentaire ne nomme pas le seigneur qu'il dit être désigné dans ce vers ; mais Cizeron-Rival (*Récréations littér.*, p. 177) veut que ce soit Montausier, et transcrit une note qu'il assure avoir trouvée dans les papiers de Brossette. On y lit

Ne purent dans leur course arrêter ses bienfaits [1].
C'en est trop : mon bonheur a passé mes souhaits.
Qu'à son gré désormais la fortune me joue ;
On me verra dormir au branle de sa roue [2].

Si quelque soin encore agite mon repos,
C'est l'ardeur de louer un si fameux héros.
Ce soin [3] ambitieux me tirant par l'oreille [4],
La nuit, lorsque je dors, en sursaut me réveille ;
Me dit que ses bienfaits, dont j'ose me vanter,
Par des vers immortels ont dû se mériter.
C'est là le seul chagrin qui trouble encor mon ame.

que Louis XIV ayant donné une pension de 2000 livres à Despréaux, Puimorin, frère du poète, en informa le duc de Montausier qui s'écria : Bientôt le roi donnera des pensions aux voleurs de grands chemins. Le roi ayant su ce propos et s'en étant offensé, le duc alarmé rencontra Puimorin et lui dit : Est-il vrai, monsieur, que je vous aie parlé du roi en termes peu mesurés, au sujet de la pension accordée à monsieur votre frère? Je ne m'en souviens pas précisément, répondit Puimorin ; mais dans tous les cas, vous ne m'aurez jamais dit, et je ne répéterai, n'attesterai que ce qu'il vous plaira. Le voyant si bien disposé, Montausier enjoignit à Puimorin de se rétracter, et fut obéi. Cette docilité feroit peu d'honneur à Puimorin ; mais quoique ce personnage ne soit pas très-avantageusement connu, doit-on lui imputer une lâcheté si honteuse, sur le seul témoignage, bien tardif, de Cizeron-Rival, ou même de Brossette?

[1] (Cr.) « Personnifier ainsi le bienfait, en lui prêtant, pour ainsi « dire des ailes, c'est louer le monarque d'une manière bien neuve. » Le Brun. — Racine a dit aussi (*Britann.*, act. III, sc. III) *course* au lieu de *cours*, et c'est peut-être de part et d'autre une incorrection.

[2] (I.)   Ainsi de notre espoir la fortune se joue :
   Tout s'élève ou s'abaisse au branle de sa roue.
            (Corneille, *l'Illusion*, act. V, sc. v.)

L'harmonie imitative est sensible dans le vers de Boileau.

[3] (Cr.) *Soin ambitieux* ; voyez la note sur le vers 67 de l'épître III.

[4] (Cr.) « Ce tirement d'oreille, dit Pradon, est bien tiré et bien « bas. » (*Nouvelles remarques*, page 64.) Horace a dit, ép. I, v. 7 :

   Est mihi purgatam crebro qui personet aurem.

Mais si, dans le beau feu du zèle qui m'enflamme,
Par un ouvrage enfin des critiques vainqueur
Je puis sur ce sujet satisfaire mon cœur,
Guilleragues, plains-toi de mon humeur légère,
Si jamais, entraîné d'une ardeur étrangère,
Ou d'un vil intérêt reconnoissant la loi,
Je cherche mon bonheur autre part que chez moi.

ÉPITRE VI.

(1677).

A M. DE LAMOIGNON,
AVOCAT-GÉNÉRAL[1].

LA CAMPAGNE ET LA VILLE[2].

Oui, Lamoignon, je fuis les chagrins de la ville,
Et contre eux la campagne est mon unique asile.
Du lieu qui m'y retient veux-tu voir le tableau?
C'est un petit village[3] ou plutôt un hameau,
Bâti sur le penchant d'un long rang de collines,
D'où l'œil s'égare au loin dans les plaines voisines.
La Seine, au pied des monts que son flot vient laver,

---

[1] (B.) Chrétien-François de Lamoignon, depuis président à Mortier, fils de Guillaume de Lamoignon, premier président du Parlement de Paris (né en 1644, mort en 1709.)

[2] (I.) Horace a traité le même sujet, liv. II, sat. XVI.

[3] (B.) Hautile, *proche la Roche-*Guyon. « Je fis remarquer à l'auteur cette consonnance vicieuse : *proche la roche*, dit Brossette, et il l'a corrigée dans sa dernière édition 1701. »

On lit en effet dans cette édition : Hautile, petite seigneurie près de la Roche-Guyon, appartenante à mon neveu l'*illustre* M. Dongois. Et l'édition de 1713 ajoute : « greffier en chef du Parlement. »

On est surpris de cette épithète d'*illustre*, donnée par Boileau à Dongois qui n'a rien fait de plus mémorable, dit d'Alembert, que de dresser et signer des arrêts. (*Note* VII *sur l'éloge de Despréaux*.)

Il est vrai que Dongois se croyoit un grand personnage, du moins si l'on s'en rapporte à ces deux vers de l'épître de Voltaire à Boileau :

Chez ton neveu Dongois je passai mon enfance,
Bon bourgeois qui se crut un homme d'importance.

Voit du sein de ses eaux vingt îles s'élever,
Qui, partageant son cours en diverses manières,
D'une rivière seule y forment vingt rivières.
Tous ses bords sont couverts de saules non plantés [1],
Et de noyers souvent du passant insultés [2].
Le village au-dessus forme un amphithéâtre :
L'habitant ne connoît ni la chaux ni le plâtre ;
Et dans le roc, qui cède et se coupe aisément,
Chacun sait de sa main creuser son logement.
La maison du seigneur, seule un peu plus ornée,
Se présente au-dehors de murs environnée.
Le soleil en naissant la regarde d'abord [3],
Et le mont la défend des outrages du nord.
C'est là, cher Lamoignon, que mon esprit tranquille
Met à profit les jours que la Parque me file.
Ici, dans un vallon bornant tous mes désirs,
J'achète à peu de frais de solides plaisirs.
Tantôt, un livre en main, errant dans les prairies,
J'occupe ma raison d'utiles rêveries :
Tantôt, cherchant la fin d'un vers que je construi [4],
Je trouve au coin d'un bois le mot qui m'avoit fui ;

---

[1] (Cr.) « Ces détails sont d'une naïveté charmante. Le saule,
« comme on sait, ne se *plante* point, et il n'y a pas d'écolier dont le
« caillou n'*insulte* le noyer. » LE BRUN.

[2] (I.) Nux ego juncta viæ, cum sim sine crimine vitæ,
    A populo saxis prætereunte petor.
                (*Ovid. de Nuce.*)

[3] (I.) . . . . . Ut venieus dextrum latus adspiciat sol.
                (*Hor.*, lib. I, ep. XVI, v. 6.)

[4] (Cr.) On supprimoit alors, plus souvent qu'aujourd'hui la
lettre *s* à la fin de ces mots : *je convien, je voi, je croi, je fui, je construi*, etc. Pourquoi les poètes renonceroient-ils à cette liberté autorisée par de grands exemples ?

Quelquefois, aux appas ¹ d'un hameçon perfide,
J'amorce en badinant le poisson trop avide ;
Ou d'un plomb qui suit l'œil, et part avec l'éclair,
Je vais faire la guerre aux habitants de l'air.
Une table au retour, propre et non magnifique,
Nous présente un repas agréable et rustique :
Là, sans s'assujettir aux dogmes du Broussain ²,
Tout ce qu'on boit est bon, tout ce qu'on mange est sain ;
La maison le fournit, la fermière l'ordonne ³ ;
Et mieux que Bergerat ⁴ l'appétit l'assaisonne.
O fortuné séjour ! ô champs aimés des cieux ⁵ !
Que, pour jamais foulant vos prés délicieux,
Ne puis-je ici fixer ma course vagabonde,
Et connu de vous seuls, oublier tout le monde ⁶ !

¹ (Cr.) Il faudroit *à l'appât*. Beaucoup d'autres écrivains ont confondu *appât* et *appas*.

² (V.) Du B*** ; dans les éditions de 1683 et 1685.

(H.) René Brulart, comte Du Broussin (et non *Broussain*) étoit fort habile dans l'art de la bonne chère. Voyez ci-dessus, tome I, page 72, 85, 86. Lorsque Boileau faisoit la satire III, Du Broussin lui disoit : Écrivez plutôt contre les hypocrites ; vous aurez pour vous les honnêtes gens : mais pour la bonne chère, croyez-moi, ne badinez point là-dessus. Boileau donna un jour un dîner où se trouvoit Du Broussin et dont celui-ci fut fort content : Vous pouvez vous vanter, dit-il au poète, de nous avoir donné un dîner sans faute.

3 (I.) Pinguis inæquales onerat cui villica mensas,
   Et sua non emptus præparat ova cinis.
                    (*Mart.*, lib. I, epigr. LVI.)

⁴ (B.) Fameux traiteur.

5 (I.) O rus ! quando te adspiciam ? Quandoque licebit
   Nunc veterum libris, nunc somno et inertibus horis
   Ducere sollicitæ jucunda oblivia vitæ ?
                    (*Hor.*, lib. II, sat. VI, v. 60-62.)

6 (I.) Oblitusque meorum, obliviscendus et illis.
                    (*Hor.*, lib. I, ep. XI, v. 9.)

Mais à peine, du sein de vos vallons chéris
Arraché malgré moi, je rentre dans Paris,
Qu'en tous lieux les chagrins m'attendent au passage.
Un cousin [1], abusant d'un fâcheux parentage [2],
Veut qu'encor tout poudreux, et sans me débotter,
Chez vingt juges pour lui j'aille solliciter :
Il faut voir de ce pas les plus considérables ;
L'un demeure au Marais et l'autre aux Incurables [3].
Je reçois vingt avis qui me glacent d'effroi :
Hier, dit-on, de vous on parla chez le roi,
Et d'attentat horrible on traita la satire.
Et le roi, que dit-il ? — Le roi se prit à rire [4].
Contre vos derniers vers [5] on est fort en courroux :
Pradon a mis au jour un livre contre vous [6];

---

[1] (H.) Brossette donne à ce cousin le nom de Balthazar Boileau, qui avoit possédé des biens considérables et acheté des charges de payeur des rentes. Ces charges ayant été supprimées, il s'agissoit d'en obtenir le remboursement ; et le cousin vouloit employer Boileau à des sollicitations auprès de Colbert.

[2] (Cr.) *Parentage* est un mot à conserver ; il est ici d'un très-bon effet.

[3] (I.) . . . . Cubat hic in colle Quirini,
Hic extremo in Aventino, visendus uterque.
(*Hor.*, lib. II, ep. II, v. 68.)

[4] (I.) Si mala condiderit in quem quis carmina, jus est
Judiciumque. — Esto, si quis mala ; sed bona si quis
Judice condiderit laudatur Cæsare ; si quis
Opprobriis dignum laceraverit, integer ipse ;
Solventur risu tabulæ, tu missus abibis.
(*Hor.*, lib. II, sat. I, v. 82-86.)

[5] (H.) Contre l'épître VII (à Racine) composée quelques mois avant celle-ci.

[6] (H.) Il s'agit de la préface de *la Phèdre* de Pradon : Brossette se trompe en indiquant ici le livre intitulé *le Triomphe de Pradon sur les satires*, etc. ; car ce livre n'a paru qu'en 1686, neuf ans après les épîtres à Lamoignon et à Racine.

Et, chez le chapelier du coin de notre place,
Autour d'un caudebec [1] j'en ai lu la préface.
L'autre jour, sur un mot la cour vous condamna;
Le bruit court qu'avant-hier [2] on vous assassina [3];
Un écrit scandaleux [4] sous votre nom se donne:
D'un pasquin qu'on a fait, au Louvre on vous soupçonne.
Moi? — Vous : on nous l'a dit dans le Palais-Royal [5].

Douze ans sont écoulés [6] depuis le jour fatal
Qu'un libraire, imprimant les essais de ma plume,
Donna, pour mon malheur, un trop heureux volume.
Toujours, depuis ce temps, en proie aux sots discours [7],
Contre eux la vérité m'est un foible secours.
Vient-il de la province une satire fade,
D'un plaisant du pays insipide boutade?

[1] (B.) Sorte de chapeaux de laine qui se font à Caudebec en Normandie.

(V.) Il y avoit dans la première édition, *à l'entour d'un castor.*

[2] (Cr.) Boileau fait *hier* de deux syllabes, et *avant-hier* de trois seulement. « C'est, disoit-il, parce que le mot *hier* ne seroit pas « assez soutenu si on ne le faisoit que d'une syllabe quand il est seul, « au lieu qu'il l'est assez, quand il est précédé d'*avant*.

[3] (H.) Pradon venoit de raconter, dans un dîner, que Despréaux avoit reçu des coups de bâton; et l'abbé Tallemant l'aîné faisoit courir ce faux bruit.

[4] (H.) Un sonnet contre le duc de Nevers. Voyez ci-dessus p. 63.

[5] (B.) Allusion aux nouvellistes qui s'assemblent dans le jardin de ce palais.

[6] (H.) Depuis 1666, époque de la première édition des satires de Boileau jusqu'à la fin de 1677.

[7] (I.)   Septimus octavo propior jam fugerit annus,
   Ex quo Mœcenas me cœpit habere suorum
      In numero. . . .
   Per totum hoc tempus subjectior in diem et horam
      Invidiæ.
         (*Hor.*, lib. II, sat. VI, v. 40-47.)

Pour la faire courir on dit qu'elle est de moi ;
Et le sot campagnard le croit de bonne foi [1].
J'ai beau prendre à témoin et la cour et la ville : —
Non ; à d'autres, dit-il ; on connoît votre style.
Combien de temps ces vers vous ont-ils bien coûté ? —
Ils ne sont point de moi, monsieur, en vérité :
Peut-on m'attribuer ces sottises étranges ? —
Ah ! monsieur, vos mépris vous servent de louanges.

Ainsi de cent chagrins dans Paris accablé,
Juge si, toujours triste, interrompu, troublé,
Lamoignon, j'ai le temps de courtiser les muses [2] :
Le monde cependant se rit de mes excuses,
Croit que, pour m'inspirer sur chaque événement,
Apollon doit venir au premier mandement.

Un bruit court que le roi va tout réduire en poudre,
Et dans Valencienne est entré comme un foudre [3] ;

[1] (H.) De plates satires contre le mariage, contre les maltôtes ecclésiastiques, contre les directeurs, etc., ont été attribuées à Boileau, même imprimées sous son nom, et insérées dans de mauvaises éditions de ses *OEuvres*. Rien ne le désoloit ou ne l'irritoit davantage que de s'entendre quelquefois louer comme auteur de ces productions-là. Brossette raconte qu'un provincial étant venu complimenter Boileau sur la satire contre les gens d'église, le poète lui répondit : « Je vois bien que vous ne connoissez pas encore mes vers. Je vais vous en réciter : *Vient-il de la province une satire fade*, etc. » En prononçant le dernier vers, *et le sot campagnard...*, Boileau jeta, dit-on, sur le pauvre provincial un regard fier et méprisant, et le congédia. Ce procédé seroit bien hautain et bien dur : nous aurions besoin, pour le croire, d'un témoignage plus sûr que celui de Brossette.

[2] (I.)   Tu me inter strepitus nocturnos atque diurnos
   Vis canere, et contracta sequi vestigia vatum ?
      (*Hor.*, lib. II, ep. II, v. 79, 80.)

[3] (Cr.) « Il nous semble, dit d'Alembert que l'expression, *est entré comme un foudre*, est à la fois foible et enflée. (*Note* XIV *sur l'éloge de Despréaux.*)

Que Cambrai, des François l'épouvantable écueil,
A vu tomber enfin ses murs et son orgueil;
Que, devant Saint-Omer, Nassau, par sa défaite,
De Philippe vainqueur¹ rend la gloire complète.
Dieu sait comme les vers chez vous s'en vont couler!
Dit d'abord un ami qui veut me cajoler²,
Et, dans ce temps guerrier, si³ fécond en Achilles,
Croit que l'on fait les vers comme l'on prend les villes.
Mais moi, dont le génie est mort en ce moment,
Je ne sais que répondre à ce vain compliment;
Et, justement confus de mon peu d'abondance,
Je me fais un chagrin du bonheur de la France.

Qu'heureux est le mortel, qui, du monde ignoré⁴,
Vit content de soi-même en un coin retiré;
Que l'amour de ce rien qu'on nomme renommée
N'a jamais enivré d'une vaine fumée;

---

¹ (B.) La bataille de Cassel, gagnée par Monsieur, Philippe de France, frère unique du roi, en 1677.

Brossette prétend que Boileau se vantoit d'avoir su prendre pour célébrer les exploits de Philippe, un ton moins élevé que celui avec lequel il venoit d'exalter le foudroyant Louis XIV. Le public, dit d'Alembert, (*note* XIV) n'observa pas la même nuance dans l'expression de sa joie : le monarque et le prince revinrent ensemble; dans tous les lieux où ils passoient, le peuple crioit, Vive le roi et Monsieur qui a gagné la bataille. Le roi s'en souvint et Monsieur n'en gagna plus.

² (V.)... *cageoler*, dans les anciennes éditions.

³ (V.)... *et* (ibid.)

⁴ (I) Ange Politien avoit exprimé les mêmes idées dans son poème intitulé *Rusticus*, vers 17-20 :

> Felix ille animi divisque simillimus ipsis,
> Quem non mendaci resplendens gloria fuco
> Sollicitat, non fastosi mala gaudia luxus;
> Sed tacitos sinit ire dies, et paupere cultu
> Exigit innocuæ tranquilla silentia vitæ!

Qui de sa liberté forme tout son plaisir,
Et ne rend qu'à lui seul compte de son loisir !
Il n'a point à souffrir d'affronts ni d'injustices,
Et du peuple inconstant il brave les caprices.
Mais nous autres faiseurs de livres et d'écrits,
Sur les bords du Permesse aux louanges nourris,
Nous ne saurions briser nos fers et nos entraves,
Du lecteur dédaigneux honorables esclaves.
Du rang où notre esprit une fois s'est fait voir,
Sans un fâcheux éclat nous ne saurions déchoir.
Le public, enrichi du tribut de nos veilles,
Croit qu'on doit ajouter merveilles sur merveilles.
Au comble parvenus il veut que nous croissions :
Il veut en vieillissant que nous rajeunissions.
Cependant tout décroît; et moi-même à qui l'âge
D'aucune ride encor n'a flétri le visage,
Déjà moins plein de feu, pour animer ma voix,
J'ai besoin du silence et de l'ombre des bois :
Ma muse, qui se plaît dans leurs routes perdues,
Ne sauroit plus marcher sur le pavé des rues.
Ce n'est que dans ces bois, propres à m'exciter,
Qu'Apollon quelquefois daigne encor m'écouter.

Ne demande donc plus par quelle humeur sauvage
Tout l'été, loin de toi, demeurant au village,
J'y passe obstinément les ardeurs du lion[1],
Et montre pour Paris si peu de passion.
C'est à toi, Lamoignon, que le rang, la naissance,
Le mérite éclatant et la haute éloquence

---

[1] (I.) . . . . , ... Ubi gratior aura
   Leniat et rabiem canis et momenta leonis,
   Quum semel accepit solem furibundus acutum ?
            (*Hor.*, lib. I, ep. x, v. 15-17.)

Appellent dans Paris aux sublimes emplois,
Qu'il sied bien d'y veiller pour le maintien des lois.
Tu dois là tous tes soins au bien de ta patrie :
Tu ne t'en[1] peux bannir que l'orphelin ne crie,
Que l'oppresseur ne montre un front audacieux :
Et Thémis pour voir clair a besoin de tes yeux.
Mais pour moi, de Paris citoyen inhabile,
Qui ne lui puis fournir qu'un rêveur inutile,
Il me faut du repos, des prés et des forêts.
Laisse-moi donc ici, sous leurs ombrages frais,
Attendre que septembre ait ramené l'automne,
Et que Cérès contente ait fait place à Pomone.
Quand Bacchus comblera de ses nouveaux bienfaits
Le vendangeur ravi de ployer sous le faix,
Aussitôt ton ami, redoutant moins la ville,
T'ira joindre à Paris, pour s'enfuir à Bâville[2].
Là, dans le seul loisir que Thémis t'a laissé,
Tu me verras souvent à te suivre empressé,
Pour monter à cheval rappelant mon audace,
Apprenti[3] cavalier galoper sur ta trace.
Tantôt sur l'herbe assis, au pied de ces côteaux
Où Polycrène[4] épand ses libérales eaux,
Lamoignon, nous irons, libres d'inquiétude,

---

[1] (Cr.) « *Tu dois là tous tes soins... Tu ne t'en peux...* La multi-
« plicité des *t* rend ces vers durs. *Tu ne peux t'en bannir* valoit mieux,
« il me semble, pour la douceur et l'harmonie, que *tu ne t'en peux ban-*
« *nir*. » Le Brun.

[2] (B.) Maison de campagne de M. de Lamoignon.

[3] (V.) ... *apprentif*, dans l'édition de 1713.

[4] (B.) Fontaine à une demi-lieue de Bâville, ainsi nommée par
feu monseigneur le premier président de Lamoignon. (*Édit. de* 1683
et de 1685.) — Le nom de Polycrène étoit formé des deux mots grecs
πόλυς et κρήνη (copieuse fontaine).

Discourir des vertus dont tu fais ton étude ;
Chercher quels sont les biens véritables ou¹ faux²,
Si l'honnête homme en soi doit souffrir des défauts ;
Quel chemin le plus droit à la gloire nous guide,
Ou la vaste science, ou la vertu solide.
C'est ainsi que chez toi tu sauras m'attacher.
Heureux si les fâcheux, prompts à nous y chercher,
N'y viennent point semer l'ennuyeuse tristesse !
Car, dans ce grand concours d'hommes de toute espèce,
Que sans cesse à Bâville attire le devoir,
Au lieu de quatre amis qu'on attendoit le soir,
Quelquefois de fâcheux arrivent trois volées,
Qui du parc à l'instant assiégent les allées.
Alors sauve qui peut : et quatre fois heureux
Qui sait pour s'échapper quelque antre ignoré d'eux³ !

¹ (V.) ... *et* au lieu d'*où*, dans les éditions antérieures à 1713.

² (I.) Depuis le vers 153 jusqu'au 159ᵉ, Boileau imite ces vers d'Horace, l. II, sat. VI, v. 72-76.

> . . . . Quod magis ad nos
> Pertinet, et nescire malum est, agitamus : utrumne
> Divitiis homines, an sint virtute beati ;
> Quidve ad amicitias, usus, rectumve, trahat nos ;
> Et quæ sit natura boni, summumque quid ejus.

³ (Cr.) La Harpe rend hommage à cette excellente épître : « il « ne croit pas que les meilleures épîtres d'Horace puissent soutenir « le parallèle... avec celle qui est adressée à Lamoignon sur les plai- « sirs de la campagne, mis en opposition avec la vie inquiète et « agitée qu'on mène à la ville. » (*Lycée*, part. II, liv. I, chap. 10.)

Delille en a jugé autrement, d'après une théorie, à notre avis, beaucoup moins saine.

ÉPITRE VII.

(1677[1])

A M. RACINE.

LE PROFIT A TIRER DES CRITIQUES.

Que tu sais bien, Racine, à l'aide[2] d'un acteur[3],

[1] (Cr.) « L'époque de cette épître, dit La Harpe, fait autant d'honneur à Boileau que l'épître même : elle fut adressée à Racine au moment où la cabale avoit fait abandonner *Phèdre* et accumuloit contre la pièce et l'auteur les critiques et les libelles. Boileau seul tint ferme contre l'orage, et voulut rendre publique sa protestation contre l'injustice. » (*Lycée*, part. II, liv. 1, chap. 10.)

[2] (Cr.) « Il semble dit Pradon, *Nouv. rem.*, page 92, que l'on crie *à l'aide*. » De si plates critiques décèlent à la fois le besoin et l'impuissance d'outrager.

[3] (Cr.) Un des éditeurs de Racine s'est figuré que c'étoit rabaisser ce poète que de parler des acteurs dont le jeu contribuoit au succès de ses pièces. C'est un exemple des illusions auxquelles le métier de commentateurs nous expose. Il seroit superflu de prouver que Despréaux n'a jamais eu une pareille intention et que son épître est, au contraire, consacrée à la plus grande gloire de Racine. On en trouvera la preuve dans les détails historiques qui vont suivre.

La *Phèdre* de Racine avoit été représentée le 1er janvier 1677, et celle de Pradon deux jours après. La duchesse de Bouillon et le duc de Nevers, son frère, protégeoient Pradon et sa pièce.

Racine fils raconte (*Mémoires*, page 66) que ces deux chefs de la cabale formée contre son père « s'avisèrent d'une nouvelle ruse qui leur coûta, disoit Boileau, quinze mille livres : ils retinrent les premières loges pour les six premières représentations de l'une et de l'autre pièce ; et par conséquent ces loges étoient vides ou remplies, quand ils vouloient. Les six premières représentations furent si favorables à *la Phèdre* de Pradon et si contraires à celle de mon père qu'il étoit prêt de craindre pour elle une véritable chute. »

Émouvoir, étonner, ravir un spectateur†
Jamais Iphigénie, en Aulide immolée,

Madame Deshoulières fit contre *la Phèdre* de Racine un sonnet qui parut assez mauvais pour être attribué au duc de Nevers. Le voici :

>Dans un fauteuil doré, Phèdre tremblante et blême
>Dit des vers où d'abord personne n'entend rien :
>Sa nourrice lui fait un sermon fort chrétien
>Contre l'affreux dessein d'attenter sur soi-même.
>
>Hippolyte la hait presque autant qu'elle l'aime :
>Rien ne change son cœur ni son chaste maintien.
>La nourrice l'accuse ; elle s'en punit bien :
>Thésée a pour son fils une rigueur extrême.
>
>Une grosse Aricie, au teint rouge, aux crins blonds,
>N'est là que pour montrer deux énormes tétons,
>Que, malgré sa froideur, Hippolyte idolâtre.
>
>Il meurt enfin, traîné par ses coursiers ingrats ;
>Et Phèdre, après avoir pris de la mort aux rats,
>Vient, en se confessant, mourir sur le théâtre.

On répondit par un sonnet sur les mêmes rimes contre le duc de Nevers et contre sa sœur Hortense Mancini. Ce second sonnet est *l'écrit scandaleux* dont parle Boileau, épître VI, v. 61, ci-dessus page 56 ; et comme il a été attribué, quoique mal à propos sans doute, à Racine et à Despréaux, nous croyons devoir l'insérer ici :

>Dans un palais doré, Damon jaloux et blême
>Fait des vers où jamais personne n'entend rien.
>Il n'est ni courtisan, ni guerrier, ni chrétien,
>Et souvent pour rimer il s'enferme lui-même.
>
>La muse, par malheur, le hait autant qu'il l'aime.
>Il a d'un franc poète et l'air et le maintien ;
>Il veut juger de tout, et n'en juge pas bien :
>Il a pour le phébus une tendresse extrême.
>
>Une sœur vagabonde, aux crins plus noirs que blonds,
>Va partout l'univers promener deux tétons,
>Dont, malgré son pays, Damon est idolâtre.
>
>Il se tue à rimer pour des lecteurs ingrats.
>L'Énéide, à son goût, est de la mort aux rats ;
>Et, selon lui, Pradon est le roi du théâtre.

On pense que ces quatorze vers avoient été composés dans une société où se trouvoient le chevalier de Nantouillet, le comte de Fiesque, le marquis de Manicamp, le marquis d'Effiat et Guilleragues, celui auquel l'épître V de Boileau est adressée. Cette liste montre qu'il restoit à Racine des partisans parmi les gens de cour : sa *Phèdre* eut

N'a coûté[1] tant de pleurs à la Grèce assemblée,
Que dans l'heureux spectacle à nos yeux étalé
En a[2] fait sous son nom verser la Champmêlé[3].
Ne crois pas toutefois, par tes savants ouvrages,
Entraînant tous les cœurs, gagner tous les suffrages.
Sitôt que d'Apollon un génie inspiré
Trouve loin du vulgaire un chemin ignoré,
En cent lieux contre lui les cabales s'amassent ;
Ses rivaux obscurcis autour de lui croassent[4] :
Et son trop de lumière importunant les yeux,
De ses propres amis lui fait des envieux ;
La mort seule ici-bas, en terminant sa vie,
Peut calmer sur son nom l'injustice et l'envie[5] ;

un défenseur, non moins honorable, dans le théologien Antoine Arnauld, qui la lut, l'admira et déclara que de pareils spectacles ne pouvoient nuire aux mœurs.

[1] (Cr.) Le Brun aimeroit mieux *ne coûta tant*, afin d'éviter la fréquence de l'é fermé, répété avant et après ; et d'ailleurs parce que Boileau, récitoit *coûta tant*, à ce qu'assuroit Louis Racine.

N'a coûté, qui se lit dans toutes les éditions, nous paroît moins dur, et meilleur à tous égards.

[2] (V.) *N'en a fait* : la leçon *En a*, établie dans la plupart des éditions revues par Boileau, est plus harmonieuse et peut-être aussi plus correcte.

[3] (B.) Célèbre comédienne. — L'article *la* se joignoit alors au nom des comédiennes les plus estimées ; et l'on a lieu de croire que cette expression n'étoit pas encore injurieuse, puisque Despréaux l'emploie en parlant d'une actrice qu'il ne vouloit certainement pas mortifier, et que Racine aimoit beaucoup.

[4] (I.) .... Κόρακες ὡς
Ἄκραντα γαρύεμεν
Διὸς πρὸς ὄρνιχα θεῖον.
(*Pindar. Olymp.* II, v. 157-159.)

[5] (I.) Virtutem incolumem odimus,
Sublatam ex oculis quærimus invidi.
(*Hor.*, lib. III, od. XXIV, v. 31.)

Faire au poids du bon ¹ sens peser tous ses écrits,
Et donner à ses vers leur légitime prix ².

Avant qu'un peu de terre, obtenu par prière,
Pour jamais sous la tombe eût enfermé Molière ³,
Mille de ses beaux traits, aujourd'hui si vantés,
Furent des sots esprits à nos yeux rebutés.
L'ignorance et l'erreur à ses naissantes pièces,
En habits de marquis, en robes de comtesses,
Venoient pour diffamer son chef-d'œuvre nouveau,
Et secouoient la tête à l'endroit le plus beau.

> Comperit invidiam supremo fine domari.
> Urit enim fulgore suo qui præegravat artes
> Infrà se positas; exstinctus amabitur idem.
> (*Hor.*, lib. II, ep. 1, v. 12-14.)

> Pascitur in vivis livor, post fata quiescit,
> Quum suus ex merito quemque tuetur honos.
> (*Ovid. Amor.*, lib. I, eleg. xv, v. 39, 40.)

¹ (V.) ...*du droit sens*, dans les éditions antérieures à 1701.

² (V.) Ce vers et le précédent en ont remplacé deux qui devoient s'appliquer au duc de Nevers et à sa sœur : Brossette n'a transcrit que le second et un seul mot du premier :

> Réprimer. . . . .
> Des sots de qualité l'ignorante hauteur.

³ (H.) Molière, l'un des plus grands hommes d'un siècle illustre, mourut, le 17 février 1673, âgé de cinquante-trois ans selon l'opinion commune, de cinquante-un s'il est vrai qu'il ne soit né qu'en 1622, comme on l'affirme aujourd'hui. Le curé de Saint-Eustache refusa de l'enterrer ; mais le roi Louis XIV détermina l'archevêque de Paris, Harlay, à éviter le scandale. Deux prêtres assistèrent à l'enterrement, qui se fit sans autre pompe que la présence des nombreux amis de cet immortel poète, qui tous tenoient un flambeau à la main. Le corps fut déposé dans le cimetière qui se trouvoit derrière la chapelle de Saint-Joseph. Il a été transféré depuis dans le Musée des monuments françois, ensuite dans l'enceinte dite du P. La Chaise.

Le commandeur [1] vouloit la scène plus exacte;
Le vicomte indigné sortoit au second acte [2] :
L'un, défenseur zélé des bigots mis en jeu,
Pour prix de ses bons mots le condamnoit au feu [3];
L'autre, fougueux marquis, lui déclarant la guerre,
Vouloit venger la cour immolée au parterre [4].
Mais, sitôt que d'un trait de ses fatales mains
La Parque l'eût rayé du nombre des humains,
On reconnut le prix de sa muse éclipsée.
L'aimable comédie, avec lui terrassée,
En vain d'un coup si rude espéra revenir,
Et sur ses brodequins ne put [5] plus se tenir.
Tel fut chez nous le sort du théâtre comique.

Toi donc qui, t'élevant sur la scène tragique,
Suis les pas de Sophocle, et, seul de tant d'esprits,
De Corneille vieilli sais consoler Paris [6],

---

[1] (H.) De Souvré : il s'étoit déclaré contre *l'École des femmes*.

[2] (H.) Du Broussin, pour faire sa cour au commandeur de Souvré, sortit d'une représentation de *l'École des femmes*, au second acte, n'ayant pas, disoit-il, la patience d'écouter une pièce où les règles étoient violées. De Souvré et Du Broussin n'étoient connoisseurs qu'en bonne chère. Voyez, ci-dessus, tome I, page 86, tome II, page 54.

[3] (H.) Bourdaloue avoit prêché, tonné contre l'auteur du *Tartufe*.

[4] (H.) Le nommé Plapisson qui assistoit, placé sur le théâtre, à une représentation de *l'École des femmes*, eut l'insolence de se tourner vers le parterre, en s'écriant : ris donc parterre, ris donc. Molière a retracé ce fait dans la quatrième scène de la petite comédie intitulée, *Critique de l'école des femmes*.

[5] (Cr.) « *Put plus* est un peu dur, dit Voltaire ; mais Boileau « avoit raison quand il disoit que la bonne comédie n'avoit pu sur- « vivre à Molière. » (*Dict. philosoph.*, au mot *Art dramatique*.)

Le Brun croit trouver une beauté dans *put plus* : « Le vers, dit-« il, est chancelant comme le personnage. » L'observation est ingénieuse ; mais la cacophonie est encore plus sensible.

[6] (Cr.) Quoiqu'il n'y ait là rien d'outrageant pour Corneille, on

Cesse de t'étonner si l'envie animée,
Attachant à ton nom sa rouille envenimée,
La calomnie en main quelquefois te poursuit.
En cela, comme en tout, le ciel qui nous conduit,
Racine, fait briller sa profonde sagesse.
Le mérite en repos s'endort dans la paresse :
Mais par les envieux un génie excité
Au comble de son art est mille fois monté.
Plus on veut l'affoiblir, plus il croît et s'élance.
Au Cid persécuté Cinna doit sa naissance[1];
Et peut-être ta plume aux censeurs de Pyrrhus[2]
Doit les plus nobles traits dont tu peignis Burrhus.

Moi-même, dont la gloire ici moins répandue

---

voudroit voir ce grand poète traité avec plus d'égards ; et s'il est vrai que le vers de Boileau fasse allusion à la tragédie de *Suréna*, qui venoit d'être jouée sans succès, c'étoit manquer encore plus aux convenances. Il eût été digne de Racine de ne vouloir pas être loué aux dépens de Corneille.

[1] (Cr.) Ce vers répare un peu le tort dont nous venons de nous plaindre. Voyez, sur la persécution suscitée contre *le Cid*, la satire IX de Despréaux, tome I, page 179.

[2] (H.) C'étoit surtout par des gens de cour que la tragédie d'*Andromaque* avoit été censurée. Le prince de Condé y trouvoit Pyrrhus trop emporté, trop violent, trop farouche. Pour faire valoir cette critique déjà recommandée par un si grand nom, Subligny composa contre Racine une comédie intitulée *la Folle querelle*. Quoique ces reproches fussent assez mal fondés, ils rendirent Racine plus circonspect ; il étudia plus profondément son art.

Mais il se vengea des mépris de deux seigneurs par l'épigramme suivante où il s'adresse la parole à lui-même :

> Le vraisemblable est choqué dans ta pièce,
> Si l'on en croit et d'Olonne et Créqui :
> Créqui dit que Pyrrhus aime trop sa maîtresse,
> D'Olonne qu'Andromaque aime trop son mari.

Créqui avoit la réputation d'aimer fort peu les femmes; et d'Olonne, de n'être guère aimé de la sienne.

Des pâles envieux ne blesse point la vue,
Mais qu'une humeur trop libre, un esprit peu soumis,
De bonne heure a pourvu d'utiles ennemis,
Je dois plus à leur haine, il faut que je l'avoue,
Qu'au foible et vain talent dont la France me loue.
Leur venin, qui sur moi brûle de s'épancher,
Tous les jours en marchant m'empêche de broncher.
Je songe, à chaque trait que ma plume hasarde,
Que d'un œil dangereux leur troupe me regarde.
Je sais sur leurs avis corriger mes erreurs,
Et je mets à profit leurs malignes fureurs.
Sitôt que sur un vice ils pensent me confondre,
C'est en me¹ guérissant que je sais leur répondre :
Et plus en criminel ils pensent m'ériger²,
Plus, croissant en vertu, je songe à me venger.
Imite mon exemple; et lorsqu'une cabale,
Un flot³ de vains auteurs follement te ravale,
Profite de leur haine et de leur mauvais sens,
Ris du bruit passager de leurs cris impuissants.
Que peut contre tes vers une ignorance vaine?
Le Parnasse françois, ennobli par ta veine,
Contre tous ces complots saura te maintenir,
Et soulever pour toi l'équitable avenir.
Eh! qui, voyant un jour la douleur vertueuse

¹ (V.) *C'est en m'en*, dans les éditions antérieures à 1713.

² (Cr.) « On dit bien *ériger* en héros, mais peut-on *ériger* en « criminel? je ne le crois pas. Après le verbe *ériger* on attend une « qualification honorable. » LE BRUN.

³ (V.) *Un tas*, dans les éditions de 1683 et 1685. Saint-Marc regrette cette expression ignoble qu'il ne trouve que méprisante; et il critique la métaphore *un flot* comme obscure ou impropre, en quoi il pourroit bien avoir raison.

De Phèdre malgré soi perfide, incestueuse,
D'un si noble travail justement étonné,
Ne bénira d'abord le siècle fortuné
Qui, rendu plus fameux par tes illustres veilles,
Vit naître sous ta main ces pompeuses merveilles [1] ?

Cependant laisse ici gronder quelques censeurs
Qu'aigrissent de tes vers les charmantes douceurs.
Et qu'importe à nos vers [2] que Perrin [3] les admire ;
Que l'auteur du Jonas [4] s'empresse pour les lire [5] ;

---

[1] (Cr.) Mots emphatiques et par conséquent peu expressifs.

[2] (I.) Ce vers et les treize qui le suivent sont imités de ce morceau d'Horace (L. I, sat. x, v. 79-91) :

> Men' moveat cimex Pantilius ? An crucier, quod
> Vellicet absentem Demetrius, aut quod ineptus
> Fannius Hermogenis lædat conviva Tigelli ?
> Plotius et Varius, Mœcenas, Virgiliusque,
> Valgius, et probet hæc Octavius optimus, atque
> Fuscus ; et hæc utinam Viscorum laudet uterque !
> Ambitione relegatâ, te dicere possum,
> Pollio ; te, Messala, tuo cum fratre ; simulque
> Vos, Bibule et Servi, simul his te, candide Furni ;
> Complures alios, doctos ego quos et amicos
> Prudens prætereo ; quibus hæc, sint qualiacumque,
> Arridere velim : doliturus si placeant spe
> Deteriùs nostrâ. Demetri, teque, Tigelli,
> Discipularum inter jubeo plorare cathedras.
> (*Hor.*, lib. I, sat. x, v. 78-91.)

[3] (B.) Il a traduit l'*Énéide* et a fait le premier opéra qui ait paru en France. — Voyez sur Perrin, tome I, pages 126, 160.

[4] (H.) Coras. Voyez tome I, page 170.

[5] (V.) Que. . . . . . au palais s'empresse pour les lire.

A côté du nom inconnu, laissé ici en blanc, Boileau avoit mis cette note : « Conseiller au Parlement qui fait peu de cas de mes ouvrages. » Ce conseiller avoit dit que les vers de Despréaux sentoient le travail. Le vers où le poète vouloit se venger de ce vain propos, devoit paroître, à ce qu'affirme Brossette, dans l'édition de 1701 ; mais sur l'épreuve, Despréaux laissa définitivement : Que l'auteur du Jonas.

Qu'ils charment de Senlis le poëte idiot [1],
Ou le sec traducteur du françois d'Amyot [2] :
Pourvu qu'avec éclat leurs rimes débitées
Soient du peuple, des grands, des provinces goûtées [3];
Pourvu qu'ils puissent [4] plaire au plus puissant des rois [5];
Qu'à Chantilli Condé les souffre quelquefois;
Qu'Enghien en soit touché; que Colbert et Vivonne,

[1] (B.) Linière.
(H.) Brossette dit que Linière avoit l'air d'un idiot. Cependant les yeux de Linière plaisoient fort à madame Deshoulières :

> Ils sont fins, ils sont doux, voilà leur agrément,

disoit-elle dans une longue pièce de vers insérée tome I, pages 4-8 de ses œuvres, édit. de 1764, in-12. Madame Deshoulières avoue pourtant que les yeux de Linière sont *rouges par les bords*; mais

> Sur tous les autres nez son nez a l'avantage....
> Sa bouche, à ce qu'on dit, ne manque point d'appas ;
> Elle a ce beau vermeil que tant d'autres n'ont pas....
> J'ai bien d'autres beautés à vanter que cela ;
> Des cheveux longs et fins où le zéphir se joue....
> Ils sont d'un beau châtain, etc.

Voyez sur Linière, tome I, page 180; tome II, page 17.

[2] (H.) L'abbé François Tallemant donna en 1683 une version des *Vies de Plutarque*, où il n'avoit fait que rajeunir et le plus souvent gâter l'excellente traduction d'*Amyot*. Ce Tallemant né à La Rochelle en 1620, mort à Paris en 1693, étoit de l'Académie françoise depuis 1651 : son cousin Paul Tallemant y entra en 1666.

[3] (V.) Les vers 89, 90, 91 et 92 n'étoient point dans les éditions antérieures à 1701. On prétend qu'avant l'impression, Boileau récitoit le 91e et le 92e de cette manière :

> Pourvu qu'avec honneur leurs rimes débitées
> Du public dédaigneux ne soient point rebutées.

[4] (V.) ... *qu'ils sachent*, avant 1713.

[5] (Cr.) « J'avoue, dit Voltaire, que j'aime mieux le *Mæcenas Virgiliusque* dans Horace que le *plus puissant des rois* dans Boileau.» *Epître dédic.* de la tragédie de *don Pèdre* à d'Alembert.

Que la Rochefoucauld [1], Marsillac [2] et Pomponne [3],
Et mille autres qu'ici je ne puis faire entrer [4],
A leurs traits délicats se laissent pénétrer?
Et plût au ciel encor, pour couronner l'ouvrage,
Que Montausier voulût leur donner son suffrage [5] !

C'est à de tels lecteurs que j'offre mes écrits;
Mais pour un tas grossier de frivoles esprits,
Admirateurs zélés de toute œuvre insipide,
Que, non loin de la place où Brioché [6] préside,

---

[1] (H.) L'auteur *des Maximes*, né en 1613, mort en 1680, sans avoir été membre de l'Académie françoise.

[2] (H.) Fils du précédent.

[3] (H.) Simond Arnauld, marquis de Pomponne, fils de Robert Arnauld d'Andilly, et neveu d'Antoine Arnauld le théologien. Pomponne mourut ministre d'état en 1699.

[4] (Cr.) Horace a dit seulement :

> Complures alios, doctos ego quos et amicos
> Prudens prætereo.

Le vers de Boileau est moins élégant : *mille* peut, à beaucoup d'égards, sembler un nombre excessif; il s'agit de juges d'élite : c'est rabaisser un peu ceux qu'on nomme que de multiplier si fort leurs pareils qu'on ne *peut* tous nommer.

[5] (H.) Ce vers réconcilia Montausier avec Boileau.

« En poète qui connoissoit le pouvoir des louanges, ou plutôt en
« philosophe qui connoissoit les hommes, Despréaux glissa dans un
« de ses ouvrages un mot d'éloge pour le duc de Montausier; et
« toute la sévérité du courtisan misanthrope échoua contre ce petit
« grain d'encens habilement préparé. L'éloge n'étoit ni fade, ni
« exagéré..., et ce fut pour avoir été renfermé dans cette juste me-
« sure qu'il eut tout l'effet dont le poète s'étoit flatté. Encouragé
« par ce premier succès, Despréaux se hâta de porter le dernier
« coup à l'austérité chancelante de son détracteur, en lui avouant
« combien il se sentoit humilié de n'avoir pas pour ami le plus
« honnête homme de la cour. (D'Alembert, *Éloge de Despréaux*.)

[6] (B.) Fameux joueur de marionnettes logé proche des comédiens.

Sans chercher dans les vers ni cadence ni son [1],
Il s'en aille admirer le savoir de Pradon [2] !

[1] (I.) . . . . Immodulata poemata.
(*Hor.*, Art. poet., v. 263.)

[2] (Cr.) Inspirée à la fois par le bon goût, et par l'amitié la plus courageuse, cette excellente épître a fait taire les bruyants et puissants détracteurs de l'un des chefs-d'œuvre de Racine.

> Les cris injurieux d'un public abusé
> A l'oracle du goût n'en ont point imposé ;
> Despréaux, signalant un utile courage,
> Au jugement vulgaire opposa son suffrage ;
> Et, payant au génie un tribut mérité,
> Prononça les décrets de la postérité.
> (Chénier, *Essai sur la satire.*)

ÉPITRE VIII.

(1675)

AU ROI.

REMERCIEMENT.

Grand roi, cesse de vaincre, ou je cesse d'écrire[1].
Tu sais bien que mon style est né pour la satire ;
Mais mon esprit, contraint de la désavouer,
Sous ton règne étonnant ne veut plus que louer.
Tantôt, dans les ardeurs de ce zèle incommode,
Je songe à mesurer les syllabes d'une ode ;
Tantôt d'une Énéide auteur ambitieux,
Je m'en forme déjà le plan audacieux :
Ainsi, toujours flatté d'une douce manie,
Je sens de jour en jour dépérir mon génie ;
Et mes vers, en ce style ennuyeux, sans appas,
Déshonorent ma plume, et ne t'honorent pas.
   Encor si ta valeur, à tout vaincre obstinée,

---

[1] (H.) Au moment où Boileau alloit publier cette épître, Louis XIV n'avoit que trop *cessé de vaincre*. La fin de la campagne de 1675 avoit été fort malheureuse : Turenne étoit mort, et Créqui, prisonnier. L'armée françoise avoit repassé le Rhin. Après tant de revers le début de cette épître auroit semblé ironique. Despréaux l'avoit bien changé ainsi : *Grand roi sois moins louable ou je cesse d'écrire ;* mais c'étoit une ligne extrêmement froide au lieu d'un très-beau vers. Le poète aima mieux attendre de meilleures circonstances et retarda de quelques mois l'impression de sa pièce.

Nous laissoit, pour le moins, respirer une année,
Peut-être mon esprit, prompt à ressusciter,
Du temps qu'il a perdu sauroit se racquitter.
Sur ses nombreux défauts, merveilleux à décrire,
Le siècle m'offre encor plus d'un bon mot à dire [1].
Mais à peine Dinan et Limbourg sont forcés,
Qu'il faut chanter Bouchain et Condé terrassés [2].
Ton courage, affamé de péril et de gloire,
Court d'exploits en exploits, de victoire en victoire.
Souvent ce qu'un seul jour te voit exécuter
Nous laisse pour un an d'actions à compter [3].

Que si quelquefois, las [4] de forcer des murailles,
Le soin de tes sujets te rappelle à Versailles,
Tu viens m'embarrasser de mille autres vertus [5]:

---

[1] (V.) Au lieu de ce vers et du précédent, on lit dans toutes les éditions antérieures à 1713 :

> Le Parnasse françois, non exempt de tous crimes,
> Offre encore à mes vers des sujets et des rimes.

On fit observer à Boileau que le premier de ces vers étoit dur et que d'ailleurs il resserroit beaucoup trop la mission d'un poète satirique, en la restreignant à la censure des mauvais écrivains. Boileau fit, dit-on, plus de quarante vers avant d'en trouver deux à substituer à ceux-là.

[2] (V.) Boileau avoit d'abord écrit :

> Mais à peine Salins et Dole sont forcés,
> Qu'il faut chanter Bouchain et Condé terrassés.

[3] (Cr.) Vers peu digne de Boileau, ainsi que l'a remarqué Le Brun.

[4] (Cr.) Cet hémistiche n'est ni élégant ni flatteur pour l'oreille, dit encore Le Brun.

[5] (Cr.) *M'embarrasser de vertus.* C'est aussi avec raison que Le Brun condamne cette expression comme recherchée. Quand l'alliance d'un mot familier avec des termes nobles ne produit aucun effet, il n'y reste que de la prétention.

Te voyant de plus près, je t'admire encor plus.
Dans les nobles douceurs d'un séjour plein de charmes,
Tu n'es pas moins héros qu'au milieu des alarmes :
De ton trône agrandi portant seul tout le faix,
Tu cultives les arts; tu répands les bienfaits;
Tu sais récompenser jusqu'aux muses critiques.
Ah! crois-moi, c'en est trop. Nous autres satiriques,
Propres à relever les sottises du temps,
Nous sommes un peu nés pour être mécontents :
Notre muse, souvent paresseuse et stérile,
A besoin, pour marcher, de colère et de bile.
Notre style languit dans un remerciement;
Mais, grand roi, nous savons nous plaindre élégamment.
 Oh! que, si je vivois sous les règnes sinistres
De ces rois nés valets de leurs propres ministres,
Et qui, jamais en main ne prenant le timon,
Aux exploits de leur temps ne prêtoient que leur nom;
Que, sans les fatiguer d'une louange vaine,
Aisément les bons mots couleroient de ma veine!
Mais toujours sous ton règne il faut se récrier;
Toujours, les yeux au ciel, il faut remercier.
Sans cesse à t'admirer ma critique forcée
N'a plus en écrivant de maligne pensée,
Et mes chagrins sans fiel et presque évanouis,
Font grâce à tout le siècle en faveur de Louis [1].

---

[1] (I.) Saint-Marc cite ici, d'après Desforges-Maillard, les vers latins où Saint-Géniez dit :

>AEterno, Delbene, mihi celebrabere cantu.
>Occurris tu sæpe animo dum Musa querelas
>Incipit et cœptos cogis dimittere versus
>Placatam. Sermone loqui dediscit amaro,
>Ignorat satiras, in te dum spectat, et isti
>Desinit irasci quod te produxerit ævo.

En tous lieux cependant la Pharsale [1] approuvée,
Sans crainte de mes vers, va la tête levée;
La licence partout règne dans les écrits :
Déjà le mauvais sens, reprenant ses esprits,
Songe à nous redonner des poèmes épiques [2],
S'empare des discours mêmes [3] académiques;
Perrin [4] a de ses vers obtenu le pardon,
Et la scène françoise est en proie à Pradon [5].
Et moi, sur ce sujet loin d'exercer ma plume,
J'amasse de tes faits le pénible [6] volume,
Et ma muse, occupée à cet unique emploi,
Ne regarde, n'entend, ne connoît plus que toi [7]!

[1] (B.) La Pharsale de Brébeuf.

[2] (B.) *Childebrand* et *Charlemagne*, poèmes qui n'ont point réussi.
(H.) Le premier étoit de Carel de Sainte-Garde; le second, de Louis Le Laboureur.

[3] (Cr.) *Même* ne doit être considéré ici que comme adverbe, malgré la lettre finale *s*; car cet adverbe s'écrivoit quelquefois ainsi. *Même et mêmes adverbe, tous deux sont bons*, dit Vaugelas, *et avec s et sans s.* Vaugelas proposoit toutefois de supprimer *s* lorsque *même* se trouvoit employé comme adverbe à la suite d'un pluriel, et par conséquent il auroit écrit : LES *discours* MÊME *académiques*, plutôt que *mêmes académiques;* mais ce n'étoit encore qu'un simple conseil. Aujourd'hui, *même*, quand il est adverbe, s'écrit toujours sans *s*.

Un des nouveaux commentateurs de Boileau dit qu'au temps de ce poète, la règle qui veut que *même* adverbe soit *indéclinable*, n'étoit pas encore établie : un adverbe peut bien s'écrire de deux manières, mais il ne se *décline* jamais.

[4] (H.) Voyez ci-dessus tome I, pages 126, 160.

[5] (V.) ...*à P****, dans quelques éditions.

[6] (Cr.) *Pénible* ne s'emploieroit plus dans le sens que Despréaux lui donne ici, et peut-être cette expression étoit-elle déjà peu juste en 1675. Ce vers et les deux suivants pourroient faire croire que Boileau avoit commencé de remplir les fonctions d'historiographe; mais il n'eut ce titre qu'en 1677. Voyez Vie de Boileau, tome I, page xciv.

[7] (I.) Vers imité par Voltaire, *Henriade*, ch. IX, v. 238.

N'aime, ne voit, n'entend, ne connoît que d'Estrée.

Tu le sais bien pourtant, cette ardeur empressée
N'est point en moi l'effet d'une ame intéressée.
Avant que tes bienfaits courussent me chercher[1],
Mon zèle impatient ne se pouvoit cacher :
Je n'admirois que toi. Le plaisir de le dire
Vint m'apprendre à louer au sein de la satire.
Et, depuis que tes dons sont venus m'accabler,
Loin de sentir mes vers avec eux redoubler,
Quelquefois, le dirai-je? un remords légitime,
Au fort de mon ardeur, vient refroidir ma rime.
Il me semble, grand roi, dans mes nouveaux écrits,
Que mon encens payé n'est plus du même prix.
J'ai peur que l'univers, qui sait ma récompense,
N'impute mes transports à ma reconnoissance;
Et que par tes présents mon vers décrédité
N'ait moins de poids pour toi dans la postérité.
    Toutefois je sais vaincre un remords qui te blesse.
Si tout ce qui reçoit des fruits de ta largesse
A peindre tes exploits ne doit point s'engager[2],

---

[1] Les amis de Boileau comparoient ce morceau à celui de l'épître I :

    Et comme tes exploits étonnant ce lecteur, etc.

(ci-dessus pages 15, 16), et ne savoient auquel donner la préférence. Le morceau de l'épître I, disoit Boileau, fait plus d'honneur au roi, puisqu'il y est loué, pour ainsi dire, par la satire même ; le second fait plus d'honneur au poète, parce qu'il y annonce ses éloges comme entièrement désintéressés. On ne connoit ce prétendu jugement de Boileau que par le témoignage de Brossette.

[2] (Cr.) Boileau veut dire : *Si aucun de ceux qui reçoivent des fruits de ta largesse, ne doit s'engager à peindre tes exploits ;* mais il n'exprime point cette idée avec assez d'exactitude grammaticale ; car la phrase, TOUT *ce qui reçoit...* NE *doit point s'engager...*, signifie seulement que ceux qui reçoivent des largesses, ne doivent pas *tous* s'engager à chanter les exploits ; ce qui permet de supposer qu'il y en a quelques-uns qui le doivent. Nous faisons cette remarque, parce que

Qui d'un si juste soin se pourra donc charger ?
Ah! plutôt de nos sons redoublons l'harmonie :
Le zèle à mon esprit tiendra lieu de génie.
Horace tant de fois dans mes vers imité,
De vapeurs en son temps, comme moi tourmenté,
Pour amortir le feu de sa rate indocile,
Dans l'encre quelquefois sut égayer sa bile [1].
Mais de la même main qui peignit Tullius [2],
Qui d'affronts immortels couvrit Tigellius [3],
Il sut fléchir Glycère, il sut vanter Auguste,
Et marquer sur la lyre une cadence juste [4].
Suivons les pas fameux d'un si noble écrivain.
A ces mots, quelquefois prenant la lyre en main,
Au récit que pour toi je suis près d'entreprendre,
Je crois voir les rochers accourir pour m'entendre;
Et déjà mon vers coule à flots précipités,
Quand j'entends le lecteur qui me crie : Arrêtez.
Horace eut cent talents; mais la nature avare
Ne vous a rien donné qu'un peu d'humeur bizarre :
Vous passez en audace et Perse et Juvénal;
Mais sur le ton flatteur Pinchêne [5] est votre égal.

la construction vicieuse dont Boileau donne ici l'exemple est fort souvent employée.

[1] (Cr.) « L'expression d'*égayer sa bile dans l'encre* est plaisante et « originale ; mais c'est dommage qu'il n'y eût point d'encre du « temps d'Horace. » LE BRUN.

[2] (B.) Sénateur romain (1683). — César l'exclut du sénat; mais il y resta après sa mort (1713). — Voyez Horace, satire IV du livre I.

[3] (B.) Fameux musicien, le plus estimé de son temps et fort chéri d'Auguste. — Voyez Horace, satire IV et IX du livre I.

[4] (Cr.) « L'adjectif est très-bien jeté à la fin du vers ; il marque « la précision de la cadence. » LE BRUN.

[5] (H.) Voyez ci-dessus page 43.

A ce discours, grand roi, que pourrois-je répondre ?
Je me sens sur ce point trop facile à confondre ;
Et, sans trop relever des reproches si vrais,
Je m'arrête à l'instant, j'admire et je me tais[1].

[1] (Cr.) Cette épître est peut-être celle où Despréaux a le mieux imité le goût et le ton des épîtres d'Horace : elle se distingue par la grace du style; ce n'est pourtant pas une raison de la déclarer, avec Saint-Marc, préférable à la première et à la quatrième.

ÉPITRE IX.

(1675)

AU MARQUIS DE SEIGNELAY[1].

RIEN N'EST BEAU QUE LE VRAI.

Dangereux ennemi de tout mauvais flatteur,
Seignelay[2], c'est en vain qu'un ridicule auteur,
Prêt à porter ton nom de l'Èbre[3] jusqu'au Gange[4],
Croit te prendre aux filets d'une sotte louange.
Aussitôt ton esprit, prompt à se révolter[5],
S'échappe, et rompt le piége où l'on veut l'arrêter.
Il n'en est pas ainsi de ces esprits frivoles
Que tout flatteur endort au son de ses paroles ;
Qui, dans un vain sonnet, placés au rang des dieux,
Se plaisent à fouler l'Olympe radieux[6] ;

---

[1] (V.) *A monseigneur le M. de Seignelay*, dans les éditions antérieures à 1701.

[2] (B.) Jean-Baptiste Colbert, ministre et secrétaire d'état, mort en 1690, fils (*aîné*) de Jean-Baptiste Colbert, ministre et secrétaire d'état (mort en 1683).

[3] (B.) Rivière d'Espagne.

[4] (B.) Rivière des Indes.

[5] (I.) . . . . Nisi dextro tempore, Flacci
Verba per attentam non ibunt Cæsaris aurem,
Cui male si palpere, recalcitrat undique tutus.
(*Hor.*, lib. II, sat. 1 ; v. 18-20.)

[6] (I.) Candidus insuetum miratur limen Olympi,
Sub pedibusque videt nubes et sidera Daphnis.
(*Virg.*, egl. V, v. 56.)

Et, fiers du haut étage où La Serre[1] les loge,
Avalent sans dégoût le plus grossier éloge.
Tu ne te repais point d'encens à si bas prix.
Non que tu sois pourtant de ces rudes esprits
Qui regimbent toujours, quelque main qui les flatte :
Tu souffres la louange adroite et délicate,
Dont la trop forte odeur n'ébranle point les sens.
Mais un auteur novice à répandre l'encens
Souvent à son héros, dans un bizarre ouvrage,
Donne de l'encensoir au travers du visage,
Va louer Monterey[2] d'Oudenarde forcé[3],
Ou vante aux électeurs Turenne repoussé[4].
Tout éloge imposteur blesse une ame sincère.
Si, pour faire sa cour à ton illustre père,
Seignelay, quelque auteur, d'un faux zèle emporté,
Au lieu de peindre en lui la noble activité,
La solide vertu, la vaste intelligence,
Le zèle pour son roi, l'ardeur, la vigilance,
La constante équité, l'amour pour les beaux-arts,
Lui donnoit les vertus d'Alexandre ou de Mars[5];

---

[1] (H.) La Serre composoit, sous le titre de *Portraits*, des éloges en vers et en prose. — Voyez tome I, page 91.

[2] (B.) Gouverneur des Pays-Bas.

[3] (H.) Monterey avoit assiégé Oudenarde : Condé le força de lever le siége avec précipitation le 12 septembre 1674.

[4] (H.) Turenne au contraire avoit battu l'armée des électeurs à Turckheim, le 5 janvier 1675.

[5] (Cr.) Marmontel a critiqué ce morceau. « Dans l'épître à M. de « Seignelay, dit-il, la plus estimée de celles de Boileau, le poète, « pour démasquer la flatterie, la suppose stupide et grossière, ab-« surde et choquante, au point de louer un général d'armée sur sa « défaite et un ministre d'état sur ses exploits militaires : est-ce là « présenter le miroir aux flatteurs ? » (*Élém. de litt.*, article *Epître*.)

Nous n'examinons point si l'épître à Seignelay, très-belle en

Et, pouvant justement l'égaler à Mécène,
Le comparoit au fils de Pélée [1] ou d'Alcmène [2] :
Ses yeux, d'un tel discours foiblement éblouis [3],
Bientôt dans ce tableau reconnoîtroient Louis ;
Et, glaçant d'un regard la muse et le poète,
Imposeroient silence à sa verve indiscrète.

Un cœur noble est content de ce qu'il trouve en lui,
Et ne s'applaudit point des qualités d'autrui.
Que me sert en effet qu'un admirateur fade
Vante mon embonpoint, si je me sens malade ;

effet, doit passer pour la meilleure de celles de Boileau. Mais pourquoi donc ce poète n'auroit-il pas pu attribuer à la flatterie *novice* (vers 18) quelques faux pas et quelques bévues ? La flatterie seroit trop heureuse, si elle n'étoit jamais maladroite ; la franchise et l'amitié le sont bien quelquefois. Tout métier, et celui de flatter plus que bien d'autres, exige un apprentissage. Au surplus Horace a fait la même supposition que Boileau ; car ces vers

    Si pour faire sa cour à ton illustre père, etc.

sont imités de ceux que le poète latin adresse à Quinctius, lib. I, ep. XVI, v. 25-29.

    Si quis bella tibi terra pugnata marique
    Dicat, et his verbis vacuas permulceat aures :
    Tene magis salvum populus velit, an populum tu,
    Servet in ambiguo qui consulit et tibi et urbi
    Jupiter ; Augusti laudes agnoscere possis...

[1] (B.) Achille.

[2] (B.) Hercule.

[3] (Cr.) « *Des yeux éblouis d'un discours !* c'est-il bien françois ? demande Le Brun : on n'est point, il me semble, ébloui de ce qu'on ne voit pas. »

On prouveroit, par beaucoup d'exemples tant familiers que classiques, qu'il est permis à la poésie et même à la prose de transporter à l'un de nos sens les affections d'un autre. *L'éclat d'un discours, la couleur du style*, etc. sont des expressions reçues et fort claires :

    L'éloquence éclatante
De maître Petit-Jean m'*éblouit*.
    (Racine, *Plaideurs*, act. III, sc. III.)

Si dans cet instant même un feu séditieux
Fait bouillonner mon sang et pétiller mes yeux [1] ?
Rien n'est beau que le vrai : le vrai seul est aimable [2] ;
Il doit régner partout, et même dans la fable :
De toute fiction l'adroite fausseté
Ne tend qu'à faire aux yeux briller la vérité.

    Sais-tu pourquoi mes vers sont lus dans les provinces,
Sont recherchés du peuple, et reçus chez les princes?
Ce n'est pas que leurs sons, agréables, nombreux,
Soient toujours à l'oreille également heureux ;
Qu'en plus d'un lieu le sens n'y gêne la mesure [3],
Et qu'un mot quelquefois n'y brave la césure :
Mais c'est qu'en eux le vrai, du mensonge vainqueur,

---

[1] (I.) Sed vereor. . . . .
    Neu, si te populus sanum recteque valentem
    Dictitet, occultam febrem sub tempus edendi
    Dissimules, donec manibus tremor incidat unctis.
              (*Hor.*, lib. I, ep. XVI, v. 19-23.)

Despréaux a déjà imité ces vers d'Horace dans l'épître III, ci-dessus, page 24.

[2] (Cr.) Voltaire, après avoir cité ce vers, ajoute : « Boileau a été « le premier à observer cette loi qu'il a donnée. Presque tous ses « ouvrages respirent ce vrai ; c'est-à-dire qu'ils sont une copie fidèle « de la nature. Ce vrai doit se trouver dans l'historique, dans le « moral, dans la fiction, dans les sentences, dans les descriptions, « dans l'allégorie. » (*Mélanges littéraires*, tome II.)

[3] (H.) Monchesnay (*Bolæana*, n° 1) rend compte de l'explication qui lui fut donnée de ce vers par Despréaux lui-même, à ce qu'il assure. Le poète a voulu exprimer certaines transpositions forcées dont nos meilleurs auteurs ne sauroient se défendre. « Dans ces situations, disoit Boileau, vous diriez que le vers grimace ou fait certaines contorsions. Je vais vous en donner un exemple sensible dans un vers de Chapelain. Il est question d'exprimer l'action de Cynégyre qui s'étant attaché à un créneau, se vit le bras emporté : il y attache l'autre bras et ce bras a le sort du premier. Chapelain ajoute :

    Les dents, tout lui manquant, dans les pierres il plante. »

Partout se montre aux yeux, et va saisir le cœur,
Que le bien et le mal y sont prisés au juste;
Que jamais un faquin n'y tint un rang auguste;
Et que mon cœur, toujours conduisant mon esprit,
Ne dit rien aux lecteurs, qu'à soi-même il n'ait dit.
Ma pensée au grand jour partout s'offre et s'expose;
Et mon vers, bien ou mal, dit toujours quelque chose.
C'est par là quelquefois que ma rime surprend;
C'est là ce que n'ont point Jonas ni Childebrand [1],
Ni tous ces vains amas de frivoles sornettes,
Montre, Miroir d'amour, Amitiés, Amourettes [2],
Dont le titre souvent est l'unique soutien,
Et qui, parlant beaucoup, ne disent jamais rien.

Mais peut-être, enivré des vapeurs de ma muse,
Moi-même en ma faveur, Seignelay, je m'abuse.
Cessons de nous flatter. Il n'est esprit si droit
Qui ne soit imposteur et faux par quelque endroit:
Sans cesse on prend le masque, et, quittant la nature,
On craint de se montrer sous sa propre figure.
Par là le plus sincère assez souvent déplaît.
Rarement un esprit ose être ce qu'il est.
Vois-tu cet importun que tout le monde évite;
Cet homme à toujours fuir, qui jamais ne vous quitte?
Il n'est pas sans esprit; mais, né triste et pesant,
Il veut être folâtre, évaporé, plaisant;
Il s'est fait de sa joie une loi nécessaire,

---

[1] (H.) *Jonas*, poëme de Coras. *Childebrand*, poëme de Sainte-Garde. (Voyez tome I, page 170.)

[2] (H.) *La Montre*, mélange de vers et de prose par Bonne-Corse. — *Le Miroir d'amour*, ou *la Métamorphose d'Orante en miroir*, conte de Charles Perrault. — *Amitiés, Amours et Amourettes*, par Le Pays.

Et ne déplaît enfin que pour vouloir trop plaire [1].
La simplicité plaît sans étude et sans art.
Tout charme en un enfant dont la langue sans fard,
A peine du filet encor débarrassée,
Sait d'un air innocent bégayer sa pensée [2].
Le faux est toujours fade, ennuyeux, languissant;
Mais la nature est vraie, et d'abord on la sent :
C'est elle seule en tout qu'on admire et qu'on aime.
Un esprit né chagrin [3] plaît par son chagrin même [4].

[1] (Cr.) « Ce dernier coup de pinceau met le comble à la perfec-
« tion d'un portrait aussi juste que délicatement saisi. » Le Brun.

[2] (I.) . . . . Vatum et plorabile siquid,
Eliquat, ac tenero supplantat verba palato.
(*Pers.*, sat. I, v. 20, 21.)

Mais Perse ne parle point d'un enfant qui bégaie : il censure un
fat qui, par une fausse délicatesse, altère la prononciation et amollit
des syllabes trop dures pour son tendre palais.

[3] (H.) Le duc de Montausier.

[4] (Cr.) Marmontel a critiqué ce morceau.

« Boileau confondant l'homme qui se corrige, avec l'homme qui
se déguise, conclut qu'il faut suivre la nature. Sur ce principe vague,
un homme né grossier plairoit donc par sa grossièreté? un impudent, par son impudence, etc.? Qu'auroit fait un poète philosophe?...
Il auroit pris le naturel inculte et brut; il l'auroit comparé à l'arbre
qu'il faut tailler, émonder, diriger, cultiver enfin, pour le rendre
plus beau, plus fécond, plus utile. Il eût dit à l'homme : Ne veuillez
jamais paroître ce que vous n'êtes pas, mais tâchez de devenir ce
que vous voulez paroître. Quel que soit votre caractère, il est voisin
d'un certain nombre de bonnes et de mauvaises qualités. Si la nature
a pu vous incliner aux mauvaises, ce qui est du moins très-douteux,
ne vous découragez point, et opposez à ce penchant la contention
de l'habitude. Socrate n'étoit pas né sage, et son naturel, en se
redressant, ne s'est pas *estropié*. » (*Eléments de littérature*, article
Epître.)

Il nous semble que c'est Marmontel qui confond ici les caractères
avec les vices. Boileau ne conseille à personne de rester vicieux; il
veut seulement que les caractères qui ne sont point essentiellement
mauvais conservent leur physionomie. Un impudent ne peut jamais

Chacun pris dans son air est agréable en soi :
Ce n'est que l'air d'autrui qui peut déplaire en moi [1].

Ce marquis [2] étoit né doux, commode, agréable ;
On vantoit en tous lieux son ignorance aimable.
Mais, depuis quelques mois devenu grand docteur,
Il a pris un faux air, une sotte hauteur ;
Il ne veut plus parler que de rime et de prose ;
Des auteurs décriés il prend en main la cause ;
Il rit du mauvais goût de tant d'hommes divers,
Et va voir l'opéra seulement pour les vers [3].
Voulant se redresser, soi-même on s'estropie,
Et d'un original on fait une copie.
L'ignorance vaut mieux qu'un savoir affecté.
Rien n'est beau, je reviens, que par la vérité :

plaire, mais la vertu mélancolique et chagrine se fait aimer quelquefois. Les médecins distinguent plusieurs tempéraments et ne s'efforcent point de vous rendre ou de vous faire paroître sanguin, si vous êtes bilieux. La morale ne doit pas tenter davantage ces métamorphoses. Recueillir les avantages de vos dispositions naturelles, en éviter les inconvénients, voilà le vrai but où il faut tendre. Soyez, le mieux possible pour vous et pour les autres, ce que la nature vous a fait. C'est ce que Boileau conseille.

[1] (Cr.) « On auroit tort, dit La Harpe, de prendre trop à la lettre ces vérités morales, exprimées avec la précision poétique qui les rend plus piquantes. On sait bien qu'il y a des gens qui, pour être désagréables, n'ont besoin que d'être ce qu'ils sont ; mais cela n'empêche pas que le principe général ne soit très-juste, et que tout ce morceau ne soit plein de ce bon sens que nous aimons dans les vers d'Horace. » (*Cours de littérature*, part. II, liv. I, ch. 10.)

[2] (H.) On applique ce portrait au comte de Fiesque : « Il avoit « eu, dit-on, une ignorance fort aimable, et disoit agréablement des « incongruités ; mais il perdit la moitié de son mérite, dès qu'il voulut « être savant et se piquer d'avoir de l'esprit. »

[3] (Cr.) Si ce trait de satire est particulièrement dirigé contre Quinault, il y a de l'injustice. Car les tragédies lyriques que ce poète avoit données avant 1675, bien qu'inférieures à celles qu'il a composées depuis, annonçoient déjà le progrès de ce genre de poésie.

C'est par elle qu'on plaît, et qu'on peut long-temps plaire.
L'esprit lasse aisément, si le cœur n'est sincère.
En vain par sa grimace un bouffon odieux
A table nous fait rire, et divertit nos yeux :
Ses bons mots ont besoin de farine et de plâtre.
Prenez-le tête-à-tête, ôtez-lui son théâtre ;
Ce n'est plus qu'un cœur bas, un coquin ténébreux [1] ;
Son visage essuyé n'a plus rien que d'affreux [2].
J'aime un esprit aisé qui se montre, qui s'ouvre,
Et qui plaît d'autant plus, que plus il se découvre.
Mais la seule vertu peut souffrir la clarté :
Le vice, toujours sombre, aime l'obscurité ;
Pour paroître au grand jour il faut qu'il se déguise ;
C'est lui qui de nos mœurs a banni la franchise.

Jadis l'homme vivoit au travail occupé,
Et, ne trompant jamais, n'étoit jamais trompé :
On ne connoissoit point la ruse et l'imposture ;
Le Normand même alors [3] ignoroit le parjure ;

[1] (Cr.) Il est évident, comme l'observe M. Amar, que Boileau se laisse emporter trop loin par son aversion pour le genre bas et trivial : un mauvais plaisant, un ignoble bouffon peut fort bien n'être pas un *coquin*.

[2] (H.) Les commentateurs appliquent ces vers à Lulli, et ils ajoutent que Boileau ne l'aimoit pas, qu'il lui reprochoit d'avoir énervé la musique. (Voyez *le Boloeana* de Monchesnay, n° XL ; et *le Boloeana* de Brossette ou de Cizeron-Rival, page 181.)
Boileau n'en a pas moins dit, sat. X, v. 142, que Lulli *réchauffa des sons de sa musique* les lieux communs des opéra de Quinault. C'étoit bien plutôt Quinault qui réchauffoit Lulli, comme l'ont dit Voltaire (*Dict. philos.*, au mot *Art dramatique*) et La Harpe (*Disc. en vers sur les injures littéraires*). Voyez ci-dessus tome I, p. 199, 200.

[3] (H.) « Je date de loin ; c'étoit deux cents ans avant le déluge, » disoit Despréaux en commentant ce vers. C'est Brossette qui rapporte ce propos, auquel plusieurs éditeurs de Boileau n'ont pas manqué de joindre, par forme de notes, de vieux quolibets sur les Normands.

Aucun rhéteur encore, arrangeant le discours,
N'avoit d'un art menteur enseigné les détours [1].
Mais sitôt qu'aux humains, faciles à séduire,
L'abondance eut donné le loisir de se nuire,
La mollesse amena la fausse vanité.
Chacun chercha pour plaire un visage emprunté :
Pour éblouir les yeux, la fortune arrogante
Affecta d'étaler une pompe insolente ;
L'or éclata partout sur les riches habits ;
On polit l'émeraude, on tailla le rubis ;
Et la laine et la soie, en cent façons nouvelles,
Apprirent à quitter leurs couleurs naturelles [2].
La trop courte beauté monta sur des patins [3] ;
La coquette tendit ses lacs tous les matins ;
Et, mettant la céruse et le plâtre en usage,
Composa de sa main les fleurs de son visage.
L'ardeur de s'enrichir chassa la bonne foi :
Le courtisan n'eut plus de sentiments à soi.
Tout ne fut plus que fard, qu'erreur, que tromperie [4] :

---

[1] (Cr.) « L'art savant avec lequel ces deux vers sont tournés nous fait sentir tous les détours captieux de l'éloquence. » LE BRUN.

[2] (I.) Nec varios discet mentiri lana colores.
(*Virg.*, egl. IV, v. 42.)

[3] (Cr.) Ce vers nous paroît un modèle d'élégance poétique. Regnier (satire X) avoit exprimé les mêmes idées, mais en quels termes !

> L'amant juge sa dame un chef-d'œuvre ici-bas,
> Encore qu'elle n'ait sur soi rien qui soit d'elle,
> Que le rouge et le blanc par art la fassent belle....
> *Qu'elle doive sa taille au bois de ses patins*, etc.

[4] (Cr.) Il étoit impossible d'expliquer en plus beaux vers comment le luxe amène la cupidité ; et celle-ci, la mauvaise foi ; et comment l'habitude du mensonge dans les mœurs sociales introduit le

On vit partout régner la basse flatterie.
Le Parnasse surtout, fécond en imposteurs,
Diffama le papier [1] par ses propos menteurs.
De là vint cet amas d'ouvrages mercenaires,
Stances, odes, sonnets, épîtres liminaires,
Où toujours le héros passe pour sans pareil,
Et, fût-il louche ou borgne, est réputé soleil [2].

Ne crois pas toutefois, sur ce discours bizarre,
Que, d'un frivole encens malignement avare,
J'en veuille sans raison frustrer tout l'univers.
La louange agréable est l'ame des beaux vers :
Mais je tiens, comme toi, qu'il faut qu'elle soit vraie,
Et que son tour adroit n'ait rien qui nous effraie.
Alors, comme j'ai dit [3], tu la sais écouter,
Et sans crainte à tes yeux on pourroit t'exalter.
Mais sans t'aller chercher des vertus dans les nues,

---

faux goût dans les arts, en bannit le vrai et par conséquent le beau. A l'exception de quelques détails inexacts (comme au vers 109) cette épître est admirable par la profonde vérité des pensées, par leur étroit enchaînement, par la justesse, l'élégance et l'énergie des expressions.

[1] (Cr.) « Le mensonge déshonore tout jusqu'au papier, » dit Le Brun. — Sans doute, mais l'expression *diffama*, prise dans le sens de *déshonora*, n'est-elle pas un peu forcée ?

[2] (H.) Ménage, dans l'églogue intitulée *Christine*, avoit dit :

> Le grand, l'illustre Abel, cet esprit sans pareil,
> Plus clair, plus pénétrant que les traits du soleil.

Or ce grand Abel, ce grand esprit, ce soleil... étoit borgne. C'étoit Abel Servien, comte, baron, sénéchal, conseiller d'état, surintendant des finances, etc., et l'un des quarante de l'Académie françoise. (Il est mort en 1659.)

[3] (Cr.) *Comme j'ai dit*: ces mots sont bien peu poétiques, et semblent de pur remplissage. Nous serions fort tentés d'en dire autant de *je reviens*, vers 102.

Il faudroit peindre en toi des vérités connues [1] ;
Décrire ton esprit ami de la raison,
Ton ardeur pour ton roi, puisée en ta maison ;
A servir ses desseins ta vigilance heureuse;
Ta probité sincère, utile, officieuse.
Tel, qui hait à se voir peint en de faux portraits,
Sans chagrin voit tracer ses véritables traits.
Condé même, Condé, ce héros formidable [2],
Et, non moins qu'aux Flamands, aux flatteurs redoutable,
Ne s'offenseroit pas si quelque adroit pinceau
Traçoit de ses exploits le fidèle tableau ;
Et, dans Senef [3] en feu contemplant sa peinture,
Ne désavoueroit pas Malherbe ni Voiture [4].
Mais malheur au poète insipide, odieux,
Qui viendroit le glacer d'un éloge ennuyeux !
Il auroit beau crier : « Premier prince du monde!
« Courage sans pareil! lumière sans seconde [5]! »

[1] (Cr.) *Peindre en toi des vérités* n'est pas d'un excellent style ; mais les taches de cette nature sont bien rares dans cette belle épître.

[2] (B.) Louis de Bourbon, prince de Condé, mort en 1686.

[3] (B.) Combat fameux de monseigneur le Prince. — (Livré le 11 août 1674, contre les Allemands, les Espagnols et les Hollandois commandés par le prince d'Orange.)

[4] (Cr.) « Voici Voiture accolé à Malherbe ; c'est sans doute pour « la rime : car ce Voiture, ingénieux quelquefois, et plus souvent « maniéré, étoit peu propre à chanter les exploits du grand Condé « *dans Senef en feu.* » Le Brun.

[5] (B.) Commencement du poème de *Charlemagne*.
En effet Louis Le Laboureur commençoit ainsi ce poème :

> Premier prince du sang du plus grand roi du monde,
> Courage sans pareil, lumière sans seconde,
> Et dont l'esprit égal en diverse saison
> Sait triompher de tout et cède à la raison.

Louis Le Laboureur étoit trésorier de France et bailli du duché

v. 173.   ÉPITRE IX.

Ses vers, jetés d'abord sans tourner le feuillet,
Iroient dans l'antichambre amuser Pacolet [1].

de Montmorency; il mourut en 1679. Son meilleur ouvrage est une dissertation sur les avantages de la langue françoise. Il ne faut pas le confondre avec son frère Jean Le Laboureur, connu par d'utiles travaux historiques.

[1] (B.) Fameux valet de pied de monseigneur le Prince.

Louis Le Laboureur ayant présenté au prince de Condé le poème de *Charlemagne*, le prince en lut quelques vers et donna le livre à Pacolet.

PRÉFACE.

COMPOSÉE EN 1695[1], ET PUBLIÉE A LA TÊTE DES TROIS DERNIÈRES ÉPÎTRES.

Je ne sais si les trois nouvelles épîtres que je donne ici au public auront beaucoup d'approbateurs; mais je sais bien que mes censeurs y trouveront abondamment de quoi exercer leur critique : car tout y est extrêmement hasardé. Dans le premier de ces trois ouvrages, sous prétexte de faire le procès à mes derniers vers, je fais moi-même mon éloge, et n'oublie rien de ce qui peut être dit à mon avantage; dans le second, je m'entretiens avec mon jardinier de choses très-basses et très-petites; et dans le troisième, je décide hautement du plus grand et du plus important point de la religion, je veux dire de l'amour de Dieu. J'ouvre donc un beau champ à ces censeurs, pour attaquer en moi et le poète orgueilleux, et le villageois

---

[1] (H.) Brossette, et après lui Saint-Marc, disent que cette préface parut à la tête des trois dernières épîtres, à la fin de 1695, dans un cahier séparé que l'auteur fit ajouter à l'édition de tous ses ouvrages faite l'année précédente.

En même temps que l'on admet, sur la foi du seul Brossette, beaucoup d'anecdotes secrètes, fort peu vraisemblables, on ne veut pas s'en rapporter à lui sur un fait public qu'il avoit eu le moyen de vérifier; et l'on décide contre son témoignage positif, que la date 1695 ou 1696 *n'est pas la véritable*. Ce sont les termes de l'un des éditeurs de 1821.

Sans entrer dans la discussion de ces minuties bibliographiques, nous dirons seulement que les libraires faisoient plusieurs éditions consécutives de ces petits cahiers contenant deux ou trois pièces de vers, qu'il n'est donc pas étonnant que les exemplaires qui en restent portent différentes dates : il est devenu fort difficile aujourd'hui de fixer le nombre et de bien établir la succession de ces éditions éphémères. — Nous n'avons, il est vrai, rencontré la date 1695 sur aucun exemplaire de ces trois épîtres; et nous n'avons eu connoissance que d'un seul daté de 1696.

grossier, et le théologien téméraire. Quelques fortes pourtant que soient leurs attaques, je doute qu'elles ébranlent la ferme résolution que j'ai prise il y a long-temps de ne rien répondre, au moins sur le ton sérieux, à tout ce qu'ils écriront contre moi.

A quoi bon en effet perdre inutilement du papier? Si mes épîtres sont mauvaises, tout ce que je dirai ne les fera pas trouver bonnes; et si elles sont bonnes, tout ce qu'ils diront ne les fera pas trouver mauvaises. Le public n'est pas un juge que l'on puisse corriger[1], ni qui se règle par les passions d'autrui. Tout ce bruit, tous ces écrits qui se font ordinairement contre des ouvrages où l'on court, ne servent qu'à y faire encore plus courir, et à en mieux marquer le mérite. Il est de l'essence d'un bon livre d'avoir des censeurs; et la plus grande disgrace qui puisse arriver à un écrit qu'on met au jour, ce n'est pas que beaucoup de gens en disent du mal, c'est que personne n'en dise rien.

Je me garderai donc bien de trouver mauvais qu'on attaque mes trois épîtres. Ce qu'il y a de certain, c'est que je les ai fort travaillées, et principalement celle de l'amour de Dieu, que j'ai retouchée plus d'une fois, et où j'avoue que j'ai employé tout le peu que je puis avoir d'esprit et de lumières. J'avois dessein d'abord de la donner toute seule, les deux autres me paroissant trop frivoles pour être présentées au grand jour de l'impression avec un ouvrage si sérieux; mais des amis très-sensés m'ont fait comprendre que ces deux épîtres, quoique dans le style enjoué, étoient pourtant des épîtres morales, où il n'étoit rien enseigné que de vertueux; qu'ainsi étant liées avec l'autre, bien loin de lui nuire, elles pourroient même faire une diversité agréable; et que d'ailleurs beaucoup d'honnêtes gens souhaitant de les avoir toutes trois ensemble, je ne pouvois pas avec bienséance me dispenser de leur donner une si légère satisfac-

---

[1] (V.) *Qu'on puisse corrompre*, en quelques éditions.

tion. Je me suis rendu à ce sentiment, et on les trouvera rassemblées ici dans un même cahier. Cependant comme il y a des gens de piété qui peut-être ne se soucieront guère de lire les entretiens que je puis avoir avec mon jardinier et avec mes vers, il est bon de les avertir qu'il y a ordre de leur distribuer à part la dernière, savoir [1] celle qui traite de l'amour de Dieu; et que non-seulement je ne trouverai pas étrange qu'ils ne lisent que celle-là, mais que je me sens quelquefois moi-même en des dispositions d'esprit où je voudrois de bon cœur n'avoir de ma vie composé que ce seul ouvrage, qui vraisemblablement sera la dernière pièce de poésie qu'on aura de moi; mon génie pour les vers commençant à s'épuiser, et mes emplois historiques ne me laissant guère le temps de m'appliquer à chercher et à ramasser des rimes.

Voilà ce que j'avois à dire aux lecteurs [2]. Avant néanmoins que de finir cette préface, il ne sera pas hors de propos, ce me semble, de rassurer des personnes timides, qui, n'ayant pas une fort grande idée de ma capacité en matière de théologie, douteront peut-être que tout ce que j'avance en mon épître soit fort infaillible, et appréhenderont qu'en voulant les conduire je ne les égare. Afin donc qu'elles marchent sûrement, je leur dirai, vanité à part, que j'ai lu plusieurs fois cette épître à un fort grand nombre de docteurs de Sorbonne, de pères de l'Oratoire et de jésuites très-célèbres, qui tous y ont applaudi, et en ont trouvé la doctrine très-saine et très-pure; que beaucoup de prélats illustres à qui je l'ai récitée en ont jugé comme eux; que monseigneur l'évêque de Meaux [3], c'est-à-dire une des

---

[1] (V.) *C'est à savoir celle*, en quelques éditions.

[2] (V.) Dans quelques éditions, l'alinéa commence par les seuls mots : Au reste avant que de finir.

[3] (B.) Jacques Bénigne Bossuet. (1713)

Bossuet écrivoit en 1695, à l'abbé Renaudot: « Si je me fusse trouvé ici,
« quand vous m'avez honoré de votre visite, je vous aurois proposé le pèleri-
« nage d'Auteuil, avec M. l'abbé Boileau, pour aller entendre de la bouche

plus grandes lumières qui aient éclairé l'Église dans les derniers siècles, a eu long-temps mon ouvrage entre les mains, et qu'après l'avoir lu et relu plusieurs fois, il m'a non-seulement donné son approbation, mais a trouvé bon que je publiasse à tout le monde qu'il me la donnoit; enfin, que, pour mettre le comble à ma gloire, ce saint archevêque [1] dans le diocèse duquel j'ai le bonheur de me trouver, ce grand prélat, dis-je, aussi éminent en doctrine et en vertus qu'en dignité et en naissance, que le plus grand roi de l'univers, par un choix visiblement inspiré du ciel, a donné à la ville capitale de son royaume, pour assurer l'innocence et pour détruire l'erreur, monseigneur l'archevêque de Paris, en un mot, a bien daigné aussi examiner soigneusement mon épître, et a eu même la bonté de me donner sur plus d'un endroit des conseils que j'ai suivis; et m'a enfin accordé aussi son approbation, avec des éloges dont je suis également ravi et confus.

Au reste [2] comme il y a des gens qui ont publié que mon épître n'étoit qu'une vaine déclamation qui n'attaquoit rien de réel, ni qu'aucun homme eût jamais avancé; je veux bien, pour l'intérêt de la vérité, mettre ici la proposition que j'y

« inspirée de M. Despréaux l'hymne céleste de l'*Amour de Dieu*. C'est pour
« mercredi : je vous invite à dîner... Après nous irons, je vous en conjure. »

Né à Dijon en 1627, Bossuet a été évêque de Condom, puis de Meaux, et membre de l'Académie françoise en 1671. Il est mort en 1704. Il avoit été, en 1693, l'un des détracteurs de la satire X : voyez tome I, pages 226, 227.

[1] (B.) Louis-Antoine de Noailles, cardinal, archevêque de Paris. (1713) Voyez tome I, p. 270.

[2] (V.) Ce dernier alinéa fut substitué, en 1701, à celui qui, depuis 1695, terminoit ainsi cette préface :

« Je croyois n'avoir plus rien à dire au lecteur; mais dans le temps même
« que cette préface étoit sous la presse, on m'a apporté une misérable épître
« en vers, que quelque impertinent a fait imprimer, et qu'on veut faire passer
« pour mon ouvrage sur l'amour de Dieu. Je suis donc obligé d'ajouter cet ar-
« ticle, afin d'avertir le public que je n'ai fait d'épître sur l'amour de Dieu que
« celle qui se trouve ici; l'autre étant une pièce fausse et incomplète, composée
« de quelques vers qu'on m'a dérobés, et de plusieurs qu'on m'a ridiculement
« prêtés, aussi bien que les notes téméraires qui y sont. »

combats, dans la langue et dans les termes qu'on la soutient en plus d'une école. La voici : « Attritio ex gehennæ metu sufficit, « etiam sine ulla Dei dilectione, et sine ullo ad Deum offen- « sum respectu; quia talis honesta et supernaturalis est[1]. » C'est cette proposition que j'attaque et que je soutiens fausse, abominable, et plus contraire à la vraie religion que le luthéranisme ni le calvinisme. Cependant je ne crois pas qu'on puisse nier qu'on ne l'ait encore soutenue depuis peu, et qu'on ne l'ait même insérée dans quelques catéchismes en des mots fort approchants des termes latins que je viens de rapporter.

[1] C'est-à-dire : « L'attrition qui résulte de la crainte de l'enfer suffit, même « sans aucun amour de Dieu, et sans aucun rapport à ce Dieu qu'on a offensé ; « une telle attrition suffit, parce qu'elle est honnête et surnaturelle. »

ÉPITRE X.

(1695)

A MES VERS.

DÉTAILS DE LA VIE DE L'AUTEUR [1].

J'ai beau vous arrêter, ma remontrance est vaine [2],
Allez, partez, mes Vers, dernier fruit de ma veine.
C'est trop languir chez moi dans un obscur séjour :
La prison vous déplaît, vous cherchez le grand jour;
Et déjà chez Barbin [3], ambitieux libelles,
Vous brûlez d'étaler vos feuilles criminelles.
Vains et foibles enfants dans ma vieillesse nés,
Vous croyez sur les pas de vos heureux aînés,

---

[1] (H.) Despréaux aimoit beaucoup cette épître : il l'appeloit ses inclinations. Elle est imitée d'Horace, liv. I, ép. xx.

[2] (I.) Vertumnum Janumque, liber, spectare videris :
Scilicet ut prostes Sosiorum pumice mundus ;
Odisti claves et grata sigilla pudico :
Paucis ostendi gemis et communia laudas,
Non ita nutritus. Fuge quò discedere gestis.
Non erit emisso reditus tibi. — Quid miser egi ?
Quid volui ? dices, ubi quis te læserit ; et scis
In breve te cogi, plenus quum languet amator.
(*Hor.*, v. 1-8.)

Martial dit aussi à son livre (lib. I, epigr. IV) :

Argiletanas mavis habitare tabernas...
AEtherias, lascive, cupis volitare per auras :
I, fuge ; sed poteras tutior esse domi.

[3] (B.) Libraire du Palais.

Voir bientôt vos bons mots, passant du peuple aux princes,
Charmer également la ville et les provinces;
Et, par le prompt effet d'un sel réjouissant,
Devenir quelquefois proverbes en naissant[1].
Mais perdez cette erreur dont l'appât[2] vous amorce.
Le temps n'est plus, mes Vers, où ma muse en sa force,
Du Parnasse françois formant les nourrissons,
De si riches couleurs habilloit ses leçons;
Quand mon esprit, poussé d'un courroux légitime,
Vint devant la raison plaider contre la rime;
A tout le genre humain sut faire le procès,
Et s'attaqua soi-même avec tant de succès.
Alors il n'étoit point de lecteur si sauvage
Qui ne se déridât en lisant mon ouvrage,
Et qui, pour s'égayer, souvent dans ses discours,

---

[1] (Cr.) Voltaire (article *Boileau* dans le *Siècle de Louis XIV*) distingue ce qui est devenu proverbe, de ce qui mérite de devenir maxime. « Les maximes sont nobles, sages et utiles, elles sont faites
« pour les hommes d'esprit et de goût, pour la bonne compagnie.
« Les proverbes ne sont que pour le vulgaire.

>Pour paroître honnête homme, en un mot, il faut l'être...
>L'esprit n'est point ému de ce qu'il ne croit pas...

« Voilà ce qu'on doit appeler des maximes; mais pour des vers tels
« que ceux-ci :

>J'appelle un chat un chat, et Rolet un fripon...
>S'en va chercher son pain de cuisine en cuisine...
>Quand je veux dire blanc, la quinteuse dit noir, etc.

« Ce sont là des proverbes du peuple, etc.

L'avant-dernier des vers qui viennent d'être cités n'est aucunement un proverbe ni une maxime. Tous les autres sont du nombre de ceux que Chénier qualifie

>Proverbes du génie,
>Et qui de bouche en bouche en naissant répétés
>Lus, relus mille fois, sont encor médités.

[2] (V.) ...*appas*, en quelques éditions.

ÉPITRE X.

D'un mot pris en mes vers n'empruntât le secours.
  Mais aujourd'hui qu'enfin la vieillesse venue,
Sur mes faux cheveux blancs déjà toute chenue[1],
A jeté sur ma tête, avec ses doigts pesants,
Onze lustres complets, surchargés de trois ans[2],
Cessez de présumer dans vos folles pensées,
Mes Vers, de voir en foule à vos rimes glacées
Courir, l'argent en main, les lecteurs empressés;
Nos beaux jours sont finis, nos honneurs sont passés:
Dans peu vous allez voir vos froides rêveries
Du public exciter[3] les justes moqueries;
Et leur auteur, jadis à Regnier préféré,
A Pinchêne, à Linière, à Perrin[4] comparé.

[1] (B.) L'auteur avoit pris perruque.
  (Cr.) « Un de nos grands versificateurs se vantoit, dit d'Alem-
« bert (*Réflexions sur la poésie*), d'avoir exprimé poétiquement sa
« perruque. Mais pourquoi se donner la peine d'exprimer une per-
« ruque poétiquement? N'est-ce pas avilir la langue des dieux que de
« la prostituer à des choses si peu dignes d'elles? » Marmontel a fait
la même critique. Mais Voltaire écrit, sous la date du 18 octobre
1760, à d'Alembert: « Vous avez la tête bien près du bonnet. S'il
« avoit fait une épître à sa perruque, bon : mais il en parle en un
« demi-vers, pour exprimer en passant une chose difficile à dire dans
« une épître morale et utile. »

[2] (H.) Cinquante-huit ans; mais Boileau en avoit réellement cin-
quante-neuf en 1695. Voyez sur ces vers la lettre à Maucroix écrite
au mois d'août de cette même année, tome IV.

  (I.) Forte meum si quis te percontabitur ævum,
       Me quater undenos sciat implevisse decembres.
                    (*Hor.*, lib. I, ep. xx, v. 25, 26.)

  . . . . Novemque
  Addiderat lustris altera lustra novem.
              (*Ovid. Trist.*, lib. IV, eleg. x.)

[3] (V.) Brossette a imprimé : *Exciter du public*.

[4] (V.) *A Sanlecque, à Regnard, à Bellocq* (avant l'impression).
(H.) Louis de Sanlecque, génovefain, né à Paris en 1630, mort en

Vous aurez beau crier : « O vieillesse ennemie !
« N'a-t-il donc tant vécu que pour cette infamie¹ ? »
Vous n'entendrez partout qu'injurieux brocards
Et sur vous et sur lui fondre de toutes parts.

Que veut-il ? dira-t-on ; quelle fougue indiscrète
Ramène sur les rangs encor ce vain athlète ?
Quels pitoyables vers! quel style languissant!
Malheureux, laisse en paix ton cheval vieillissant²,
De peur que tout-à-coup, efflanqué, sans haleine,
Il ne laisse en tombant son maître sur l'arêne.
Ainsi s'expliqueront nos censeurs sourcilleux,
Et bientôt vous verrez mille auteurs pointilleux,
Pièce à pièce épluchant vos sons et vos paroles,
Interdire chez vous l'entrée aux hyperboles ;
Traiter tout noble mot de terme hasardeux,
Et dans tous vos discours, comme monstres hideux,

1714 à Dreux, est auteur de satires, d'épîtres et d'un poème sur les gestes des prédicateurs.

Regnard naquit à Paris en 1656, et y mourut en 1709. Il étoit, après Molière, le meilleur poète comique de la France; mais il avoit fait la satire des Maris et le Tombeau de Despréaux. Voyez ci-dessus, tome I, page XXIV.

Pierre Bellocq, parisien, né en 1645, mort en 1704, avoit publié un poème sur l'hôtel des Invalides, et une lettre critique sur la satire X de Boileau. Celui-ci s'étant réconcilié avec Bellocq, Regnard et Sanlecque, les remplaça ici par Pinchêne, Linière et Perrin, sur lesquels nous renvoyons aux pages 43 du tome II; 126 et 160 du tome I.

¹ (B.) Vers du *Cid*.

² (I.)   Sicut fortis equus, spatio qui forte supremo
            Vicit olympia, nunc senio confectu' quiescit.
                              (*Ennii Fragm.*)

        Solve senescentem maturè sanus equum, ne
        Peccet ad extremum ridendus et ilia ducat.
                              (*Hor.*, lib. I, ep. 1, v. 8, 9.)

Huer la métaphore et la métonymie,
Grands mots que Pradon croit des termes de chimie;
Vous soutenir qu'un lit ne peut être effronté¹ ;
Que nommer la luxure est une impureté.
En vain contre ce flot d'aversion publique
Vous tiendrez quelque temps ferme sur la boutique² ;
Vous irez à la fin, honteusement exclus,
Trouver au magasin Pyrame et Régulus³,
Ou couvrir chez Thierry, d'une feuille encor neuve,
Les méditations de Buzée et d'Hayneuve⁴ ;
Puis, en tristes lambeaux semés dans les marchés,
Souffrir tous les affronts au Jonas⁵ reprochés.

Mais quoi! de ces discours bravant la vaine attaque,
Déjà, comme les vers de Cinna, d'Andromaque,
Vous croyez à grands pas chez la postérité
Courir, marqués au coin de l'immortalité!
Eh bien! contentez donc l'orgueil qui vous enivre;
Montrez-vous, j'y consens : mais du moins dans mon livre,
Commencez par vous joindre à mes premiers écrits.
C'est là qu'à la faveur de vos frères chéris,
Peut-être enfin soufferts comme enfants de ma plume,

---

¹ (B.) Terme de la dixième satire, vers 395. Tome I, page 212.

² (I.) Quod si non odio peccantis desipit augur,
Carus eris Romæ, donec te deserat ætas;
Contrectatus ubi manibus sordescere vulgi
Cœperis, aut tineas pasces taciturnus inertes,
Aut fugies Uticam, aut vinctus mitteris Ilerdam.
(*Hor.*, lib. I, ep. xx, v. 9-13.)

³ (B.) Pièces de théâtre de Pradon.

⁴ (H.) Brossette raconte que Despréaux, étant un jour dans la boutique de Thierry, son libraire, vit les tragédies de Pradon servant de couvertures aux méditations pieuses des jésuites Buzée et Hayneuve.

⁵ (B.) *Jonas*, poème héroïque non vendu.

Vous pourrez vous sauver, épars dans le volume.
Que si mêmes [1] un jour le lecteur gracieux [2],
Amorcé par mon nom, sur vous tourne les yeux,
Pour m'en récompenser, mes Vers, avec usure,
De votre auteur alors faites-lui la peinture :
Et surtout prenez soin d'effacer bien les traits
Dont tant de peintres faux ont flétri mes portraits.
Déposez hardiment qu'au fond cet homme horrible,
Ce censeur qu'ils ont peint si noir et si terrible,
Fut un esprit doux, simple, ami de l'équité,
Qui, cherchant dans ses vers la seule vérité,
Fit, sans être malin, ses plus grandes malices,
Et qu'enfin sa candeur seule a fait tous ses vices.
Dites que, harcelé par les plus vils rimeurs,
Jamais, blessant leurs vers, il n'effleura leurs mœurs :
Libre dans ses discours, mais pourtant toujours sage,
Assez foible de corps, assez doux de visage,
Ni petit, ni trop grand, très-peu voluptueux,
Ami de la vertu plutôt que vertueux [3].

Que si quelqu'un, mes Vers, alors vous importune
Pour savoir mes parents, ma vie et ma fortune,
Contez-lui qu'allié d'assez hauts magistrats [4],

---

[1] (Cr.) Voyez ci-dessus page 76.

[2] (I.) Quum tibi sol tepidus plures admoverit aures,
Me libertino natum patre, et in tenui re,
Majores pennas nido extendisse loqueris :
Ut, quantum generi demas, virtutibus addas ;
Me primis urbis belli placuisse domique ;
Corporis exigui, præcanum, solibus aptum,
Irasci celerem, tamen ut placabilis essem.
(*Hor.*, lib. I, ep. xx, v. 19-25.)

[3] (Cr.) Très-bon vers que Boileau, selon Brossette, s'applaudissoit d'avoir fait.

[4] (H.) Brossette cite MM. de Bragelogne; Amelot, président à la

Fils d'un père greffier [1], né d'aïeux avocats [2],
Dès le berceau perdant une fort jeune mère [3],
Réduit seize ans après [4] à pleurer mon vieux père,
J'allai d'un pas hardi, par moi-même guidé,
Et de mon seul génie en marchant secondé,
Studieux amateur et de Perse et d'Horace,
Assez près de Regnier m'asseoir sur le Parnasse [5];
Que, par un coup du sort au grand jour amené,
Et des bords du Permesse à la cour entraîné [6],
Je sus, prenant l'essor par des routes nouvelles,
Élever assez haut mes poétiques ailes;
Que ce roi dont le nom fait trembler tant de rois
Voulut bien que ma main crayonnât ses exploits [7];

cour des aides; Gilbert, président aux enquêtes, gendre de M. Dongois; De Lionne, grand audiencier de France; sans parler de plusieurs autres maisons illustres. Du reste, le vers 95

<blockquote>Contez-lui qu'allié d'assez hauts magistrats</blockquote>

n'est pas le plus poétique ni le plus harmonieux qu'ait fait Boileau.

[1] (H.) Giles Boileau. Voyez tome I, page L.

[2] (H.) Les commentateurs rappellent ici Jean Boileau secrétaire du roi en 1371. Il est probable que Despréaux n'entend désigner que des *avocats* du seizième siècle, dont il descendoit. Il appartenoit à une très-honorable famille d'avocats et de greffiers. Que sait-on? peut-être bien étoit-elle noble; mais il est plus sûr qu'il l'a fort illustrée.

[3] (H.) Il n'avoit que onze mois quand sa mère, Anne Denielle, mourut en 1637.

[4] (H.) Despréaux auroit écrit *vingt ans après* si son père avoit vécu jusqu'en 1657, ainsi que Brossette le suppose.

[5] (Cr.) Boileau s'exprime ici plus modestement qu'au vers 35 où il s'est dit *à Regnier préféré*.

[6] (H.) En 1669. Voyez tome I, p. xc-xciv, et ci-dessus l'épître I, page 5.

[7] (H.) Racine et Boileau furent nommés historiographes en 1677. Voyez tome I, page xciv-xcvi.

Que plus d'un grand m'aima jusques à la tendresse[1];
Que ma vue à Colbert inspiroit l'allégresse;
Qu'aujourd'hui même encor, de deux sens[2] affoibli,
Retiré de la cour, et non mis en oubli,
Plus d'un héros[3], épris des fruits de mon étude,
Vient quelquefois chez moi goûter la solitude[4].

Mais des heureux regards de mon astre étonnant
Marquez bien cet effet encor plus surprenant,
Qui dans mon souvenir aura toujours sa place :
Que de tant d'écrivains de l'école d'Ignace
Étant[5], comme je suis, ami si déclaré[6],
Ce docteur toutefois si craint, si révéré,
Qui contre eux de sa plume épuisa l'énergie,
Arnauld, le grand Arnauld, fit mon apologie[7].
Sur mon tombeau futur, mes Vers, pour l'énoncer,
Courez en lettres d'or de ce pas vous placer :
Allez, jusqu'où l'Aurore en naissant voit l'Hydaspe[8],
Chercher, pour l'y graver, le plus précieux jaspe :
Surtout à mes rivaux sachez bien l'étaler.

[1] (H.) On cite particulièrement Henriette d'Angleterre, première femme du frère de Louis XIV, le grand Condé, Vivonne, le premier président Lamoignon, Daguesseau, etc.

[2] (H.) La vue et l'ouie.

[3] (Cr.) La construction de cette phrase est peu régulière.

[4] (B.) A Auteuil.

[5] (Cr.) « *Que de tant* et *étant*. Ces vers deviennent lourds par la « consonnance de l'adverbe et du participe. » Le Brun.

[6] (H.) Des jésuites Rapin, Bourdaloue, Bouhours, d'Olivet, etc.

[7] (B.) M. Arnauld a fait une dissertation, où il me justifie contre mes censeurs; il s'agit de la lettre écrite par Arnauld à Perrault, pour la défense de la satire X, lettre que nous avons insérée dans le tome I, pages 231-250. Arnauld est mort peu après l'avoir composée; elle n'est pourtant pas son dernier écrit.

[8] (B.) Fleuve des Indes.

Mais je vous retiens trop. C'est assez vous parler.
Déjà, plein du beau feu qui pour vous le transporte,
Barbin impatient chez moi frappe à la porte :
Il vient pour vous chercher. C'est lui : j'entends sa voix.
Adieu, mes Vers, adieu, pour la dernière fois.

ÉPITRE XI.

(1695)

A MON JARDINIER [1].

LE TRAVAIL.

Laborieux valet du plus commode maître
Qui pour te rendre heureux ici-bas pouvoit naître,
Antoine, gouverneur de mon jardin d'Auteuil,
Qui diriges chez moi l'if et le chèvrefeuil [2],
Et sur mes espaliers, industrieux génie,
Sais si bien exercer l'art de la Quintinie [3];
Oh! que de mon esprit triste et mal ordonné,
Ainsi que de ce champ par toi si bien orné,
Ne puis-je faire ôter les ronces, les épines,

---

[1] (H.) Horace a aussi adressé une épître à son fermier : c'est la quatorzième du livre premier.

Le jardinier de Boileau s'appeloit Antoine Riquet ou Riquié; il est mort en 1749. Sur la grave question que nous laissons indécise, s'il faut écrire Riquié ou Riquet, voyez la *Revue encyclopédique*, janvier 1825, page 98.

[2] (Cr.) On écrit en prose *chèvrefeuille*; mais il doit être permis en vers de retrancher les deux dernières lettres. Quoi qu'il en soit, Voltaire, dans son épître à Despréaux, lui dit :

    Je vis le jardinier de ta maison d'Auteuil
      Qui, chez toi, pour rimer, planta le chèvrefeuil.

[3] (B.) Célèbre directeur des jardins du roi.

(H.) Jean de la Quintinie, né en 1726 près de Poitiers, mourut à Paris en 1700. On a de lui deux volumes d'Instructions pour la tenue des jardins.

Et des défauts sans nombre arracher les racines[1] !
　　Mais parle : raisonnons. Quand, du matin au soir,
Chez moi poussant la bêche, ou portant l'arrosoir,
Tu fais d'un sable aride une terre fertile,
Et rends tout mon jardin à tes lois si docile;
Que dis-tu de m'y voir rêveur, capricieux,
Tantôt baissant le front, tantôt levant les yeux,
De paroles dans l'air par élans envolées
Effrayer les oiseaux perchés dans mes allées?
Ne soupçonnes-tu point qu'agité du démon,
Ainsi que ce cousin[2] des quatre fils Aimon
Dont tu lis quelquefois la merveilleuse histoire,
Je rumine en marchant quelque endroit du grimoire?
Mais non : tu te souviens qu'au village on t'a dit
Que ton maître est nommé pour coucher par écrit
Les faits d'un roi plus grand en sagesse, en vaillance,
Que Charlemagne aidé des douze pairs de France[3].
Tu crois qu'il y travaille, et qu'au long de ce mur
Peut-être en ce moment il prend Mons et Namur.
　　Que penserois-tu donc, si l'on t'alloit apprendre[4]

---

[1] (I.) Certemus spinas animone ego fortius, an te
　　Evellas agro ; et melior sit Horatius, an res.
　　　　　　　　　　(*Hor.*, lib. I, ep. xiv, v. 4, 5.)

[2] (B.) Maugis.

[3] (V.) La première manière étoit, selon Brossette :

　　Que ton *maître* est gagé pour *mettre* par écrit
　　Les faits de ce grand roi vanté pour sa vaillance
　　Plus qu'Ogier le Danois, ou Pierre de Provence.

Mettre par écrit valoit au moins *coucher* par écrit; mais Boileau a voulu apparemment éviter *maître* et *mettre* dans le même vers.

[4] (Cr.) *Si l'on t'alloit apprendre* n'est pas très-doux : il faudroit peut-être lire *si l'on alloit t'apprendre*.

(V.) On a imprimé *si on* dans l'édit. de 1821, chez J. J. Blaise.

Que ce grand chroniqueur des gestes d'Alexandre [1],
Aujourd'hui méditant un projet tout nouveau,
S'agite, se démène, et s'use le cerveau,
Pour te faire à toi-même en rimes insensées
Un bizarre portrait de ses folles pensées?
Mon maître, dirois-tu, passe pour un docteur,
Et parle quelquefois mieux qu'un prédicateur.
Sous ces arbres pourtant, de si vaines sornettes
Il n'iroit point troubler la paix de ces fauvettes,
S'il lui falloit toujours, comme moi, s'exercer,
Labourer, couper, tondre, aplanir, palisser,
Et, dans l'eau de ces puits sans relâche tirée,
De ce sable étancher la soif démesurée.

Antoine, tu crois donc de nous deux, je le voi,
Que le plus occupé dans ce jardin c'est toi?
Oh! que tu changerois d'avis et de langage,
Si deux jours seulement, libre du jardinage [2],
Tout-à-coup devenu poète et bel esprit,
Tu t'allois engager à polir un écrit
Qui dît, sans s'avilir, les plus petites choses;
Fît, des plus secs chardons, des œillets et des roses;
Et sût même aux discours de la rusticité [3]
Donner de l'élégance et de la dignité;

---

[1] (V.) Boileau récitoit, dit-on,

Que ce grand écrivain des exploits d'Alexandre.

[2] (V.) Il y avoit d'abord *chargé de mon ouvrage*, et deux vers plus bas, *il te falloit songer*, au lieu de *tu t'allois engager*.

[3] (V.) En place de ce vers et des cinq suivants, Boileau n'avoit fait, avant l'impression, que ces deux-ci:

Et qui pût contenter, en paroissant au jour,
Daguesseau dans la ville, et Termes à la cour.

Un ouvrage, en un mot, qui, juste en tous ses termes,
Sût plaire à Daguesseau¹, sût satisfaire Termes²;
Sût, dis-je, contenter, en paroissant au jour,
Ce qu'ont d'esprits plus fins et la ville et la cour!
Bientôt de ce travail revenu sec et pâle,
Et le teint plus jauni que de vingt ans de hâle,
Tu dirois, reprenant ta pelle et ton râteau :
J'aime mieux mettre encor cent arpents au niveau,
Que d'aller follement, égaré dans les nues,
Me lasser à chercher des visions cornues,
Et, pour lier des mots si mal s'entr'accordants³,
Prendre dans ce jardin la lune avec les dents.

Approche donc, et viens; qu'un paresseux t'apprenne,
Antoine, ce que c'est que fatigue et que peine.
L'homme ici-bas, toujours inquiet et gêné,
Est, dans le repos même, au travail condamné.
La fatigue l'y suit. C'est en vain qu'aux poètes
Les neuf trompeuses sœurs dans leurs douces retraites
Promettent du repos sous leurs ombrages frais⁴ :
Dans ces tranquilles bois pour eux plantés exprès,

¹ (B.) Alors avocat-général. (1698) — Et maintenant procureur-général. (1713) — Depuis, chancelier.

² (Cr.) *Sût satisfaire Termes* n'est pas l'hémistiche le plus harmonieux de cette épître. A ce propos Le Brun dit que « le poète dut « plaire à Daguesseau, du moins par l'harmonie, mais non pas sa- « tisfaire Termes. » — Roger de Pardaillan de Gondrin, marquis de Termes, mourut en 1704.

³ (Cr.) *Si mal s'entr'accordants* est d'une rudesse savante, dit Le Brun : mais il reste toujours une incorrection dans la lettre finale *s*.

⁴ (Cr.) On se demande si le jardinier Antoine doit savoir quelles sont *les neuf trompeuses sœurs, leurs douces retraites*, etc. Et l'on est surtout autorisé à faire cette question, lorsqu'on voit que Boileau prend soin d'avertir, par une note, tous ses lecteurs qu'il parle des muses.

La cadence aussitôt, la rime, la césure,
La riche expression, la nombreuse mesure,
Sorcières dont l'amour sait d'abord les charmer,
De fatigues sans fin viennent les consumer.
Sans cesse poursuivant ces fugitives fées [1],
On voit sous les lauriers haleter les Orphées [2].
Leur esprit toutefois se plaît dans son tourment,
Et se fait de sa peine un noble amusement.
Mais je ne trouve point de fatigue si rude
Que l'ennuyeux loisir d'un mortel sans étude,
Qui, jamais ne sortant de sa stupidité,
Soutient, dans les langueurs de son oisiveté,
D'une lâche indolence esclave volontaire,
Le pénible fardeau de n'avoir rien à faire [3].

[1] (B.) Les muses.

(Cr.) Si Boileau n'avertissoit pas que ces *fées* sont les *muses*, on pourroit croire qu'il s'agit encore des *sorcières* dont il vient d'être parlé, v. 75 et qui sont (v. 73, 74) *la cadence, la rime, la césure, la riche expression, la mesure.* Il y a, quoi qu'on en dise, de l'embarras et trop peu de naturel dans ce morceau.

[2] (Cr.) « L'épître de Boileau à son jardinier exigeoit le style le
« plus naturel : ainsi ces deux vers y sont déplacés, supposé même
« qu'ils ne fussent pas mauvais partout. Boileau avoit oublié, en les
« composant, qu'Antoine devoit les entendre. » (Marmontel, *Éléments de littérature*, article *Épître*.) Cette critique nous paroît fondée, quoique Le Brun dise que ces deux vers sont enchanteurs.

[3] (Cr.) Condillac admire ce vers, mais il trouve que le poète n'y arrive que bien fatigué ; il a fallu s'appesantir durant les trois vers précédents sur une même idée : *la stupidité dont on ne sort point, les langueurs de l'oisiveté, la lâche indolence dont on est esclave.* (*Art d'écrire*, liv. II, chap. I.)

Cette critique de Condillac a été déclarée *inepte*, et il a été traité, pour l'avoir faite, de *sec et froid métaphysicien.* Nous sentons fort bien que l'excellent vers 86 devoit être précédé d'une peinture des langueurs de la paresse ; mais on ne peint rien par une vaine accumulation de synonymes, et pour arriver à nous montrer *le pénible fardeau*

Vainement offusqué de ses pensers épais,
Loin du trouble et du bruit il croit trouver la paix :
Dans le calme odieux de sa sombre paresse,
Tous les honteux plaisirs, enfants de la mollesse,
Usurpant sur son ame un absolu pouvoir [1],
De monstrueux désirs le viennent émouvoir,
Irritent de ses sens la fureur endormie,
Et le font le jouet de leur triste infamie.
Puis sur leurs pas soudain arrivent les remords ;
Et bientôt avec eux tous les fléaux du corps,
La pierre, la colique et les gouttes cruelles ;
Guénaud, Rainssant, Brayer [2], presque aussi tristes qu'elles [3],
Chez l'indigne mortel courent tous s'assembler,
De travaux douloureux le viennent accabler ;
Sur le duvet d'un lit, théâtre de ses gênes,
Lui font scier des rocs, lui font fendre des chênes [4],
Et le mettent au point d'envier ton emploi.

de n'avoir rien à faire, il n'étoit pas nécessaire de parler comme quelqu'un *qui n'a rien à dire.*

[1] (L.) . . . . Si intus et in jecore ægro
       Nascantur domini,
              (*Pers.*, sat. I, v. 129, 130.)

[2] (B.) Fameux médecins.

[3] (V.) Ce vers et le précédent avoient été d'abord composés de cette manière :

       La goutte aux doigts noués, la pierre, la gravelle,
       D'ignorants médecins, encor plus fâcheux qu'elle.

C'étoit mieux, mais Boileau voulut mettre les rimes au pluriel.

[4] (Cr.) D'Aguesseau n'aimoit pas ce vers ; il y trouvoit des métaphores trop hardies. Boileau ne fut point docile à cette critique ; il répondit que si ce vers n'étoit pas bon, il falloit brûler toute la pièce. « Il falloit, dit Saint-Marc, non brûler la pièce, mais changer « ce vers dont les métaphores sont outrées ; » et nous avouons que

Reconnois donc, Antoine, et conclus avec moi,
Que la pauvreté mâle, active et vigilante,
Est, parmi les travaux, moins lasse et plus contente
Que la richesse oisive au sein des voluptés.
 Je te vais sur cela prouver deux vérités :
L'une, que le travail, aux hommes nécessaire,
Fait leur félicité plutôt que leur misère;
Et l'autre, qu'il n'est point de coupable en repos[1].
C'est ce qu'il faut ici montrer en peu de mots.
Suis-moi donc. Mais je vois, sur ce début de prône,
Que ta bouche déjà s'ouvre large d'une aune,
Et que, les yeux fermés, tu baisses le menton.
Ma foi, le plus sûr est de finir ce sermon.
Aussi bien j'aperçois ces melons qui t'attendent,
Et ces fleurs qui là-bas entre elles se demandent[2]
S'il est fête au village, et pour quel saint nouveau
On les laisse aujourd'hui si long-temps manquer d'eau[3].

cette critique nous semble juste, quoique Le Brun, sans plus de respect pour Daguesseau que pour Saint-Marc, l'ait qualifiée : *Remarque d'un prosateur imbécile.*

En général nous croyons qu'il faut se défier de toute observation littéraire, injurieusement exprimée.

[1] (V.) Et l'autre qu'en Dieu seul on trouve son repos.

Telle étoit la première manière, selon Brossette.

[2] (Cr.) Ces fleurs, dit Le Brun, parlent avec une grace charmante.

[3] (H.) On raconte que le jésuite Bouhours, ayant un jour rencontré le jardinier de Boileau, et lui ayant dit : n'est-il pas vrai que l'épître que votre maître vous a adressée est la plus belle qu'il ait faite? Antoine répondit : Nenni-da, c'est celle sur l'Amour de Dieu.

Cette épître sur l'Amour de Dieu, étoit, comme on va le voir, celle qui devoit le moins plaire aux jésuites.

ÉPITRE XII.

(1695)

A M. L'ABBÉ RENAUDOT[1].

L'AMOUR DE DIEU[2].

Docte abbé, tu dis vrai, l'homme, au crime attaché,
En vain, sans aimer Dieu, croit sortir du péché.
Toutefois, n'en déplaise aux transports frénétiques
Du fougueux moine auteur des troubles germaniques[3],
Des tourments de l'enfer la salutaire peur
N'est pas toujours l'effet d'une noire vapeur,
Qui, de remords sans fruit agitant le coupable,
Aux yeux de Dieu le rende encor plus haïssable.
Cette utile frayeur[4], propre à nous pénétrer,

---

[1] (H.) Eusèbe Renaudot, né à Paris en 1646, y mourut en 1720: il étoit de l'Académie françoise, de celle des Inscriptions, et de celle de la Crusca à Florence. Il avoit étudié particulièrement les langues de l'Orient. Il a continué *la Perpétuité de la Foi* d'Arnauld. L'abbé Renaudot est à compter parmi les amis de Boileau; il a contribué, avec Valincour, à l'édition des œuvres de ce poète donnée en 1713.

[2] (H.) Bayle (*Dictionnaire*, article *Arnauld*) dit que certains personnages ayant trouvé mauvais que le grave Arnauld eût écrit l'apologie d'une satire où il ne s'agissoit que de romans, de femmes et de vers, Despréaux, pour montrer que les vers ne sont point des objets frivoles, résolut de versifier une question de théologie. Bayle assure qu'on tient cette particularité de Despréaux lui-même. Elle est aussi rapportée dans le *Bolœana* de Brossette ou de Cizeron-Rival, page 190.

[3] (B.) Luther. — Voyez tome I, page 285.

[4] (Cr.) Cette *utile frayeur* vient d'être appelée *salutaire peur* au v. 5.

Vient souvent de la grace en nous prête [1] d'entrer,
Qui veut dans notre cœur se rendre la plus forte,
Et, pour se faire ouvrir, déjà frappe à la porte.

Si le pécheur, poussé de ce saint mouvement,
Reconnoissant son crime, aspire au sacrement,
Souvent Dieu tout-à-coup d'un vrai zèle l'enflamme ;
Le Saint-Esprit revient habiter dans son ame,
Y convertit enfin les ténèbres en jour,
Et la crainte servile en filial amour.
C'est ainsi que souvent la sagesse suprême
Pour chasser le démon se sert du démon même.

[1] (Cr.) La ressemblance des deux mots *près* et *prêt* a fait donner au second la signification du premier. L'adjectif *prêt* (préparé) a été employé comme équivalent de la préposition *près de*, sur le point de. On devroit toujours dire *prêt à*, comme dans ces vers de Racine et de Voltaire :

> *Prêts à* vous recevoir, mes vaisseaux vous attendent.
> (*Mithrid.*, act. I, sc. III.)

> Ces lévites et moi *prêts à* vous secourir.
> (*Athalie*, act. II, sc. VIII.)

> Les vaisseaux
> Étoient *prêts à* voler sur les plaines profondes.
> (*Henriade*, ch. I, v 161, 162.)

> Tu vois tous nos amis, ils sont *prêts à* nous suivre.
> (*Mort de César*, act. III, sc. 1.)

> Vous voyez qu'au tombeau je suis *prête à* descendre.
> (*Zaïre*, act. II, sc. III.)

Cependant Boileau dit ici *prête d'entrer*, et on lit de même dans Racine :

> Sont *prêts*, pour vous servir, *de* verser tout leur sang.
> (*Iphigénie*, act. I, sc. III.)

> Je me sens *prêt*, s'il veut, *de* lui donner ma vie...
> (*Athalie*, act. IV, sc. II.)

Quoique cette faute soit autorisée par des exemples classiques, il conviendroit de l'éviter à cause de la confusion qu'elle introduit dans le langage.

Mais lorsqu'en sa malice un pécheur obstiné,
Des horreurs de l'enfer vainement étonné,
Loin d'aimer, humble fils, son véritable père,
Craint et regarde Dieu comme un tyran sévère,
Au bien[1] qu'il nous promet ne trouve aucun appas,
Et souhaite en son cœur que ce Dieu ne soit pas :
En vain, la peur sur lui remportant la victoire,
Aux pieds d'un prêtre il court décharger sa mémoire :
Vil esclave toujours sous le joug du péché,
Au démon qu'il redoute il demeure attaché.
L'amour, essentiel à notre pénitence,
Doit être l'heureux fruit de notre repentance.
Non, quoi que l'ignorance enseigne sur ce point,
Dieu ne fait jamais grace à qui ne l'aime point.
A le chercher la peur nous dispose et nous aide ;
Mais il ne vient jamais, que l'amour ne succède.
Cessez de m'opposer vos discours imposteurs,
Confesseurs insensés, ignorants séducteurs,
Qui, pleins des vains propos que l'erreur vous débite,
Vous figurez qu'en vous un pouvoir sans limite
Justifie à coup sûr tout pécheur alarmé,
Et que sans aimer Dieu l'on peut en être aimé.

 Quoi donc! cher Renaudot, un chrétien effroyable,
Qui jamais, servant Dieu, n'eut d'objet que le diable,
Pourra, marchant toujours dans des sentiers maudits,
Par des formalités gagner le paradis !
Et parmi les élus, dans la gloire éternelle,
Pour quelques sacrements reçus sans aucun zèle,
Dieu fera voir aux yeux des saints épouvantés
Son ennemi mortel assis à ses côtés !

[1] (V.) *Aux biens*, dans les premières éditions.

Peut-on se figurer de si folles chimères?
On voit pourtant, on voit des docteurs même austères [1]
Qui, les semant partout, s'en vont pieusement
De toute piété saper le fondement;
Qui, le cœur infecté d'erreurs si criminelles,
Se disent hautement les purs, les vrais fidèles;
Traitant d'abord d'impie et d'hérétique affreux
Quiconque ose pour Dieu se déclarer contre eux.
De leur audace en vain les vrais chrétiens gémissent:
Prêts à la repousser, les plus hardis mollissent,
Et, voyant contre Dieu le diable accrédité,
N'osent qu'en bégayant prêcher la vérité.
Mollirons-nous aussi? Non; sans peur, sur ta trace,
Docte abbé, de ce pas j'irai leur dire en face:
Ouvrez les yeux enfin, aveugles dangereux.
Oui, je vous le soutiens, il seroit moins affreux
De ne point reconnoître un Dieu maître du monde,
Et qui règle à son gré le ciel, la terre et l'onde,
Qu'en avouant qu'il est, et qu'il sut tout former,
D'oser dire qu'on peut lui plaire sans l'aimer.
Un si bas, si honteux, si faux christianisme
Ne vaut pas des Platons l'éclairé paganisme;
Et chérir les vrais biens, sans en savoir l'auteur,
Vaut mieux que, sans l'aimer, connoître un créateur.
Expliquons-nous pourtant. Par cette ardeur si sainte,
Que je veux qu'en un cœur amène enfin la crainte,
Je n'entends pas ici ce doux saisissement,
Ces transports pleins de joie et de ravissement,

[1] (V.) Cependant on ne voit que docteurs, même austères.

Ce vers est cité ainsi par Boileau, dans une lettre qu'il écrit à Racine en 1697. Voyez tome IV.

Qui font des bienheureux la juste récompense,
Et qu'un cœur rarement goûte ici par avance.
Dans nous l'amour de Dieu, fécond en saints désirs,
N'y produit pas toujours de sensibles plaisirs.
Souvent le cœur qui l'a ne le sait pas lui-même :
Tel craint de n'aimer pas, qui sincèrement aime ;
Et tel croit au contraire être brûlant d'ardeur,
Qui n'eut jamais pour Dieu que glace et que froideur.
C'est ainsi quelquefois qu'un indolent mystique [1],
Au milieu des péchés tranquille fanatique,
Du plus parfait amour pense avoir l'heureux don,
Et croit posséder Dieu, dans les bras du démon.

Voulez-vous donc savoir si la foi dans votre ame
Allume les ardeurs d'une sincère flamme ?
Consultez-vous vous-même. A ses règles soumis,
Pardonnez-vous sans peine à tous vos ennemis ?
Combattez-vous vos sens ? domptez-vous vos foiblesses ?
Dieu dans le pauvre est-il l'objet de vos largesses ?
Enfin dans tous ses points pratiquez-vous sa loi ?
Oui, dites-vous. Allez, vous l'aimez, croyez-moi.
Qui fait exactement ce que ma loi commande [2],
A pour moi, dit ce Dieu, l'amour que je demande [3].

---

[1] (B.) Quiétistes, dont les erreurs ont été condamnées par les papes Innocent XI et Innocent XII.

[2] (Cr.) En citant ce vers et le suivant, Voltaire ajoute : « Ce qu'on a écrit de plus sensé sur cette controverse mystique, se trouve peut-être dans la satire de Boileau sur l'amour de Dieu, quoique ce ne soit pas assurément son meilleur ouvrage. » (*Dictionnaire philosophique*, article *Amour de Dieu.*)

[3] (V.) Ces deux vers, dans la lettre de Boileau à Racine, sont cités ainsi :

> Écoutez la leçon que lui-même il nous donne :
> « Qui m'aime ? c'est celui qui fait ce que j'ordonne. »

Faites-le donc ; et, sûr qu'il nous veut sauver tous,
Ne vous alarmez point pour quelques vains dégoûts
Qu'en sa ferveur souvent la plus sainte ame éprouve ;
Marchez, courez à lui [1] : qui le cherche le trouve ;
Et plus de votre cœur il paroît s'écarter,
Plus par vos actions songez à l'arrêter [2].
Mais ne soutenez point cet horrible blasphème,
Qu'un sacrement reçu, qu'un prêtre, que Dieu même,
Quoi que vos faux docteurs osent vous avancer,
De l'amour qu'on lui doit puissent vous dispenser.

Mais s'il faut qu'avant tout, dans une ame chrétienne,
Diront ces grands docteurs, l'amour de Dieu survienne,
Puisque ce seul amour suffit pour nous sauver,
De quoi le sacrement viendra-t-il nous laver?
Sa vertu n'est donc plus qu'une vertu frivole.
Oh ! le bel argument digne de leur école !
Quoi ! dans l'amour divin en nos cœurs allumé,
Le vœu du sacrement n'est-il pas renfermé?
Un païen converti, qui croit un Dieu suprême,
Peut-il être chrétien qu'il n'aspire au baptême,
Ni le chrétien en pleurs être vraiment touché
Qu'il ne veuille à l'église avouer son péché?
Du funeste esclavage où le démon nous traîne
C'est le sacrement seul qui peut rompre la chaîne :
Aussi l'amour d'abord y court avidement ;
Mais lui-même il en est l'ame et le fondement.
Lorsqu'un pécheur, ému d'une humble repentance,

---

[1] (V.) Courez toujours à lui. (*Lettre de Boileau à Racine.*)

[2] (V.) Racine, par excès de timidité, avoit déterminé Despréaux a retrancher ce vers et les sept précédents ; mais le docteur de Sorbonne, Jacques Boileau, frère du poète, les fit rétablir.

Par les degrés prescrits court à la pénitence,
S'il n'y peut parvenir, Dieu sait les supposer.
Le seul amour manquant ne peut point s'excuser :
C'est par lui que dans nous [1] la grace fructifie;
C'est lui qui nous ranime et qui nous vivifie;
Pour nous rejoindre à Dieu, lui seul est le lien;
Et sans lui, foi, vertus, sacrements, tout n'est rien.

   A ces discours pressants que sauroit-on répondre?
Mais approchez; je veux encor mieux vous confondre,
Docteurs. Dites-moi donc : quand nous sommes absous,
Le Saint-Esprit est-il, ou n'est-il pas en nous?
S'il est en nous, peut-il, n'étant qu'amour lui-même,
Ne nous échauffer point de son amour suprême?
Et s'il n'est pas en nous, Satan toujours vainqueur
Ne demeure-t-il pas maître de notre cœur?
Avouez-donc qu'il faut qu'en nous l'amour renaisse :
Et n'allez point, pour fuir la raison qui vous presse,
Donner le nom d'amour au trouble inanimé
Qu'au cœur d'un criminel la peur seule a formé.
L'ardeur qui justifie, et que Dieu nous envoie,
Quoiqu'ici-bas souvent inquiète et sans joie,
Est pourtant cette ardeur, ce même feu d'amour,
Dont brûle un bienheureux en l'éternel séjour.
Dans le fatal instant qui borne notre vie,
Il faut que de ce feu notre ame soit remplie;
Et Dieu, sourd à nos cris s'il ne l'y trouve pas,
Ne l'y rallume plus après notre trépas.
Rendez-vous donc enfin à ces clairs syllogismes;

---

[1] (Cr.) *Que dans nous* semble dur et sec : pourquoi pas *qu'en nos cœurs?* En général ce morceau n'est pas moins correct qu'orthodoxe; peut-être même est-il aussi poétique que la matière le comportoit.

Et ne prétendez plus, par vos confus sophismes,
Pouvoir encore aux yeux du fidèle éclairé
Cacher l'amour de Dieu dans l'école égaré.
Apprenez que la gloire où le ciel nous appelle
Un jour des vrais enfants doit couronner le zèle,
Et non les froids remords d'un esclave craintif,
Où crut voir Abéli [1] quelque amour négatif.
  Mais quoi ! j'entends déjà plus d'un fier scolastique [2]
Qui, me voyant ici sur ce ton dogmatique
En vers audacieux traiter ces points sacrés,
Curieux, me demande où j'ai pris mes degrés ;
Et si, pour m'éclairer sur ces sombres matières,
Deux cents auteurs extraits m'ont prêté leurs lumières.
Non. Mais pour décider que l'homme, qu'un chrétien
Est obligé d'aimer l'unique auteur du bien,
Le Dieu qui le nourrit, le Dieu qui le fit naître,
Qui nous vint par sa mort donner un second être,
Faut-il avoir reçu le bonnet doctoral,
Avoir extrait Gamache, Isambert et du Val [3] ?

---

[1] (B.) Misérable défenseur de la fausse attrition. (Édit. de 1701.)
Auteur de *la Moelle théologique*, qui soutient la fausse attrition par les raisons réfutées dans cette épître. (1713)

(H.) Louis Abéli, né en 1603, docteur en théologie, curé à Paris, puis évêque de Rhodez après Péréfixe, quitta son évêché, et vint se retirer à Saint-Lazare où il mourut en 1691. Ses livres sont tout-à-fait ensevelis ; cependant Jacques Boileau, frère de Despréaux, prit la peine de réfuter la *Medulla theologica de sacramento pœnitentiæ*, dans un traité sur la contrition.

[2] (Cr.) On a peine à comprendre comment un critique du dernier siècle, a pu s'extasier sur le morceau qu'on va lire, au point de s'écrier : « Je défie de trouver, dans les autres ouvrages de la jeunesse « de Boileau, un endroit plus vif, plus animé, et dont le tour soit « à la fois plus agréable et plus vif que celui des vers suivants. »

[3] (H.) Trois théologiens du dix-septième siècle ; tous trois, com-

Dieu, dans son livre saint, sans chercher d'autre ouvrage,
Ne l'a-t-il pas écrit lui-même à chaque page?
De vains docteurs encore, ô prodige honteux !
Oseront nous en faire un problème douteux !
Viendront traiter d'erreur digne de l'anathème
L'indispensable loi d'aimer Dieu pour lui-même,
Et, par un dogme faux dans nos jours enfanté,
Des devoirs du chrétien rayer la charité !
 Si j'allois consulter chez eux le moins sévère,
Et lui disois: Un fils doit-il aimer son père?
Ah ! peut-on en douter ? diroit-il brusquement.
Et quand je leur demande en ce même moment :
L'homme, ouvrage d'un Dieu seul bon et seul aimable,
Doit-il aimer ce Dieu, son père véritable?
Leur plus rigide auteur [1] n'ose le décider,
Et craint, en l'affirmant, de se trop hasarder !
 Je ne m'en puis défendre; il faut que je t'écrive
La figure bizarre, et pourtant assez vive,
Que je sus l'autre jour employer dans son lieu,
Et qui déconcerta ces ennemis de Dieu.
Au sujet d'un écrit qu'on nous venoit de lire,
Un d'entre eux [2] m'insulta sur ce que j'osai dire

mentateurs de *la Somme de Saint-Thomas.* Philippe Gamaches, né en 1568, mort en 1625 ; André du Val, né en 1564, mort en 1638 ; Isambert, mort en 1642, à l'âge de soixante-dix-sept ans. Il y a long-temps qu'on ne fait aucun *extrait* ni aucun usage de leurs compilations.

[1] (H.) Burluguay, docteur de Sorbonne, curé des Troux, près de Port-Royal-des-Champs, auteur du *Bréviaire de Sens,* interrogé par Boileau, si l'on étoit obligé d'aimer Dieu, n'osa répondre. C'est Brossette qui rapporte cette anecdote ; Saint-Marc la révoque en doute.

[2] (H.) Le jésuite Cheminais, prédicateur, nous est ici indiqué dans l'opuscule intitulé *Boileau aux prises avec les jésuites,* 1706, in-12, et

Qu'il faut, pour être absous d'un crime confessé,
Avoir pour Dieu du moins un amour commencé.
Ce dogme, me dit-il, est un pur calvinisme.
O ciel! me voilà donc dans l'erreur, dans le schisme,
Et partant réprouvé! Mais, poursuivis-je alors,
Quand Dieu viendra juger les vivants et les morts;
Et des humbles agneaux, objets de sa tendresse,
Séparera des boucs la troupe pécheresse,
A tous il nous dira, sévère ou gracieux,
Ce qui nous fit impurs ou justes à ses yeux.
Selon vous donc, à moi réprouvé, bouc infâme,
Va brûler, dira-t-il en l'éternelle flamme,
Malheureux qui soutins que l'homme dut m'aimer;

nous sommes loin de penser que cet opuscule ne *mérite aucune confiance*. Il a pu s'y glisser, comme ailleurs, des inexactitudes; mais il est d'un homme fort instruit des relations de Boileau avec les jésuites; et sur un tel sujet, nous n'avons guère de renseignements plus sûrs, du moins hors des ouvrages et des lettres de Boileau lui-même.

A notre avis, il n'y auroit ici rien à conclure ni de sa lettre à Racine, écrite en 1697, ni du récit que fait madame de Sévigné en 1690 d'une autre dispute entre Boileau et un jésuite fort distinct de celui que désigne le vers 196 de l'épître XII. On tireroit un meilleur parti des mots *l'autre jour* employés au vers 193; car ils semblent indiquer une aventure récente en 1695, et Cheminais étoit mort en 1689. Mais il resteroit à savoir s'il ne convient pas au poète d'altérer la date pour rajeunir le fait : c'est une licence dont il a fait quelquefois usage; et nous en verrons bientôt un autre exemple au vers 238 de cette épître.

Cheminais, qui mourut fort jeune, et qui, outre ses sermons, avoit composé, comme nous l'apprend Bayle, *des vers fort jolis et fort galants*, n'étoit pas un très-grand théologien. On a jadis comparé ses prédications aux tragédies de Racine; mais il nous semble que depuis Massillon, on a dû prendre une plus haute et plus juste idée de l'éloquence de la chaire.

Nous n'assurons donc point que Boileau, dans le vers 196, ait voulu parler de Cheminais; mais nous citons un auteur contemporain qui l'assure.

Et qui, sur ce sujet trop prompt à déclamer,
Prétendis qu'il falloit, pour fléchir ma justice,
Que le pécheur, touché de l'horreur de son vice,
De quelque ardeur pour moi sentît les mouvements,
Et gardât le premier de mes commandements !
Dieu, si je vous en crois, me tiendra ce langage :
Mais à vous, tendre agneau, son plus cher héritage,
Orthodoxe ennemi d'un dogme si blâmé,
Venez, vous dira-t-il, venez, mon bien-aimé :
Vous qui, dans les détours de vos raisons subtiles
Embarrassant les mots d'un des plus saints conciles [1],
Avez délivré l'homme, ô l'utile docteur !
De l'importun fardeau d'aimer son créateur ;
Entrez au ciel, venez, comblé de mes louanges,
Du besoin d'aimer Dieu désabuser les anges.
A de tels mots, si Dieu pouvoit les prononcer,
Pour moi je répondrois, je crois, sans l'offenser :
Oh ! que pour vous mon cœur moins dur et moins farouche,
Seigneur, n'a-t-il, hélas ! parlé comme ma bouche !
Ce seroit ma réponse à ce Dieu fulminant.
Mais vous, de ses douceurs objet fort surprenant,
Je ne sais pas comment, ferme en votre doctrine,
Des ironiques mots de sa bouche divine
Vous pourriez, sans rougeur et sans confusion,
Soutenir l'amertume et la dérision.

L'audace du docteur, par ce discours frappée,
Demeura sans réplique à ma prosopopée [2].

[1] (B.) Le concile de Trente.
[2] (H.) Boileau raconte à Racine que le P. La Chaise éclatoit de rire en écoutant cette prosopopée. « Le poète avoit, dit d'Alembert, « un besoin si essentiel et si pressant de se concilier son juge, qu'il

Il sortit tout-à-coup, et, murmurant tout bas
Quelques termes d'aigreur que je n'entendis pas,
S'en alla chez Binsfeld [1], ou chez Basile [2] Ponce [3],
Sur l'heure à mes raisons chercher une réponse [4].

« dut s'applaudir beaucoup de l'avoir fait rire à si bon marché. »
(*Éloge de Despréaux.*)

[1] (H.) Théologien, né à Luxembourg, reçu docteur à Rome, chanoine et grand-vicaire à Trèves.

[2] (H.) Basile Ponce de Léon, religieux Augustin, professeur de théologie et de droit canon dans l'université d'Alcala, mort à Salamanque en 1629.

On remarquera cette dernière date, et l'on en conclura que Boileau ne s'assujettit point à la chronologie, puisqu'en 1695, il suppose qu'un jésuite avec lequel il a disputé *l'autre jour* est sorti tout-à-coup pour aller chez Basile Ponce. Il a donc fort bien pu prolonger de six ou sept ans la vie du père Cheminais.

[3] (B.) Deux défenseurs de la fausse attrition. (Édit. de 1701.) — Le premier étoit chanoine de Trèves et l'autre étoit de l'ordre de Saint-Augustin. (1713)

[4] (Cr.) La matière de cette épître étoit, selon La Harpe, « trop
« peu faite pour la poésie, quoique la prosopopée qui termine la
« pièce soit heureuse et vive. Ces sujets, dit-il, occupoient alors
« tout Paris échauffé sur la controverse, comme il l'a été de nos
« jours sur la musique. L'on oublioit qu'il falloit laisser ces questions
« à la Sorbonne, et que les muses ne veulent point que l'on dogma-
« tise en vers. » (*Cours de littérature*, part. II, liv. 1, chap. 10.)

FIN DES ÉPITRES.

L'ART POÉTIQUE.

L'ART POÉTIQUE.

(1569-1674 [1])

CHANT PREMIER.

C'est en vain qu'au Parnasse un téméraire auteur
Pense de l'art des vers atteindre la hauteur [2] :
S'il ne sent point du ciel l'influence secrète,
Si son astre en naissant ne l'a formé poète,
Dans son génie étroit il est toujours captif;

---

[1] (Cr.) « Poème admirable, dit Voltaire, parce qu'il dit toujours « des choses vraies et utiles, parce qu'il donne toujours le précepte « et l'exemple; parce qu'il est varié, etc. L'art poétique de Boileau « est supérieur à celui d'Horace. La méthode est certainement une « beauté dans un poème didactique; Horace n'en a point.... La mé- « thode est un mérite dans Boileau, mérite dont les philosophes « doivent lui tenir compte.... Si vous exceptez les tragédies de Ra- « cine, l'*Art poétique* de Boileau est sans contredit le poème qui fait « le plus d'honneur à la langue françoise. » (*Dictionnaire philos.* au mot *Art poétique.*)

Marmontel, un des détracteurs de Boileau est forcé de rendre hommage à l'*Art poétique*. « C'est, dit-il, *un ouvrage excellent et « vraiment classique, qui donne une idée précise et lumineuse de tous « les genres; c'est tout ce qu'on peut attendre d'un poème*, puisque ce « n'est pas dans un poème que la théorie pourroit être approfondie. « Quand le goût du public a été formé, ajoute Marmontel, la plu- « part des leçons de Despréaux ont dû paroître inutiles; mais c'est, « graces à lui-même et à l'attrait qu'il leur a donné, que ses idées sont « aujourd'hui communes. » (*Éléments de littérature*, article *Poésie.*)

[2] (I.) Vauquelin de La Fresnaie, Art poét., liv. I, avait dit :

. . . . Ce brave auteur,
Nul ne peut en sa langue atteindre sa hauteur.

Pour lui Phébus est sourd, et Pégase est rétif[1].

O vous donc qui, brûlant d'une ardeur périlleuse,
Courez du bel esprit[2] la carrière épineuse,
N'allez pas sur des vers sans fruit vous consumer[3],
Ni prendre pour génie un amour de rimer[4] :
Craignez d'un vain plaisir les trompeuses amorces,
Et consultez long-temps votre esprit et vos forces[5].

La nature, fertile en esprits excellents,
Sait entre les auteurs partager les talents :
L'un peut tracer en vers une amoureuse flamme;
L'autre d'un trait plaisant aiguiser l'épigramme :
Malherbe d'un héros peut vanter[6] les exploits;

---

[1] (Cr.) En exigeant pour première condition qu'on ait reçu de la nature le génie poétique, Boileau ne prétend point que ce génie suffise, puisqu'il entreprend d'exposer les règles qui le doivent guider et perfectionner :

> Natura fieret laudabile carmen, an arte
> Quæsitum est. Ego nec studium sine divite vena,
> Nec rude quid prosit video ingenium : alterius sic
> Altera poscit opem res et conjurat amice.
> (*Hor.*, Art. poet., v. 408-411.)

[2] (Cr.) « L'auteur n'a pas dit ce qu'il vouloit dire. Il change le « génie en bel esprit. Quel noble poète voudroit courir la carrière « du bel-esprit? » Cette critique est de Le Brun, et l'on ne peut y répondre qu'en observant que l'expression de *bel esprit* s'employoit alors dans le sens de génie, ou talent littéraire.

[3] (I.)   Tu nihil invita dices faciesve Minerva.
> (*Hor.*, Art. poet., v. 385.)

[4] (Cr.) *Un amour de rimer* n'est pas une expression très-heureuse.

[5] (I.)   Sumite materiam vestris, qui scribitis, æquam
>   Viribus, et versate diu quid ferre recusent,
>   Quid valeant humeri.
> (*Hor.*, Art. poet., v. 38-40.)

[6] (Cr.) « Un poète lyrique chante et ne *vante* pas, » dit Le Brun. Remarque beaucoup trop sévère : *vanter* s'emploie dans le sens de célébrer.

Racan, chanter Philis, les bergers et les bois [1] :
Mais souvent un esprit qui se flatte et qui s'aime
Méconnoît son génie, et s'ignore soi-même [2] :
Ainsi tel [3], autrefois qu'on vit avec Faret [4]
Charbonner de ses vers les murs d'un cabaret [5],
S'en va, mal à propos, d'une voix insolente,
Chanter du peuple hébreu la fuite triomphante,
Et, poursuivant Moïse au travers des déserts,
Court avec Pharaon se noyer dans les mers [6].

[1] (H.) Sur Racan, voyez tome I, page 166.

Racan dans ses bergeries, au lieu de peindre des mœurs pastorales, a mis en scène des vices de cour. « Cependant, dit Marmontel, à la faveur d'un peu d'élégance, mérite rare dans ce temps-là, ce poëme eut un grand succès. » Voilà ce qui peut excuser l'indulgence de Boileau.

[2] (Cr.) Depuis le cinquième vers jusqu'au vingtième, on trouve trois fois *génie* et quatre fois *esprit*. Il falloit peut-être éviter de dire : un *esprit* méconnoît son *génie*. *Méconnoît* ne semble pas non plus le mot propre ; car il signifie ne *reconnoît point*, tandis qu'il s'agit d'un poète qui ne discerne pas le genre auquel il est propre. Aujourd'hui l'on écriroit ici *lui-même* au lieu de *soi-même*. Voyez Condillac, *Art d'écrire*, livre I, chap. II. Le Brun fait les mêmes critiques, et nous les croyons fondées. Voyez notre discours préliminaire, tome I, page XXIV.

[3] (B.) Saint-Amant, auteur du *Moïse sauvé*. (Voyez tome I, p. 66.)

[4] (B.) Faret, auteur du livre intitulé *L'honnête homme*, et ami de Saint-Amant.

(H.) Nicolas Faret, de Bourg en Bresse, mourut à Paris en 1646, âgé de quarante-six ans. Il étoit de l'Académie françoise depuis l'établissement de cette compagnie et avoit contribué à la rédaction de ses réglements. On peut le compter aussi parmi les plus misérables écrivains de cette époque.

[5] (I.)   Nigri fornicis ebrium poetam,
   Qui carbone rudi, putrique creta
   Scribit carmina, quæ legunt cacantes.
               (*Mart.*, lib. XII, epig. LXI.)

[6] (Cr.) Vers plein de sel qui met la plaisanterie en images, dit Le Brun.

Quelque sujet qu'on traite, ou plaisant, ou sublime [1],
Que toujours le bon sens s'accorde avec la rime :
L'un l'autre vainement ils semblent se haïr;
La rime est une esclave, et ne doit qu'obéir.
Lorsqu'à la bien chercher d'abord on s'évertue,
L'esprit à la trouver aisément s'habitue;
Au joug de la raison sans peine elle fléchit [2],
Et, loin de la gêner, la sert et l'enrichit [3].
Mais lorsqu'on la néglige, elle devient rebelle;
Et pour la rattraper le sens court après elle [4].
Aimez donc la raison : que toujours vos écrits

[1] (Cr.) Ce vers et les onze suivants, où Boileau prescrit d'asservir la rime à la raison, sont peut-être dans tous les poëmes françois, les douze vers *consécutifs* les plus remarquables à la fois par la richesse des rimes, par la justesse des idées, par la pureté, la grace et l'énergie des expressions.

[2] (Cr.) On est obligé d'avouer que *fléchit sous le joug* seroit plus correct que *fléchit au joug*.

[3] (B.) Boileau fait ici une observation très-juste qui a été développée par Marmontel. « L'esprit humain est naturellement porté à
« l'indolence, et en écrivant en prose, rien de plus difficile que de
« ne pas se laisser aller à une indulgence paresseuse et aux négli-
« gences qu'elle autorise; au lieu qu'en écrivant en vers, et en vers
« rimés, la difficulté renaissante réveille à tout moment l'attention.
 « La rime est un plaisir pour l'esprit par la surprise qu'elle cause,
« et lorsque la difficulté heureusement vaincue n'a fait que donner
« plus de saillie et de vivacité, plus de grace ou d'énergie à l'expres-
« sion et à la pensée. » (*Éléments de littérat.*, article *Rime*.)

[4] (Cr.) « Rien n'est plus aisé, dit Voltaire, (*Dict. philosoph.*, article *Vers*.) « que de faire de mauvais vers en françois; rien de plus
« difficile que d'en faire de bons. Trois choses rendent cette difficulté
« presque insurmontable: la gêne de la rime, le trop petit nombre
« de rimes nobles et heureuses, la privation de ces inversions dont
« le grec et le latin abondent. Aussi avons-nous très-peu de poëtes
« toujours élégants et toujours corrects. »
 Les mauvais vers que la rime a fait faire à nos meilleurs poëtes ne sont point en petit nombre; mais il est certain aussi qu'elle a quelquefois provoqué d'heureuses idées, et l'on en trouveroit dans Ra-

Empruntent d'elle seule [1] et leur lustre et leur prix.
　La plupart, emportés d'une fougue insensée,
Toujours loin du droit sens vont chercher leur pensée :
Ils croiroient s'abaisser, dans leurs vers monstrueux,
S'ils pensoient ce qu'un autre a pu penser comme eux.
Évitons ces excès : laissons à l'Italie
De tous ces faux brillants l'éclatante folie [2].
Tout doit tendre au bon sens : mais pour y parvenir,
Le chemin est glissant et pénible à tenir ;
Pour peu qu'on s'en écarte, aussitôt on se noie.
La raison pour marcher n'a souvent qu'une voie.

cine et dans Boileau des exemples bien préférables à celui que citoit, dit-on, Boileau lui-même, savoir :

> Son collet de pourpoint s'étend et forme un cercle ;
> Son chapeau de docteur s'aplatit en couvercle.

Ces deux singuliers vers sont de Dalibray, dans *la métamorphose de Montmaur en marmite.*

[1] (Cr.) « *Seule* est de trop, dit Le Brun ; car les graces et le génie « sont aussi essentiels que la raison. » Quelque effort que fasse La Harpe pour excuser ce mot *seule*, il est ici non-seulement inutile, mais inexact. Ce mot, et l'expression *au joug* pour *sous le joug*, vers 33, nous paroissent les seuls tributs que Despréaux ait payés à la mesure dans ces douze excellents vers sur la rime : il est bien rare qu'on en soit quitte à si bon marché.

[2] (Cr.) Ce mauvais goût étoit fort ancien dans la littérature italienne ; et l'on s'abuse lorsqu'on ne l'attribue qu'à Marini et aux autres *Seicentisti*. » Non, dit Ginguené (*Histoire littér. de l'Italie*, tome VI, page 438.) « Non : dans le *Guarini*, dans *la Jérusalem*, et « dans un grand nombre des sonnets du Tasse, dans le *Tansillo*, « dans tant d'autres poètes célèbres du seizième siècle, que dis-je ? « dans Pétrarque lui-même, cette grande lumière du quatorzième, « ce créateur de la poésie lyrique italienne, le germe très-développé « de cette maladie de l'esprit et du style existoit déjà. Il n'y avoit « plus qu'un pas à faire, pour que le mal fût à son comble et que la « contagion devînt générale. Les poètes italiens du dix-septième « siècle firent ce dernier pas ; mais ne perdons aucune occasion de « l'observer et de le redire, d'illustres devanciers leur avoient mal-

Un auteur quelquefois trop plein de son objet
Jamais sans l'épuiser n'abandonne un sujet [1].
S'il rencontre un palais [2], il m'en dépeint la face;
Il me promène après de terrasse en terrasse;
Ici s'offre un perron; là règne un corridor;
Là ce balcon s'enferme en un balustre d'or.
Il compte des plafonds les ronds et les ovales;
« Ce ne sont que festons, ce ne sont qu'astragales [3]. »
Je saute vingt feuillets pour en trouver la fin,
Et je me sauve à peine au travers du jardin.
Fuyez de ces auteurs l'abondance stérile,
Et ne vous chargez point d'un détail inutile.
Tout ce qu'on dit de trop est fade et rebutant [4];

« heureusement frayé la route et ne s'y étoient déjà que trop enga-
« gés avant eux. » Nous citons cette observation de l'un des littérateurs les plus éclairés de notre âge, et des plus judicieux admirateurs de la littérature italienne pour justifier ce qu'en dit ici Boileau,
et ce qu'il doit en dire encore. Quant à l'influence des *faux brillants*
de l'Italie sur la littérature françoise avant Despréaux, voyez notre
discours préliminaire, tome I, page XI.

[1] (Cr.) Un auteur *quelquefois* n'abandonne *jamais*... Trop plein de
son *objet*, il épuise son *sujet*. Peut-être que *sujet* et *objet* se ressemblent trop; et *jamais* et *quelquefois* trop peu, pour être si rapprochés. Mis en rime, *sujet* et *objet* laissent encore mieux voir leur
synonymie.

[2] (H.) Scudéri, dans *Alaric*, livre III, emploie près de trois cents vers
à décrire toutes les parties d'un palais, depuis la façade jusqu'au
jardin.

[3] (B.) Vers de Scudéri.
Au lieu du mot *qu'astragales*, on lit *que couronnes* dans le vers de
Scudéri. Nous ne pensons pas que Despréaux y ait substitué des *astragales*, comme des ornements plus petits; la rime et peut être aussi
l'extrême dureté des syllabes QUE *couronnes* auront amené ce changement.

[4] (I.) Omne supervacuum pleno de pectore manat.
(*Hor.*, Art. poet., v. 337.)

L'esprit rassasié le rejette à l'instant.
Qui ne sait se borner ne sut jamais écrire.

Souvent la peur d'un mal nous conduit dans un pire [1] :
Un vers étoit trop foible, et vous le rendez dur;
J'évite d'être long, et je deviens obscur [4];
L'un n'est point trop fardé, mais sa muse est trop nue [2];
L'autre a peur de ramper, il se perd dans la nue [4].

Voulez-vous du public mériter les amours?
Sans cesse en écrivant variez vos discours [5].
Un style trop égal et toujours uniforme
En vain brille à nos yeux, il faut qu'il nous endorme.
On lit peu ces auteurs, nés pour nous ennuyer,
Qui toujours sur un ton semblent psalmodier [6].

Heureux qui, dans ses vers, sait d'une voix légère
Passer du grave au doux, du plaisant au sévère!
Son livre, aimé du ciel, et chéri des lecteurs,

[1] (I.) In vitium ducit culpæ fuga, si caret arte.
(*Hor.*, Art. poet., v. 31.)

[2] (I.) . . . . Brevis esse laboro,
Obscurus fio.
(Ibid., v. 25, 26.)

[3] (Cr.) Le Brun dit que *fardé* n'est point l'opposé de nu : c'est à notre avis, une remarque minutieusement sévère.

[4] (I.) . . . . Sectantem lævia, nervi
Deficiunt animique; professus grandia turget:
Serpit humi tutus nimium, timidusque procellæ...
Aut dum vitat humum, nubes et inania captat.
(*Hor.*, Art. poet., v. 26-28; v. 230.)

[5] (Cr.) « *Varier ses discours*, c'est proprement écrire sur diffé-
« rents sujets. *Amours* pour applaudissements est encore mal. *En*
« *écrivant* est inutile. » Ces remarques sont de Condillac, *Art d'écrire*,
livre I, chap. XII. Elles sont bien sévères.

[6] (I.) . . . . Et citharœdus
Ridetur, chorda qui semper oberrat eadem.
(*Hor.*, Art. poet., v. 355, 356.)

Est souvent chez Barbin entouré d'acheteurs [1].

Quoi que vous écriviez, évitez la bassesse :
Le style le moins noble a pourtant sa noblesse.
Au mépris du bon sens [2], le burlesque effronté [3]
Trompa les yeux d'abord, plut par sa nouveauté :
On ne vit plus en vers que pointes triviales ;
Le Parnasse parla le langage des halles ;
La licence à rimer alors n'eut plus de frein ;
Apollon travesti [4] devint un Tabarin [5].
Cette contagion infecta les provinces,
Du clerc et du bourgeois passa jusques aux princes :
Le plus mauvais plaisant eut ses approbateurs ;
Et, jusqu'à d'Assouci [6], tout trouva des lecteurs.
Mais de ce style enfin la cour désabusée
Dédaigna de ces [7] vers l'extravagance aisée,
Distingua le naïf du plat et du bouffon,
Et laissa la province admirer le Typhon [8].

[1] (I.) Omne tulit punctum, qui miscuit utile dulci,
         Lectorem delectando pariterque monendo.
         Hic meret æra liber Sosiis.

[2] (V.) *Sous l'appui de Scarron*, avant l'impression.

[3] (B.) Le style burlesque fut extrêmement en vogue jusque vers 1660 qu'il tomba.

[4] (H.) Allusion au *Virgile travesti* de Scarron. Avant Scarron, Battista Lalli, poète italien, né en 1572, mort en 1637, avoit fait une Énéide travestie.

[5] (H.) Tabarin, bouffon grossier, étoit le valet d'un charlatan nommé Mondor, très-fameux au commencement du dix-septième siècle. Les farces de Tabarin sont imprimées, Rouen, 1640, 1664 in-12.

[6] (B.) Pitoyable auteur qui a composé *l'Ovide en belle humeur.*
Charles Coypeau d'Assouci naquit à Paris en 1604 et vécut jusqu'en 1679. Voyez son article dans le *Dictionnaire de Bayle*. Il est fait mention de lui dans le *Voyage de Chapelle et Bachaumont*.

[7] (V.) ...*ses*, dans l'édition de 1821 ; chez J. J. Blaise.

[8] (H.) *Typhon*, ou *la Gigantomachie*, ou *la Guerre des dieux contre*

Que ce style jamais ne souille votre ouvrage.
Imitons de Marot[1] l'élégant badinage,
Et laissons le burlesque aux plaisants du Pont-Neuf[2].

Mais n'allez point aussi, sur les pas de Brébeuf,
Même en une Pharsale, entasser sur les rives
« De morts et de mourants cent montagnes plaintives[3]. »
Prenez mieux votre ton. Soyez simple avec art,
Sublime sans orgueil, agréable sans fard.

N'offrez rien au lecteur que ce qui peut lui plaire.
Ayez pour la cadence une oreille sévère :
Que toujours dans vos vers le sens coupant les mots,
Suspende l'hémistiche, en marque le repos.
Gardez qu'une voyelle à courir trop hâtée
Ne soit d'une voyelle en son chemin heurtée.
Il est un heureux choix de mots harmonieux.
Fuyez des mauvais sons le concours odieux :
Le vers le mieux rempli, la plus noble pensée
Ne peut plaire à l'esprit, quand l'oreille est blessée[4].

---

les géants; poëme de Scarron, publié en 1644. Boileau n'en estimoit que le début.

Paul Scarron né à Paris en 1611, mort en 1660, premier mari de madame de Maintenon, auteur de *dom Japhet*, de *Jodelet* et autres pièces de théâtre, etc. Son meilleur ouvrage est le *Roman comique :* on a réimprimé ses œuvres en 1786; Paris, Bastien, 7 vol. in-8°.

[1] (H.) Clément Marot. Voyez tome I, page 194.

[2] (B.) Les vendeurs de Mithridate et les joueurs de marionnettes se mettent depuis long-temps sur le Pont-Neuf.

[3] B.) Vers de Brébeuf.

Lucain ne fournissoit pas cette hyperbole : on ne lit que *tot corpora fusa,* au vers 625 du liv. II de *la Pharsale;* mais Aurélius Victor avoit écrit : *Stabant (cadaverum) acervi, montium similes; fluebat cruor fluminum modo;* et Corneille :

Des montagnes de morts, des rivières de sang.

[4] (I.) Quamvis enim suaves gravesque sententiæ, tamen, si in-

Durant les premiers ans du Parnasse françois,
Le caprice tout seul faisoit toutes les lois [1].
La rime, au bout des mots assemblés sans mesure,
Tenoit lieu d'ornements, de nombre et de césure [2].
Villon [3] sut le premier, dans ces siècles grossiers,
Débrouiller l'art confus de nos vieux romanciers.
Marot [4] bientôt après fit fleurir les ballades,
Tourna des triolets, rima des mascarades,
A des refreins réglés asservit les rondeaux,
Et montra pour rimer des chemins tout nouveaux.
Ronsard [5], qui le suivit, par une autre méthode,
Réglant tout, brouilla tout, fit un art à sa mode,

conditis verbis efferuntur, offendent aures quarum judicium superbissimum. (*Cicer. Orat.*)

[1] (Cr.) Les contemporains de Boileau n'ont pas critiqué cette rime de *françois* avec *lois*, quoiqu'ils lui aient reproché, fort mal à propos, d'autres prétendues fautes de versification.

[2] (B.) La plupart de nos anciens romans françois sont en vers confus et sans ordre, comme le roman de *la Rose* et plusieurs autres.

Il est vrai pourtant que les troubadours ou poètes provençaux avoient au douzième et au treizième siècle un système de versification assez régulier et fort compliqué. Les trouvères ou poètes françois du même temps s'imposoient aussi dans leurs compilations lyriques des règles sévères, et s'exerçoient à vaincre d'épineuses et puériles difficultés. Mais la versification de leurs autres poèmes demeuroit telle que Despréaux la représente ici, c'est-à-dire très-négligée et très-irrégulière.

[3] (H.) Villon, voyez tome I, page 194. Sallier (*Mémoires de l'Acad. des inscr.*, tome XIII) et Goujet (*Biblioth. franç.*, tome IX,) prétendent que si Boileau avoit pu lire les poésies de Charles d'Orléans (père de Louis XII) il lui auroit décerné l'honneur qu'il accorde ici à Villon. La vérité est que notre versification est encore très-imparfaite chez ces deux poètes, et que le foible progrès à remarquer dans Charles d'Orléans est un peu plus sensible dans Villon.

[4] (H.) Marot. Voyez tome I, page 194.

[5] (H.) Ronsard. Voyez tome I, pages 90, 91.

Et toutefois long-temps eut un heureux destin.
Mais sa muse, en françois parlant grec et latin ¹,
Vit dans l'âge suivant, par un retour grotesque,
Tomber de ses grands mots le faste pédantesque.
Ce poète orgueilleux, trébuché de si haut,
Rendit plus retenus Desportes ² et Bertaut ³.

Enfin Malherbe ⁴ vint, et, le premier en France,
Fit sentir dans les vers une juste cadence,
D'un mot mis en sa place enseigna le pouvoir,
Et réduisit la muse aux règles du devoir.
Par ce sage écrivain la langue réparée
N'offrit plus rien de rude à l'oreille épurée.

¹ (H.) Boileau citoit pour exemples le vers où Ronsard dit à sa maîtresse :

> Êtes-vous pas ma seule entéléchie ?

et ceux où il se plaint de ce que

> La muse françoise
> Ne peut dire ces mots, comme fait la grégeoise,
> Ocymore, dyspotme, oligochronien.

(Qui meurt trop tôt; qui périt d'une manière funeste; qui ne dure que peu de temps.)

² (H.) Philippe Desportes naquit à Chartres en 1546, il a possédé l'abbaye de Tiron, et refusé l'archevêché de Bordeaux. L'Estoile le qualifie le bien-aimé et favori-poète de Henri III. Desportes est mort en 1606, laissant des sonnets, des élégies, des chansons, des psaumes en vers, etc. Il étoit oncle de Regnier, le satirique.

³ (H.) Jean Bertaut, né en 1552 à Caen, mourut en 1661 à Séez où il étoit évêque : il avoit été aumônier de Catherine de Médicis, secrétaire et lecteur de Henri III, et l'un des catéchistes de Henri IV, lorsque ce prince se convertit : un vol. in-8° publié en 1620, renferme les cantiques, les chansons, les sonnets et autres poésies de Bertaut.

⁴ (H.) François Malherbe, né en 1556 à Caen, mort à Paris en 1628. Il a donné de la noblesse et de la grace à notre langue poétique, et offert dans quelques-unes de ses odes, des modèles qui n'ont point été surpassés.

Les stances avec grace apprirent à tomber,
Et le vers sur le vers n'osa plus enjamber.
Tout reconnut ses lois; et ce guide fidèle
Aux auteurs de ce temps sert encor de modèle.
Marchez donc sur ses pas; aimez sa pureté,
Et de son tour heureux imitez la clarté.
Si le sens de vos vers tarde à se faire entendre,
Mon esprit aussitôt commence à se détendre;
Et, de vos vains discours prompt à se détacher,
Ne suit point un auteur qu'il faut toujours chercher.

Il est certains esprits dont les sombres pensées
Sont d'un nuage épais toujours embarrassées;
Le jour de la raison ne le sauroit percer.
Avant donc que d'écrire apprenez à penser.
Selon que notre idée est plus ou moins obscure,
L'expression la suit, ou moins nette, ou plus pure.
Ce que l'on conçoit bien s'énonce clairement,
Et les mots pour le dire arrivent aisément[1].

Surtout qu'en vos écrits la langue révérée
Dans vos plus grands excès vous soit toujours sacrée.
En vain vous me frappez d'un son mélodieux,
Si le terme est impropre, ou le tour vicieux :
Mon esprit n'admet point un pompeux barbarisme,
Ni d'un vers ampoulé l'orgueilleux solécisme[2].

---

[1] (I.) . . . . Cui lecta potenter erit res,
Nec facundia deseret hunc, nec lucidus ordo.
(*Hor.*, Art. poet., v. 40, 41.)

Verbaque provisam rem non invita sequentur.
(Ibid., v. 311.)

[2] (Cr.) Ces excellents vers de Boileau prouvent qu'il ne pensoit pas que la langue poétique pût s'affranchir des lois générales du

Sans la langue, en un mot, l'auteur le plus divin,
Est toujours, quoi qu'il fasse, un méchant écrivain.

 Travaillez à loisir, quelque ordre qui vous presse,
Et ne vous piquez point d'une folle vitesse[1] :
Un style si rapide, et qui court en rimant,
Marque moins trop d'esprit, que peu de jugement[2].
J'aime mieux un ruisseau qui, sur la molle arène,
Dans un pré plein de fleurs lentement se promène,
Qu'un torrent débordé qui, d'un cours orageux,
Roule, plein de gravier, sur un terrain fangeux.
Hâtez-vous lentement; et, sans perdre courage,
Vingt fois sur le métier remettez votre ouvrage :
Polissez-le sans cesse et le repolissez[3];
Ajoutez quelquefois, et souvent effacez[4].

 C'est peu qu'en un ouvrage où les fautes fourmillent,

---

discours : ils autorisent les critiques grammaticales qui ont été faites de quelques endroits de ses propres poëmes.

 [1] (B.) Scudéri disoit toujours pour s'excuser de travailler si vîte, qu'il avoit ordre de finir.

 [2] (H.) M. Fayolle, dans un avis aux éditeurs de Boileau, publié en 1810, dit que ce vers est de Pavillon. Nous avons inutilement parcouru, pour le trouver, le recueil des poésies de cet auteur. Il paroît que Le Brun s'étoit aussi trompé, en attribuant à Pellisson le vers suivant : *J'aime mieux un ruisseau qui sur la molle arène.*

[3] (I.) . . . . Vos, ô
Pompilius sanguis, carmen reprehendite quod non
Multa dies et multâ litura coercuit, atque
Præsectum decies non castigavit ad unguem.
      (*Hor.*, Art. poet., v. 291-294.)

[4] (I.) Sæpe stylum vertas, iterum quæ digna legi sint
Scripturus.
      (*Hor.*, lib. I, sat. x, v. 72.)

 On écrivoit avec la pointe du style; l'autre extrémité de cet instrument étoit aplatie et servoit à effacer : de là l'expression *retourner le style* (*stylum vertere.*)

Des traits d'esprit semés de temps en temps pétillent[1].
Il faut que chaque chose y soit mise en son lieu ;
Que le début, la fin répondent au milieu[2] ;
Que d'un art délicat les pièces assorties
N'y forment qu'un seul tout de diverses parties[3] ;
Que jamais du sujet le discours s'écartant
N'aille chercher trop loin quelque mot éclatant.

Craignez-vous pour vos vers la censure publique?
Soyez-vous à vous-même un sévère critique[4].
L'ignorance toujours est prête à s'admirer.
Faites-vous des amis prompts à vous censurer ;
Qu'ils soient de vos écrits les confidents sincères,
Et de tous vos défauts les zélés adversaires.
Dépouillez devant eux l'arrogance d'auteur ;
Mais sachez de l'ami discerner le flatteur[5].
Tel vous semble applaudir, qui vous raille et vous joue[6].
Aimez qu'on vous conseille, et non pas qu'on vous loue.

---

[1] (I.) Inter quæ verbum emicuit si forte decorum, et
Si versus paulo concinnior unus et alter ;
Injuste totum ducit venditque poema.
(*Hor.*, lib. II, ep. 1, v. 73.)

[2] (I.) Primo ne medium, medio ne discrepet imum.
(*Hor.*, Art. poet., v. 152.)

[3] (I.) Denique sit quod vis simplex duntaxat et unum.
(*Hor.*, Art. poet., v. 23.)

[4] (I.) At qui legitimum cupiet fecisse poema,
Cum tabulis animum censoris sumet honesti.
(*Hor.*, lib. II, ep. II, v. 109, 110.)

[5] (I.) Assentatores jubet ad lucrum ire poeta....
.., ... Mirabor, si sciet inter
Noscere mendacem verumque beatus amicum.
(*Hor.*, Art. poet., v. 420-425.)

[6] (I.) Derisor vero plus laudatore movetur.
(*Ibid.*, v. 433.)

Un flatteur aussitôt cherche à se récrier :
Chaque vers qu'il entend le fait extasier.
Tout est charmant, divin : aucun mot ne le blesse ;
Il trépigne de joie, il pleure de tendresse [1] ;
Il vous comble partout d'éloges fastueux.
La vérité n'a point cet air impétueux.

Un sage ami, toujours rigoureux, inflexible [2],
Sur vos fautes jamais ne vous laisse paisible :
Il ne pardonne point les endroits négligés,
Il renvoie en leur lieu les vers mal arrangés,
Il réprime des mots l'ambitieuse emphase ;
Ici le sens le choque, et plus loin c'est la phrase.
Votre construction semble un peu s'obscurcir :
Ce terme est équivoque ; il le faut éclaircir.
C'est ainsi que vous parle un ami véritable.
Mais souvent sur ses vers un auteur intraitable
A les protéger tous se croit intéressé,
Et d'abord prend en main le droit de l'offensé.
De ce vers, direz-vous, l'expression est basse.—

---

[1] (I.) . . . . Clamabit enim : Pulchre, bene, recte !
Pallescet super his ; etiam stillabit amicis
Ex oculis rorem ; saliet, tundet pede terram.
(*Hor.*, Art. poet., v. 428-430.)

[2] (I.) Vir bonus et prudens versus reprehendet inertes,
Culpabit duros, incomptis allinet atrum
Transverso calamo signum, ambitiosa recidet
Ornamenta, parum claris lucem dare coget,
Arguet ambigue dictum, mutanda notabit.
(*Hor.*, Art. poet., v. 445-449.)

Audebit quæcumque parum splendoris habebunt,
Et sine pondere erunt, et honore indigna ferentur,
Verba movere loco, quamvis invita recedant....
Luxuriantia compescet ; nimis aspera sano
Lævabit cultu, virtute carentia tollet.
(*Hor.*, lib. II, ep. II, v. 111-123.)

Ah ! monsieur, pour ce vers je vous demande grace,
Répondra-t-il d'abord.—Ce mot me semble froid,
Je le retrancherois.—C'est le plus bel endroit !—
Ce tour ne me plaît pas. — Tout le monde l'admire.
Ainsi toujours constant à ne se point dédire,
Qu'un mot dans son ouvrage ait paru vous blesser,
C'est un titre chez lui pour ne point l'effacer.
Cependant, à l'entendre, il chérit la critique[1] ;
Vous avez sur ses vers un pouvoir despotique.
Mais tout ce beau discours dont il vient vous flatter
N'est rien qu'un piége adroit pour vous les réciter.
Aussitôt il vous quitte; et, content de sa muse,
S'en va chercher ailleurs quelque fat qu'il abuse ;
Car souvent il en trouve : ainsi qu'en sots auteurs,
Notre siècle est fertile en sots admirateurs ;
Et, sans ceux que fournit la ville et la province,
Il en est chez le duc, il en est chez le prince.
L'ouvrage le plus plat a, chez les courtisans,
De tout temps rencontré de zélés partisans ;
Et, pour finir enfin par un trait de satire,
Un sot trouve toujours un plus sot qui l'admire.

[1] (I.) Et verum, inquis, amo ; verum mihi dicite de me.
(*Pers.*, sat. I, v. 55.)

CHANT II.[1]

Telle qu'une bergère[2], au plus beau jour de fête,
De superbes rubis ne charge point sa tête,
Et, sans mêler à l'or l'éclat des diamants,
Cueille en un champ voisin ses plus beaux ornements :

[1] (Cr.) C'est surtout à ce deuxième chant que s'appliquent ces paroles de Marmontel : « Boileau définit les genres de poésie, à « commencer par les plus petits poèmes ; et la plupart de ces défini- « tions sont elles-mêmes des modèles du style, du ton, du coloris « qui convient à leur objet. » (*Éléments de littérature*, tome V, p. 450.)

[2] (Cr.) Les dix beaux vers qui commencent le deuxième chant de l'*Art poétique*, ont essuyé beaucoup de critiques. On a prétendu dans le *Journal des Savants*, février 1723, qu'il y avoit dans ces vers une faute considérable de langage ; que la phrase n'étoit susceptible d'aucune construction ; qu'on ne pouvoit pas dire : *une idylle doit éclater sans pompe, telle qu'une bergère ne charge point sa tête* ; qu'il falloit nécessairement : *semblable à une bergère qui ne charge point sa tête, etc., une idylle doit être sans faste, etc.*

Cependant l'exemple de Malherbe peut justifier la phrase elliptique de Boileau. Qui oseroit en effet condamner ces deux magnifiques strophes de l'ode à Henri IV ?

> Tel qu'à vagues épandues
> Marche un fleuve impérieux, etc.
>
> Tel et plus épouvantable
> S'en alloit ce conquérant, etc.

Les deux phrases poétiques de Malherbe et de Boileau se ressemblent par la construction grammaticale ; mais nous devons avouer que le sens de celle de Malherbe est plus naturel : *ce conquérant s'en alloit tel que marche un fleuve...* Le tour négatif *telle qu'une bergère ne charge point sa tête*, ne se lie peut-être pas assez facilement à l'énoncé positif : *l'idylle doit éclater sans pompe*.

Condillac (*Art d'écrire*, liv. II, ch. 1) dit « qu'il est déplacé *d'obser-* « *ver* qu'une bergère ne se charge ni d'or, ni de rubis, ni de dia- « mants, qu'il vaudroit autant ajouter qu'elle ne met point de rouge.. ; « que tous ces accessoires sont étrangers à la bergère et n'ont aucun

Telle, aimable en son air, mais humble dans son style,
Doit éclater sans pompe une élégante idylle.
Son tour simple et naïf n'a rien de fastueux,
Et n'aime point l'orgueil d'un vers présomptueux.
Il faut que sa douceur flatte, chatouille, éveille,
Et jamais de grands mots n'épouvante l'oreille.
  Mais souvent dans ce style un rimeur aux abois

« rapport à l'idylle, etc. » Desmarets et Pradon avoient déjà fait cette critique, et il semble qu'elle n'étoit pas digne d'être répétée par Condillac. Quoi de plus naturel que de comparer à une bergère un genre de poésie consacré à chanter les campagnes, les bergers et surtout les bergères mêmes? En disant qu'elles ne se chargent point de diamants et de rubis, Boileau ne prétend pas faire une *observation* neuve et recherchée : au contraire, il rappelle une circonstance très-simple et très-connue et la rapproche d'un précepte avec lequel elle a des *rapports* sensibles. C'est comme s'il disoit : donner à l'idylle les fastueux ornements de l'ode ou de l'épopée, ce seroit charger d'or et de rubis la tête d'une bergère.

Dans l'*Année littéraire* de 1776, on a répondu à ces remarques de Condillac avec beaucoup plus d'aigreur que de justesse ; et l'un des derniers commentateurs de Boileau, en se plaignant des expressions dures employées dans cette réponse, ajoute cependant que Condillac *prononçoit en maître sur un art dont le charme lui étoit inconnu.* D'abord Condillac étoit trop éclairé, trop sage, pour prendre un ton magistral et tranchant ; il usoit du droit d'exprimer ses opinions littéraires. En second lieu, nous ne savons pas sur quel fondement on *prononce qu'il ne sentoit pas les charmes de la poésie.* Seroit-ce parce qu'il avoit étudié plus profondément que bien d'autres les rapports du discours avec la pensée, et du style poétique avec le langage commun ? Comme il nous arrive assez souvent de proposer nos doutes sur certaines observations particulières de ce philosophe, nous croyons à propos d'avertir que nous n'en regardons pas moins son traité de l'*Art d'écrire* comme l'un des meilleurs livres de littérature didactique.

Pour revenir aux vers de Boileau sur l'idylle, nous transcrirons l'éloge qu'en a fait Marmontel, l'un des plus rigoureux censeurs de ce poète : « Lorsque Despréaux a peint l'idylle comme une bergère
« en habit de fête, il l'a parfaitement définie telle que nous la con-
« cevons ; une simplicité élégante en fait le mérite : elle ne mêle point
« les diamants à sa parure ; mais elle a un chapeau de fleurs. »

Jette là, de dépit, la flûte et le hautbois;
Et, follement pompeux, dans sa verve indiscrète,
Au milieu d'une églogue entonne la trompette.
De peur de l'écouter Pan fuit dans les roseaux;
Et les Nymphes, d'effroi, se cachent sous les eaux.

Au contraire cet autre, abject en son langage,
Fait parler ses bergers comme on parle au village.
Ses vers plats et grossiers, dépouillés d'agrément,
Toujours baisent la terre, et rampent tristement:
On diroit que Ronsard, sur ses pipeaux rustiques,
Vient encor fredonner ses idylles gothiques,
Et changer, sans respect de l'oreille et du son,
Lycidas en Pierrot, et Philis en Toinon [1].

Entre ces deux excès la route est difficile.
Suivez, pour la trouver, Théocrite [2] et Virgile:
Que leurs tendres écrits, par les Graces dictés,
Ne quittent point vos mains, jour et nuit feuilletés [3].
Seuls, dans leurs doctes vers, ils pourront vous apprendre

---

[1] (H.) Ronsard dans ses églogues emploie les noms de *Guillot*, *Pierrot*, *Margot*. Il appelle Henri II, *Henriot*; Charles IX, *Carlin*; et Catherine de Médicis, *Catin*. Mais il faut dire qu'au temps de Ronsard, ces noms-là n'étoient point aussi ridicules ou ignobles qu'ils le sont devenus depuis : en général, les diminutifs se prenoient en bonne part.

[2] (H.) Théocrite, poète grec, habita long-temps Syracuse; il n'est pas bien certain qu'il y soit né. On suppose qu'il mourut vers la fin du troisième siècle avant l'ère vulgaire. Ses idylles (qui ne sont pas toutes authentiques), ouvrent honorablement l'histoire d'un genre gracieux, maisfoible, qui depuis vingt et un siècles n'a pas fait de très-grands progrès. — Toute note sur Virgile et sur ses dix églogues seroit ici superflue.

[3] (I.) . . . . Vos exemplaria Græca
Nocturna versate manu, versate diurna.
(*Hor.*, Art. poet., v. 268, 269.)

Par quel art sans bassesse un auteur peut descendre;
Chanter Flore, les champs, Pomone, les vergers;
Au combat de la flûte animer deux [1] bergers,
Des plaisirs de l'amour vanter la douce amorce;
Changer Narcisse en fleur, couvrir Daphné d'écorce,
Et par quel art encor l'églogue quelquefois
Rend dignes d'un consul la campagne et les bois [2].
Telle est de ce poëme et la force et la grace [3].

D'un ton un peu plus haut, mais pourtant sans audace,
La plaintive élégie, en longs habits de deuil,
Sait, les cheveux épars, gémir sur un cercueil.
Elle peint des amants la joie et la tristesse;
Flatte, menace, irrite, apaise une maîtresse [4].

[1] (V.) ...*les* au lieu de *deux*, en quelques éditions.

[2] (B.) *Virgile*, églogue IV.

(I.) Si canimus sylvas, sylvæ sint consule dignæ.

[3] (H.) Boileau soutenoit que l'idylle ne pouvoit réussir qu'à demi, dans notre langue. « Presque tous nos auteurs, disoit-il, y « ont échoué et n'ont pas seulement frappé à la porte de l'églogue: « Racan et Ségrais sont les seuls qui aient attrapé quelque chose de « ce style. » Il louoit dans Racan cette imitation de Virgile:

> Et les ombres déjà, du faîte des montagnes,
>   Tombent dans les campagnes;

(*Majoresque cadunt altis de montibus umbræ*)

et dans Ségrais ces deux vers:

> Ce berger, accablé de son mortel ennui,
> Ne se plaisoit qu'aux lieux aussi tristes que lui.

On a reproché à Boileau de n'avoir rien dit de madame Deshoulières, dont les idylles, du moins quelques-unes, valent certainement beaucoup mieux que les bergeries de Racan et que les églogues de Ségrais. Mais le recueil des poésies de cette dame ne parut qu'en 1674, en même temps que l'*Art poétique*. Voyez d'ailleurs tome I, page 295.

[4] (Cr.) Le duc de Nivernois trouve ici de la *méprise et de la con-*

Mais, pour bien exprimer ces caprices heureux,
C'est peu d'être poète, il faut être amoureux.

Je hais ces vains auteurs dont la muse forcée
M'entretient de ses feux, toujours froide et glacée;
Qui s'affligent par art, et, fous de sens rassis,
S'érigent pour rimer en amoureux transis.
Leurs transports les plus doux ne sont que phrases vaines :
Ils ne savent jamais que se charger de chaînes,
Que bénir leur martyre, adorer leur prison,
Et faire quereller les sens et la raison.
Ce n'étoit pas jadis sur ce ton ridicule
Qu'Amour dictoit les vers que soupiroit [1] Tibulle [2],
Ou que, du tendre Ovide [3] animant les doux sons,

fusion. Il demande si c'est l'élégie en habits de deuil qui flatte, irrite, apaise une maîtresse. Cette critique seroit fondée si Boileau disoit en une seule phrase, l'élégie, en longs habits de deuil, gémit sur un cercueil, peint la joie et la tristesse des amants, flatte une maîtresse, la menace ou l'adoucit. Mais la ponctuation, et surtout l'emploi du pronom *elle* au commencement du vers 41, montrent assez qu'il distingue deux espèces d'élégies, l'une condamnée aux pleurs, l'autre consacrée aux amours ou même à la joie. Horace avoit dit de même, v. 75, 76, de son *Art poétique :*

> Versibus impariter junctis querimonia primum,
> Post etiam inclusa est voti sententia compos.

[1] (Cr.) Cette expression a été critiquée par les uns, admirée par les autres. Selon ces derniers, elle dit plus qu'une période entière : elle peint la tendresse naïve qui caractérise les vers de Tibulle; car il semble qu'ils échappent à son cœur, comme des soupirs. Au reste, l'expression est de Tibulle lui-même (liv. I, élég. vi, vers 35; liv. IV, élég. v, vers 11).

> .... Absentes alios *suspirat* amores. —
> Quod si forte alios jam nunc *suspirat* amores.

[2] (H.) Poète latin dont on a quatre livres d'élégies. Selon une dissertation récemment composée par M. de Golbéry, Tibulle est né l'an 44 et mort l'an 18 avant l'ère vulgaire.

[3] (H.) Ovide, poète latin, mort en exil l'an 17 de notre ère : ses

Il donnoit de son art les charmantes leçons.
Il faut que le cœur seul parle dans l'élégie.

 L'ode, avec plus d'éclat et non moins d'énergie [1],
Élevant jusqu'au ciel son vol ambitieux,
Entretient dans ses vers commerce avec les dieux [2].
Aux athlètes dans Pise [3] elle ouvre la barrière,
Chante un vainqueur poudreux au bout de la carrière,
Mène Achille sanglant [4] aux bords du Simoïs,
Ou fait fléchir l'Escaut sous le joug de Louis.
Tantôt, comme une abeille ardente à son ouvrage,
Elle s'en va de fleurs dépouiller le rivage :
Elle peint les festins, les danses et les ris;
Vante un baiser cueilli sur les lèvres d'Iris,
Qui mollement résiste, et, par un doux caprice,
Quelquefois le refuse, afin qu'on le ravisse [5].

ouvrages sont quinze livres de *Métamorphoses*, six livres de *Fastes*, l'*Art d'aimer*, des héroïdes, des élégies. Il n'est point, quoi qu'en dise Boileau, le plus tendre des poètes élégiaques; et ce n'est pas son *cœur* qui lui dicte le plus de vers : mais il est fécond, élégant, ingénieux, habile dans l'art de décrire les malheurs et les plaisirs.

 [1] (Cr.) Cette transition n'est pas heureuse; Le Brun l'a justement censurée : « C'est, dit-il, abaisser les ailes de l'ode au lieu de les « élever, que de dire qu'elle n'a pas moins d'énergie que l'élégie. »

 [2] (I.) Musa dedit fidibus Divos, puerosque Deorum
    Et pugilem victorem, et equum certamine primum,
    Et juvenum curas, et libera vina referre.
       (*Hor.*, Art. poet., v. 83-85.)

 [3] (B.) Pise en Élide où l'on célébroit les jeux olympiques.

 [4] (V.) *Tremblant* (faute d'impression) dans une édition de 1768; non de 1668, quoique cette date soit énoncée dans l'un des derniers commentaires sur les œuvres de Boileau.

 [5] (I.) Dum flagrantia detorquet ad oscula
    Cervicem, aut facili sævitia negat,
    Quæ poscente magis gaudeat eripi.
       (*Hor.*, lib. II, od. XII.)

Son style impétueux souvent marche au hasard :
Chez elle un beau désordre est un effet de l'art [1].

Loin ces rimeurs craintifs dont l'esprit flegmatique
Garde dans ses fureurs un ordre didactique;
Qui, chantant d'un héros les progrès éclatants,
Maigres historiens, suivront l'ordre des temps.
Ils n'osent un moment perdre un sujet de vue :
Pour prendre Dole, il faut que Lille soit rendue;
Et que leur vers exact, ainsi que Mézerai [2],
Ait fait déjà tomber les remparts de Courtrai.
Apollon de son feu leur fut toujours avare.

On dit, à ce propos, qu'un jour ce dieu bizarre,
Voulant pousser à bout tous les rimeurs françois [3],
Inventa du sonnet [4] les rigoureuses lois,
Voulut qu'en deux quatrains de mesure pareille

---

[1] (Cr.) « On ne sauroit croire, dit Marmontel, combien ces deux
« vers, mal entendus, ont fait dire d'extravagances. On s'est persuadé
« que l'ode, appelée *pindarique*, ne devoit aller qu'en bondissant. De
« là tous ces mouvements qui ne sont qu'au bout de la plume, et ces
« formules de transports : *qu'entends-je? où suis-je? que vois-je?* qui
« ne se terminent à rien. » (*Éléments de littérature*, article *Ode.*)
Ce seroit en effet bien mal entendre ces deux beaux vers que d'y
trouver l'apologie de ces froides exclamations.
La Harpe, dans le long commentaire qu'il fait des deux vers de
Boileau (*Lycée*, part. II, liv. I, chap. IX) n'ajoute presque rien à
ce qu'ils disent.

[2] (H.) Eudes François de Mézeray, né à Mézeray près d'Argentan en 1610, estimable historien, reçu à l'Académie françoise en 1668, secrétaire perpétuel de cette compagnie en 1675, mort à Paris en 1683.

[3] (Cr.) Encore la rime *françois, lois*.

[4] (Cr.) Après avoir recherché l'origine du Sonnet, Ginguené, (*Hist. litt. d'Italie*, tome I, page 417) conclut que ce fut Guittone d'Arezzo qui, au treizième siècle, donna des formes plus fixes à ce petit poème, et enchaîna par des lois plus sévères la liberté dont les poètes avoient joui jusqu'alors; qu'ainsi ce fut à Guittone et non pas

La rime avec deux sons frappât huit fois l'oreille [1];
Et qu'ensuite six vers artistement rangés
Fussent en deux tercets par le sens partagés [2].
Surtout de ce poème il bannit la licence :
Lui-même en mesura le nombre et la cadence;
Défendit qu'un vers foible y pût jamais entrer,
Ni qu'un mot déjà mis osât s'y remontrer.
Du reste il l'enrichit d'une beauté suprême :
Un sonnet sans défaut vaut seul un long poème [3].
Mais en vain mille auteurs y pensent arriver;
Et cet heureux phénix est encore à trouver.
A peine dans Gombaut, Maynard et Malleville [4],

aux rimeurs françois, qu'Apollon dicta ces lois rigoureuses, et que par conséquent Boileau se trompe sur ce point de fait.

Il n'y a pas sans doute une parfaite exactitude historique dans ces deux vers; mais il est vrai pourtant que c'étoient les *rimeurs françois*, plus que les autres, qui devoient être *poussés à bout* par les règles du sonnet.

[1] (I.) Horace a dit du vers ïambique (*Art poét.* v. 253):

. . . . Quum senos redderet ictus.

[2] (Cr.) Il étoit impossible d'expliquer en vers avec plus de précision et d'élégance le mécanisme compliqué du sonnet.

[3] (Cr.) « Cela est un peu fort, dit La Harpe, et c'est pousser un peu loin le respect pour le sonnet. » Il faut songer néanmoins qu'on fait encore des sonnets en Italie, et que si l'on y a renoncé en France, c'est après en avoir composé des milliers jusqu'à la fin du dix-septième siècle. Ne soyons donc pas surpris qu'il en soit question dans un *Art poétique* publié en 1674.

Un sonnet sans doute vaut seul un long poème :

c'étoit une maxime alors convenue; mais il eût été digne de Boileau d'en sentir l'exagération ridicule, et d'attacher moins d'importance à une bagatelle difficile.

[4] (H.) Jean Ogier de Gombauld naquit vers l'an 1577 à Saint-Just de Lussac près de Brouage en Saintonge, fit un sonnet sur la mort de Henri IV en 1610, obtint de Marie de Médicis une pen-

En peut-on admirer[1] deux ou trois[2] entre mille :

sion de douze cents écus et le titre de gentilhomme ordinaire du roi Louis XIII, fut membre de l'Académie françoise dès l'établissement de cette compagnie, et mourut en 1666. Il a fait une tragédie, une pastorale, un roman, des épigrammes et des sonnets. Voyez *le Dictionnaire de Bayle*, article *Gombauld*.

François Maynard, né en 1582, étoit fils d'un conseiller au Parlement de Toulouse, et devint président du tribunal d'Aurillac. Quoiqu'il ait été l'un des premiers membres de l'Académie françoise, il a composé un sonnet contre Richelieu, après l'avoir loué. On le nomma conseiller d'état pendant la minorité de Louis XIV ; mais il mourut en 1646. Il avoit fait graver sur la porte de sa maison d'Aurillac une inscription que Voltaire a recueillie :

> Las d'espérer et de me plaindre
> Des muses, des grands et du sort,
> C'est ici que j'attends la mort,
> Sans la désirer ni la craindre.

Peu avant de mourir, il fit imprimer, en 1646, un volume in-4°, contenant ses sonnets, épigrammes, odes et chansons.

L'un des premiers noms qui se présentent dans la liste des membres de l'Académie françoise est celui de Claude Malleville, parisien, né en 1597, mort en 1647. La plus grande partie de ses poésies françoises, imprimées en 1649 in-4°, consiste en sonnets.

[1] (V.) Au lieu d'*admirer* on lit *supporter* dans l'édition de 1675, in-12, et en d'autres éditions antérieures à l'an 1683. Mais Boileau, dans son édition *favorite* de 1701, a imprimé *admirer*, ce qui ne nous permet pas de rétablir le mot *supporter* qui vaudroit cependant beaucoup mieux; car, outre qu'il seroit en soi plus juste, il se concilieroit mieux avec le vers 96 où Boileau vient dire que *cet heureux phénix* (un sonnet admirable) *est encore à trouver.* Bayle, article *Gombauld*, dit que Despréaux ne faisoit aucun cas des sonnets de ce versificateur ; et à l'appui de cette assertion, Bayle cite les vers 94-98 du chant II de l'*Art poétique*. Ce qu'il y a d'étrange, c'est que le mot *admirer* se retrouve dans cette citation, quoiqu'il semble contredire ce qu'elle doit prouver. Les éditeurs d'une collection in-32 des *Classiques françois* récemment publiée, ont ici imprimé *supporter*.

Voyez sur cette variante une très-bonne note de M. Beuchot, pages 182 et 183 du *Journal général de l'imprimerie et de la librairie*, année 1824.

[2] (H.) Les deux ou trois sonnets que Boileau citoit comme ad-

Le reste, aussi peu lu que ceux de Pelletier [1],
N'a fait de chez Sercy [2] qu'un saut chez l'épicier.
Pour enfermer son sens dans la borne prescrite,
La mesure est toujours trop longue ou trop petite.
　L'épigramme, plus libre en son tour plus borné,
N'est souvent qu'un bon mot de deux rimes orné [3].
　Jadis de nos auteurs les pointes ignorées
Furent de l'Italie en nos vers attirées [4].
Le vulgaire, ébloui de leur faux agrément,

mirables ou comme supportables étoient celui de Gombauld, qui commence par ce vers :

　　Le grand Montmorency n'est plus qu'un peu de cendre....

et surtout celui de *la Belle Matineuse* par Malleville :

　　Le silence régnoit. . . .
　　Sacré flambeau du jour, n'en soyez point jaloux,
　　Vous parûtes alors aussi peu devant elle
　　Que les feux de la nuit *avoient fait* devant vous.

Cette idée n'appartenoit point à Malleville ; on la retrouve dans quatre vers de Quintus Catulus (poète latin distinct de Catulle) ; elle a été exprimée par plusieurs poètes italiens.

[1] (H.) Voyez tome I, pages 36, 64, 77.

[2] (B.) Libraire du palais.

[3] (Cr.) « Il me semble, dit Le Brun, que l'épigramme est autre « chose qu'*un bon mot de deux rimes orné*: c'est une espèce de petit « poëme qui a son caractère et son rhythme particulier. » Le Brun, et La Harpe qui s'exprime à peu près de même sur cet article, ne font pas attention au mot *souvent* qui modifie la définition ou plutôt la proposition de Boileau.

[4] (H.) « Livres, jeux, spectacle, vêtements, tout fut italien ou « espagnol en France à la fin du seizième siècle et pendant une partie « du dix-septième. *Leurs auteurs* étoient dans les mains de tout le « monde et faisoient partie de *notre* éducation. Nos poètes se ré- « glèrent sur eux : la poésie galante s'empara de ces pointes du bel « esprit italien, appelées *concetti*; et de là ce déluge de fadeurs alam- « biquées où l'amant qu'on entendoit le moins passoit pour celui qui « s'exprimoit le mieux. » (La Harpe, *Lycée*, Introd. à la 2ᵉ partie.)

A ce nouvel appât [1] courut avidement.
La faveur du public excitant leur audace,
Leur nombre impétueux inonda le Parnasse.
Le madrigal d'abord en fut enveloppé ;
Le sonnet orgueilleux lui-même en fut frappé ;
La tragédie [2] en fit ses plus chères délices [3] ;
L'élégie en orna ses douloureux caprices ;
Un héros sur la scène eut soin de s'en parer,
Et sans pointe un amant n'osa plus soupirer :
On vit tous les bergers, dans leurs plaintes nouvelles,
Fidèles à la pointe encor plus qu'à leurs belles ;
Chaque mot eut toujours deux visages divers :
La prose la reçut aussi bien que les vers ;
L'avocat au palais en hérissa son style,
Et le docteur [4] en chaire en sema l'évangile.
　　La raison outragée enfin ouvrit les yeux,

---

[1] (V.) ... *appas*, en plusieurs éditions.

[2] (B.) La *Sylvie* de Mairet.

Mairet, né à Besançon en 1604, n'avoit que dix-sept ans lorsqu'il mit au théâtre sa tragédie de *Sylvie*. Il a depuis fait *Sophonisbe*. Il est mort en 1686, sans avoir été de l'Académie françoise.

[3] (H.) Rotrou a dit (*Venceslas*, act. II) :

> De l'indigne *brasier* qui consumoit son cœur
> Il ne lui reste plus que la seule *rougeur*.

Corneille a payé quelques tributs à ce mauvais goût ; et dans Racine lui-même, Pyrrhus qui vient de livrer aux flammes la ville des Troyens, parle de son amour pour Andromaque en ces termes :

> Brûlé de plus de *feux* que je n'en *allumai*.
> 　　　(*Andromaque*, act. I, sc. IV.)

[4] (B.) Le petit père André, Augustin.

(H.) Ce prédicateur dont le nom de famille étoit *Boullanger*, naquit à Paris vers 1578 et mourut en 1657. Ses sermons, à l'exception d'une seule oraison funèbre, n'ont point été imprimés ;

La chassa pour jamais des discours sérieux ;
Et, dans tous ces écrits la déclarant infame,
Par grace lui laissa l'entrée en l'épigramme,
Pourvu que sa finesse, éclatant à propos,
Roulât sur la pensée, et non pas sur les mots.
Ainsi de toutes parts les désordres cessèrent.
Toutefois à la cour les Turlupins [1] restèrent,
Insipides plaisants, bouffons infortunés [2],
D'un jeu de mots grossier partisans surannés.
Ce n'est pas quelquefois qu'une muse un peu fine
Sur un mot, en passant, ne joue et ne badine,
Et d'un sens détourné n'abuse avec succès ;
Mais fuyez sur ce point un ridicule excès,
Et n'allez pas toujours d'une pointe frivole
Aiguiser par la queue une épigramme folle [3].

Tout poëme est brillant de sa propre beauté.
Le rondeau, né gaulois, a la naïveté.
La ballade, asservie à ses vieilles maximes,
Souvent doit tout son lustre au caprice des rimes.

ils sont cités comme des tissus de quolibets: peut-être lui a-t-on attribué plus de sottises qu'il n'en a débité. Dans tous les cas, il avoit, en ce genre, beaucoup d'imitateurs ou de rivaux.

[1] (H.) Un comédien de l'hôtel de Bourgogne, qui s'appeloit Henri Le Grand, avoit été surnommé Belleville dans le haut comique, et *Turlupin* lorsqu'il jouoit des farces. Il a été fameux depuis 1583 jusqu'en 1634, date de sa mort.

[2] (Cr.) Pourquoi cette épithète? il y a eu, presque à toute époque, des bouffons et des bouffonneries qui ont fait fortune. Depuis qu'on est convenu de se moquer des calembours, de les qualifier *mauvais*, ignobles, misérables, ils n'en ont que mieux prospéré ; ils sont sûrs d'avance de leur condamnation et de leur grace.

[3] (Cr.) Condillac (*Art d'écrire*, liv. I, ch. II) cite ce vers et le précédent comme un exemple de construction embarrassée: *aiguiser une épigramme d'une pointe par la queue.*

Le madrigal, plus simple et plus noble en son tour,
Respire la douceur, la tendresse et l'amour.

L'ardeur de se montrer, et non pas de médire,
Arma la Vérité du vers de la satire.
Lucile le premier osa la faire voir [1],
Aux vices des Romains présenta le miroir,
Vengea l'humble vertu, de la richesse altière,
Et l'honnête homme à pied, du faquin en litière.
Horace, à cette aigreur mêla son enjouement [2] :
On ne fut plus ni fat ni sot impunément;
Et malheur à tout nom qui, propre à la censure,
Put entrer dans un vers sans rompre la mesure!

Perse [3], en ses vers obscurs, mais serrés et pressants,
Affecta [4] d'enfermer moins de mots que de sens.

Juvénal [5], élevé dans les cris de l'école,

---

[1] (I.) .... Est Lucilius ausus
Primus in hunc operis componere carmina morem, etc.
(*Hor.*, lib. II, sat. 1, v. 62, 63.)

.... Secuit Lucilius urbem.
(*Pers.*, sat. I, v. 114.)

Ense velut stricto, quoties Lucilius ardens
Infremuit, rubet auditor cui frigida mens est
Criminibus, tacita sudant præcordia culpa.
(*Juv.*, sat. I, v, 165-167.)

(H.) Voyez sur Lucilius, tome I, page 4.

[2] (I.) Omne vafer vitium ridenti Flaccus amico
Tangit, et admissus circum præcordia, ludit,
Callidus excusso populum suspendere naso.
(*Pers.*, sat. I, v. 116.)

(H.) Horace, l'un des plus célèbres poètes latins, celui que Despréaux a le plus profondément étudié, naquit à Vénuse vers l'an 66 avant l'ère vulgaire, et vécut cinquante-sept ans.

[3] (H.) Voyez tome I, page 50.

[4] (Cr.) Nous croyons avec Sélis, l'un des traducteurs de Perse, que le mot *affecta* n'exprime point ici une censure.

[5] (H.) Voyez tome I, page 51.

Poussa jusqu'à l'excès sa mordante hyperbole.
Ses ouvrages, tout pleins d'affreuses vérités,
Étincellent pourtant de sublimes beautés :
Soit que, sur un écrit arrivé de Caprée [1],
Il brise de Séjan la statue adorée [2];
Soit qu'il fasse au conseil courir les sénateurs,
D'un tyran soupçonneux pâles adulateurs [3];
Ou que, poussant à bout la luxure latine [4],
Aux portefaix de Rome il vende Messaline.
Ses écrits pleins [5] de feu partout brillent aux yeux.

   De ces maîtres savants [6] disciple ingénieux,
Regnier [7] seul parmi nous formé sur leurs modèles,

[1] (B.) Satire X.

(I.) .... Verbosa et grandis epistola venit
A Capreis.
(V. 71, 72.)

[2] (I.) Ardet adoratum populo caput et crepat ingens
Sejanus.
(Ibid., v. 61, 62.)

[3] (B.) Satire IV.

(I.) .... Vocantur
Ergo in concilium proceres quos oderat ille,
In quorum facie miseræ magnæque sedebat
Pallor amicitiæ.
(V. 72-75.)

[4] (B.) Satire VI, v. 116-132.

[5] (Cr.) Le Brun fait remarquer *tout pleins* au vers 159, et *pleins* au vers 167.

[6] (H.) Boileau n'a cité comme anciens maîtres dans le genre satirique que des poètes latins. Ce genre en effet est fort distinct du drame satirique des Grecs. *Satira quidem tota nostra est*, dit Quintillien, liv. X, ch. 1.

[7] (H.) Mathurin Regnier naquit à Chartres le 21 décembre 1573. Il étoit neveu de Philippe Desportes (ci-dessus, p. 137). Il suivit à Rome le cardinal de Joyeuse en 1593, y retourna en 1601 avec le duc de Béthune; obtint en 1604 un canonicat de Chartres outre une pension de deux mille livres, et mourut à Rouen en 1613. Il avoit

Dans son vieux style encore a des graces nouvelles.
Heureux, si ses discours, craints du chaste lecteur,
Ne se sentoient des lieux où fréquentoit[1] l'auteur[2];
Et si, du son hardi de ses rimes cyniques,
Il n'alarmoit souvent les oreilles pudiques!
Le latin, dans les mots, brave l'honnêteté :
Mais le lecteur françois veut être respecté;
Du moindre sens impur la liberté l'outrage,
Si la pudeur des mots n'en adoucit l'image.[3]

composé seize satires, cinq épîtres, trois élégies, des odes, des stances, des épigrammes. Entre les éditions des *OEuvres* de Regnier, on distingue celle de 1822 in-18 ou 1823 in-8°, avec une *Histoire de la satire en France* par M. Viollet Le Duc.

Regnier SEUL : Despréaux affecte de ne tenir aucun compte de ses propres satires; il en avoit publié neuf avant l'*Art poétique*.

[1] (Cr.) L'expression *où fréquentoit* suppose qu'on peut dire fréquenter *dans* des lieux, ce qui ne seroit plus aujourd'hui correct.

[2] (V.) Ce vers et le précédent sont d'Arnauld (à ce que dit Brossette), et les seuls qu'il ait jamais faits. Boileau s'empressa de les substituer à ceux-ci, que Le Brun regrette :

> Heureux, si moins hardi dans ses vers pleins de sel,
> Il n'avoit point traîné les muses au b......!

[3] (Cr.) Quelque variables que soient les impressions que les mots produisent selon la diversité des habitudes et selon les caprices des langues, il nous paroît certain que la décence du langage donne une mesure assez juste de la morale et du goût de chaque pays et de chaque époque. L'honnêteté n'est bravée dans les discours que chez un peuple dont la civilisation demeure imparfaite. La réserve des expressions annonce des mœurs plus polies et par cela même moins perverses. Nous savons bien qu'on envisage quelquefois cette politesse comme un progrès du vice qu'elle veut déguiser et en quelque sorte ennoblir; mais nous ne saurions donner à la grossièreté, à l'effronterie, le nom de franchise; et à notre avis la honte qui voile les désordres est un commencement de réforme. Observons toutefois que le bon goût repousseroit le rigorisme extrême, presque autant que l'indécence : les grands poètes du siècle de Louis XIV ont saisi, déterminé la juste mesure de noblesse et de liberté qui convient au langage des muses.

Je veux dans la satire un esprit de candeur,
Et fuis un effronté qui prêche la pudeur.

D'un trait de ce poëme en bons mots si fertile,
Le François, né malin, forma le Vaudeville [1];
Agréable indiscret, qui, conduit par le chant,
Passe de bouche en bouche et s'accroît en marchant.
La liberté françoise en ses vers se déploie :
Cet enfant du [2] plaisir veut naître dans la joie.
Toutefois n'allez pas, goguenard dangereux,
Faire Dieu le sujet d'un badinage affreux.
A la fin tous ces jeux, que l'athéisme élève [3],
Conduisent tristement le plaisant à la Grève [4].

[1] (H.) On a quelquefois expliqué ce mot par *Voix de ville*: c'est plus probablement une altération de *Vau de Vire*, ou *vallée de Vire*, en Normandie, pays natal d'Olivier Basselin, qu'on désigne comme l'inventeur de ce genre de chansons, vers la fin du quatorzième siècle. La dernière édition des Vaux de Vire de ce vieux poète françois a été publiée par M. L. Dubois, à Caen, 1821, in-8°.

[2] (V.) *Cet enfant* DE *plaisir*, dans les anciennes éditions. La leçon *du plaisir* a été depuis adoptée comme plus correcte et plus naturelle ; M. Amar l'a conservée ; et nous osons la maintenir quoiqu'elle ait été réprouvée dans une édition de 1821 où il est dit : « Quelques « éditeurs, *tels que M. D.*, écrivent, cet enfant *du* plaisir. »

[3] (Cr.) Ces jeux que l'athéisme *élève*. Quel sens le mot élève a-t-il ici ? veut-il dire *bâtit*, construit, ou bien *exalte*, *préconise ?* Dans le second cas que Saint-Marc trouve le plus vraisemblable, l'expression ne seroit pas assez claire ; dans le premier, elle seroit impropre, car on ne peut guère dire *élever* ou *bâtir des jeux*.

Cette note étoit dans l'édition de 1809. L'éditeur de 1821, dont nous parlions tout-à-l'heure l'a reproduite, mais sans citer Saint-Marc ni personne : c'est l'une de celles qu'il s'est appropriées par une rédaction nouvelle : « Élever des jeux n'est pas une expression conve- « nable. Élever veut-il dire *former*, *établir*, *construire ?* il est impropre. « Veut-il plutôt dire *vanter*, *exalter ?* il n'est pas assez clair. »

[4] (H.) Ce vers rappelle la fin déplorable d'un poète nommé Petit, auteur du *Paris ridicule*, ouvrage très-supérieur à la *Rome ridicule* de Saint-Amant. Ce Petit avoit composé aussi quelques couplets in-

Il faut, même en chansons, du bon sens et de l'art :
Mais pourtant on a vu le vin et le hasard
Inspirer quelquefois une muse grossière,
Et fournir, sans génie, un couplet à Linière [1].
Mais pour un vain bonheur qui vous a fait rimer,
Gardez qu'un sot orgueil ne vous vienne enfumer.
Souvent l'auteur altier de quelque chansonnette
Au même instant prend droit de se croire poète :
Il ne dormira plus qu'il n'ait fait un sonnet,
Il met tous les matins six impromptus au net.
Encore est-ce un miracle, en ses vagues furies,
Si bientôt, imprimant ses sottes rêveries,
Il ne se fait graver au-devant du recueil,
Couronné de lauriers, par la main de Nanteuil [2].

dévots, qui couroient le monde sans qu'on en connût l'auteur ; mais un jour, durant son absence, le vent enleva des papiers imprudemment placés près de sa fenêtre entr'ouverte et les fit tomber dans la rue. Un prêtre les ramasse, y déchiffre des hémistiches peu édifiants et court les remettre au procureur du roi. Petit est arrêté au moment où il rentre chez lui : on visite ses manuscrits, on y trouve les brouillons des chansons qui scandalisoient ou amusoient les oisifs de la capitale ; et malgré sa jeunesse et ses talents, malgré les vives sollicitations de quelques personnes très-distinguées, ce malheureux poète est condamné à être pendu et brûlé.

[1] (V.) Il n'y a que l'initiale *L* dans l'édition de 1674. Celles de 1675, 1683, et 1685 portent Lo***.

Boileau disoit que Linière n'avoit d'esprit que contre Dieu.

[2] (B.) Fameux graveur.

(H.) Robert Nanteuil étoit né à Reims en 1630, il mourut en 1678, avec la réputation d'un excellent graveur de portraits.

(V.) Suivoient ces deux vers, retranchés par l'auteur au moment de l'impression :

> Et dans l'Académie, orné d'un nouveau lustre,
> Il fournira bientôt un quarantième illustre.

CHANT III[1].

Il n'est point de serpent, ni de monstre odieux[2],
Qui, par l'art imité, ne puisse plaire aux yeux :
D'un pinceau délicat l'artifice agréable
Du plus affreux objet fait un objet aimable[3].
Ainsi, pour nous charmer, la Tragédie en pleurs
D'OEdipe tout sanglant[4] fit parler les douleurs,
D'Oreste parricide exprima les alarmes,
Et, pour nous divertir[5], nous arracha des larmes.

Vous donc qui, d'un beau feu pour le théâtre épris,
Venez en vers pompeux y disputer le prix,
Voulez-vous sur la scène étaler des ouvrages
Où tout Paris en foule apporte ses suffrages,
Et qui, toujours plus beaux, plus ils sont regardés,

---

[1] (Cr.) Ce troisième chant est généralement regardé comme le plus beau : il est consacré aux trois principaux genres de poésie, qui sont la tragédie, la comédie et l'épopée. M. Lemercier a traité les mêmes sujets dans les trois volumes de son *Cours analytique de littérature ;* et c'est le meilleur commentaire que nous connoissions de cette partie de l'*Art poétique* de Boileau.

[2] (I.) Comparaison empruntée du chap. IV de la *Poétique* d'Aristote.

[3] (H.) Despréaux disoit pourtant, selon Brossette, que l'imitation ne devoit pas être entière, qu'une ressemblance trop parfaite n'inspireroit que de l'horreur.

[4] (B.) Sophocle.

[5] (Cr.) Nous croyons, avec M. Amar, que le mot *divertir* est employé ici dans son sens primitif, qu'il signifie donner à l'ame une distraction puissante qui l'arrache agréablement à elle-même pour l'identifier en quelque sorte avec le personnage.

Soient au bout de vingt ans encor redemandés [1] ?
Que dans tous vos discours la passion émue
Aille chercher le cœur, l'échauffe et le remue [2].
Si d'un beau mouvement l'agréable fureur
Souvent ne nous remplit d'une douce terreur,
Ou n'excite en notre ame une pitié charmante,
En vain vous étalez une scène savante :
Vos froids raisonnements ne feront qu'attiédir
Un spectateur toujours paresseux d'applaudir,
Et qui, des vains efforts de votre rhétorique
Justement fatigué, s'endort, ou vous critique [3].
Le secret est d'abord de plaire et de toucher :
Inventez des ressorts qui puissent m'attacher.

Que dès les premiers vers l'action préparée
Sans peine du sujet m'aplanisse [4] l'entrée.
Je me ris d'un acteur qui, lent à s'exprimer,
De ce qu'il veut, d'abord, ne sait pas m'informer ;
Et qui, débrouillant mal une pénible intrigue,
D'un divertissement me fait une fatigue [5].

---

[1] (I.) Fabula quæ posci vult et iterata reponi.
(*Hor.*, Art. poet., v. 190.)

[2] (I.) ..... Meum qui pectus..... angit
Irritat, mulcet, falsis terroribus implet.
(*Hor.*, lib. II, ep. 1, v. 211.)

[3] (H.) Selon Monchesnai (*Bolœana*, n. cvii), Boileau ne dissimuloit point qu'il avoit entendu désigner ici quelques scènes de l'*Othon* de Corneille.

[4] (V.) ...*aplanisse*, dans plusieurs éditions.
Ce n'est point par erreur que les éditions de MM. Didot, Amar, etc., portent *m'aplanisse*. Cette leçon s'accorde mieux avec *m'attacher, je me ris, m'informer, me fait une fatigue, j'aimerois mieux,* etc., qui se lisent dans les vers les plus voisins de celui-ci.

[5] (H.) Ce vers et les trois précédents sont peut-être plus applicables à l'exposition de l'*Héraclius* de Corneille qu'à la première

J'aimerois mieux encor qu'il déclinât son nom [1],
Et dît : Je suis Oreste, ou bien Agamemnon,
Que d'aller, par un tas de confuses merveilles,
Sans rien dire à l'esprit, étourdir les oreilles :
Le sujet n'est jamais assez tôt expliqué.

Que le lieu de la scène y soit fixe et marqué.
Un rimeur, sans péril, delà les Pyrénées [2],
Sur la scène en un jour renferme des années :
Là souvent le héros d'un spectacle grossier,
Enfant au premier acte, est barbon au dernier.
Mais nous, que la raison à ses règles engage,
Nous voulons qu'avec art l'action se ménage ;
Qu'en un lieu, qu'en un jour, un seul fait [3] accompli
Tienne jusqu'à la fin le théâtre rempli [4].

scène de sa tragédie de *Cinna*. C'est néanmoins cette scène que les commentateurs de Boileau rappellent ici.

[1] (B.) Il y a de pareils exemples dans Euripide.

[2] (H.) Lope ou Lopez de Vega ; poète espagnol qui naquit en 1563 et mourut en 1635. Dans une de ses pièces Valentin et Orson naissent au premier acte et sont vieux au dernier. Ce n'est pas que Lope ignorât les règles du drame ; mais n'ayant pas réussi en les suivant, il changea de méthode pour s'accommoder au goût de ses grossiers spectateurs ; c'est ce qu'il nous apprend lui-même dans le poème intitulé : *Arte nuevo de hacer comedias en este tiempo*. Il y fait la déclaration que Voltaire a traduite ainsi :

> Le public est mon maître, il faut bien le servir :
> Il faut pour son argent lui donner ce qu'il aime.
> J'écris pour lui, non pour moi-même,
> Et cherche des succès dont je n'ai qu'à rougir.

[3] (V.) *Un fait seul*, dans l'édition, souvent inexacte, de 1713.

[4] (Cr.) Ces deux vers expriment avec une admirable précision la règle des trois unités, sans laquelle il n'y a point d'illusion théâtrale, et par conséquent point d'art dramatique. Car le spectateur ne peut plus se figurer qu'il assiste à une action et qu'il en contemple les personnages, lorsqu'on ne lui représente qu'une série

Jamais au spectateur n'offrez rien d'incroyable [1] :
Le vrai peut quelquefois n'être pas vraisemblable [2].
Une merveille absurde est pour moi sans appas :
L'esprit n'est point ému de ce qu'il ne croit pas.
Ce qu'on ne doit point voir, qu'un récit nous l'expose :
Les yeux en le voyant saisiroient mieux la chose ;
Mais il est des objets que l'art judicieux
Doit offrir à l'oreille et reculer des yeux [3].

d'aventures arrivées en divers lieux, en plusieurs années. Ce n'est plus là qu'une lanterne magique ; c'est l'enfance de l'art.

Cependant l'on compose, depuis quinze à vingt ans, beaucoup de dissertations et de traités pour accréditer une tout autre théorie. Tel est surtout le principal but d'un cours de littérature dramatique traduit de l'allemand de M. A. W. Schlegel. Ces nouvelles leçons, destinées à remplacer celles de Boileau, n'ont guère été fondées jusqu'ici que sur les exemples donnés par Shakespeare. Mais Chénier, après avoir rendu hommage au génie de ce poète anglais, ajoute :

> Dépourvu de modèle, il dut à la nature
> Les germes vigoureux d'un talent sans culture.
> D'ignorants spectateurs, bien loin de l'égaler,
> Sur ses pas vagabonds aimoient à s'égarer.
> Mais lorsque de nos jours la lourde Germanie
> Rappelle ses écarts et non pas son génie,
> Nous disciples des Grecs, et par eux adoptés,
> Sans le prendre pour guide admirons ses beautés.

[1] (I.) Ficta voluptatis causa, sint proxima veris.
(*Hor.*, Art. poet., v. 338.)

[2] (Cr.) On oppose à cette maxime de Boileau ces mots de Corneille (*Disc. II sur la tragédie.*) : « Lorsque les choses sont vraies, il ne faut point se mettre en peine de la vraisemblance. »

Sans doute, en histoire, ce qui est invraisemblable, peut se prouver, s'établir, devenir croyable et même certain ; mais au théâtre, où il n'est plus question de peser des témoignages, les faits sont jugés immédiatement et par leurs caractères intrinsèques. Peu importe qu'ils soient vrais ou faux : ils doivent d'eux-mêmes obtenir une pleine croyance, et en paroître tout-à-fait dignes, soit qu'en effet ils la méritent, soit qu'ils l'usurpent.

[3] (I.) Segnius irritant animos demissa per aurem
Quam quæ sunt oculis subjecta fidelibus, et quæ

Que le trouble, toujours croissant de scène en scène,
A son comble arrivé se débrouille sans peine.
L'esprit ne se sent point plus vivement frappé
Que lorsqu'en un sujet d'intrigue enveloppé
D'un secret tout-à-coup[1] la vérité connue
Change tout, donne à tout une face imprévue.

La tragédie, informe et grossière en naissant[2],
N'étoit qu'un simple chœur, où chacun en dansant,
Et du dieu des raisins entonnant les louanges,
S'efforçoit d'attirer de fertiles vendanges.
Là, le vin et la joie éveillant les esprits,
Du plus habile chantre un bouc étoit le prix[3].

Thespis[4] fut le premier qui, barbouillé de lie,
Promena par les bourgs[5] cette heureuse folie;
Et, d'acteurs mal ornés chargeant un tombereau[6],

Ipse sibi tradit spectator. Non tamen intus
Digna geri promes in scenam : multaque tolles
Ex oculis quæ mox narret facundia præsens.
(*Hor.*, Art. poet., v. 180-184.)

[1] (V.) *Tout d'un coup* (au lieu de *tout-à-coup*), dans les éditions de 1674 et 1675. L'un des éditeurs de 1821 fait observer que cette variante est du nombre de celles que ses prédécesseurs avoient omises, et dont on lui doit la découverte. — Le mot *d'un* se trouvoit deux fois dans le même hémistiche.

[2] (Cr.) M. Lemercier (*Cours analyt. de littér.*, page 170), dit que Boileau trace l'*Histoire du théâtre* en des vers si bien faits que chacun les sait et que personne ne se lasse de les entendre.

[3] (I.)   Carmine qui tragico vilem certavit ob hircum, etc.
(*Hor.*, Art. poet., v. 220.)

[4] (H.) Thespis vivoit au sixième siècle avant l'ère vulgaire. (Article XLIV des *Marbres de Paros.*)

[5] (B.) Les bourgs de l'Attique.

[6] (I.) Ignotum tragicæ genus invenisse camœnæ
Dicitur, et plaustris vexisse poemata Thespis,
Quæ canerent agerentque peruncti fæcibus ora.
(*Hor.*, Art. poet., v. 275-277.)

Amusa les passants d'un spectacle nouveau.

Eschyle[1] dans le chœur jeta les personnages,
D'un masque plus honnête habilla les visages[2],
Sur les ais d'un théâtre en public exhaussé
Fit paroître l'acteur d'un brodequin chaussé[3].
Sophocle[4] enfin, donnant l'essor à son génie,
Accrut encor la pompe, augmenta l'harmonie,
Intéressa le chœur dans toute l'action,
Des vers trop raboteux polit l'expression[5],
Lui donna chez les Grecs cette hauteur divine
Où jamais n'atteignit la foiblesse latine[6].

[1] (H.) Eschyle, né à Éleusine vers l'an 525 avant notre ère, mourut vers l'an 477. Sept de ses tragédies se sont conservées.

[2] (Cr.) M. Lemercier fait remarquer la hardiesse de cet hémistiche.

[3] (I.) Post hunc, personæ pallæque repertor honestæ
AEschylus, et modicis instravit pulpita tignis,
Et docuit magnumque loqui nitique cothurno.
(*Hor.*, Art. poet., v. 278-280.)

Brossette raconte que Boileau se moquoit de Baillet qui avoit traduit *pulpita* par pupitres.

[4] (H.) Sophocle, Athénien, poète tragique grec du cinquième siècle avant l'ère chrétienne. On a de lui sept tragédies ; il en avoit composé un bien plus grand nombre.

[5] (Cr.) Pourquoi Boileau ne dit-il rien d'Euripide ? c'est une question à laquelle nous ne connoissons pas de réponse satisfaisante.

[6] (B.) Voyez Quintilien, liv. X, chap 1. (1713)

Quintilien, cité ici par Boileau ou par ses éditeurs de 1713, est très-éloigné d'avouer la foiblesse de la tragédie latine. Il donne au contraire de grands éloges aux tragédies d'Accius, de Pacuvius, et surtout de Pomponius Secundus. Il loue la *Médée* d'Ovide et déclare qu'il n'y a aucune pièce grecque à laquelle le *Thyeste* de Varius ne puisse être comparé. C'est la *comédie latine* et non la tragédie que Quintilien rabaisse : *in comœdia maxime claudicamus*. Voltaire qui, ainsi que Boileau s'est mépris sur ce passage, le cite en substituant *tragœdia* à *comœdia*.

Chez nos dévots aïeux le théâtre abhorré
Fut long-temps dans la France un plaisir ignoré.
De pélerins, dit-on, une troupe grossière [1]
En public à Paris y monta la première [2];

[1] (B.) Leurs pièces sont imprimées. (1713)

[2] (Cr.) Les croisés qui, pour la plupart, ne rentroient en Europe qu'extrêmement pauvres, alloient chantant la passion de Jésus Christ et d'autres histoires sacrées, tant pour charmer leur ennui et se consoler de leur détresse, que pour gagner leur vie par une industrie pieuse. Ils se mêloient aux pélerins qui revenoient de Notre-Dame de Lorrette, de la Sainte-Baume, de Saint-Jacques de Compostelle, et formoient ainsi des caravanes d'édifiants ménétriers : les auditeurs qui s'attroupoient autour d'eux, ne pouvoient laisser leur zèle ou leurs talents sans récompense. C'est sans doute de ces pélerins que veut parler Boileau ; mais il confond bientôt deux époques qu'il ne lui importoit pas de distinguer, la fin du treizième siècle et celle du quatorzième. Ces troupes de pélerins se désunissoient en parvenant au terme de leurs voyages et n'établissoient aucun théâtre fixe ni à Paris ni ailleurs. Ce fut une association d'un tout autre genre et purement profane qui se forma vers la fin du règne de saint Louis (1260-70), quand des jongleurs et des jongleresses de profession se retirèrent dans une rue qui prit d'abord leur nom, et qui depuis, en 1331, fut appelée rue de saint Julien des ménétriers, après que l'église de saint Julien eut été fondée par deux jongleurs, Jacques Grure et Hugues Le Lorrain. (Voyez *l'Histoire de Paris* par M. Dulaure, tome II, page 346, 347 de la première édition.) Ce n'est donc qu'au quatorzième siècle, qu'on peut entrevoir la véritable origine du théâtre françois, non pas peut-être encore en cette année 1331, mais au plus tard en 1398, lorsqu'une confrérie d'acteurs de la passion s'est établie. Les *pélerins* plus anciens et plus grossiers n'ont été que les précurseurs de ces confrères de la passion.

Il suit de là que ces vers de Boileau ne sont pas historiquement exacts ; et la note qu'on y a jointe en 1713, *les pièces de ces pélerins sont imprimées*, est bien plus erronée encore ; car il n'y a de mystères imprimés que ceux qui ont été joués après 1398 par des acteurs très-distincts des *pélerins*.

Suard (tome IV de ses *Mélanges de littérature, Coup d'œil sur l'histoire du théâtre français*) suppose que d'autres *pélerins, nouvellement venus des lieux saints, arrivèrent à Paris en* 1398, *et qu'édifiés, excités par leurs jeux et leurs chants, de pieux bourgeois leur donnèrent une*

Et, sottement zélée en sa simplicité,
Joua les Saints, la Vierge et Dieu, par piété.
Le savoir, à la fin dissipant l'ignorance,
Fit voir de ce projet la dévote imprudence.
On chassa ces docteurs prêchant [1] sans mission ;
On vit renaître Hector, Andromaque, Ilion [2].
Seulement, les acteurs laissant le masque antique [3],
Le violon tint lieu de chœur et de musique [4].

Bientôt l'amour, fertile en tendres sentiments,
S'empara du théâtre ainsi que des romans.
De cette passion la sensible peinture
Est pour aller au cœur la route la plus sûre [5].
Peignez donc, j'y consens, les héros amoureux ;
Mais ne m'en formez pas des bergers doucereux :
Qu'Achille aime autrement que Thyrsis et Philène ;

---

forme plus régulière, et représentèrent la passion de Jésus-Christ. Dans tous les cas, les confrères de la Passion resteroient distincts des pélerins.

[1] (V.)... *prêchants* dans les anciennes éditions.

[2] (B.) Ce ne fut que sous Louis XIII que la tragédie commença à prendre une bonne forme en France.

[3] (B.) Ce masque antique s'appliquait sur le visage de l'acteur, et représentait le personnage qu'on introduisait sur la scène.

[4] (B.) Esther et Athalie ont montré combien l'on a perdu en supprimant les chœurs et la musique.

[5] (Cr.) Boileau, malgré sa sévérité, est trop éclairé pour ne pas reconnaître dans l'amour la plus dramatique des passions, celle qui va le plus sûrement au cœur. A ce sujet M. Lemercier (*Cours analytique de littérature*, tome I, page 361) dit que « Boileau constatant les succès mérités de *Rodrigue* et de *Phèdre*, donne son consentement plutôt que son assentiment à l'introduction de l'amour au théâtre. » Il nous semble que c'est un plein assentiment que Despréaux donne ici, malgré les justes restrictions qu'il y va mettre, en condamnant les abus ; et nous observerons d'ailleurs que la *Phèdre* de Racine n'a été représentée que le 1er janvier 1677, plus de deux ans après la publication de l'Art poétique.

N'allez pas d'un Cyrus nous faire un Artamène [1] ;
Et que l'amour, souvent de remords combattu,
Paroisse une foiblesse et non une vertu [2].

Des héros de roman fuyez les petitesses :
Toutefois aux grands cœurs donnez quelques foiblesses.
Achille déplairoit, moins bouillant et moins prompt :
J'aime à lui voir verser des pleurs pour un affront.
A ces petits défauts marqués dans sa peinture,
L'esprit avec plaisir reconnoît la nature.
Qu'il soit sur ce modèle en vos écrits tracé :
Qu'Agamemnon soit fier, superbe, intéressé [3] ;
Que pour ses dieux Énée ait un respect austère.
Conservez à chacun son propre caractère.
Des siècles, des pays étudiez les mœurs :
Les climats font souvent les diverses humeurs.

Gardez donc de donner [4], ainsi que dans Clélie,
L'air ni l'esprit françois à l'antique Italie ;
Et, sous des noms romains faisant notre portrait,
Peindre [5] Caton galant, et Brutus dameret.

[1] (H.) Artamène est le nom que porte Cyrus dans le roman de mademoiselle De Scudéry.

[2] (Cr.) Marmontel observe avec raison que cette règle n'est pas générale. Le malheur d'un amour innocent peut intéresser autant que les remords d'un amour coupable. (Voyez *Éléments de littérature*, article *Poétique*.)

[3] (I.) .... Honoratum si forte reponis Achillem,
Impiger, iracundus, inexorabilis, acer,
Jura neget sibi nata, nihil non arroget armis.
Sit Medea ferox, etc.
(*Hor.*, Art. poet., v. 120-123.)

[4] (Cr.) Hémistiche dur, dit Le Brun.

[5] (Cr.) On suppose qu'après *gardez de donner*, il faudroit ici DE *peindre* ; mais à la suite de l'énonciation incidente,

Et sous des noms romains faisant notre portrait,

Dans un roman frivole aisément tout s'excuse ;
C'est assez qu'en courant la fiction amuse ;
Trop de rigueur alors seroit hors de saison :
Mais la scène demande une exacte raison ;
L'étroite bienséance y veut être gardée.

D'un nouveau personnage inventez-vous l'idée [1] ?
Qu'en tout avec soi-même il se montre d'accord,
Et qu'il soit jusqu'au bout tel qu'on l'a vu d'abord.

Souvent, sans y penser, un écrivain qui s'aime
Forme tous ses héros semblables à soi-même [2] :
Tout a l'humeur gasconne en un auteur gascon ;
Calprenède et Juba [3] parlent du même ton.

la préposition *de* se reproduiroit sans grace et peut-être même sans assez de correction. Il n'est pas non plus très-régulier de la supprimer : la phrase avoit besoin d'être mieux construite.

[1] (I.)   Si quid inexpertum scenæ committis et audes
   Personam formare novam, servetur ad imum
   Qualis ab incœpto processerit et sibi constet.
                                (*Hor.*, Art. poet., v. 125-127.)

[2] (Cr.) *Lui-même* seroit ici plus correct ainsi que dans le vers 125 ; mais cette question de grammaire avoit été fort peu discutée avant 1674 ; et aujourd'hui même elle n'est peut-être pas encore parfaitement éclaircie.. *Traînant tous les cœurs après* soi, dit la Phèdre de Racine, en parlant de Thésée (ou d'Hippolyte). — Les deux *soi-même* de Boileau, v. 125-128, sont bien voisins.

[3] (B.) Héros de la *Cléopâtre*.

(H.) L'auteur de ce roman, Gautier de Costes, seigneur de la Calprenède, fut plein de courage et d'honneur. On lui disoit que *ses vers étoient lâches. Cadédis !* répondit-il, *il n'y a rien de lâche dans la famille de la Calprenède.* Voilà le brave gentilhomme qu'on a quelquefois représenté comme un auteur pusillanime que la satire a découragé, quoiqu'il nous ait laissé outre six ou sept drames, trente et un volumes de prose qui en feroient cinquante aujourd'hui. A la vérité, il mourut en 1663 (avant que Boileau eût parlé de lui), il mourut sans avoir achevé son roman de *Pharamond*; mais il avoit donné d'assez bonnes preuves de son imperturbable fécondité ; et ses lecteurs, bien mieux intrépides que lui, partagent assez peu les re-

La nature est en nous plus diverse et plus sage ;
Chaque passion parle un différent langage [1] :
La colère est superbe, et veut des mots altiers,
L'abattement s'explique en des termes moins fiers [2].

Que devant Troie en flamme Hécube désolée
Ne vienne pas pousser une plainte ampoulée [3],
Ni sans raison décrire en quel affreux pays
Par sept bouches l'Euxin reçoit le Tanaïs [4].

grets qu'on exprimoit en 1787 et 1788, sur ce qu'il n'a pas poussé plus loin sa très-laborieuse carrière.

[1] (L.) . . . . Tristia mœstum
Vultum verba decent; iratum, plena minarum;
Ludentem, lasciva; severum, seria dictu.

[2] (Cr.) *Altiers, fiers :* La Harpe observe que l'exemple de Boileau et de Racine, les deux meilleurs versificateurs françois, prouve que de leur temps une rime exacte pour les yeux sembloit suffisante. Voltaire, qui rime bien plus négligemment à d'autres égards, a du moins fait sentir la nécessité de rimer principalement pour l'oreille. Reste pourtant à savoir si en 1674 *altiers* ne se prononçoit pas comme *fiers*.

[3] (Cr.) Voilà bien des *p*, dit Le Brun; Boileau y auroit-il mis de l'intention ? — *Tout l'annonce*, répond un nouveau commentateur. Il s'en faut que cette *intention* nous paroisse si bien marquée; c'est peut-être par *inattention* que Despréaux a laissé dans ce vers les syllabes *pas, pou, plain, pou* qui le rendent plus dur que pittoresque.

[4] (B.) Sénèque le Tragique, *Troade*, sc. I.

Et qui frigidum
Septena Tanaïm ora pandentem bibit.

Voyez sur Sénèque, tome I, p. 255. Il n'est pas très-certain que les dix tragédies qui portent le nom de ce philosophe soient réellement de lui. Nous ne croyons pas qu'il ait composé celle qui porte le titre d'*Octavie*; mais nous retrouverions dans les neuf autres le caractère de ses idées et de son style. Elles sont peu animées, et présentent moins des actions tragiques que des séries de monologues, de dialogues et de chœurs. Elles appartiennent néanmoins au genre classique; et Racine a beaucoup profité de quelques-unes, surtout de l'*Hippolyte*.

Tous ces pompeux amas d'expressions frivoles
Sont d'un déclamateur amoureux des paroles.
Il faut dans la douleur que vous vous abaissiez[1] :
Pour me tirer des pleurs, il faut que vous pleuriez[2].
Ces grands mots dont alors l'acteur emplit sa bouche
Ne partent point d'un cœur que sa misère touche.

   Le théâtre, fertile en censeurs pointilleux,
Chez nous pour se produire est un champ périlleux.
Un auteur n'y fait pas de faciles conquêtes;
Il trouve à le siffler des bouches toujours prêtes.
Chacun le peut traiter de fat et d'ignorant;
C'est un droit qu'à la porte on achète en entrant.
Il faut qu'en cent façons, pour plaire, il se replie;
Que tantôt il s'élève et tantôt s'humilie;
Qu'en nobles sentiments il soit partout fécond;
Qu'il soit aisé, solide, agréable, profond;
Que de traits surprenants sans cesse il nous réveille;
Qu'il coure dans ses vers de merveille en merveille;
Et que tout ce qu'il dit, facile à retenir,
De son ouvrage en nous laisse un long souvenir.
Ainsi la Tragédie agit, marche et s'explique.

   D'un air plus grand encor[3] la poésie épique,

---

[1] (I.)   Et tragicus plerumque dolet sermone pedestri.
                     (*Hor.*, Art. poét., v. 95.)

[2] (I.)   . . . . Si vis me flere, dolendum est
      Primum ipsi tibi.
                     (*Hor.*, ibid.. v. 103, 104.)

[3] (Cr.) On a remarqué que cette transition ressembloit à celle du vers 38 du chant III :

        D'un ton un peu plus haut....
        La plaintive élégie....

et qu'elle ne différoit pas beaucoup de celle du v. 58 du même chant:

        L'ode avec plus d'éclat...

Dans le vaste récit d'une longue action,
Se soutient par la fable, et vit de fiction.
Là pour nous enchanter tout est mis en usage;
Tout prend un corps, une ame, un esprit, un visage.
Chaque vertu devient une divinité:
Minerve est la prudence, et Vénus la beauté.
Ce n'est plus la vapeur qui produit le tonnerre,
C'est Jupiter armé pour effrayer la terre;
Un orage terrible aux yeux des matelots,
C'est Neptune en courroux qui gourmande les flots;
Écho n'est plus un son qui dans l'air retentisse,
C'est une nymphe en pleurs qui se plaint de Narcisse.
Ainsi, dans cet amas de nobles fictions,
Le poète s'égaie en mille inventions,
Orne, élève, embellit, agrandit toutes choses,
Et trouve sous sa main des fleurs toujours écloses.
Qu'Énée et ses vaisseaux, par le vent écartés,
Soient aux bords africains d'un orage emportés;
Ce n'est qu'une aventure ordinaire et commune,
Qu'un coup peu surprenant des traits de la fortune.
Mais que Junon constante en son aversion,
Poursuive sur les flots les restes d'Ilion;
Qu'Éole, en sa faveur, les chassant d'Italie,
Ouvre aux vents mutinés les prisons d'Éolie;
Que Neptune en courroux s'élevant sur la mer,
D'un mot calme les flots, mette la paix dans l'air [1],

---

[1] (I.) .... Graviter commotus et alto
Prospiciens. . . . .
Sic ait, et dicto citius tumida æquora placat
Collectasque fugat nubes, solemque reducit.
Cymothoe simul et Triton adnixus, acuto
Detrudunt naves scopulo, levat ipse tridenti,
Et vastas aperit syrtes. (*Virg.*, AEneid., lib. I, v. 141-150.)

Délivre les vaisseaux, des syrtes les arrache,
C'est là ce qui surprend, frappe, saisit, attache.
Sans tous ces ornements le vers tombe en langueur,
La poésie est morte, ou rampe sans vigueur [1],
Le poète n'est plus qu'un orateur timide,
Qu'un froid historien d'une fable insipide.

C'est donc bien vainement que nos auteurs déçus [2],
Bannissant de leurs vers ces ornements reçus,
Pensent faire agir Dieu, ses saints et ses prophètes,
Comme ces dieux éclos du cerveau des poètes;
Mettent à chaque pas le lecteur en enfer,
N'offrent rien qu'Astaroth, Belzébuth, Lucifer.

[1] (Cr.) Saint-Marc a le malheur de critiquer ce vers pittoresque autant que précis.

[2] (B.) L'auteur avoit en vue Saint-Sorlin Desmarets qui a écrit contre la fable.

(H.) Desmarets de Saint-Sorlin a mis à la tête de son poème de *Clovis*, ou *la France chrétienne*, un *Discours* pour prouver que les sujets chrétiens sont les seuls propres à la poésie héroïque, et il a soutenu la même théorie en quelques autres écrits, tout-à-fait oubliés.

De nos jours pourtant on a reproduit l'opinion de Desmarets : on a dit que « la mythologie, si vantée, loin d'embellir la nature, « en détruit les véritables charmes, la rapetisse et en bannit la vé- « rité. *Une preuve incontestable de ce fait*, a-t-on ajouté, c'est que la « poésie que nous appelons descriptive a été inconnue à toute l'an- " tiquité; que les poètes mêmes qui ont chanté la nature, comme « Hésiode, Théocrite et Virgile, n'en ont point fait de description « dans le sens que nous attachons à ce mot, etc. »

Boileau va bientôt développer ses idées sur l'introduction des mystères du christianisme dans les poésies épiques. Mais à l'égard des descriptions, il étoit loin de penser qu'elles pussent constituer un genre particulier de poésie.

Ce n'étoit pas ainsi que l'Horace françois,
Du Pinde à ses rivaux facilitant l'accès,
Frappoit ces vers heureux, proverbes de génie, etc.

(Chénier, *Disc. sur les poèmes descriptifs.*)

De la foi d'un chrétien les mystères terribles
D'ornements égayés ne sont point susceptibles :
L'évangile à l'esprit n'offre de tous côtés
Que pénitence à faire et tourments mérités ;
Et de vos fictions le mélange coupable
Même à ses vérités donne l'air de la fable [1].
Eh ! quel objet enfin à présenter aux yeux
Que le diable toujours hurlant contre les cieux [2],
Qui de votre héros veut rabaisser la gloire,
Et souvent avec Dieu balance la victoire [3] !
 Le Tasse, dira-t-on, l'a fait avec succès.

[1] (Cr.) Marmontel qui contredit et critique si volontiers Boileau est de son avis sur cet article, « Nos anges et nos saints, dit-il, « exempts de passion, seront des personnages froids si on les peint « dans leur état de calme et de béatitude, et seront indécemment « dénaturés, si on leur donne les mouvements impétueux du cœur « humain. Nos démons, plus favorables à la poésie, sont susceptibles « de passions, mais sans aucun mélange ni de bonté ni de vertus : « une fureur plus ou moins atroce, une malice plus ou moins arti- « ficieuse et profonde, en deux mots, le vice et le crime sont les « seules couleurs dont on puisse les peindre. Voilà les véritables « raisons pour lesquelles on seroit insensé de croire pouvoir substi- « tuer, sans un extrême désavantage, le merveilleux de la religion à « celui de la mythologie. » (*Éléments de littérature*, article *Merveilleux*.)

[2] (B.) Voyez Le Tasse.

[3] (Cr.) On oppose à la théorie de Boileau un grand exemple qui lui étoit inconnu, *le Paradis perdu* de Milton : les Français n'avoient encore étudié d'autres littératures étrangères que celles de l'Italie et de l'Espagne. Mais il est fort douteux que Despréaux, en lisant le poëme anglais, eût renoncé à la doctrine classique : seulement il eût examiné peut-être si les démons et les anges ne pouvoient pas quelquefois devenir les principaux personnages, les héros d'une fable épique. Cette question, que le génie de Milton a résolue, n'étoit pas celle qu'agitoient les littérateurs françois du dix-septième siècle: il s'agissoit de savoir, ce qui est fort différent, si en des sujets d'histoire moderne, où les héros, les personnages immédiats sont des guerriers, des conquérants, des princes, les puissances surnaturelles que le christianisme révère, *interviennent* aussi convenablement, aussi

Je ne veux point ici lui faire son procès :
Mais, quoi que notre siècle à sa gloire publie,
Il n'eût point de son livre illustré l'Italie¹,
Si son sage héros, toujours en oraison,

poétiquement que Jupiter, Junon, Mars, Vénus dans l'Iliade et dans l'Énéide.

¹ (Cr.) Quoique Boileau semble adoucir ce qu'il a dit si crûment du clinquant du Tasse, (vers 176 de la neuvième satire,) quoiqu'il avoue que *la Jérusalem délivrée* a illustré l'Italie, son jugement sur ce poème est encore bien sévère.

D'Olivet (*Histoire de l'Académie*) rapporte la réponse que fit Boileau, peu avant sa mort, à ceux qui lui demandoient s'il n'avoit point changé d'avis sur Le Tasse. « J'en ai si peu changé que, reli-
« sant dernièrement ce poète, je fus très-fâché de ne m'être pas
« expliqué un peu plus au long sur ce sujet dans quelqu'une de
« mes réflexions sur Longin ; j'aurois commencé par avouer que Le
« Tasse a été un génie sublime, heureusement né à la poésie, et à
« la grande poésie ; mais ensuite, venant à l'usage qu'il a fait de
« ses talents, j'aurois montré que le bon sens n'est pas toujours ce
« qui domine chez lui ; que dans la plupart de ses narrations, il
« s'attache bien moins au nécessaire qu'à l'aimable ; que ses des-
« criptions sont presque toutes chargées d'ornements superflus ;
« que dans la peinture des plus fortes passions, et au milieu du
« trouble qu'elles venoient d'exciter, souvent il dégénère en traits
« d'esprit qui font tout-à-coup cesser le pathétique ; qu'il est plein
« d'images trop fleuries, de tours affectés et de pensées frivoles, qui,
« loin de pouvoir convenir à sa Jérusalem, pouvoient à peine con-
« venir à son Aminte. Or tout cela opposé à la sagesse, à la gravité,
« à la majesté de Virgile, qu'est-ce autre chose que du clinquant
« opposé à de l'or ? » « Virgile peint et Le Tasse décrit » disoit encore Boileau.

« Boileau a dénigré, dit Voltaire, le clinquant du Tasse ; mais
« qu'il y ait une centaine de paillettes d'or faux dans une étoffe d'or,
« on doit le pardonner ; il y a beaucoup de pierres brutes dans le
« grand bâtiment de marbre élevé par Homère : Boileau le savoit,
« le sentoit et il n'en parle pas ; il faut être juste. Si à Venise, dans
« une barque, quelqu'un récite une stance de *la Jérusalem*, la bar-
« que voisine lui répond par la stance suivante : si Boileau eût en-
« tendu ces concerts, il n'auroit eu rien à répliquer. » (*Dictionnaire philosophique*, article *Épopée*.)

Voltaire avoue cependant (article *Esprit* du même dictionnaire),

N'eût fait que mettre enfin Satan à la raison;
Et si Renaud, Argant, Tancrède et sa maîtresse
N'eussent de son sujet égayé la tristesse.

qu'on peut quelquefois reprocher au Tasse de *l'esprit déplacé*. « Ce défaut, ajoute-t-il, vient de ce que l'auteur, trop plein de ses idées, veut se montrer lui-même, lorsqu'il ne doit montrer que ses personnages. »

Galilée, Rapin, Bouhours, Addisson, Goujet, n'ont pas été moins sévères que Boileau à l'égard du Tasse. Un des plus grands admirateurs de ce poète (Métastase) avoue qu'on remarque avec peine dans sa *Jérusalem délivrée*, des expressions trop recherchées, des *concetti* indignes du sujet et de l'auteur. « Se dispiace tal volta nel Tasso
« la lima troppo visibilmente adoperata.... se si vorrebbero togliere
« alcuni *concettini* inferiori alla elevazione della sua mente, ... se si
« bramerebbero men rettoriche nel Goffredo le tenerezze amo-
« rose, etc... (*Metast. Lett. sue Tasso.*)

Muratori (*Della Perfetta poesia*, tome I, page 384) et d'autres italiens n'ont rien trouvé de trop rigoureux dans le jugement de Boileau; et, bien avant eux, avant Boileau lui-même, Salviati avoit parlé du clinquant (*l'orpello*) de *la Jérusalem*, pour l'opposer à l'or (*all'oro*), non de l'Énéide, mais de l'*Avarchide*, fort médiocre poème de l'*Alamanni*. (Voyez *Opere del Tasso, Firenze*, première pièce du tome VI.)

Enfin Ginguené adopte pleinement et sans restriction, les opinions de Despréaux sur Le Tasse, telles qu'elles sont énoncées tant dans la satire IX que dans le troisième chant de l'*Art poétique*. Il montre que Le Tasse ne joignoit point assez aux éminentes qualités de son grand et beau génie, une qualité plus vulgaire, cette sagesse qu'Horace désigne comme le principe de l'art d'écrire; et que son goût naturel pour les faux ornements, pour les allégories bizarres, pour divers genres d'affectation et d'exagération, s'étoit accru par ses études mêmes, et surtout par celle qu'il avoit faite spécialement de la philosophie platonique. De ce vice radical sont nés, selon Ginguené, non-seulement ce *clinquant* justement reproché au Tasse, mais des défauts plus graves qui, chez lui, déparent les narrations, les descriptions, les situations pathétiques, les discours passionnés. Ginguené en cite plusieurs exemples, ainsi que des pointes ou jeux de mots parsemés dans *la Jérusalem*. (Voyez l'*Histoire littéraire d'Italie*, tome V, page 335-378.)

Torquato Tasso étoit né à Sorrento en 1544; il mourut à Rome en 1595. Il a été fait mention du Tasse, ci-dessus tome I, pages XVIII et 175, etc.

Ce n'est pas que j'approuve, en un sujet chrétien,
Un auteur follement idolâtre et païen [1].
Mais, dans une profane et riante peinture,
De n'oser de la fable employer la figure ;
De chasser les Tritons de l'empire des eaux ;
D'ôter à Pan sa flûte, aux Parques leurs ciseaux ;
D'empêcher que Caron, dans la fatale barque,
Ainsi que le berger ne passe le monarque :
C'est d'un scrupule vain s'alarmer sottement,
Et vouloir aux lecteurs plaire sans agrément.
Bientôt ils défendront de peindre la Prudence,
De donner à Thémis ni bandeau ni balance,
De figurer aux yeux la Guerre au front d'airain,
Ou le Temps qui s'enfuit une horloge à la main ;
Et partout des discours, comme une idolâtrie,
Dans leur faux zèle iront chasser l'allégorie.
Laissons-les s'applaudir de leur pieuse erreur [2],
Mais, pour nous, bannissons une vaine terreur,
Et, fabuleux chrétiens, n'allons point, dans nos songes [3],
Du dieu de vérité faire un dieu de mensonges.

[1] (B.) Voyez l'Arioste. (1713)
Saint-Marc observe avec raison que c'étoit bien plutôt Sannazar qu'il falloit citer ; Sannazar, dont le poème *de Partu Virginis* offre un mélange véritablement intolérable de christianisme et de paganisme. — Jacques Sannazar, né à Naples en 1458, mort en 1534, est auteur de poésies latines et de poésies italiennes. — Voyez sur l'Arioste, tome I, page 194.

[2] (Cr.) Sur ce point, comme sur quelques autres, Bossuet (*Lettre à Santeul*, 15 avril 1690) s'est déclaré contre Despréaux, et a déterminé d'autres théologiens à réprouver les Tritons, Pan, les Parques et Thémis ; mais Racine fils, l'auteur des poèmes de *la Religion* et de *la Grace*, a été moins scrupuleux, et, à notre avis, plus raisonnable.

[3] (V.) Et n'allons point parmi nos ridicules songes. (*Avant* 1701.)

La fable offre à l'esprit mille agréments divers :
Là tous les noms heureux semblent nés pour les vers,
Ulysse, Agamemnon, Oreste, Idoménée,
Hélène, Ménélas, Pâris, Hector, Énée.
O le plaisant projet d'un poète ignorant,
Qui de tant de héros va choisir Childebrand [1] !
D'un seul nom quelquefois le son dur ou bizarre
Rend un poème entier ou burlesque ou barbare.

Voulez-vous long-temps plaire et jamais ne lasser ?
Faites choix d'un héros propre à m'intéresser,
En valeur éclatant, en vertus magnifique :
Qu'en lui, jusqu'aux défauts, tout se montre héroïque [2] ;
Que ses faits surprenants soient dignes d'être ouïs ;
Qu'il soit tel que César, Alexandre ou Louis ;
Non tel que Polynice et son perfide frère [3] :
On s'ennuie aux exploits d'un conquérant vulgaire.

N'offrez point un sujet d'incidents trop chargé.
Le seul courroux d'Achille, avec art ménagé,
Remplit abondamment une Iliade entière :
Souvent trop d'abondance [4] appauvrit la matière.

Soyez vif et pressé dans vos narrations ;
Soyez riche et pompeux dans vos descriptions.
C'est là qu'il faut des vers [5] étaler l'élégance ;

---

[1] (H.) Poème de Carel de Sainte-Garde.

[2] (Cr.) Achille est tout entier dans ce vers, dit Le Brun.

[3] (B.) Polynice et Étéocle, frères ennemis, auteurs de *la guerre de Thèbes*. Voyez *Thébaïde de Stace*.

[4] (Cr.) Le Brun croit découvrir une intention fine dans le rapprochement des mots *abondamment et abondance*. Nous ne serions pas si clairvoyants : il n'y a là peut-être qu'une négligence.

[5] (V.) *Du vers* et non *des vers*, dans les éditions antérieures à 1694 ; variante aperçue, pour la première fois, par l'un des éditeurs de 1821.

N'y présentez jamais de basse circonstance.
N'imitez pas ce fou qui, décrivant les mers,
Et peignant, au milieu de leurs flots entr'ouverts,
L'Hébreu sauvé du joug de ses injustes maîtres,
Met, pour le voir passer, les poissons [1] aux fenêtres;
Peint le petit enfant qui va, saute, revient,
Et joyeux à sa mère offre un caillou qu'il tient.
Sur de trop vains objets c'est arrêter la vue.

Donnez à votre ouvrage une juste étendue.
Que le début soit simple et n'ait rien d'affecté.
N'allez pas dès l'abord, sur Pégase monté [2],
Crier à vos lecteurs, d'une voix de tonnerre:
« Je chante le vainqueur des vainqueurs de la terre [3]. »
Que produira l'auteur après tous ces grands cris?
La montagne en travail enfante une souris.
Oh! que j'aime bien mieux cet auteur plein d'adresse [4]

---

[1] (B.) Les poissons ébahis les regardent passer.
Moïse sauvé. (1674.)

Cette note a été réduite en 1713 au seul nom de *Saint-Amand*. Voyez sur Saint-Amand auteur du *Moïse sauvé*, tome I, page 66.

[2] (I.) Nec sic incipies ut scriptor cyclicus olim:
Fortunam Priami cantabo et nobile bellum.
Quid dignum feret hic tanto promissor hiatu?
Parturient montes, nascetur ridiculus mus.
(*Hor.*, Art. poet., v. 136-139.)

[3] (B.) *Alaric*, poème de Scudéri, liv. I. — Ou seulement *Alaric*, dans quelques éditions. — Sur Scudéri, voyez tome I, page 77.

[4] (I.) Quanto rectius hic, qui nil molitur inepte:
Dic mihi, Musa, virum, captæ post tempora Trojæ
Qui mores hominum multorum vidit et urbes.
(*Hor.*, Art. poet., v. 140-142.)

Horace traduit ici le début de l'*Odyssée*; et Boileau, celui de l'*Énéide*.

Qui, sans faire d'abord de si haute promesse,
Me dit d'un ton aisé, doux, simple, harmonieux :
« Je chante les combats et cet homme pieux
« Qui, des bords phrygiens conduit dans l'Ausonie,
« Le premier aborda les champs de Lavinie [1] ! »
Sa muse en arrivant ne met pas tout en feu,
Et, pour donner beaucoup, ne nous promet que peu ;
Bientôt vous la verrez, prodiguant les miracles,
Du destin des Latins prononcer les oracles,
De Styx et d'Achéron [2] peindre les noirs torrents,
Et déjà les Césars dans l'Élysée errants.

De figures sans nombre égayez [3] votre ouvrage ;
Que tout y fasse aux yeux une riante image :
On peut être à la fois et pompeux et plaisant [4] ;
Et je hais un sublime ennuyeux et pesant.
J'aime mieux Arioste et ses fables comiques [5],

[1] (I.) Non fumum ex fulgore, sed ex fumo dare lucem
Cogitat, ut speciosa dehinc miracula promat.
(*Hor.*, Art. poet., v. 143, 144.)

[2] (Cr.) Voyez sur cet hémistiche une lettre de Boileau à Brossette, datée du 7 janvier 1709. Ci-dessous, tome IV.

[3] (Cr.) Ce mot *égayer* reparoît souvent dans ce chant troisième, vers 174, 200, 216, et maintenant 287. Il est arrivé à d'autres écrivains habiles d'être en quelque sorte poursuivis dans tout le cours d'une composition, par une expression qui s'y reproduisoit sans cesse, presque à leur insu; mais ici la répétition est d'autant plus fâcheuse qu'*égayer* n'est peut-être le terme propre en aucun de ces endroits.

[4] (Cr.) Ce mot étoit alors employé dans le sens du verbe *plaire* dont il est dérivé, et n'étoit pas encore réduit par l'usage à la signification de *facétieux*.

[5] (Cr.) Ce n'est pas louer assez l'*Arioste* que de préférer ses fables comiques aux productions des auteurs froids. Voltaire l'a mieux apprécié: « Il a été donné à l'*Arioste* d'aller et de revenir
« des descriptions terribles aux peintures les plus voluptueuses, et

Que ces auteurs toujours froids et mélancoliques,
Qui dans leur sombre humeur se croiroient faire affront[1]
Si les Graces jamais leur déridoient le front.
   On diroit que pour plaire, instruit par la nature,
Homère ait à Vénus[2] dérobé sa ceinture[3].
Son livre est d'agréments un fertile trésor :
Tout ce qu'il a touché se convertit en or[4],
Tout reçoit dans ses mains une nouvelle grace ;
Partout il divertit et jamais il ne lasse.
Une heureuse chaleur anime ses discours :
Il ne s'égare point en de trop longs détours.
Sans garder dans ses vers un ordre méthodique,
Son sujet de soi-même et s'arrange et s'explique ;
Tout, sans faire d'apprêts, s'y prépare aisément ;
Chaque vers, chaque mot court à l'événement[5].

« de ces peintures à la morale la plus sage. Ce qu'il y a de plus ex-
« traordinaire encore, c'est d'intéresser vivement pour les héros et
« les héroïnes dont il parle, quoiqu'il y en ait un nombre prodigieux.
« Il y a presque autant d'événements touchants dans son poème que
« d'aventures grotesques, et son lecteur s'accoutume si bien à cette
« bigarrure qu'il passe de l'un à l'autre sans en être étonné. » *Dic-
tionn. philosoph.*, article *Épopée*.

[1] Le Brun a senti et n'a point excusé l'extrême dureté de ce vers ; mais depuis on s'est figuré que les *r* y avoient été multipliés à dessein, afin qu'il contrastât mieux avec le vers suivant où néanmoins il s'en trouve encore plusieurs. C'est attribuer à Boileau de bien étranges artifices : il ne faisoit de telles combinaisons que pour produire de grands et sensibles effets.

[2] (B.) *Iliade*, liv. XIV.

[3] (Cr.) *On diroit qu'Homère* AIT *dérobé*. Pradon et Desmarets ont critiqué cette construction. Voyez tome I, page 118.

[4] (I.) . . . . Quidquid
            Corpore contigero, fulvum vertatur in aurum.
                        (*Ovid.*, Metam., lib. XI, v. 102, 103.)

[5] (I.) Semper ad eventum festinat.
                        (*Hor.*, Art. poet., v. 148.)

Aimez donc ses écrits, mais d'un[1] amour sincère,
C'est avoir profité que de savoir s'y plaire[2].

Un poème excellent, où tout marche et se suit,
N'est pas de ces travaux qu'un caprice produit :
Il veut du temps, des soins; et ce pénible ouvrage
Jamais d'un écolier ne fut l'apprentissage.
Mais souvent parmi nous un poète sans art,
Qu'un beau feu quelquefois échauffa par hasard,
Enflant d'un vain orgueil son esprit chimérique,
Fièrement prend en main la trompette héroïque :
Sa muse déréglée, en ses vers vagabonds,
Ne s'élève jamais que par sauts et par bonds :
Et son feu, dépourvu de sens et de lecture[3],

---

[1] (V.) ....*d'une amour*, dans les anciennes éditions. *Amour* jusqu'après 1700, prenoit l'un et l'autre genre.

[2] (I.) Ille se proficisse sciat cui Cicero valdè placebit. (*Quintilian. Instit. orat.*, l. X, c. 1.

[3] (Cr.) Qu'est-ce qu'*un feu* dépourvu de *lecture*, demande Condillac (*Art d'écrire*, liv. II, ch. 1).

M. François de Neufchâteau, dans les notes qui suivent son poème *des Tropes*, pages 157, 158, répond que ces deux vers de Boileau sont excellents. « On sent bien, dit-il, que l'auteur de l'*Art
« poétique* blâme ici l'écrivain paresseux, ignorant, qui peut avoir de
« la chaleur dans l'élocution (du feu); mais qui, n'ayant ni raisonné
« ni lu, manque tout à la fois et de sens et de connoissances; de ma-
« nière qu'il reste au dessous de tous ses sujets, et que son feu s'é-
« teint faute de nourriture. » Voltaire a dit de même :

L'ame est un feu qu'il faut nourrir,
Et qui s'éteint s'il ne s'augmente.

Les deux vers de Boileau sont sans doute fort clairs; ils expriment immédiatement la pensée que M. François de Neufchâteau vient d'expliquer. Mais la question est de savoir si l'expression figurée, *un feu dépourvu de lecture* ne manque pas de justesse. On conçoit qu'après avoir dit que *ce feu s'éteint faute de nourriture*, Boileau pourroit faire consister cette *nourriture* dans la *lecture*, et rattacher ainsi

S'éteint à chaque pas faute de nourriture.
Mais en vain le public, prompt à le mépriser,
De son mérite faux le veut désabuser;
Lui-même, applaudissant à son maigre génie,
Se donne par ses mains l'encens qu'on lui dénie:
Virgile, auprès de lui, n'a point d'invention;
Homère n'entend point la noble fiction [1].
Si contre cet arrêt le siècle se rebelle,
A la postérité d'abord il en appelle.
Mais attendant qu'ici le bon sens de retour
Ramène triomphants ses ouvrages au jour,
Leurs tas, au magasin, cachés à la lumière,
Combattent tristement les vers et la poussière.
Laissons-les donc entre eux s'escrimer en repos;
Et, sans nous égarer, suivons notre propos [2].

 Des succès fortunés du spectacle tragique [3]

---

poétiquement l'idée de *lecture* à celle de *feu*. Au lieu de ménager cette liaison, il l'énonce si brusquement qu'elle blesse plus qu'elle ne saisit les esprits attentifs. Quelles que soient les libertés et la rapidité du langage poétique, il y a pourtant des intermédiaires qu'il ne peut franchir, sans courir le risque de présenter de fausses images et d'associer des mots qui sont encore tout-à-fait incohérents.

[1] (H.) Desmarets disoit que l'action de l'Iliade *n'étoit point noble;* que *les fictions d'Homère étoient mal réglées,* que *Virgile avoit peu d'invention,* etc.

[2] (Cr.) Nous craignons que cette transition ne soit un peu commune; et l'expression *suivons notre propos*, nous sembleroit, comme à Le Brun, trop *familière.* On l'excuse en disant qu'elle signifie: *reprenons le sujet que nous nous sommes* proposé *de traiter.* Mais n'y avoit-il aucun moyen de le reprendre en effet, sans en avertir si positivement?

[3] (Cr.) On demande si l'épithète *fortunés* n'est pas oiseuse. On demande aussi pourquoi Despréaux a séparé les deux grands genres de poésie dramatique, la tragédie et la comédie, et a traité intermédiairement de l'épopée.

Dans Athènes[1] naquit la comédie antique[2].
Là le Grec, né moqueur, par mille jeux plaisants,
Distilla le venin de ses traits médisants.
Aux accès insolents d'une bouffonne joie
La sagesse, l'esprit, l'honneur furent en proie.
On vit par le public un poète avoué
S'enrichir aux dépens du mérite joué;
Et Socrate par lui, dans un chœur de nuées[3],
D'un vil amas de peuple attirer les huées.
Enfin de la licence on arrêta le cours :
Le magistrat des lois emprunta le secours,
Et, rendant par édit les poètes plus sages,
Défendit de marquer les noms et les visages.
Le théâtre perdit son antique fureur;
La comédie apprit à rire sans aigreur[4],
Sans fiel et sans venin sut instruire et reprendre,
Et plut innocemment dans les vers de Ménandre[5].

---

[1] (Cr.) Il seroit plus exact de dire dans les bourgs de l'Attique, surtout si le mot comédie est formé, comme on le croit de κώμη, village, bourg, et de ᾠδή, chant.

[2] (H.) Aristote (Poétique chap. V) avoue qu'on ne sait pas très-bien l'origine de la comédie grecque.

[3] (B.) *Les Nuées*, comédie d'Aristophane.

4 (I.) Successit vetus his comœdia, non sine multa
  Laude, sed in vitium libertas excidit, et vim
  Dignam laude regi : lex est accepta, chorusque
  Turpiter obticuit, sublato jure nocendi.
            (*Hor.*, Art. poet., v. 281-284.)

[5] (H.) On distingue trois âges de la comédie grecque. Dans le premier, elle livroit les personnes, sous leurs propres noms, à la risée publique : Boileau vient d'en citer un exemple, Socrate publiquement joué par Aristophane. La comédie, dans son second ou moyen état, s'abstenoit de nommer les citoyens qu'elle prenoit pour victimes; mais elle les rendoit fort reconnoissables, soit par des masques ressemblants, soit de quelque autre manière. Son troisième âge

Chacun, peint avec art dans ce nouveau miroir,
S'y vit avec plaisir, ou crut ne s'y point voir:
L'avare, des premiers, rit du tableau fidèle
D'un avare souvent tracé sur son modèle;
Et mille fois un fat finement exprimé
Méconnut le portrait sur lui-même formé.

Que la nature donc soit votre étude unique,
Auteurs qui prétendez aux honneurs du comique.
Quiconque voit bien l'homme, et, d'un esprit profond
De tant de cœurs cachés a pénétré le fond;
Qui sait bien ce que c'est qu'un prodigue, un avare,
Un honnête homme, un fat, un jaloux, un bizarre,
Sur une scène heureuse il[1] peut les étaler,
Et les faire à nos yeux vivre, agir et parler.
Présentez-en partout les images naïves;
Que chacun y soit peint des couleurs les plus vives.
La nature, féconde en bizarres portraits,
Dans chaque ame est marquée à de différents traits;
Un geste la découvre, un rien la fait paroître:
Mais tout esprit n'a pas des yeux pour la connoître.

Le temps, qui change tout, change aussi nos humeurs:
Chaque âge a ses plaisirs, son esprit et ses mœurs.
Un jeune homme, toujours bouillant dans ses caprices,

---

est celui où elle n'a plus traité que des sujets de pure invention, et s'est contentée de peintures générales des vices et des ridicules, en s'interdisant toute satire personnelle. Ménandre a honoré ce dernier âge: il étoit né au bourg de Céphisia, dans l'Attique, l'an 342 avant l'ère vulgaire; il est mort vers l'an 293 ou 290. Les anciens ont fort loué ses comédies; mais il ne nous en reste que des fragments, et les traductions ou imitations que les poètes comiques latins en ont faites.

[1] (Cr.) Emploi inusité ou même incorrect du pronom *il*, comme dans la satire IV, tome 1, page 97, 98.

Est prompt à recevoir l'impression des vices;
Est vain dans ses discours, volage en ses désirs,
Rétif à la censure, et fou dans les plaisirs.
L'âge viril, plus mûr, inspire un air plus sage,
Se pousse auprès des grands, s'intrigue, se ménage,
Contre les coups du sort songe à se maintenir,
Et loin dans le présent regarde l'avenir.
La vieillesse chagrine incessamment amasse;
Garde, non pas pour soi, les trésors qu'elle entasse;
Marche en tous ses desseins d'un pas lent et glacé;
Toujours plaint le présent et vante le passé;
Inhabile aux plaisirs dont la jeunesse abuse,
Blâme en eux [1] les douceurs que l'âge lui refuse.
Ne faites point parler vos acteurs au hasard,
Un vieillard en jeune homme, un jeune homme en vieillard [2].

[1] (Cr.) Le Brun aimeroit mieux *en elle*; et nous serions de cet avis. Cependant il y a une manière fort plausible de justifier *en eux*: c'est de dire avec M. Amar que « *jeunesse* étant un nom collectif, « rien n'empêche de lui accorder en françois le privilége dont jouis- « sent en grec et en latin ces sortes de mots » Nous ajouterons que Voltaire a usé de cette licence ou liberté dans *la Henriade*. (ch. V, v. 377; ch. VI, v. 381 etc.)

Mais dans l'un des commentaires de Boileau, publiés en 1821, il est dit qu'il *faut* EN EUX *parce que le sens et la construction de la phrase annoncent que ce pronom se rapporte à* PLAISIRS. C'est l'une des découvertes du commentateur : aucun de ses prédécesseurs ne s'en étoit douté; et leur erreur, si c'en étoit une, prouveroit au moins que Despréaux ne se seroit point exprimé ici avec sa clarté ordinaire.

[2] (I.) Le morceau que ce vers termine rappelle les vers 156-178 de l'*Art poétique* d'Horace.

   AEtatis cujusque notandi sunt tibi mores,
   Mobilibusque decor naturis dandus et annis...
   Imberbis juvenis, tandem custode remoto,
   Gaudet equis canibusque, et aprici gramine campi;
   Cereus in vitium flecti, monitoribus asper,
   Utilium tardus provisor, prodigus æris,

Étudiez la cour et connoissez la ville ;
L'une et l'autre est toujours en modèles fertile.
C'est par là que Molière illustrant ses écrits,
Peut-être de son art eût remporté le prix [1],
Si, moins ami du peuple, en ses doctes peintures
Il n'eût point fait souvent grimacer ses figures,
Quitté, pour le bouffon, l'agréable et le fin,
Et sans honte à Térence allié Tabarin.
Dans ce sac ridicule où Scapin s'enveloppe [2],

> Sublimis, cupidusque, et amata relinquere pernix.
> Conversis studiis, ætas animusque virilis
> Quærit opes et amicitias, inservit honori,
> Commisisse cavet quod mox mutare laboret.
> Multa senem circumveniunt incommoda, vel quod
> Quærit, et inventis miser abstinet, ac timet uti ;
> Vel quod res omnes timide gelideque ministrat,
> Dilator, spe longus, iners, avidusque futuri,
> Difficilis, querulus, laudator temporis acti
> Se puero : censor castigatorque minorum.
> Multa ferunt anni venientes commoda secum,
> Multa recedentes adimunt : ne forte seniles
> Mandentur juveni partes pueroque viriles,
> Semper in adjunctis ævoque morabimur aptis.

[1] (Cr.) Qui donc aura ce prix, si Molière ne l'a pas ? demandoit Voltaire. Voyez notre discours préliminaire, tome I, p. XL et XLI.

[2] (Cr.) Brossette fait observer que ce n'est pas Scapin, mais Géronte qui est enveloppé dans un sac. Voici à sujet une note que nous rencontrons dans un écrit publié il y a quelques mois.

« Peut-être *s'enveloppe* n'est-il qu'une faute d'impression qui, lais-
« sée par Boileau lui-même dans la première édition de l'Art poé-
« tique, a passé dans toutes les autres. Ne devroit-on pas lire *l'en-*
« *veloppe* ? En effet Molière jouoit les rôles à manteau ; et il y avoit
« long-temps que Boileau lui reprochoit de se donner ainsi en spec-
« tacle et de venir *livrer son dos aux coups de bâton*. Les deux vers
« de l'Art poétique seroient donc moins offensants pour Molière et
« plus dignes de l'exactitude de Boileau si on lisoit :

> Dans ce sac ridicule où Scapin l'enveloppe,
> Je ne reconnois plus l'auteur du Misanthrope. »

(Page 16 des Observations sur la *tragédie romantique* par P. Lami. Paris, 1824, in-8°.) Ce changement d'une seule lettre nous semble

Je ne reconnois plus l'auteur du Misanthrope [1].

si naturellement indiqué, que nous n'aurions point hésité à l'adopter, si nous ne devions nous abstenir d'introduire dans le texte de Boileau aucune leçon nouvelle. Une faute à peu près du même genre, ou même plus grossière (*enseigné* pour *enseignée*) est restée dans toutes les éditions de la satire XII jusqu'en 1740 inclusivement. Voyez tome I, page 289.

[1] (Cr.) « Boileau a eu tort, dit Marmontel, s'il n'a pas reconnu l'auteur du *Misanthrope* dans l'éloquence de Scapin avec le père de son maître; dans l'avarice de ce vieillard, dans la scène des deux pères, dans l'amour des deux fils, tableaux dignes de Térence; dans la confession de Scapin qui se croit convaincu, dans son insolence dès qu'il sent que son maître a besoin de lui, etc. Boileau a eu raison, s'il n'a regardé comme indigne de Molière que le sac où le vieillard est enveloppé. » (*Eléments de littérature*, article *Comique*.)

Desmarets et les autres ennemis de Boileau lui ont reproché d'avoir loué Molière vivant et de l'avoir censuré après sa mort. « Molière étoit mort, répond Bayle, quand Despréaux le loua dans l'épitre VII (v. 19-38) autant ou plus que dans la satire qu'il lui avoit adressée. Je crois que s'il avoit composé l'Art poétique pendant la vie de Molière, il l'auroit également blâmé d'avoir travaillé non-seulement pour des esprits fins et de bon goût, mais aussi pour des gens grossiers. »

Boileau, dans les stances sur *l'École des femmes*; dans la satire II, en divers endroits de ses écrits, en mille circonstances, a manifesté hautement son estime, son admiration pour Molière. Le vers même qui donne lieu à cette note,

Je ne reconnois plus l'auteur du Misanthrope,

est un hommage à l'un des chefs-d'œuvre de la scène comique.

Nous avons déjà remarqué (discours préliminaire, page XLI, et Vie de Boileau, page LXXVIII, LXXIX) que l'auteur de l'Art poétique n'avoit pas dédaigné de coopérer aux comédies les plus facétieuses de son illustre ami. Il avoit fourni, dit-on, les quatre noms tirés du grec, Macroton, Bahis, Tomès et Desfonandrès, dans *l'Amour médecin*, et on lui a quelquefois attribué le latin macaronique de la réception du *Médecin* à la suite du *Malade imaginaire*. L'extrême sévérité qu'il montre ici à l'égard des *farces* de Molière est donc tout-à-fait inexplicable, nous dirions presque, inexcusable.

Cependant M. A.-W. Schlegel qui estime assez peu l'Art poétique de Boileau, mais qui déprécie encore plus toutes les comédies de Molière, déclare (*Cours de littérature dramatique*, tome II page 269)

Le comique, ennemi des soupirs et des pleurs [1],
N'admet point en ses vers de tragiques douleurs [2];
Mais son emploi n'est pas d'aller, dans une place,
De mots sales et bas [3] charmer la populace.
Il faut que ses acteurs badinent noblement;
Que son nœud bien formé se dénoue aisément;

que Boileau a justement reproché à Molière d'avoir allié Térence avec Tabarin. Nous oserons opposer à cette sentence l'opinion de M. Lemercier, et douter avec lui qu'il soit *juste* de reprocher à Molière « d'avoir composé ses tableaux pour l'universalité des hom-
« mes, de ne s'être pas gêné dans un cadre rétréci où n'eussent com-
« paru que des personnages pris dans une haute classe peu nom-
« breuse, et d'avoir fait dialoguer les siens, non-seulement pour
« instruire les lettrés et les gens de cour, mais pour corriger la
« multitude entière....... Son coup d'œil saisissoit une foule innom-
« brable de bizarreries que Boileau n'avoit pu même entrevoir ni
« soupçonner...... Qui descendra des plus nobles maisons dans l'in-
« térieur de la dernière bourgeoisie et au-dessous d'elle encore,
« verra des contrastes plus marquants et plus tranchés que ceux
« qu'il envisage à la scène comme de folles caricatures. Voilà ce
« que Molière savoit mettre en relief: voilà d'où rejaillit en lui *le*
« *bouffon* pour lequel on le blâme *de quitter l'agréable et le fin* qu'il
« traitoit en son lieu mieux que Térence même et mieux que per-
« sonne. Le poète latin ne fut que naturel et d'une élégance exquise;
« l'auteur françois lutta victorieusement avec ses graces et ses finesses
« et l'emporta de plus par le feu, la vigueur, le mouvement et le
« coloris. Lui seul nous donne l'idée de ce Ménandre tout entier dont
« César ne retrouvoit qu'une faible moitié dans Térence......... Mais
« *dans ce sac ridicule......* on ne reconnoît plus l'auteur du Misan-
« thrope. Eh! tant mieux s'il ne s'y fait plus reconnoître! aurait-
« il usé de toutes les ressources de son art, s'il n'avait eu le secret
« de se varier ainsi? » (*Cours analytique de littérature*, tome II,
page 120-123.)

[1] (Cr.) On voit, dit Le Brun, que Boileau avoit fait d'avance le procès aux comédies larmoyantes.

[2] (I.)   Versibus exponi tragicis res comica non vult.
(*Hor.*, Art. poet., v. 89.)

[3] (Cr.) Vers léonins, les hémistiches rimant ensemble (*n'est pas et bas*). *De mots sales et bas* sont d'un style aussi par trop trivial. Le Brun.

Que l'action, marchant où la raison la guide,
Ne se perde jamais dans une scène vide;
Que son style humble et doux se relève à propos;
Que ses discours, partout fertiles en bons mots,
Soient pleins de passions finement maniées,
Et les scènes toujours l'une à l'autre liées.
Aux dépens du bon sens gardez de plaisanter :
Jamais de la nature il ne faut s'écarter.
Contemplez de quel air un père [1] dans Térence [2],
Vient d'un fils amoureux gourmander l'imprudence;
De quel air cet amant écoute ses leçons,
Et court chez sa maîtresse oublier ces chansons.
Ce n'est pas un portrait, une image semblable;
C'est un amant, un fils, un père véritable.

J'aime sur le théâtre un agréable auteur
Qui, sans se diffamer aux yeux du spectateur,
Plaît par la raison seule, et jamais ne la choque.
Mais pour un faux plaisant, à grossière équivoque [3],
Qui pour me divertir n'a que la saleté,
Qu'il s'en aille, s'il veut, sur deux tréteaux monté,
Amusant le Pont-Neuf de ses sornettes fades,
Aux laquais assemblés jouer ses mascarades.

[1] (B.) Voyez *Simon* dans *l'Andrienne* et *Démée* dans *les Adelphes*.

[2] (H.) Nous avons inséré dans la vie de Boileau, tome I, page LXVI, ce que dit Monchesnai de l'admiration excessive que l'auteur de l'Art poétique avoit conçue et conservée pour Térence, et de la prééminence qu'il lui attribuoit sur tous les autres poètes comiques, anciens et modernes, y compris Molière.

[3] (H.) Les commentateurs appliquent ce vers à Montfleuri le fils, auteur de *la Femme juge et partie*. Ils ajoutent cependant que Colbert, entendant réciter ce morceau de l'*Art poétique*, s'écria : voilà Poisson.

CHANT IV.

Dans Florence jadis vivoit un médecin,
Savant hâbleur, dit-on, et célèbre assassin.
Lui seul y fit long-temps la publique misère :
Là le fils orphelin lui redemande un père ;
Ici le frère pleure un frère empoisonné.
L'un meurt vide de sang, l'autre plein de séné ;
Le rhume à son aspect se change en pleurésie,
Et par lui la migraine est bientôt frénésie.
Il quitte enfin la ville, en tous lieux détesté.
De tous ses amis morts un seul ami resté
Le mène en sa maison de superbe structure :
C'étoit un riche abbé, fou de l'architecture.
Le médecin d'abord semble né dans cet art,
Déjà de bâtiments parle comme Mansart [1] :
D'un salon qu'on élève il condamne la face ;
Au vestibule obscur il marque une autre place ;
Approuve l'escalier tourné d'autre façon [2].
Son ami le conçoit, et mande son maçon.

---

[1] (H.) François Mansard, architecte, né à Paris en 1598, mourut en 1666. Jules Hardouin, son neveu, prit le nom de Mansard, construisit le château de Versailles, l'hôtel des Invalides, etc., et mourut en 1708. On croit que c'est François Mansard que Boileau désigne ici ; Jules n'étoit pas encore renommé en 1674. François est celui qui a inventé les *Mansardes*.

[2] (Cr.) *Approuve l'escalier tourné*, c'est-à-dire *pourvu qu'il soit tourné d'autre façon ;* l'ellipse peut sembler un peu forte. Boileau n'a voulu tenir aucun compte des observations qu'on lui avoit faites sur ce vers. Voyez, tome IV, sa lettre à Brossette du 2 août 1703.

Le maçon vient, écoute, approuve et se corrige.
Enfin, pour abréger un si plaisant prodige [1],
Notre assassin renonce à son art inhumain;
Et désormais, la règle et l'équerre [2] à la main,
Laissant de Galien [3] la science suspecte,
De méchant médecin devient bon architecte.

Son exemple est pour nous un précepte [4] excellent.
Soyez plutôt maçon, si c'est votre talent,
Ouvrier estimé dans un art nécessaire,
Qu'écrivain du commun, et poète vulgaire.
Il est dans tout autre art des degrés différents [5],
On peut avec honneur remplir les seconds rangs;
Mais dans l'art dangereux de rimer et d'écrire,
Il n'est point de degrés du médiocre au pire;

[1] (Cr.) Qu'est-ce qu'abréger un prodige? demandoit Pradon (*Nouv. Rem.*, page 96).

[2] (V.) ... *l'équierre*, dans les anciennes éditions.

[3] (H.) Très-célèbre médecin grec qui vivoit au deuxième siècle de l'ère vulgaire.

[4] (H.) De quoi se plaint-il? je l'ai fait *précepte*, disoit Boileau en parlant de Claude Perrault, médecin-architecte, désigné par les vingt-quatre premiers vers de ce quatrième chant.

Claude Perrault, pour se venger de ces vers, composa une fable intitulée *Le corbeau guéri par la Cigogne*, ou *l'Ingrat parfait*. Elle étoit restée manuscrite parmi les papiers de Philippe de La Mare : Joly l'en tira et l'inséra dans ses *Remarques critiques sur le Dictionnaire de Bayle*, page 632, 633. On la retrouve au tome IV, part. 333 de l'excellente édition in-8° du *Dict. de Bayle* donnée chez Desoer par M. Beuchot. Boileau répondit à cette fable par l'épigramme IX : *Oui j'ai dit dans mes vers*.

[5] (I.) . . . . . Certis medium et tolerabile rebus
    Recte concedi.
. . . . Mediocribus esse poetis
Non homines, non di, non concessere columnæ.
        (*Hor.*, Art. poet., v. 368-373.)

v. 33. CHANT IV.

Qui dit froid écrivain dit détestable auteur[1].
Boyer[2] est à Pinchêne[3] égal pour le lecteur;
On ne lit guère plus Rampale[4] et Mesnardière[5],
Que Magnon[6], du Souhait[7], Corbin et la Morlière[8].

[1] (V.) Les vers 33, 34, 35 et 36 se lisoient ainsi avant 1701 :

> Les vers ne souffrent point *de médiocre auteur :*
> Ses écrits en tout lieu sont l'effroi du lecteur ;
> Contre eux dans le palais les boutiques murmurent,
> Et les ais chez Billaine à regret les endurent.

Au mot Billaine étoit jointe la note : *fameux libraire.* Mais Boileau changea ces quatre vers où l'on avoit remarqué plusieurs défauts. *Ses écrits* se lioient mal aux mots absolus *de médiocre auteur.* D'ailleurs *médiocres* se trouvoit répété dans les vers 32 et 33, et Pradon en avoit fait la remarque. *Voilà,* disoit-il, *bien du médiocre, et des vers bien médiocres, puisque médiocre y a.*

[2] (B.) Auteur *médiocre.* — Claude Boyer, né en 1648 à Alby, vint prêcher à Paris, et il y fit ensuite représenter des pièces de théâtre, *Judith, Agamemnon,* etc. Il entra, en 1666, à l'Académie françoise, et mourut en 1698.

[3] (H.) Voyez ci-dessus tome II, page 43.

[4] (H.) Rampalle mourut vers 1660 : il est extrêmement peu connu ; on le croit auteur de *Belinde,* tragi-comédie, de *Sainte-Dorothée* ou *la Suzanne chrétienne,* etc. Il a traduit des ouvrages espagnols et italiens, et composé des discours académiques (quoiqu'il n'ait pas été académicien); l'un de ces discours est intitulé : *De l'inutilité des gens de lettres.*

[5] (H.) Pilet de la Ménardière, ou Mesnardière est entré à l'Académie françoise en 1655. Il étoit né à Loudun en 1610, il mourut en 1663. On a de lui une *Poétique,* un *Traité de la Mélancholie,* où il prouvoit que les Ursulines de Loudun étoient possédées du diable; des tragédies et d'autres pièces de vers, etc.

[6] (B.) Magnon a composé un poème fort long intitulé l'*Encyclopédie.*

[7] (B.) Du Souhait avoit traduit l'*Iliade* en prose.

[8] (H.) Jean Magnon, ou Maignon, ou Magnien (selon Papillon) naquit, non dans la province de Bresse comme le dit ici Brossette, mais à Tournus dans le Mâconnois. Il vint fort jeune à Paris, y composa des tragédies : *Artaxerce, Séjan, Jeanne de Naples, Zénobie,* etc. Il fut assassiné par des voleurs sur le Pont-Neuf en 1662.

Un fou du moins fait rire, et peut nous égayer;
Mais un froid écrivain ne sait rien qu'ennuyer.
J'aime mieux Bergerac [1] et sa burlesque audace
Que ces vers où Motin [2] se morfond et nous glace.

Ne vous enivrez point des éloges flatteurs,
Qu'un amas quelquefois de vains admirateurs
Vous donne en ces réduits [3], prompts à crier merveille!

Il faisoit alors imprimer son *Encyclopédie* ou *Science universelle* en vers héroïques, et il étoit sur le point de terminer ce poème, n'ayant plus, disoit-il, que cent mille vers à faire.

Les éditions de la traduction de l'*Iliade* par Du Souhait sont de 1613 et 1627. Il est donc probable que Du Souhait étoit mort assez long-temps avant la publication de l'*Art poétique*; et, sans le vers de Boileau où il est nommé, il ne seroit plus du tout connu, quoique Sarasin ait aussi tourné en ridicule les jeux de mots dont les poésies de Du Souhait étoient parsemées.

(B.) Corbin avoit traduit *la Bible* mot à mot.

Jacques Corbin, père de l'avocat dont il a été parlé ci-dessus, t. II, page 19, étoit né en Berry vers 1580. Il mourut en 1653. Il a célébré en vers sainte Geneviève, saint François et saint Bruno, etc.

(B.) La Morlière, méchant poète.

Adrien de La Morlière étoit né à Chauni; il fut chanoine d'Amiens, et composa un ouvrage sur les antiquités de cette ville. Il a fait aussi des sonnets.

[1] (B.) Cyrano Bergerac, auteur du *Voyage de la Lune.*

On a réuni en 3 vol. in-12 l'*Histoire comique des États de la Lune et du Soleil*, *les Entretiens pointus*; *le Pédant joué*, comédies; *Agrippine*, tragédie, et les autres œuvres de Cyrano de Bergerac, qui, né au château de Bergerac en Périgord, est mort en 1655, à l'âge de trente-cinq ans.

[2] (H.) Baillet croyoit que Motin étoit ici une altération du nom de Cotin. (Voyez *Jugements des Savants*, tome V, in-4°, page 133.) Baillet se trompoit. Boileau a déclaré qu'il avoit en vue Pierre Motin, auteur de quelques poésies imprimées dans certains recueils avec celles de Malherbe, Racan, etc. Motin, né à Bourges, étoit mort dès 1615.

[3] (Cr.) Dans les premières éditions il n'y avoit point de virgule entre *réduits* et *prompts à crier*. Desmarets, qui rapportoit ce substantif et cet adjectif l'un à l'autre, y trouvoit une ellipse beaucoup

Tel écrit récité se soutint à l'oreille,
Qui, dans l'impression au grand jour se montrant [1],
Ne soutient pas des yeux le regard pénétrant.
On sait de cent auteurs l'aventure tragique:
Et Gombaud [2] tant loué garde encor la boutique.

    Écoutez tout le monde, assidu consultant:
Un fat quelquefois ouvre un avis important [3].
Quelques vers toutefois qu'Apollon vous inspire,
En tous lieux aussitôt ne courez pas les lire.
Gardez-vous d'imiter ce rimeur furieux [4]
Qui, de ses vains écrits lecteur harmonieux,
Aborde en récitant quiconque le salue [5],

trop dure. Brossette met une virgule après *réduits*, et rapporte *prompts* à admirateurs; mais alors les mots *en ces réduits* demeurent bien seuls, bien indéterminés, bien inutiles.

[1] (B.) Chapelain.

[2] (H.) Voyez ci-dessus tome II, page 150, 151.

[3] (L.) Πολλάκι γαρ καὶ μωρος ἀνὴρ μάλα καίριον εἶπεν.
    ou Πολλάκι καὶ κηπωρὸς ἀνὴρ μάλα καίριον ἔ ἶπεν.

Vers grec cité par Macrobe, *Saturn.* VI. 7., et par Aulu-Gelle *N. Att.* II. 6.

[4] (B.) Dupérier. Il récita de ses vers à l'auteur, malgré lui, dans une église.

Durant toute une messe, Dupérier récitoit à Boileau une ode qui avoit concouru sans succès pour le prix proposé par l'Académie françoise. Au moment de l'élévation, Dupérier s'écria: ils ont dit que mes vers étoient trop malherbiens.

Il a été fait mention de Charles Dupérier ou Du Perrier, tome I, page 181.

[5] (L.) . . . . Certe furit. . .
    Indoctum doctumque fugat recitator acerbus:
    Quem vero arripuit, tenet, occiditque legendo.
                (*Hor.*, Art. poët., v. 472-475.)

    Et stanti legis et legis sedenti.
    In thermas fugio; sonas ad aurem.
               (*Mart.*, lib. III, epigr. IV.)

Et poursuit de ses vers les passants dans la rue[1].
Il n'est temple si saint, des anges respecté,
Qui soit contre sa muse un lieu de sûreté[2].
Je vous l'ai déjà dit[3], aimez qu'on vous censure,
Et, souple à la raison, corrigez sans murmure.
Mais ne vous rendez pas dès qu'un sot vous reprend.
Souvent dans son orgueil un subtil ignorant
Par d'injustes dégoûts combat toute une pièce,
Blâme des plus beaux vers la noble hardiesse.
On a beau réfuter ses vains raisonnements :
Son esprit se complaît dans ses faux jugements ;
Et sa foible raison, de clarté dépourvue,
Pense que rien n'échappe à sa débile vue.
Ses conseils sont à craindre; et, si vous les[4] croyez,
Pensant fuir un écueil, souvent vous vous noyez.
Faites choix d'un censeur solide et salutaire,

---

[1] (Cr.) « *De ses vains écrits lecteur harmonieux* ne fait que ralentir
« le discours. *Dans la rue* est inutile et ne se trouve à la fin du
« vers que pour rimer à *salue*. Enfin les épithètes *furieux, vains,*
« *harmonieux,* ne signifient pas grand chose ou du moins sont bien
« froides... Despréaux a voulu peindre, et il répand en effet des cou-
« leurs ; mais c'est du coloris qu'il falloit, et le vrai coloris consiste
« uniquement dans les accessoires bien choisis. »

Ces critiques sont de Condillac (*Art d'écrire*, liv. II, ch. 1).
Nous les trouvons non-seulement sévères, mais injustes. Les trois
épithètes nous semblent convenables et expressives ; et quoique après
avoir dit *les passants*, le poète eût pu se dispenser d'ajouter *dans la*
rue, ces mots complètent l'expression et contribuent à peindre la
longueur de la poursuite. Il y a là des accessoires judicieusement
rassemblés, et par conséquent un coloris, qui n'a pas, nous l'avouerons, un très-vif éclat, mais qui satisfait par sa vérité parfaite.

[2] (H.) Voyez la note sur le vers 53.

[3] (H.) Vers 191 et 192 du premier chant de l'*Art poétique*, ci-
dessus page 140.

[4] (V.) *Le* au lieu de *les*, dans les éditions antérieures à 1683.

Que la raison conduise et le savoir éclaire,
Et dont le crayon sûr d'abord aille chercher
L'endroit que l'on sent foible, et qu'on se veut cacher.
Lui seul éclaircira vos doutes ridicules,
De votre esprit tremblant lèvera les scrupules.
C'est lui qui vous dira par quel transport heureux
Quelquefois dans sa course un esprit vigoureux,
Trop resserré par l'art, sort des règles prescrites,
Et de l'art même apprend à franchir leurs[1] limites.
Mais ce parfait censeur se trouve rarement :
Tel excelle à rimer qui juge sottement;
Tel s'est fait par ses vers distinguer dans la ville,
Qui jamais de Lucain n'a distingué Virgile[2].

Auteurs, prêtez l'oreille à mes instructions.
Voulez-vous faire aimer vos riches fictions?
Qu'en savantes leçons votre muse fertile
Partout joigne au plaisant[3] le solide et l'utile[4].

[1] (V.) On lisoit LES *limites*, dans les premières éditions. Desmarets avoit critiqué ce mot *les* comme équivoque et comme jetant de l'incertitude sur la manière d'entendre les mots *de l'art*.

[2] (H.) J'ai ouï de mes oreilles, dit Huet, Pierre Corneille donner la préférence à Lucain sur Virgile. (*Huetiana*, page 177.)

[3] Nous avons déjà plus d'une fois remarqué le mot *plaisant* pris dans le sens primitif qu'il a aujourd'hui perdu.

[4] (I.) Omne tulit punctum qui miscuit utile dulci,
          Lectorem delectando pariterque monendo.
        Hic meret æra liber Sosiis.
                    (*Hor.*, Art. poet., v. 343-345.)

Un nouveau traducteur de l'*Art poétique* d'Horace a cru pouvoir, à l'exemple de Boileau, employer ici le mot *plaisant*.

Le grand point c'est d'unir le solide au PLAISANT,
D'instruire son lecteur en le divertissant.

Chénier traduit :

L'art tout entier c'est d'instruire et de plaire :

Un lecteur sage fuit un vain amusement,
Et veut mettre à profit son divertissement.

Que votre ame et vos mœurs, peintes [1] dans vos ouvrages,
N'offrent jamais de vous que de nobles images.
Je ne puis estimer ces dangereux auteurs
Qui de l'honneur, en vers, infames déserteurs,
Trahissant la vertu sur un papier coupable,
Aux yeux de leurs lecteurs rendent le vice aimable [2].
Je ne suis pas pourtant de ces tristes esprits [3]
Qui, bannissant l'amour de tous chastes écrits,
D'un si riche ornement veulent priver la scène,
Traitent d'empoisonneurs et Rodrigue et Chimène.
L'amour le moins honnête, exprimé chastement,
N'excite point en nous de honteux mouvement.
Didon a beau gémir et m'étaler ses charmes,
Je condamne sa faute en partageant ses larmes.
Un auteur vertueux, dans ses vers innocents,
Ne corrompt point le cœur en chatouillant les sens :
Son feu n'allume point de criminelle flamme.
Aimez donc la vertu, nourrissez-en votre ame :

> A l'agrément qui joint l'utilité,
> Obtient la palme, enrichit le libraire.

[1] (V.) Les premières éditions et même celle de 1701 portent :

> *Que votre ame et vos mœurs* PEINTS *dans tous vos ouvrages ;*

solécisme que n'avoient remarqué durant près de trente ans ni l'auteur, ni ses amis, ni ses ennemis. Voyez, au tome IV, sa lettre à Brossette du 3 juillet 1703.

[2] (H.) Brossette indique ici *les Contes de La Fontaine.* C'est faire une bien grave injure à Boileau, que de supposer qu'il ait eu l'intention d'appliquer la qualification d'infâme à l'un de ses plus illustres amis. Voyez tome I, page LXXXI.

[3] (H.) Nicole a écrit fort *tristement* contre la comédie. Voyez, tome IV, la lettre adressée, en 1707, à Monchesnai par Despréaux.

En vain l'esprit est plein d'une noble vigueur ;
Le vers se sent toujours des bassesses du cœur [1].

Fuyez surtout, fuyez ces basses jalousies,
Des vulgaires esprits malignes frénésies.
Un sublime écrivain n'en peut être infecté ;
C'est un vice qui suit la médiocrité.
Du mérite éclatant cette sombre rivale
Contre lui chez les grands incessamment cabale,
Et, sur les pieds en vain tâchant de se hausser,
Pour s'égaler à lui cherche à le rabaisser.
Ne descendons jamais dans [2] ces lâches intrigues :
N'allons point à l'honneur par de honteuses brigues.

Que les vers ne soient pas votre éternel emploi.
Cultivez vos amis, soyez homme de foi :
C'est peu d'être agréable et charmant dans un livre,
Il faut savoir encore et converser et vivre [3].

Travaillez pour la gloire, et qu'un sordide gain
Ne soit jamais l'objet d'un illustre écrivain.
Je sais qu'un noble esprit peut, sans honte et sans crime,
Tirer de son travail un tribut légitime [4] ;

---

[1] (H.) Les commentateurs disent que le comédien Brécourt, en lisant une pièce de sa composition à Despréaux, citoit ces deux vers de l'*Art poétique*, et que Despréaux lui répondit : Je conviens que votre exemple peut servir à confirmer cette maxime ; voulant dire par là que les mœurs de cet acteur ne valoient pas mieux que ses vers. Cette réponse, plus dure qu'ingénieuse, plus grossière que *piquante*, feroit presqu'aussi peu d'honneur à celui qui l'auroit faite qu'à celui qui l'auroit entendue.

[2] (Cr.) Le Brun et d'autres critiques trouvent que *dans* est ici peu correct et peu harmonieux : ils voudroient y substituer *à*.

[3] (H.) Brossette veut encore que ces quatre vers soient destinés à La Fontaine ; c'est une autre calomnie contre Boileau.

[4] (H.) Despréaux « m'a assuré, dit Louis Racine, qu'il n'avoit

Mais je ne puis souffrir ces auteurs renommés,
Qui, dégoûtés de gloire et d'argent affamés,
Mettent leur Apollon aux gages d'un libraire,
Et font d'un art divin un métier mercenaire.

   Avant que la raison, s'expliquant par la voix [1],
Eût instruit les humains, eût enseigné des lois,
Tous les hommes suivoient la grossière nature,
Dispersés dans les bois couroient à la pâture :
La force tenoit lieu de droit et d'équité ;
Le meurtre s'exerçoit avec impunité.
Mais du discours enfin l'harmonieuse adresse
De ces sauvages mœurs adoucit la rudesse,
Rassembla les humains dans les forêts épars,
Enferma les cités de murs et de remparts,
De l'aspect du supplice effraya l'insolence ;
Et sous l'appui des lois mit la foible innocence.

---

fait ces deux vers que pour mon père qui retiroit quelque profit de ses tragédies. Voyez tome I, page LXI.

[1] (I.) Le morceau que ce vers commence, rappelle celui d'Horace ; *Art poétique.* v. 391-407 :

> Silvestres homines sacer interpresque deorum
> Cædibus et victu fœdo deterruit Orpheus,
> Dictus ob hoc lenire tigres rabidosque leones :
> Dictus et Amphion, thebanæ conditor arcis,
> Saxa movere sono testudinis, et prece blanda
> Ducere quo vellet. Fuit hæc sapientia quondam,
> Publica privatis secernere, sacra profanis ;
> Concubitu prohibere vago, dare jura maritis ;
> Oppida moliri, leges incidere ligno.
> Sic honor et nomen divinis vatibus atque
> Carminibus venit. Post hos insignis Homerus,
> Tyrtæusque mares animos in martia bella
> Versibus exacuit. Dictæ per carmina sortes,
> Et vitæ monstrata via est, et gratia regum
> Pieriis tentata modis, ludusque repertus,
> Et longorum operum finis. Ne forte pudori
> Sit tibi musa lyræ solers, et cantor Apollo.

Cet ordre fut, dit-on, le fruit des premiers vers.
De là sont nés ces bruits reçus dans l'univers,
Qu'aux accents dont Orphée emplit les monts de Thrace,
Les tigres amollis dépouilloient leur audace;
Qu'aux accords d'Amphion les pierres se mouvoient,
Et sur les murs thébains en ordre s'élevoient.
L'harmonie en naissant produisit ces miracles.
Depuis, le ciel en vers[1] fit parler les oracles;
Du sein d'un prêtre ému d'une divine horreur,
Apollon par des vers exhala sa fureur.
Bientôt, ressuscitant les héros des vieux âges,
Homère aux grands exploits anima les courages[2].
Hésiode[3] à son tour, par d'utiles leçons,
Des champs trop paresseux vint hâter les moissons.
En mille écrits fameux la sagesse tracée
Fut, à l'aide des vers, aux mortels annoncée;
Et partout des esprits ses préceptes vainqueurs,
Introduits par l'oreille, entrèrent dans les cœurs.
Pour tant d'heureux bienfaits, les Muses révérées
Furent d'un juste encens dans la Grèce honorées;
Et leur art, attirant le culte des mortels,

---

[1] (Cr.) On a trouvé ce vers mal coupé après les mots *le ciel en vers*; et l'on a remarqué dans le suivant la succession des syllabes *du, d'un, d'unes, di*.

[2] (Cr.) « Boileau, par la beauté de ce vers, a consacré au pluriel « *les courages*. *Courage* au singulier seroit moins large, et feroit bien « moins d'effet. Corneille l'avoit cependant employé au pluriel avec « succès. » LE BRUN.

Chénier n'a pas manqué de conserver ce pluriel *courages*, dans la traduction du vers d'Horace cité ci-dessus : *Tyrtæusque mares animos...*

[3] (H.) Poète grec, contemporain d'Homère (dixième siècle avant notre ère) est auteur d'une *Théogonie* et d'un poème sur *les Travaux et les Jours*.

A sa gloire en cent lieux vit dresser des autels.
Mais enfin l'indigence amenant la bassesse,
Le Parnasse oublia sa première noblesse [1].
Un vil amour du gain, infectant les esprits,
De mensonges grossiers souilla tous les écrits;
Et partout, enfantant mille ouvrages frivoles,
Trafiqua du discours et vendit les paroles.

Ne vous flétrissez point par un vice si bas.
Si l'or seul a pour vous d'invincibles appas,
Fuyez ces lieux charmants qu'arrose le Permesse:
Ce n'est point sur ses bords qu'habite la richesse.
Aux plus savants auteurs, comme aux plus grands guerriers,
Apollon ne promet qu'un nom et des lauriers.

Mais quoi! dans la disette une muse affamée
Ne peut pas, dira-t-on, subsister de fumée;
Un auteur qui, pressé d'un besoin importun,
Le soir entend crier ses entrailles à jeun,
Goûte peu d'Hélicon les douces promenades:
Horace a bu son soûl quand il voit les Ménades [2];
Et, libre du souci qui trouble Colletet [3],
N'attend pas pour dîner le succès d'un sonnet.

---

[1] (I.) Saint-Géniez a exprimé les mêmes idées en quelques vers latins assez médiocres, et dont nous avons peine à croire que Despréaux ait profité, quoi qu'en aient dit Saint-Marc et Marmontel. (*Éléments de littér.*, article *Poétique*.)

[2] (I.) . . . . Neque enim cantare sub antro
Pierio, thyrsumve potest contingere sana
Paupertas, atque æris inops, quo nocte dieque
Corpus eget. Satur est, quum dicit Horatius Evoe!
(*Juv.*, sat. VII, v. 59-62.)

Boileau traduit le dernier de ces quatre vers; mais *a bu son soûl* paroît trop peu noble.

[3] (H.) Voyez sur Colletet, tome I, page 64.

Il est vrai : mais enfin cette affreuse disgrâce
Rarement parmi nous afflige le Parnasse.
Et que craindre en ce siècle, où toujours les beaux arts
D'un astre favorable éprouvent les regards,
Où d'un prince éclairé la sage prévoyance
Fait partout au mérite ignorer l'indigence !
 Muses, dictez sa gloire à tous vos nourrissons :
Son nom vaut mieux pour eux que toutes vos leçons.
Que Corneille, pour lui rallumant son audace,
Soit encor le Corneille et du Cid et d'Horace;
Que Racine, enfantant des miracles nouveaux,
De ses héros sur lui forme tous les tableaux;
Que de son nom, chanté par la bouche des belles,
Benserade[1] en tous lieux amuse les ruelles;
Que Segrais[2] dans l'églogue en charme les forêts;
Que pour lui l'épigramme aiguise tous ses traits[3].
Mais quel heureux auteur, dans une autre Énéide,

---

[1] (H.) Benserade, né en Normandie en 1612, reçu à l'Académie françoise en 1674, mort en 1690, auteur de sonnets, *des Métamorphoses d'Ovide* en rondeaux, et de poésies diverses.

[2] (H.) Jean Regnault de Segrais est un des hommes illustres de la ville de Caen : il y est né en 1625, et mort en 1701, membre de l'Académie françoise depuis 1662. Ses églogues et poésies diverses qu'on ne lit plus guère, non plus que sa traduction de l'*Énéide*, ont eu de la vogue dans son siècle.

[3] (Cr.) On n'a point fait de note sur ce vers : il signifie sans doute que l'épigramme doit aiguiser tous ses traits POUR *le service* de Louis XIV, c'est-à-dire apparemment contre ses ennemis, contre les victimes qu'il lui plaira de désigner. Voilà un étrange précepte : qu'il soit recommandé aux poètes de faire retentir le nom du prince au théâtre, dans les *forêts*, même dans les *ruelles*, on le conçoit encore; mais leur prescrire de composer, selon son bon plaisir, des épigrammes et des satires, c'est trop peut-être. Tout ce morceau (v. 187-220) est un tribut que Despréaux avoit à payer à la fin de son poème, et dans lequel on distingue encore de très-beaux vers.

Aux bords du Rhin tremblant conduira cet Alcide?
Quelle savante lyre au bruit de ses exploits
Fera marcher encor les rochers et les bois;
Chantera le Batave, éperdu dans l'orage,
Soi-même se noyant pour sortir du naufrage;
Dira les bataillons sous Mastricht[1] enterrés,
Dans ces affreux assauts du soleil éclairés[2]?

Mais tandis que je parle, une gloire nouvelle
Vers ce vainqueur rapide aux Alpes vous appelle.
Déjà Dôle et Salins[3] sous le joug ont ployé;
Besançon[4] fume encor sur son roc foudroyé.
Où sont ces grands guerriers dont les fatales ligues
Devoient à ce torrent opposer tant de digues?
Est-ce encore en fuyant qu'ils pensent l'arrêter,
Fiers du honteux honneur[5] d'avoir su l'éviter[6]?
Que de remparts détruits! Que de villes forcées!
Que de moissons de gloire en courant amassées!

Auteurs, pour les chanter redoublez vos transports:
Le sujet ne veut pas de vulgaires efforts.

Pour moi, qui, jusqu'ici nourri dans la satire,

---

[1] (H.) Ville assiégée par Louis XIV, et prise le 29 juin 1673 après treize jours de tranchée ouverte, selon Hénault; après huit jours seulement, selon Voltaire; après seize, selon l'*Art de vérifier les dates,* où la prise de Mastricht est fixée au 1er juillet.

[2] (Cr.) *Du soleil éclairés* me paroît mis pour la rime, dit Le Brun.

[3] (B.) Places de la Franche-Comté prises en plein hiver. (1713) Note inexacte; car Dôle se rendit le 6 juin 1674, et Salins le 22. (*Art de vérifier les dates.*)

[4] (H.) Soumis le 15 mai de la même année. (*Ibidem.*)

[5] (H.) Montecuculli s'applaudissoit d'avoir évité de livrer bataille en 1673.

[6] (I.) . . . . Opimus
   Fallere et effugere est triumphus.
   (*Hor.*, lib. IV, od. IV, v. 51, 52.)

N'ose encor manier la trompette et la lyre,
Vous me verrez pourtant, dans ce champ glorieux,
Vous animer du moins de la voix et des yeux;
Vous offrir ces leçons que ma muse au Parnasse
Rapporta, jeune encor, du commerce d'Horace;
Seconder votre ardeur, échauffer vos esprits,
Et vous montrer de loin la couronne et le prix.
Mais aussi pardonnez, si, plein de ce beau zèle,
De tous vos pas fameux observateur fidèle,
Quelquefois du bon or je sépare le faux,
Et des auteurs grossiers j'attaque les défauts;
Censeur un peu fâcheux, mais souvent nécessaire,
Plus enclin à blâmer que savant à bien faire.

FIN DE L'ART POÉTIQUE.

LE LUTRIN,

POÈME HÉROÏ-COMIQUE.

AVIS AU LECTEUR[1]

POUR LA PREMIÈRE ÉDITION DU LUTRIN

EN 1674.

Je ne ferai point ici comme l'Arioste[2], qui, quelquefois sur le point de débiter la fable du monde la plus absurde, la garantit vraie d'une vérité reconnue, et l'appuie même de l'autorité de l'archevêque Turpin[3]. Pour moi, je déclare franchement que tout le poëme du Lutrin n'est qu'une pure fiction, et que tout y est inventé, jusqu'au nom même du lieu où l'action se passe. Je l'ai appelé Pourges[4], du nom d'une petite chapelle qui étoit autrefois proche Montlhéry[5]. C'est pourquoi le lecteur ne doit pas s'étonner que, pour y arriver de Bourgogne, la Nuit prenne le chemin de Paris et de Montlhéry.

C'est une assez bizarre occasion qui a donné lieu à ce poëme. Il n'y a pas long-temps que dans une assemblée où j'étois, la conversation tomba sur le poëme héroïque. Chacun en parla suivant ses lumières. A l'égard de moi, comme on m'en eût demandé mon avis, je soutins ce que j'ai avancé dans ma poétique : qu'un poëme héroïque pour être excellent, devoit être

---

[1] Cet avis est placé avant le Lutrin dans les éditions des OEuvres de Boileau publiées en 1674 et 1675.

[2] *Arioste* et non l'Arioste, dans les éditions antérieures à celle de Brossette. Voyez sur Lodovico Ariosto, tome I, page 194.

[3] Turpin, Tulpin ou Tilpin, moine de Saint-Denis, puis archevêque de Reims, mourut à la fin du huitième siècle. Il n'y a nulle apparence qu'il soit l'auteur de la chronique fabuleuse qui porte son nom. Ce roman n'a été composé, selon Huet, qu'après l'an 1000 ; et ceux qui l'attribuent à un moine du Dauphiné, en retardent la composition jusqu'à 1092.

[4] Le poëte ne voulant pas nommer la Sainte-Chapelle de Paris, avoit d'abord indiqué celle de Bourges : il jugea ensuite à propos de changer Bourges en Pourges.

[5] *Proche de Montlhéry*, dans les anciennes éditions.

chargé de peu de matière, et que c'étoit à l'invention à la soutenir et à l'étendre. La chose fut fort contestée. On s'échauffa beaucoup ; mais, après bien des raisons alléguées pour et contre, il arriva ce qui arrive ordinairement en toutes ces sortes de disputes : je veux dire qu'on ne se persuada point l'un l'autre, et que chacun demeura ferme dans son opinion. La chaleur de la dispute étant passée, on parla d'autre chose, et on se mit à rire de la manière dont on s'étoit échauffé sur une question aussi peu importante que celle-là. On moralisa fort sur la folie des hommes qui passent presque toute leur vie à faire sérieusement de très-grandes bagatelles, et qui se font souvent une affaire considérable d'une chose indifférente. A propos de cela un provincial raconta un démêlé fameux, qui étoit arrivé autrefois dans une petite église de sa province, entre le trésorier et le chantre, qui sont les deux premières dignités de cette église, pour savoir si un lutrin seroit placé à un endroit ou à un autre. La chose fut trouvée plaisante. Sur cela un des savants de l'assemblée, qui ne pouvoit pas oublier sitôt la dispute, me demanda si moi qui voulois si peu de matière pour un poëme héroïque, j'entreprendrois d'en faire un sur un démêlé aussi peu chargé d'incidents que celui de cette église. J'eus plus tôt dit, pourquoi non ? que je n'eus fait réflexion sur ce qu'il me demandoit. Cela fit faire un éclat de rire à la compagnie, et je ne pus m'empêcher de rire comme les autres, ne pensant pas en effet moi-même que je dusse jamais me mettre en état de tenir parole. Néanmoins le soir me trouvant de loisir, je rêvai à la chose, et ayant imaginé en général la plaisanterie que le lecteur va voir, j'en fis vingt vers que je montrai à mes amis. Ce commencement les réjouit assez. Le plaisir que je vis qu'ils y prenoient m'en fit faire encore vingt autres : ainsi de vingt vers en vingt vers, j'ai poussé enfin l'ouvrage à près de neuf cents vers[1]. Voilà toute l'histoire de la bagatelle que je donne au public. J'aurois bien voulu la lui donner achevée;

---

[1] Le mot *vers* est omis ici dans les premières éditions. Le Lutrin a plus de 1200 vers aujourd'hui ; mais il n'avoit encore que quatre chants lorsque ce premier avis au lecteur fut composé.

mais des raisons très-secrètes [1], et dont le lecteur trouvera bon que je ne l'instruise pas, m'en ont empêché. Je ne me serois pourtant pas pressé de le donner imparfait, comme il est, n'eût été les misérables fragments qui en ont couru [2]. C'est un burlesque nouveau, dont je me suis avisé dans [3] notre langue : car, au lieu que dans l'autre burlesque, Didon et Énée parloient comme des harengères et des crocheteurs, dans celui-ci une horlogère et un horloger [4] parlent comme Didon et Énée. Je ne sais donc si mon poëme aura les qualités propres à satisfaire un lecteur; mais j'ose me flatter qu'il aura au moins l'agrément de la nouveauté, puisque je ne pense pas qu'il y ait d'ouvrage de cette nature en notre langue, *la Défaite des bouts-rimés* de Sarasin [5] étant plutôt une pure allégorie qu'un poëme comme celui-ci.

[1] Le poëme n'étoit pas achevé : voilà tout le secret.

[2] Ces fragments avoient même été imprimés en 1673, à la suite de *la Réponse au Pain bénit du sieur de Marigny.*

[3] *En*, dans les premières éditions.

[4] Dans la suite l'horloger et l'horlogère ont été remplacés par un perruquier et une perruquière.

[5] *Dulot vaincu* ou *la Défaite des bouts-rimés*, est un poëme de Sarasin, d'environ 400 vers distribués en quatre chants; badinage quelquefois agréable, mais qui n'est aucunement digne d'être comparé au Lutrin. Quatorze bouts rimés tels que *piques, barbes, jacquemars*, etc., suivent Dulot; de la Lune à Paris; ils soutiennent une guerre contre une armée poétique commandée par l'Épopée; armée dans laquelle on distingue l'ode, les stances, la chanson, la satire, etc. Dulot fend un madrigal; mais les stances *rasent les barbes*; l'Épopée fond sur les jacquemars et perce le roi de piques. Ces détails, qui ne sont pas très-ingénieux, sont surtout fort peu variés. L'énumération des quatorze bouts rimés revient jusqu'à trois fois dans un si court poëme. Cet opuscule peut paroître long à la première lecture; mais personne ne le lit deux fois, et tous les gens de lettres savent le Lutrin par cœur.

Jean François Sarasin naquit en 1603 à Hermanville, près de Caen, ville où son père étoit trésorier de France, et mourut à Pézénas en 1654. On attribue sa mort au chagrin qu'il eut d'avoir perdu les bonnes graces du prince de Conti, son protecteur.

SECOND AVIS AU LECTEUR.

(1683-1701[1])

Il seroit inutile maintenant de nier que le poème suivant a été composé à l'occasion d'un différent assez léger, qui s'émut dans une des plus célèbres églises de Paris, entre le trésorier et le chantre[2]; mais c'est tout ce qu'il y a de vrai. Le reste, depuis le commencement jusqu'à la fin est une pure fiction; et tous les personnages y sont non-seulement inventés, mais j'ai eu soin même de les faire d'un caractère directement opposé au caractère de ceux qui desservent cette église[3], dont la plupart, et principalement[4] les chanoines, sont tous gens, non-seulement d'une fort grande probité, mais de beaucoup d'esprit, et entre lesquels il y en a tel à qui je demanderois aussi volontiers son sentiment sur mes ouvrages, qu'à beaucoup de messieurs de l'Académie. Il ne faut donc pas s'étonner si personne n'a été offensé de l'impression de ce poème, puisqu'il n'y a en effet personne qui y soit véritablement attaqué. Un prodigue ne s'avise guère de s'offenser de voir rire d'un avare, ni un dévot de voir tourner en ridicule un libertin. Je ne dirai point comment je fus engagé à travailler à cette bagatelle sur une espèce de défi, qui me fut fait en riant par feu M.[5] le premier président de Lamoi-

---

[1] Cet avis terminoit la préface générale que Boileau avoit mise à la tête de ses œuvres, dans l'édition de 1683 : il le plaça en 1701 à la tête du Lutrin.— Voyez tome I, page 12.

[2] Le trésorier étoit le premier dignitaire de ce chapitre ; et le chantre, le second. L'objet du différent qui s'éleva entre eux est assez indiqué par le poème : il s'agissoit de savoir si l'on replaceroit un gros pupitre devant la place du chantre.

[3] On les a toutefois parfaitement bien reconnus : nous en nommerons plusieurs dans les notes.

[4] *Particulièrement*, dans les éditions de Brossette et de Saint-Marc.

[5] *Monseigneur*, dans les éditions de 1683 et 1685.

gnon, qui est celui que j'y peins sous le nom d'Ariste. Ce détail, à mon avis, n'est pas fort nécessaire[1]. Mais je croirois me faire un trop grand tort si je laissois échapper cette occasion d'apprendre à ceux qui l'ignorent, que ce grand personnage, durant sa vie, m'a honoré de son amitié. Je commençai à le connoître dans le temps que mes satires faisoient le plus de bruit; et l'accès obligeant qu'il me donna dans son illustre maison fit avantageusement mon apologie contre ceux qui vouloient m'accuser alors de libertinage et de mauvaises mœurs. C'étoit un homme d'un savoir étonnant, et passionné admirateur de tous les bons livres de l'antiquité; et c'est ce qui lui fit plus aisément souffrir mes ouvrages, où il crut entrevoir quelque goût des anciens. Comme sa piété étoit sincère, elle étoit aussi fort gaie, et n'avoit rien d'embarrassant. Il ne s'effraya point du nom de satires que portoient ces ouvrages, où il ne vit en effet que des vers et des auteurs attaqués. Il me loua même plusieurs fois d'avoir purgé, pour ainsi dire, ce genre de poésie de la saleté qui lui avoit été jusqu'alors comme affectée. J'eus donc le bonheur de ne lui être pas désagréable. Il m'appela à tous ses plaisirs et à tous ses divertissements, c'est-à-dire à ses lectures et à ses promenades. Il me favorisa même quelquefois de sa plus étroite confidence, et me fit voir à fond son ame entière. Et que n'y vis-je point! Quel trésor surprenant de probité et de justice! Quel fonds inépuisable de piété et de zèle! Bien que sa vertu jetât un fort grand éclat au-dehors, c'étoit tout[2] autre chose au-dedans; et on voyoit bien qu'il avoit soin d'en tempérer les rayons, pour ne pas blesser les yeux d'un siècle aussi corrompu que le nôtre. Je fus sincèrement épris de tant de qualités admirables; et s'il eut beaucoup de bonne volonté pour moi, j'eus aussi pour lui une très-forte attache. Les soins que je lui rendis ne furent mêlés d'aucune raison d'intérêt merce-

---

[1] *Ce détail n'est pas fort nécessaire* : en conséquence Brossette le donne fort au long, et d'autres éditeurs le transcrivent; ou n'y apprend que ce que Boileau vient de dire, sinon pourtant qu'il répondit à Lamoignon : *il ne faut jamais défier un fou;* réponse assez triviale, qui n'est d'ailleurs attestée que par Brossette.

[2] *Toute*, dans les anciennes éditions.

naire; et je songeai bien plus à profiter de sa conversation que de son crédit. Il mourut dans le temps que cette amitié étoit en son plus haut point; et le souvenir de sa perte m'afflige encore tous les jours. Pourquoi faut-il que des hommes si dignes de vivre soient sitôt enlevés du monde, tandis que des misérables et des gens de rien arrivent à une extrême vieillesse! Je ne m'étendrai pas davantage sur un sujet si triste : car je sens bien que si je continuois à en parler, je ne pourrois m'empêcher de mouiller peut-être de larmes la préface d'un ouvrage de pure plaisanterie [1].

[1] Au lieu de ces derniers mots on lit, dans les éditions antérieures à 1701 : *un livre de satires et de plaisanteries.*

LE LUTRIN,

POÈME HÉROI-COMIQUE[1].

(1672-1683)[2]

CHANT PREMIER.

(1672)

Je chante les combats, et ce prélat terrible[3]
Qui, par ses longs travaux et sa force invincible,
Dans une illustre église[4] exerçant son grand cœur,

---

[1] (H.) C'est ainsi que Boileau qualifie son ouvrage en 1701; dans les éditions précédentes, il l'avait nommé *Poème héroïque*.

[2] (H.) Dans l'édition de 1713; on lit sous le titre *d'Argument* les lignes suivantes:
Le trésorier remplit la première dignité du chapitre dont il est ici parlé et il officie avec toutes les marques de l'épiscopat. Le chantre remplit la deuxième dignité. Il y avoit autrefois dans le chœur, à la place de celui-ci (*du chantre*) un énorme pupitre ou lutrin qui le couvroit presque tout entier; il le fit ôter. Le trésorier voulut le faire remettre. De là arriva une dispute qui fait le sujet de ce poème.

[3] (H.) Claude Auvri, d'abord camérier du cardinal Mazarin, puis évêque de Coutances, ensuite trésorier de la Sainte-Chapelle de Paris.

[4] (V.) L'édition in-4° de 1674 porte: *Dans Pourges autrefois*: on avoit imprimé *Bourges*; mais Boileau fit grater dans tous les exemplaires la boucle inférieure du *B*. On aperçoit encore dans ces exemplaires les traces de cette opération faite avec la pointe du canif. Quelques-unes des éditions suivantes n'offrent ici que l'initiale *P*: *Dans P.... autrefois*. Celle de 1683 porte la leçon qui est restée: *Dans une illustre église*.

La Sainte-Chapelle étoit nommée dans les fragments du Lutrin,

Fit placer à la fin un lutrin dans le chœur.
C'est en vain que le chantre[1], abusant d'un faux titre,
Deux fois l'en fit ôter par les mains du chapitre :
Ce prélat, sur le banc de son rival altier
Deux fois le reportant, l'en couvrit tout entier[2].

Muse, redis-moi donc[3] quelle ardeur de vengeance
De ces hommes sacrés rompit l'intelligence,
Et troubla si long-temps deux célèbres rivaux :
Tant de fiel entre-t-il dans l'ame des dévots[4] !

Et toi, fameux héros[5], dont la sage entremise
De ce schisme naissant débarrassa l'Église,

imprimés comme nous l'avons dit (ci-dessus page 211) à la suite de la réponse à Marigny, les trois premiers vers du poème de Boileau s'y lisaient ainsi :

> Je chante *le pupitre*, et ce prélat terrible
> Qui par ses longs travaux et sa force invincible
> Dans *la Sainte-Chapelle* exerçant son grand cœur...

[1] (H.) Jacques Barrin, fils du maître des requêtes La Galissonière.

[2] (V.) Ce vers et les trois précédents se lisoient autrement dans les éditions de 1674 et 1767 :

> En vain deux fois le chantre, abusant d'un faux titre,
> Contre ses hauts projets arma tout le chapitre :
> Ce prélat généreux, aidé d'un horloger,
> Soutint jusques au bout l'honneur de son clocher.

Dans l'édition de 1683, ces quatre vers sont tels que nous les imprimons aujourd'hui, à l'exception d'un seul mot du premier ; ce vers s'y lisoit ainsi :

> C'est en vain que le chantre *appuyé* d'un faux titre.

[3] (I.) Musa mihi causas memora....
(*Virg.*, AEneid., lib. I, v. 12.)

[4] (I.) ....Tantæne animis cœlestibus iræ !
(Ibid., v. 5.)

[5] (B.) Monsieur le premier président de Lamoignon.

(V.) *Et toi, grand Lamoignon*, avant l'impression. — *Illustre Lamoignon*, dans les fragments imprimés en 1673.

Viens d'un regard heureux animer mon projet ¹,
Et garde-toi de rire en ce grave sujet.
 Parmi les doux plaisirs d'une paix fraternelle
Paris ² voyoit fleurir son antique chapelle ³ :
Ses chanoines vermeils et brillants de santé
S'engraissoient d'une longue et sainte oisiveté.
Sans sortir de leurs lits, plus doux que leurs hermines,
Ces pieux fainéants faisoient chanter matines,
Veilloient à bien dîner, et laissoient en leur lieu
A des chantres gagés le soin de louer Dieu :
Quand la Discorde encor toute noire de crimes,
Sortant des Cordeliers pour aller aux Minimes ⁴,
Avec cet air hideux qui fait frémir la Paix,
S'arrêta près d'un arbre ⁵ au pied de son palais.
Là, d'un œil attentif contemplant son empire,
A l'aspect du tumulte elle-même s'admire.
Elle y voit par le coche et d'Évreux et du Mans
Accourir à grands flots ses fidèles Normands ;

¹ (V.) Viens anoblir ma muse en ce noble projet.
(*Dans les fragments de* 1673.)

² (V.) *Pourges*, comme ci-dessus, dans l'édition de 1674.
P...... dans celle de 1675.
On dit qu'avant l'impression, Boileau récitoit :

Le calme fleurissoit dans la Sainte-Chapelle.

³ (H.) Cet édifice, construit sous le règne de saint Louis par l'architecte Pierre de Montreuil, entre les années 1245 et 1248, contient aujourd'hui une partie de la section judiciaire des archives du royaume. On y a marqué l'endroit où étoit placé le lutrin chanté par Boileau.

⁴ (B.) Il y eut de grandes brouilleries dans ces deux couvents à l'occasion de quelques supérieurs qu'on y vouloit élire.

⁵ (V.) *Près du mai*, avant l'impression ; c'étoit l'arbre que les clercs de la Bazoche, plantoient le premier mai dans la cour du palais.

Elle y voit aborder le marquis, la comtesse,
Le bourgeois, le manant, le clergé, la noblesse;
Et partout des plaideurs les escadrons épars
Faire autour de Thémis flotter ses étendards.
Mais une église seule, à ses yeux immobile,
Garde au sein du tumulte une assiette tranquille :
Elle seule la brave; elle seule aux procès
De ses paisibles murs veut défendre l'accès.
La Discorde, à l'aspect d'un calme qui l'offense,
Fait siffler ses serpents, s'excite à la vengeance :
Sa bouche se remplit d'un poison odieux,
Et de longs traits de feu lui sortent par les yeux.

Quoi ! dit-elle d'un ton qui fit trembler les vitres [1],
J'aurai pu jusqu'ici brouiller tous les chapitres,
Diviser Cordeliers, Carmes et Célestins [2] !

---

[1] (Cr.) « On sait, dit Marmontel, que la Discorde règne dans une église comme dans un camp; et, lorsqu'on lui entend tenir dans le Lutrin le même langage à peu près qu'elle tiendroit dans *l'Iliade*, ce rapprochement des extrêmes, cette manière ingénieuse de nous faire sentir que les grandeurs sont relatives et que les passions égalisent tous les intérêts; cette manière, dis-je, qui est le grand art de La Fontaine, rend l'intervention de la Discorde dans les démêlés d'un chapitre aussi plaisante qu'elle est juste. On est agréablement surpris de retrouver dans la bouche de cette fière divinité les mêmes discours qu'elle a coutume de tenir dans les grands poèmes, et de l'entendre parler d'une querelle de chanoines comme Junon, dans *l'Enéide*, parle de la guerre de Troie et de la fondation de l'empire romain. » (*Eléments de littérature*, article *Parodie.*)

[2] (H.) Les dissensions de ces moines avoient donné lieu à un arrêt du parlement rendu au mois d'avril 1667 sur le réquisitoire de l'avocat général Talon.

Avant Despréaux, l'Arioste avoit établi dans les églises, dans les cloîtres, le domicile de la Discorde.

. . . . In chiese e in monasterj...
. . . . la Discordia v' era...
E ritrovolla in questo novo inferno,

J'aurai fait soutenir un siége aux Augustins¹!
Et cette église seule, à mes ordres rebelle,
Nourrira dans son sein une paix éternelle!
Suis-je donc la Discorde? et, parmi les mortels,
Qui voudra désormais encenser mes autels²?
A ces mots, d'un bonnet couvrant sa tête énorme,

>(Chi'l crederia?) tra santi officj, e messe.
>   (*Orlando furioso*, c. XIV, st. 79-82.)

>Al monister dove altre volte avea
>La Discordia veduta, drizzò l'ali.
>Trovolla, ch' in capitolo sedea
>A nova elezzion de gli officiali.
>   (*Ivi*, c. XXVII; st. 37.)

¹ (H.) Tous les deux ans, les Augustins du grand couvent nommoient, en chapitre, trois jeunes religieux pour faire leur licence en Sorbonne. L'an 1658, le chapitre, au lieu de trois, en nomma neuf, pour trois licences consécutives. Le parlement cassa cette élection prématurée, ordonna aux Augustins de procéder à une nomination plus régulière, c'est-à-dire pour une seule licence; et sur leur refus, envoya des archers pour les y contraindre. Les religieux se mettent en défense, sonnent le tocsin, tirent sur les archers, apportent le Saint-Sacrement sur le champ de bataille, et sont pourtant forcés de capituler. On se donne des otages de part et d'autre; on convient que les assiégés auront la vie sauve. Les commissaires du parlement entrent dans le monastère; ils font arrêter et conduire à la conciergerie onze religieux. Mais vingt-sept jours après, le cardinal Mazarin, l'ennemi du parlement, met en liberté les onze prisonniers qui sont reconduits en triomphe et dans les carrosses du roi, à leur couvent. Leurs confrères vont les recevoir en procession, les palmes à la main, sonnent toutes les cloches et chantent le *Te Deum*. La Fontaine a composé sur cet événement une ballade dont le refrain est:

>Les Augustins sont serviteurs du roi;

et dans laquelle un conseiller au parlement leur dit:

>Vous êtes troupe en ce monde inutile...
>Vous vous battez, faisant un bruit de chien, etc.

² (I.) . . . . Et quisquam numen Junonis adoret
Præterea aut supplex aris imponat honorem?
   (*Virg.*, AEneid, lib. I; v. 51, 52.)

Elle prend d'un vieux chantre et la taille et la forme;
Elle peint de bourgeons son visage guerrier,
Et s'en va de ce pas trouver le trésorier.

Dans le réduit obscur d'une alcôve enfoncée [1]
S'élève un lit de plume à grands frais amassée :
Quatre rideaux pompeux, par un double contour,
En défendent l'entrée à la clarté du jour.
Là, parmi les douceurs d'un tranquille silence,
Règne sur le duvet une heureuse indolence.
C'est là que le prélat, muni d'un déjeuner,
Dormant d'un léger somme, attendoit le dîner.
La jeunesse en sa fleur brille sur son visage :
Son menton sur son sein descend à double étage;
Et son corps, ramassé dans sa courte grosseur,
Fait gémir les coussins sous sa molle épaisseur.

La déesse en entrant, qui voit la nappe mise,
Admire un si bel ordre, et reconnoît l'Église [2],
Et, marchant à grands pas vers le lieu du repos,
Au prélat sommeillant elle adresse ces mots :

Tu dors, prélat, tu dors [3] ! et là-haut à ta place

---

[1] (Cr.) Des détails qui étoient, dit Le Brun, presque impossibles à rendre, sont ici exprimés avec une élégance parfaite. Marmontel n'y trouve pas une seule épithète qui n'ajoute à l'image. (*Eléments de littérature* article *Epithète*); et La Harpe (*Lycée* part. II, liv. 1, chap. 10) dit que toutes les syllabes sont si heureusement choisies qu'il n'y en a pas une seule qui *fasse assez de bruit pour réveiller le prélat*. Cette observation est un peu recherchée, mais elle est pourtant juste. Quant à la prétendue analyse que Batteux fait de ces six vers, (*Principes de littérature*, tome II, page 338,) c'est un commentaire puéril qui auroit probablement fort impatienté Boileau.

[2] (V.) Les éditions antérieures à 1713 n'offroient ici qu'une initiale suivie d'étoiles; mais le sens et la rime indiquoient assez l'église.

[3] (I.) Εὕδεις, Ἀτρέος υἱε....
(*Iliad.*, lib. II, v. 23.)

Le chantre aux yeux du cœur étale son audace,
Chante les OREMUS, fait des processions,
Et répand à grands flots les bénédictions!
Tu dors! attends-tu donc que, sans bulle et sans titre,
Il te ravisse encor le rochet et la mitre?
Sors de ce lit oiseux qui te tient attaché,
Et renonce au repos, ou bien à l'évêché¹.

Elle dit : et, du vent de sa bouche profane,
Lui souffle avec ces mots l'ardeur de la chicane.
Le prélat se réveille, et, plein d'émotion,
Lui donne toutefois² la bénédiction.

Tel qu'on voit un taureau qu'une guêpe en furie
A piqué dans les flancs aux dépens de sa vie³;
Le superbe animal, agité de tourments,
Exhale sa douleur en longs mugissements :

---

¹ (H.) Le trésorier de la Sainte-Chapelle avoit le droit d'officier pontificalement aux grandes fêtes. « Long-temps après que saint « Louis eut bâti ceste Sainte-Chapelle, dit Pasquier (*Recherch*, liv. III, « chap. XXXIX), elle fut depuis grandement anoblie par le roi Char-« les V. C'est lui qui obtint du Saint-Siége permission au trésorier « d'icelle, d'user de mitre, anneaux, et autres ornements pontificaux, « excepté la crosse et donner bénédiction tout ainsi qu'un évêque, « célébrant le service divin dedans le parvis de ceste Sainte-Chapelle. » — Nous avons déjà dit (tome I, page CI,) que le trésorier auquel le Pape accorda ce droit s'appeloit Hugues-Boileau, et appartenoit, du moins on le suppose, à la famille au sein de laquelle naquit l'auteur du Lutrin.

² (Cr.) Il n'y a pas jusqu'à ce mot *toutefois* qui ne contribue à l'effet de cet admirable vers.

³ (I.)   Illis ira modum supra est, læsæque venenum
         Morsibus inspirant, et spicula cæca relinquunt
         Affixæ venis, animasque in vulnere ponunt.
                         (*Georg.*, lib. IV, v. 231-233.)

Voyez, tome IV, une lettre du 3 mai 1703, où Boileau répond à une mauvaise critique de Brossette sur le vers 86.

Tel le fougueux prélat, que ce songe épouvante,
Querelle en se levant et laquais et servante;
Et, d'un juste courroux rallumant sa vigueur,
Même avant le dîner parle d'aller au chœur.
Le prudent Gilotin, son aumônier fidèle[1],
En vain par ses conseils sagement le rappelle;
Lui montre le péril; que midi va sonner;
Qu'il va faire, s'il sort, refroidir le dîner.

Quelle fureur, dit-il, quel aveugle caprice,
Quand le dîner est prêt, vous appelle à l'office?
De votre dignité soutenez mieux l'éclat:
Est-ce pour travailler que vous êtes prélat?
A quoi bon ce dégoût et ce zèle inutile?
Est-il donc pour jeûner quatre temps ou vigile?
Reprenez vos esprits, et souvenez-vous bien
Qu'un dîner réchauffé ne valut jamais rien.

Ainsi dit Gilotin; et ce ministre sage
Sur table, au même instant[2], fait servir le potage.
Le prélat voit la soupe, et, plein d'un saint respect,
Demeure quelque temps muet à cet aspect.
Il cède, il dîne enfin; mais, toujours plus farouche,
Les morceaux trop hâtés se pressent dans sa bouche.
Gilotin en gémit, et, sortant de fureur,
Chez tous ses partisans[3] va semer la terreur.

---

[1] (H.) Le véritable nom de ce personnage étoit Guéronet. Le trésorier lui donna depuis la cure de la Sainte-Chapelle.

[2] (Cr.) « Le poëte pouvoit mettre *Sur la table à l'instant;* mais *Sur table, au même instant,* est bien plus vif. » LE BRUN.

[3] (Cr.) L'observation grammaticale que fait ici Saint-Marc est parfaitement juste. Il s'agit des partisans du prélat, et par la construction de la phrase *ses* se rapporte à Gilotin. Le mot *lui* dans le vers suivant offre la même incorrection. Sans doute le *sens* de la phrase montre

On voit courir chez lui leurs troupes éperdues,
Comme l'on voit marcher les bataillons de grues¹,
Quand le Pygmée² altier³, redoublant ses efforts,
De l'Hèbre⁴ ou du Strymon⁵ vient d'occuper les bords.
A l'aspect imprévu de leur foule agréable,
Le prélat radouci veut se lever de table :
La couleur lui renaît, sa voix change de ton⁶ ;
Il fait par Gilotin rapporter un jambon.
Lui-même le premier, pour honorer la troupe,
D'un vin pur et vermeil il fait remplir sa coupe ;
Il l'avale d'un trait, et chacun l'imitant,
La cruche au large ventre est vide en un instant.
Sitôt que du nectar la troupe est abreuvée,
On dessert : et soudain, la nappe étant levée,
Le prélat, d'une voix conforme à son malheur,
Leur confie en ces mots sa trop juste douleur :

Illustres compagnons de mes longues fatigues,
Qui m'avez soutenu par vos pieuses ligues,
Et par qui, maître enfin d'un chapitre insensé,

que ces deux pronoms ne doivent rappeler que le trésorier ; mais cela ne suffit point : il faut que ce qu'on veut dire soit dit en effet.

¹ (B.) Homère, Iliade, livre III, vers 6.

(I.) Ἀνδράσι, Πυγμαίοισι φόνον καὶ κῆρα φέρουσαι.

² (H.) Les Pygmées, peuple fabuleux, n'avoient, dit-on, qu'une coudée de haut ; ils étoient perpétuellement en guerre avec les grues. (Voyez Pline, *Histoire naturelle*, livre VII, chap. II.)

³ (Cr.) L'épithète *altier* n'est pas seulement plaisante, elle est ici très-poétique.

⁴ (B.) Fleuve de Thrace.

⁵ (B.) Fleuve de l'ancienne Thrace.

⁶ (V.) *Son visage n'a plus cet air si furibon* (sans *d*) ; dans les éditions antérieures à 1701. Cette variante n'avoit pas été remarquée avant 1821. (Voyez *OEuvres de Boileau*, chez J. J. Blaise, tome II, page 339.)

Seul à Magnificat je me vois encensé;
Souffrirez-vous toujours qu'un orgueilleux m'outrage;
Que le chantre à vos yeux détruise votre ouvrage,
Usurpe tous mes droits, et s'égalant à moi,
Donne à votre lutrin et le ton et la loi [1]?
Ce matin même encor, ce n'est point un mensonge,
Une divinité me l'a fait voir en songe;
L'insolent, s'emparant du fruit de mes travaux,
A prononcé pour moi le benedicat vos!
Oui, pour mieux m'égorger, il prend mes propres armes.

Le prélat à ces mots verse un torrent de larmes.
Il veut, mais vainement, poursuivre son discours:
Ses sanglots redoublés en arrêtent le cours.
Le zélé Gilotin, qui prend part à sa gloire,
Pour lui rendre la voix fait rapporter à boire;
Quand Sidrac [2], à qui l'âge alonge le chemin,
Arrive dans la chambre un bâton à la main.
Ce vieillard dans le chœur a déjà vu quatre âges:
Il sait de tous les temps les différents usages:
Et son rare savoir, de simple marguillier [3],
L'éleva par degrés au rang de chevecier [4].

---

[1] (Cr.) « Il est tout simple, dit M. Amar, que le chantre donne *le ton* au *Lutrin*; mais qu'il prétende aussi donner *la loi* au chapitre, voilà ce que le trésorier ne peut ni ne doit lui pardonner. »

Cette remarque est très-ingénieuse, mais si Despréaux a eu cette pensée, l'a-t-il assez exprimée?

[2] (H.) L'abbé Jacques Boileau écrit à Brossette, le 12 février 1703, que « *Sidrac* est le vrai nom d'un vieux chapelain de la Sainte-Chapelle, c'est-à-dire d'un chantre musicien; que ce personnage n'est point feint. »

[3] (B.) C'est celui qui a soin des reliques.

[4] (B.) C'est celui qui a soin des chappes et de la cire.

(V.) *Cheffecier*, dans les éditions antérieures à 1674.

A l'aspect du prélat qui tombe en défaillance,
Il devine son mal, il se ride, il s'avance;
Et d'un ton paternel réprimant ses douleurs[1] :
Laisse au chantre, dit-il, la tristesse et les pleurs,
Prélat, et, pour sauver tes droits et ton empire,
Écoute seulement ce que le ciel m'inspire.
Vers cet endroit du chœur où le chantre orgueilleux
Montre, assis à ta gauche, un front si sourcilleux,
Sur ce rang d'ais serrés qui forment sa clôture
Fut jadis un lutrin d'inégale structure,
Dont les flancs élargis, de leur vaste contour
Ombrageoient pleinement tous les lieux d'alentour[2].
Derrière ce lutrin, ainsi qu'au fond d'un antre,
A peine sur son banc on discernoit le chantre,
Tandis qu'à l'autre banc le prélat radieux,
Découvert au grand jour attiroit tous les yeux.
Mais un démon, fatal à cette ample machine,
Soit qu'une main la nuit eût hâté sa ruine,
Soit qu'ainsi de tout temps l'ordonnât le destin,
Fit tomber à nos yeux le pupitre un matin.
J'eus beau prendre le ciel et le chantre à partie,
Il fallut l'emporter dans notre sacristie,
Où depuis trente hivers, sans gloire enseveli,
Il languit tout poudreux dans un honteux oubli.
Entends-moi donc, prélat. Dès que l'ombre tranquille
Viendra d'un crêpe noir envelopper la ville,

---

[1] (Cr.) Saint-Marc se plaint, non sans quelque raison, de l'obscurité de cet hémistiche.

[2] (I.) Tum fortes late ramos et brachia tendens,
Huc illuc media ipsa iugentem sustinet umbram.
(*Virg.*, Georg., lib. II, v. 396.)

Il faut que trois de nous, sans tumulte et sans bruit,
Partent à la faveur de la naissante nuit,
Et, du lutrin rompu réunissant la masse,
Aillent d'un zèle adroit le remettre en sa place.
Si le chantre demain ose le renverser,
Alors de cent arrêts tu le peux terrasser.
Pour soutenir tes droits, que le ciel autorise,
Abîme tout plutôt; c'est l'esprit de l'Église[1] :
C'est par là qu'un prélat signale sa vigueur.
Ne borne pas ta gloire à prier dans un chœur :
Ces vertus dans Aleth[2] peuvent être en usage;
Mais dans Paris[3] plaidons : c'est là notre partage.
Tes bénédictions dans le trouble croissant,
Tu pourras les répandre et par vingt et par cent[4];
Et, pour braver le chantre en son orgueil extrême,
Les répandre à ses yeux, et le bénir lui-même.

Ce discours aussitôt frappe tous les esprits;
Et le prélat charmé l'approuve par des cris.
Il veut que, sur-le-champ, dans la troupe on choisisse

---

[1] (Cr.) Comment se fait-il que les premières éditions laissent en blanc le mot *Église* à la fin du vers 70, et qu'elles nous le montrent tout entier dans celui-ci ? Au vers 70, il n'est question que d'une nappe bien *mise* à laquelle *on reconnoit l'Église* : ici le poète ou le personnage, le Nestor qu'il met en scène déclare que *l'esprit de l'Église est de tout abîmer*. Quoiqu'il en soit, l'Église entendit la plaisanterie, dit d'Alembert, et s'épargna le ridicule de la relever. Desmarets et Pradon ne manquèrent pas d'accuser Boileau d'impiété : il répondit qu'il entendoit ici par le mot *Église*, non des pasteurs éclairés et vertueux, mais une troupe de ministres ignorants et calomniateurs, qui ne sont pas plus la véritable Église que le parterre de la foire n'est le public.

[2] (H.) Nicolas Pavillon, alors évêque d'Aleth, étoit fort pieux.

[3] (V.) *Dans Bourges*, comme ci-dessus.

[4] (Cr.) Hémistiche foible et prosaïque. Le Brun.

Les trois que Dieu destine à ce pieux office :
Mais chacun prétend part¹ à cet illustre emploi.
Le sort, dit le prélat, vous servira de loi² :
Que l'on tire au billet ceux que l'on doit élire.
Il dit : on obéit, on se presse d'écrire.
Aussitôt trente noms, sur le papier tracés,
Sont au fond d'un bonnet³ par billets entassés.
Pour tirer ces billets avec moins d'artifice,
Guillaume, enfant de chœur, prête sa main novice.
Son front nouveau tondu, symbole de candeur,
Rougit, en approchant, d'une honnête pudeur.
Cependant le prélat, l'œil au ciel, la main nue,
Bénit trois fois les noms, et trois fois les remue.
Il tourne le bonnet : l'enfant tire⁴ ; et Brontin⁵
Est le premier des noms qu'apporte le destin.
Le prélat en conçoit un favorable augure,
Et ce nom dans la troupe excite un doux murmure.
On se tait ; et bientôt on voit paroître au jour
Le nom, le fameux nom du perruquier⁶ l'Amour⁷.

¹ (Cr.) *Prétend part* est vif quoique un peu dur. LE BRUN.

² (B.) Homère, *Iliade*, livre VII, vers 171.

(I.) Κλήρῳ νῦν πεπάλαχθε διαμπερὲς ὅς κε λάχῃσιν.

³ (I.) . . . . Dejectamque ærea sortem
Accepit galea.

⁴ (Cr.) Cette coupe, qui suspend un vers très-rapide, peint l'attente des spectateurs du tirage.

⁵ (H.) *Brontin* pour *Frontin*, sous-marguillier de la Sainte-Chapelle.

⁶ (V.) *De l'horloger La Tour*, dans les premières éditions. La Tour l'horloger a été remplacé par le *perruquier l'Amour* dans l'édition de 1701, et ce changement s'est appliqué à tous ceux des vers suivants où il s'agissoit de ce personnage.

⁷ (B.) Molière en a peint le caractère dans son *Médecin malgré lui*,

Ce nouvel Adonis, à la blonde crinière [1],
Est l'unique souci d'Anne [2] sa perruquière [3].
Ils s'adorent l'un l'autre; et ce couple charmant
S'unit long-temps, dit-on, avant le sacrement;
Mais, depuis trois moissons, à leur saint assemblage,
L'official a joint le nom de mariage.
Ce perruquier [4] superbe est l'effroi du quartier,
Et son courage est peint sur son visage altier.
Un des noms reste encore, et le prélat par grace
Une dernière fois les brouille et les ressasse.
Chacun croit que son nom est le dernier des trois.
Mais que ne dis-tu point, ô puissant porte-croix,
Boirude [5], sacristain, cher appui de ton maître,
Lorsqu'aux yeux du prélat tu vis ton nom paroître !
On dit que ton front jaune, et ton teint sans couleur,

à la fin de la première scène, sur ce que M. Despréaux lui en avoit dit (1713).

D'après cette note, le perruquier Didier l'Amour qui demeuroit dans la cour du palais et tenoit sa boutique sous l'escalier de la Sainte-Chapelle, est généralement accusé de s'être comporté avec sa femme, ainsi que Sganarelle en use avec la sienne dans la scène qui vient d'être citée.

Mais Brossette nous informe que ce perruquier a eu deux épouses (ce que ne semblent pas savoir les éditeurs de 1713), et que c'étoit la première, femme très-revêche, qu'il traitoit à la manière du fagotier Sganarelle.

[1] (V.) *A la taille légère*, avant 1701.

[2] (H.) Anne Duhuisson, seconde femme du sieur l'Amour, dit Brossette : le mari mourut le premier mai 1697, et l'épouse en 1698 : ils avoient toujours vécu en bonne intelligence, selon le même commentateur.

[3] (V.) *Son horlogère*, dans les éditions antérieures à 1701.

[4] (V.) *Cet horloger*.

[5] (H.) Boirude pour François Sirude, sacristain, puis vicaire de la Sainte-Chapelle : il portoit la croix ou la bannière à la procession.

Perdit en ce moment son antique pâleur ;
Et que ton corps goutteux, plein d'une ardeur guerrière,
Pour sauter au plancher fit deux pas en arrière.
Chacun bénit tout haut l'arbitre des humains,
Qui remet leur bon droit en de si bonnes mains.
Aussitôt on se lève ; et l'assemblée en foule,
Avec un bruit confus, par les portes s'écoule[1].

Le prélat resté seul calme un peu son dépit ;
Et jusques au souper se couche et s'assoupit.

[1] (I.) On suppose que Boileau a profité de ces deux vers de Chapelain ; *Pucelle*, liv. VIII :

> On quitte alors le temple, et l'innombrable *foule*
> Par le triple portail avec peine s'écoule.

CHANT II.

Cependant cet oiseau qui prône les merveilles [1],
Ce monstre composé de bouches et d'oreilles [2],
Qui, sans cesse volant de climats en climats,
Dit partout ce qu'il sait et ce qu'il ne sait pas;
La Renommée enfin, cette prompte courrière,

[1] (B.) Énéide, liv. IV, vers 113.

[2] (I.) Extemplo libyæ magnas it fama per urbes;
Fama malum quo non aliud velocius ullum...
Monstrum horrendum, ingens, cui quot sunt corpore plumæ,
Tot vigiles oculi subter (mirabile dictu),
Tot linguæ, totidem ora sonant, tot subrigit aures...
.... Pariter facta atque infecta canebat.
(*Virg.*, ibid.)

Ovide (*Métamorphoses*, liv. XII), Stace (*Théb*, liv. III), et Valerius Flaccus (*Argonaut*, liv. II) ont peint aussi la Renommée. Trois poètes françois, Boileau, Jean-Baptiste Rousseau (*Ode au prince Eugène*) et Voltaire (*Henriade*, liv. VIII) se sont exercés sur le même sujet. La description de Boileau est la plus courte, et cependant rien n'y manque, selon Delille, de ce que le sujet du Lutrin comportoit. Celle de Jean-Baptiste Rousseau se distingue par sa forme et presque toujours par son éclat lyrique.

Quelle est cette déesse *énorme*
Ou plutôt ce monstre difforme,
Tout couvert d'oreilles et d'yeux,
Dont la voix ressemble au tonnerre,
Et qui, des pieds touchant la terre,
Cache sa tête dans les cieux?
C'est l'inconstante Renommée
Qui, sans cesse les yeux ouverts,
Fait sa revue accoutumée
Dans tous les coins de l'univers;
Toujours vaine, toujours errante,
Et messagère indifférente
Des vérités et de l'erreur.
Sa voix en merveilles féconde.

Va d'un mortel effroi glacer la perruquière [1];
Lui dit que son époux, d'un faux zèle conduit,
Pour placer un lutrin doit veiller cette nuit [2].

 A ce triste récit, tremblante [3], désolée,
Elle accourt, l'œil en feu, la tête échevelée,
Et trop sûre d'un mal qu'on pense lui celer :
Oses-tu bien encor, traître, dissimuler [4]?
Dit-elle : et ni la foi que ta main m'a donnée,
Ni nos embrassements qu'a suivis [5] l'hyménée,
Ni ton épouse enfin toute prête à périr,
Ne sauroient donc t'ôter cette ardeur de courir!

    Va chez tous les peuples du monde
    Semer le bruit et la terreur.

Voltaire a transporté dans la sienne un vers de Boileau, mais en y faisant entrer un mot et même une idée de plus :

   Ce monstre, composé d'*yeux*, de bouches, d'oreilles.

[1] (V.) . . . . D'une course légère
   Va porter la terreur au sein de l'horlogère.
         (*Avant* 1701.)

[2] (V.) Ce vers dans les premières éditions étoit suivi de ceux-ci:

   Que, sous ce piége adroit, cet amant infidèle
   Trame le noir complot d'une flamme nouvelle,
   Las des baisers permis qu'en ses bras il reçoit,
   Et porte en d'autres lieux le tribut qu'il lui doit.

[3] (V.) Entre les mots, *tremblante*, *désolée*, se trouvoit la conjonction *et* dans les éditions de 1674 et 1675 : elle n'y a été aperçue qu'en 1821.

[4] (B.) Énéide, liv. IV, vers 305.

 (I.) Dissimulare etiam sperasti, perfide, tantum
   Posse nefas? tacitusque mea decedere terra?
   Nec te noster amor, nec te data dextera quondam,
   Nec moritura tenet crudeli funere Dido!
        (V. 305-308.)

[5] (V.) *Suivi* sans *s* dans les anciennes editions.

Perfide ! si du moins, à ton devoir fidèle [1],
Tu veillois pour orner quelque tête nouvelle [2],
L'espoir d'un juste gain, consolant ma langueur,
Pourroit de ton absence adoucir la longueur [3].
Mais quel zèle indiscret, quelle aveugle entreprise
Arme aujourd'hui ton bras en faveur d'une église?
Où vas-tu, cher époux? est-ce que tu me fuis [4]?
As-tu donc oublié tant de si douces nuits?
Quoi! d'un œil sans pitié vois-tu couler mes larmes?
Au nom de nos baisers jadis si pleins de charmes,
Si mon cœur, de tout temps facile à tes désirs,
N'a jamais d'un moment différé tes plaisirs;
Si, pour te prodiguer mes plus tendres caresses,
Je n'ai point exigé ni serments, ni promesses,
Si toi seul à mon lit enfin eus toujours part,

[1] (V.) Oh! si ta main du moins, sous un rasoir fidèle,
Alloit faire tomber quelque barbe nouvelle,
L'espoir du gain pourroit soulager mes ennuis....

dans les fragments de 1673. Cette variante donne lieu de croire qu'en 1673, ce n'étoit pas encore un horloger, mais un perruquier qui figuroit dans le Lutrin, et que l'auteur, lorsqu'il a substitué en 1701 le perruquier l'Amour à l'horloger La Tour, n'a fait que revenir à sa première idée.

[2] (V.) Tu veillois pour régler quelque horloge nouvelle.
(*Dans les éditions de* 1674, 75, 83, 94.)

[3] (I.) . . . . Quid, si non arva aliena domosque
Ignotas peteres, et Troja antiqua maneret...
(*Virg.*, Æneid., lib. IV; v. 310, 311.)

[4] (I.) Mene fugis? per ego has lacrymas dextramque tuam te,
(Quando aliud mihi jam miseræ nihil ipsa reliqui)
Per connubia nostra, per inceptos hymæneos,
Si bene quid de te merui, fuit aut tibi quidquam
Dulce meum, miserere domus labentis, et istam
Oro, si quid adhuc precibus locus est, exue mentem.
(Ibid., v. 314-319.)

Diffère au moins d'un jour ce funeste départ [1].
En achevant ces mots, cette amante enflammée
Sur un placet [2] voisin tombe demi-pâmée.
Son époux s'en émeut, et son cœur éperdu
Entre deux passions demeure suspendu;
Mais enfin rappelant son audace première:
Ma femme, lui dit-il d'une voix douce et fière,
Je ne veux point nier les solides bienfaits [3]
Dont ton amour prodigue a comblé mes souhaits;
Et le Rhin de ses flots ira grossir la Loire
Avant que tes faveurs sortent de ma mémoire [4].
Mais ne présume pas qu'en te donnant ma foi
L'hymen m'ait pour jamais asservi sous ta loi.

[1] (Cr.) Selon Marmontel, c'est pour le seul plaisir de parodier Virgile, que Boileau amène cette querelle du perruquier et de la perruquière: « tout cela grimace, dit-il, et n'a rien de vraisembla-« ble ni de plaisant. Boileau a tourmenté cet endroit de son poëme: « il avoit mis d'abord un horloger à la place du perruquier; il trouva « que ce personnage n'étoit pas assez comique; il changea et ne fit « pas mieux. C'est que la situation n'avoit rien d'assez analogue à « celle de Didon et d'Énée. » (*Eléments de littérature*, art. *Parodie*.)

A notre avis, il importe assez peu que Despréaux ait substitué le perruquier à l'horloger: ce changement n'a donné lieu qu'à de légères variantes, surtout si l'on ne tient pas compte de celle qui n'est fournie que par les fragments de 1673. Il n'y a donc là ni tourment, ni grimace: l'épisode est agréable et assorti au genre de l'ouvrage; le ton de la parodie nous paroît excellent.

[2] (H.) Placet, sorte de siége qui n'a ni dos ni bras. (*Dictionnaire de l'Académie françoise.*)

[3] (I.) . . . . Ego te, quæ plurima fando
Enumerare vales, nunquam, regina negabo
Promeritam; nec me meminisse pigebit Elisæ,
Dum memor ipse mei, dum spiritus hos reget artus.
(*Virg.*, AEneid., lib. IV, v. 333-336.)

[4] (I.) Ante pererratis amborum finibus, exul
Aut Ararim Parthus bibet, aut Germania Tigrim
Quam nostro illius labatur pectore vultus.
(*Virg.*, eglog. I, v. 62-64.)

Si le ciel en mes mains eût mis ma destinée [1],
Nous aurions fui tous deux le joug de l'hyménée,
Et, sans nous opposer ces devoirs prétendus,
Nous goûterions encor des plaisirs défendus.
Cesse donc à mes yeux d'étaler un vain titre :
Ne m'ôte pas l'honneur d'élever un pupitre [2] ;
Et toi-même, donnant un frein à tes désirs,
Raffermis ma vertu qu'ébranlent tes soupirs [3].
Que te dirai-je enfin ? c'est le ciel qui m'appelle.
Une église, un prélat m'engage en sa querelle.
Il faut partir : j'y cours. Dissipe tes douleurs,
Et ne me trouble plus par ces indignes pleurs.
  Il la quitte à ces mots. Son amante effarée [4]

[1] (I.) . . . . ,. . Nec conjugis unquam
Prætendi tædas, aut hæc in fœdera veni.
Me si fata meis paterentur ducere vitam
Auspiciis, et sponte mea componere curas,
Urbem Trojanam primum, dulcesque meorum
Relliquias colerem.
(*Virg.*, AEneid., lib. IV, v. 338-343.)

[2] (I.) Quæ tandem Ausonia Teucros considere terra
Invidia est?
(Ibid., v. 348, 349.)

[3] (I.) Desine meque tuis incendere teque querelis.
(Ibid., v. 360.)

[4] (V.) Au lieu de ces vers et des trois suivants, on en lit trente-six dans les éditions de 1674 et 1675 :

Pendant tout ce discours, l'horlogère éplorée
A le visage pâle et la vue égarée.
Elle tremble ; et sur lui roulant des yeux hagards,
Quelque temps, sans parler, laisse errer ses regards ;
Mais enfin sa douleur se faisant un passage,
Elle éclate en ces mots, que lui dicte la rage :
Non, ton père à Paris ne fut point boulanger,
Et tu n'es point du sang de Gervais l'horloger ;
Ta mère ne fut point la maîtresse d'un coche.
Caucase dans ses flancs te forma d'une roche ;
Une tigresse affreuse, en quelque antre écarté,

Demeure le teint pâle, et la vue égarée;
La force l'abandonne; et sa bouche, trois fois
Voulant le rappeler, ne trouve plus de voix.
Elle fuit, et, de pleurs inondant son visage,
Seule pour s'enfermer vole au cinquième étage;
Mais, d'un bouge prochain accourant à ce bruit,
Sa servante Alison la rattrape et la suit.

Les ombres cependant, sur la ville épandues,
Du faîte des maisons descendent dans les rues[1]:
Le souper hors du chœur[2] chasse les chapelains,

> Te fit, avec son lait, sucer sa cruauté.
> Car pourquoi désormais flatter un infidèle?
> En attendrai-je encor quelque injure nouvelle?
> L'ingrat a-t-il du moins, en violant sa foi,
> Balancé quelque temps entre un lutrin et moi?
> A-t-il, pour me quitter, témoigné quelque alarme?
> Ai-je pu de ses yeux arracher une larme?
> Mais que servent ici ces discours superflus?
> Va, cours à ton lutrin; je ne te retiens plus.
> Ris des justes douleurs d'une amante jalouse;
> Mais ne crois plus en moi retrouver une épouse.
> Tu me verras toujours constante à me venger,
> De reproches hargneux sans cesse t'affliger;
> Et quand la mort bientôt, dans le fond d'une bière,
> D'une éternelle nuit couvrira ma paupière,
> Mon ombre chaque jour reviendra dans ces lieux,
> Un pupitre à la main, se montrer à tes yeux,
> Rôder autour de toi dans l'horreur des ténèbres,
> Et remplir ta maison de hurlements funèbres.
> C'est alors, mais trop tard, qu'en proie à tes chagrins,
> Ton cœur froid et glacé maudira les lutrins;
> Et mes mânes contents, aux bords de l'onde noire,
> Se feront de ta peur une agréable histoire.
>   En achevant ces mots, cette amante aux abois
> Succombe à la douleur qui lui coupe la voix.
>   Elle fuit, et de pleurs...

Ces vers en rappeloient plusieurs de Virgile, *Énéide*, l. IV, v. 361-386.

[1] (I.) Majoresque cadunt altis de montibus umbræ.
    (*Virg.*, egl. I, v. 63.)

[2] (Cr.) Le Brun fait remarquer la hardiesse de cette expression.
La faim chasse est du langage familier: *Le souper chasse* est poétique.

Et de chantres buvants les cabarets sont pleins.
Le redouté Brontin, que son devoir éveille,
Sort à l'instant, chargé d'une triple bouteille
D'un vin dont Gilotin, qui savoit tout prévoir,
Au sortir du conseil eut soin de le pourvoir.
L'odeur d'un jus si doux lui rend le faix moins rude.
Il est bientôt suivi du sacristain Boirude;
Et tous deux, de ce pas, s'en vont avec chaleur
Du trop lent perruquier[1] réveiller la valeur.
Partons, lui dit Brontin : déjà le jour plus sombre,
Dans les eaux s'éteignant, va faire place à l'ombre.
D'où vient ce noir chagrin que je lis dans tes yeux?
Quoi! le pardon sonnant[2] te retrouve en ces lieux!
Où donc est ce grand cœur dont tantôt l'allégresse
Sembloit du jour trop long[3] accuser la paresse?
Marche, et suis-nous du moins où l'honneur nous attend.
  Le perruquier honteux rougit en l'écoutant.
Aussitôt de longs clous il prend une poignée :
Sur son épaule il charge une lourde coignée;
Et derrière son dos, qui tremble sous le poids,
Il attache une scie en forme de carquois[4];
Il sort au même instant, il se met à leur tête.
A suivre ce grand chef l'un et l'autre s'apprête :

---

[1] (V.) *Horloger* (avant 1701).

[2] (H.) Le *son*, dit Brossette, les coups de cloche par lesquels on avertit le peuple de réciter *l'angelus*, prière à laquelle sont attachées des indulgences ou *pardons*.

[3] (Cr.) « *Trop long* est ici pour *trop lent*, mais il est bien plus « poétique. » LE BRUN.

Despréaux a préféré *long*, quoique ce mot reparoisse trois vers plus bas : Aussitôt de *longs* clous....

[4] (Cr.) « Pour mettre la *scie* en image, il falloit trouver *en forme de carquois*. » LE BRUN.

Leur cœur semble allumé d'un zèle tout nouveau;
Brontin tient un maillet, et Boirude un marteau.
La lune, qui du ciel voit leur démarche altière,
Retire en leur faveur sa paisible lumière [1].
La Discorde en sourit, et, les suivant des yeux,
De joie, en les voyant, pousse un cri dans les cieux.
L'air, qui gémit du cri de l'horrible déesse,
Va jusque dans Cîteaux [2] réveiller la Mollesse.
C'est là qu'en un dortoir elle fait son séjour;
Les Plaisirs nonchalants folâtrent à l'entour :
L'un pétrit dans un coin l'embonpoint des chanoines;
L'autre broie en riant le vermillon des moines.
La Volupté la sert avec des yeux dévots [3],
Et toujours le Sommeil lui verse des pavots.
Ce soir, plus que jamais, en vain il les redouble:
La Mollesse à ce bruit se réveille [4], se trouble,
Quand la Nuit, qui déjà va tout envelopper,
D'un funeste récit vient encor la frapper;

[1] (I.) Ibant obscuri sola sub nocte per umbram.
(*Virg.*, AEneid., lib. VI, v. 268.)

[2] (V.) Il n'y a ici que l'initiale C*** dans les éditions de 1674 et 1675.

L'abbaye de Cîteaux, située en Bourgogne, n'avoit point embrassé la réforme établie en d'autres monastères du même ordre.

[3] (Cr.) « Expression d'une délicatesse charmante, dit Le Brun:
« en effet, la volupté a, pour être plus engageante, presque de la
« dévotion dans les yeux. »

[4] (Cr.) Saint Marc reproche à Boileau d'oublier que la Mollesse est réveillée depuis le vers 98 : mais ce vers a seulement annoncé que l'air agité par le cri de la Discorde *alloit jusques dans Cîteaux réveiller la Mollesse* ; et en disant (vers 107) qu'en effet elle *se réveille à ce bruit*, le poète ne fait que reprendre son récit interrompu par l'admirable description des plaisirs, de la volupté, et du sommeil dont la Mollesse est environnée.

Lui conte du prélat l'entreprise nouvelle.
Aux pieds des murs sacrés d'une sainte chapelle,
Elle a vu trois guerriers, ennemis de la paix,
Marcher à la faveur de ses voiles épais;
La Discorde en ces lieux menace de s'accroître;
Demain avec l'aurore un lutrin va paroître [1],
Qui doit y soulever un peuple de mutins.
Ainsi le ciel l'écrit au livre des destins.

 A ce triste discours, qu'un long soupir achève,
La Mollesse, en pleurant, sur un bras se relève,
Ouvre un œil languissant, et, d'une foible voix,
Laisse tomber ces mots qu'elle interrompt vingt fois:
O Nuit! que m'as-tu dit? quel démon sur la terre
Souffle dans tous les cœurs la fatigue [2] et la guerre?
Hélas! qu'est devenu ce temps, cet heureux temps,
Où les rois s'honoroient du nom de fainéants,
S'endormoient sur le trône, et, me servant sans honte,

---

[1] (Cr.) Madame Deshoulières (églogue intitulée *Célimène*) fait rimer *croître* avec *hêtre*: il y a donc toute apparence qu'on prononçoit alors *craître* et *s'accraître*; et quelques restes de cette prononciation se sont conservés en certains lieux, jusqu'à nos jours. Ce qui est étonnant c'est qu'ailleurs (Ép. III, ci-dessus, page 27.) Boileau fait rimer *paroître* avec *cloître* qu'on n'a probablement jamais prononcé *claître*; il seroit permis d'en conclure que *paroître* pouvoit se prononcer de deux manières, à moins qu'on ne dise que les poètes prenoient quelquefois la liberté de ne rimer que pour les yeux. Originairement la diphthongue *oi* se prononçoit pleinement: pour l'adoucir on l'a peu à peu transformée en *oè* ou en *è* ouvert; mais il y a eu des lieux et des temps où ces différentes prononciations ont été concurremment admises. Aux vers 229 et 230 du chant I du Lutrin, ci-dessus page 228, *paroître* a rimé avec *maître*.

[2] (Cr.) *Souffler la fatigue*, qui selon l'observation de Le Brun, ne s'étoit pas dit encore, ne s'est guère dit davantage depuis Boileau. On a mauvaise grace à être de l'avis de Desmarets contre Le Brun; mais cette expression ne nous paroît ni *heureuse*, ni assez excusée par les mots *et la guerre* qui, dit-on, lui servent *de passeport*.

Laissoient leur sceptre aux mains ou d'un maire ou d'un comte?
Aucun soin n'approchoit de leur paisible cour :
On reposoit la nuit, on dormoit tout le jour.
Seulement au printemps, quand Flore dans les plaines
Faisoit taire des vents les bruyantes haleines,
Quatre bœufs attelés, d'un pas tranquille et lent,
Promenoient dans Paris le monarque indolent [1].
Ce doux siècle n'est plus [2]. Le ciel impitoyable
A placé sur leur [3] trône un prince infatigable.
Il brave mes douceurs, il est sourd à ma voix;
Tous les jours il m'éveille au bruit de ses exploits.
Rien ne peut arrêter sa vigilante audace :
L'été n'a point de feux, l'hiver n'a point de glace:
J'entends à [4] son seul nom tous mes sujets frémir.
En vain deux fois la paix a voulu l'endormir:
Loin de moi son courage, entraîné par la gloire,
Ne se plaît qu'à courir de victoire en victoire.
Je me fatiguerois [5] à te tracer le cours
Des outrages cruels qu'il me fait tous les jours.

[1] (Cr.) « Ces vers, dit La Harpe, marchent aussi lentement que les bœufs qui traînent le char ; et c'est ainsi que le poème est écrit d'un bout à l'autre : partout le même rapport des sons avec les objets. (*Lycée*, part. II, liv. I, chap. 10.)

[2] (L.) Voltaire a fait dire de même par la Politique : *cet heureux temps n'est plus*... Tout ce discours de la politique, au chant II de *la Henriade* est imité, mais avec une parfaite convenance, de celui de la Mollesse dans le Lutrin.

[3] (V.) *Le* au lieu de *leur*, dans les éditions de 1674 et 1675.

[4] (V.) *J'entends* EN *son seul nom*, dans les éditions de 1713 et de 1740.

[5] (Cr.) On demande comment la Mollesse, qui craint tant de se fatiguer, a pourtant le courage de prononcer encore dix-sept vers ; mais il faut bien, bon gré, malgré, qu'elle parle de l'Église et de la Sainte-Chapelle : c'est le principal sujet de son discours, et ce qui lui tient à cœur.

Je croyois, loin des lieux d'où ce prince m'exile,
Que l'Église du moins m'assuroit un asile :
Mais en vain j'espérois y régner sans effroi ;
Moines, abbés, prieurs, tout s'arme contre moi.
Par mon exil honteux la Trappe [1] est ennoblie ;
J'ai vu dans Saint-Denis la réforme établie [2] ;
Le Carme, le Feuillant s'endurcit aux travaux ;
Et la règle déjà se remet dans Clairvaux.
Cîteaux dormoit encore, et la Sainte-Chapelle
Conservoit du vieux temps l'oisiveté fidèle ;
Et voici qu'un lutrin, prêt à tout renverser,
D'un séjour si chéri vient encor me chasser !
O toi ! de mon repos compagne aimable et sombre,
A de si noirs forfaits prêteras-tu ton ombre ?
Ah ! Nuit, si tant de fois, dans les bras de l'amour,
Je t'admis aux plaisirs que je cachois au Jour,
Du moins ne permets pas.... La Mollesse oppressée
Dans sa bouche à ce mot sent sa langue glacée [3],

---

[1] (B.) Abbaye de saint Bernard dans laquelle l'abbé Armand Bouthillier de Rancé a mis la réforme.

Armand Jean Le Bouthillier de Rancé, né à Paris en 1626, mourut en 1700. Il avoit commenté Anacréon ; mais après la mort de la duchesse de Montbason qu'il se reprochoit d'avoir trop aimée, il imposa des règles et des pénitences très-austères aux religieux de la Trappe, et fit des livres ascétiques.

[2] (H.) Le cardinal de La Rochefoucault avoit travaillé à remettre en vigueur les règles monastiques dans les abbayes de Clairvaux, de Saint-Denis, de Sainte-Geneviève, etc.

[3] (Cr.) Brossette dont les souvenirs n'étoient pas toujours bien sûrs, prétendoit avoir conservé la mémoire d'une observation *que Despréaux lui avoit fait faire* sur les *s* multipliées dans ces trois hémistiches, à dessein de les rendre lents et languissants.

« J'en avois fait une note, ajoute Brossette dans une lettre à J.-B.
« Rousseau ; mais M. de La Monnoie me la fit supprimer, disant que

Et, lasse de parler, succombant sous l'effort,
Soupire, étend les bras, ferme l'œil, et s'endort [1].

« c'étoit tout le contraire... Ne pourrois-je point refaire ma note?
« Conseillez-moi là-dessus. »

J. B. Rousseau répond qu'il ne sait trop si Despréaux a mis ces *s*
là exprès; qu'au fond, ce ne sont pas les *s*, mais les *ll* qui rendent
les vers lents et languissants. Malgré cette observation fort juste,
Rousseau ne laisse pas de dire à Brossette: *Donnez votre note.* Voyez
Lettres de J.-B. Rousseau, tome II, page 202 et 210.

Les meilleures observations qu'on ait faites à notre connoissance
sur le vers 162, sont celles que d'Olivet exprime en ces termes:

« Tant de monosyllabes contribuent à me peindre l'état de la Mol-
« lesse; et je vois effectivement sa langue glacée: je le vois par l'em-
« barras que cause la rencontre de ces monosyllabes *sa ce*, *sent*,
« *sa*, et qui augmente encore par *langue glacée*, où *gue gla* me font
« presque à moi-même l'effet qu'on veut peindre. » *Prosodie fran-
« çoise*, article V.

[1] (H.) On dit que la princesse Henriette Anne d'Angleterre, duchesse d'Orléans, avoit si vivement senti la beauté de ce dernier
vers, qu'ayant un jour aperçu Boileau dans la chapelle de Versailles, elle lui fit signe d'approcher et lui dit à l'oreille:

Soupire, étend les bras, ferme l'œil et s'endort.

C'est encore Brossette qui raconte cette anecdote: mais la princesse dont il s'agit étoit morte en 1670; le second chant du *Lutrin*
ne fut imprimé qu'en 1674; et quoiqu'on ait lieu de croire qu'il
avoit été composé en 1673, même en 1672, il est difficile de supposer qu'il l'ait été dès 1670 et 1669. A la vérité le même Brossette
dit que l'épisode de *la Mollesse* fut présenté à Louis XIV par madame Thiange; et comme il rapporte aussi que cette dame présenta au roi l'épître première qui est de 1669, un des nouveaux
commentateurs *présume* que les deux pièces ont paru en même temps
à la cour, et qu'il s'y en est répandu des copies dont l'une sera
tombée entre les mains de la duchesse d'Orléans. Mais tout ce système ne repose que sur les rapports de Brossette qui s'embarrassoit
assez peu de vérifier les faits et même de les combiner pourvu qu'ils
lui servissent à grossir ses notes.

(Cr.) Ce qui n'est aucunement douteux, c'est l'effet pittoresque et
harmonique du dernier vers de ce deuxième chant. D'Olivet a cru
pouvoir en marquer la quantité de cette manière:

Soŭpire, ĕtēnd lĕs brās, fĕrmĕ l'œĭl ĕt s'ēndŏrt.

« Assurément, si des syllabes peuvent figurer un soupir, c'est une
« longue précédée d'une brève et suivie d'une muette, soŭpīre. Dans
« l'action d'étendre les bras, le commencement est prompt, mais le
« progrès demande une lenteur continuée, ētēnd lēs brās. Voici qu'en-
« fin la Mollesse parvient où elle vouloit, fērmē l'œil : avec quelle vi-
« tesse ! trois brèves. Et de là, par un monosyllabe bref, suivi de
« deux longues, ĕt s'ēndōrt, elle se précipite dans un profond as-
« soupissement. » (*Traité de la prosodie françoise*, art. v, n. 1.)

Ce commentaire de d'Olivet s'adapte à sa théorie des syllabes longues et brèves de notre langue. On doit sans doute reconnoître avec lui et avec Marmontel, (*Élém. de littér.* article *Prosodie*) que la plupart de nos syllabes sont naturellement disposées ou à la lenteur ou à la vitesse; mais le second de ces auteurs est obligé de convenir qu'il y en a beaucoup de douteuses, tantôt brèves et tantôt longues, selon la place qu'elles occupent, ou même au gré du déclamateur et du poète; que d'ailleurs notre versification est malheureusement indépendante de la quantité, et qu'en toute langue où les vers n'ont point de mètre précis et régulier, mais se composent d'un certain nombre de syllabes sans égard à leur durée, l'usage seul ne parvient point à fixer cette durée d'une manière constante. Ainsi malgré l'utilité des observations prosodiques du genre de celles que d'Olivet vient de nous offrir, il est permis de craindre qu'il n'y reste quelques détails un peu arbitraires ; et l'on peut d'ailleurs assurer que nos grands poètes françois, entraînés par leur sujet, ont presque toujours trouvé, sans les chercher, ces arrangements de syllabes, dans lesquels les grammairiens et les rhéteurs croient démêler tant d'artifices.

CHANT III.

Mais la Nuit aussitôt de ses ailes affreuses
Couvre des Bourguignons les campagnes vineuses,
Revole vers Paris, et, hâtant son retour,
Déjà de Montlhéri voit la fameuse tour [1].
Ses murs, dont le sommet se dérobe à la vue,
Sur la cime d'un roc s'alongent dans la nue,
Et, présentant de loin leur objet ennuyeux,
Du passant qui le fuit semblent suivre les yeux [2].
Mille oiseaux effrayants, mille corbeaux funèbres
De ces murs désertés habitent les ténèbres.
Là, depuis trente hivers, un hibou retiré
Trouvoit contre le jour un refuge assuré.
Des désastres fameux ce messager fidèle
Sait toujours des malheurs la première nouvelle;
Et, tout prêt d'en semer le présage odieux [3],
Il attendoit la Nuit dans ces sauvages lieux.
Aux cris qu'à son abord vers le ciel il envoie,
Il rend tous ses voisins attristés de sa joie.
La plaintive Progné de douleur en frémit [4];

---

[1] (B.) Tour très-haute, à cinq lieues de Paris, sur le chemin d'Orléans.

[2] (Cr.) « L'image est frappante de vérité : les objets ennuyeux « semblent toujours vous suivre. » Le Brun.

[3] (Cr.) *Semer le présage*, expression nouvelle, dit Le Brun.

[4] (Cr.) « On ne dit pas *frémir de douleur*, comme on dit *frémir de crainte, de colère, d'indignation*; mais je suis loin de le blâmer. » C'est encore Le Brun qui fait cette remarque.

Et, dans les bois prochains, Philomèle en gémit.
Suis-moi, lui dit la Nuit. L'oiseau plein d'allégresse
Reconnoît à ce ton la voix de sa maîtresse.
Il la suit : et tous deux, d'un cours précipité,
De Paris [1] à l'instant abordent la cité ;
Là, s'élançant d'un vol que le vent favorise,
Ils montent au sommet de la fatale église.
La Nuit baisse la vue, et, du haut du clocher,
Observe les guerriers, les regarde marcher.
Elle voit le barbier [2] qui, d'une main légère,
Tient un verre de vin qui rit dans la fougère [3] ;
Et chacun, tour-à-tour s'inondant de ce jus,
Célébrer, en buvant, Gilotin et Bacchus.
Ils triomphent, dit-elle, et leur ame abusée
Se promet dans mon ombre une victoire aisée :
Mais allons ; il est temps qu'ils connoissent la Nuit.
A ces mots, regardant le hibou qui la suit,
Elle perce les murs de la voûte sacrée ;
Jusqu'en la sacristie elle s'ouvre une entrée ;
Et, dans le ventre creux du pupitre fatal,
Va placer de ce pas le sinistre animal.

Mais les trois champions, pleins de vin et d'audace,
Du Palais cependant passent la grande place ;
Et, suivant de Bacchus les auspices sacrés,
De l'auguste chapelle ils montent les degrés.
Ils atteignoient déjà le superbe portique

---

[1] (V.) *De Pourges*, dans l'édition de 1674. *De P.* dans celles de 1675.

[2] (V.) *L'horloger*, avant 1701.

[3] (H.) On appelle verres de fougère ceux dans la composition desquels il entre des cendres de fougère. Brossette.

Où Ribou le libraire, au fond de sa boutique [1],
Sous vingt fidèles clefs [2] garde et tient en dépôt
L'amas toujours entier des écrits de Haynaut [3] :
Quand Boirude, qui voit que le péril approche,
Les arrête; et, tirant un fusil de sa poche,
Des veines d'un caillou [4], qu'il frappe au même instant,
Il fait jaillir un feu qui pétille en sortant [5];
Et bientôt, au brasier d'une mèche enflammée,
Montre, à l'aide du soufre, une cire allumée [6].

[1] (H.) Elle étoit située, selon Brossette, sur le troisième perron de la Sainte-Chapelle, vis-à-vis la porte de cette église. Ribou avoit vendu la *Satire des satires* par Boursault, et d'autres écrits où les ouvrages de Boileau étoient critiqués.

[2] (I.) Cet hémistiche se retrouve dans *la Pucelle* de Chapelain (liv. VIII):

   Sous vingt fidèles clefs le saint vase est gardé.

[3] (V.) De *Bursost* ou *Boursault* dans les éditions de 1674, 75, 83, 85; de *Pérost* ou *Perrault* dans celle de 1694; *De Haynaut*, pour Hesnault, dans celle de 1701 et dans les suivantes.
Nous avons déjà fait observer l'injustice de Boileau à l'égard de Jean Hesnault. Voyez tome I, page 171.

[4] (B.) Virg. *Géorg.* liv. I, v. 135; et *Enéide*, liv. I; v. 178.

[5] (I.) Ut silicis venis abstrusum excuderet ignem.
   (*Virg.*, Georg., lib. I, v. 135.)

   Ac primum silici scintillam excudit Achates
   Suscepitque ignem foliis, atque arida circum
   Nutrimenta dedit, rapuitque in fomite flammam.
   (*Virg.*, AEneid., lib. I, v. 178-180.)

[6] (Cr.) D'Alembert trouve ici une construction embarrassée. « On « croiroit, dit-il, qu'*au brasier* est le régime de *montre*, ce qui ne « signifieroit rien : il est régime d'*allumée* dont il est trop loin et dont « il est d'ailleurs séparé par le verbe *montre*. » (Note XXIV, *sur l'éloge de Despréaux.*)

M. Andrieux (*Décade philos.*, juin 1797) a fait sur ces deux vers d'autres observations critiques, dont la justesse nous paroît frappante :

« Le brasier d'une mèche! une mèche, c'est-à-dire un peu d'a-

Cet astre tremblotant[1], dont le jour les conduit,
Est pour eux un soleil au milieu de la nuit.
Le temple à sa faveur est ouvert par Boirude :
Ils passent de la nef la vaste solitude ;
Et dans la sacristie entrant, non sans terreur,
En percent jusqu'au fond la ténébreuse horreur.
C'est là que du lutrin gît la machine énorme.
La troupe quelque temps en admire la forme.
Mais le barbier[2], qui tient les moments précieux :
Ce spectacle n'est pas pour amuser nos yeux[3],
Dit-il, le temps est cher ; portons-le[4] dans le temple ;

« madou, peut-elle former un brasier ? *Au brasier et à l'aide du soufre.*
« Ces deux tours semblables embarrassent la phrase poétique. Une
« mèche enflammée, une cire allumée : ces deux mots sont les mêmes ;
« et on pourroit dire presqu'indifféremment, au moins pour l'exac-
« titude, une mèche allumée et une cire enflammée. »

On peut donc reprendre à la fois dans ces deux vers de Boileau,
une inversion trop hardie, une construction embarrassée, et des expressions trop peu distinctes l'une de l'autre. Ils sont néanmoins encore si pittoresques qu'on a besoin de les examiner attentivement
pour s'apercevoir qu'ils ne sont pas assez clairs.

[1] (Cr.) « *Astre* qui précède *tremblotant* prête une certaine dignité
« à la chose », dit Le Brun. Il est vrai que l'épithète *tremblotant* a
d'elle-même peu de noblesse, et qu'elle avoit besoin d'être relevée
par le sujet auquel on l'applique : nous doutons même qu'elle de-
vienne par-là assez poétique, et que ce soit une très-heureuse manière d'exprimer une bougie que de l'appeler un astre qui *tremblote*.

[2] (V.) Quand *l'horloger*, (avant 1701) ; et *non pas*, est-il dit
dans l'une des éditions de 1821, Mais *l'horloger*, comme le disent
Brossette et Saint-Marc.

[3] (I.) Non hoc ista sibi tempus spectacula poscit.
(*Virg.*, AEneid., lib. VI, v. 37.)

[4] (Cr.) Les éditeurs de 1740 observent que ce *le* est ici équivoque, ou du moins trop éloigné du mot qu'il rappelle, savoir du
Lutrin, v. 61.

La justesse de cette observation critique nous paroit prouvée par
la réponse même que l'on y fait dans l'édition de 1821, publiée chez

C'est là qu'il faut demain qu'un prélat le contemple.
Et d'un bras, à ces mots, qui peut tout ébranler,
Lui-même, se courbant, s'apprête à le rouler.
Mais à peine il y touche, ô prodige incroyable !
Que du pupitre sort une voix effroyable [1].
Brontin en est ému, le sacristain pâlit;
Le perruquier [2] commence à regretter son lit.
Dans son hardi projet toutefois il s'obstine,
Lorsque des flancs poudreux de la vaste machine [3]
L'oiseau sort en courroux, et, d'un cri menaçant,
Achève d'étonner le barbier frémissant [4];
De ses ailes dans l'air secouant la poussière,
Dans la main de Boirude il éteint la lumière.
Les guerriers à ce coup demeurent confondus;
Ils regagnent la nef, de frayeur éperdus.
Sous leurs corps tremblotants [5] leurs genoux s'affoiblissent;
D'une subite horreur leurs cheveux se hérissent [6];

J. J. Blaise; car on y prétend que l'intention du poète *a été de faire rapporter le à* SPECTACLE, *et par conséquent de dire: portons le* SPEC-TACLE *dans le temple; le barbier s'apprête à rouler le* SPECTACLE. Or, nous croyons que Despréaux n'a jamais pu avoir l'intention de parler ainsi, et qu'il auroit dû s'exprimer de telle sorte que personne ne fût tenté de la lui prêter.

[1] (B.) *Énéide*, livre III, vers 39.

(I.) . . . . Gemitus lacrymabilis imo
Auditur tumulo, et vox reddita fertur ad aures.

[2] (V.) *Et l'horloger*, avant 1701.

[3] (Cr.) Lorsque deux épithètes accompagnent deux substantifs, Le Brun conseille de faire en sorte que l'une suive et que l'autre précède son substantif, comme dans ce vers de Boileau.

[4] (V.) L'horloger pâlissant.

[5] (Cr.) Saint-Marc aimeroit mieux *tremblants* que *tremblotants* qui en effet affaiblit ou rapetisse l'image.

[6] (I.) Obstupui steteruntque comæ. . . . . .
(*Virg.*, Æneid., lib. III, v. 48.)

Et bientôt, au travers des ombres de la nuit,
Le timide escadron se dissipe et s'enfuit[1].

Ainsi lorsqu'en un coin, qui leur tient lieu d'asile,
D'écoliers libertins une troupe indocile,
Loin des yeux d'un préfet au travail assidu,
Va tenir quelquefois un brelan[2] défendu;
Si du veillant Argus la figure effrayante
Dans l'ardeur du plaisir à leurs yeux se présente,
Le jeu cesse à l'instant, l'asile est déserté,
Et tout fuit à grands pas le tyran redouté.

La Discorde qui voit leur honteuse disgrâce,
Dans les airs cependant, tonne, éclate, menace,
Et, malgré la frayeur dont leurs cœurs sont glacés,
S'apprête à réunir ses soldats dispersés.
Aussitôt de Sidrac elle emprunte l'image:
Elle ride son front, alonge son visage,
Sur un bâton noueux laisse courber son corps,
Dont la chicane semble animer les ressorts;
Prend un cierge en sa main, et, d'une voix cassée,
Vient ainsi gourmander la troupe terrassée :

> Illi membra novus solvit formidine torpor,
> Arrectæque horrore comæ.
> (*Virg.*, AEneid., lib. XII, v. 867, 868.)

[1] (H.) En 1412, le pape Jean XXIII tenoit un concile à Rome. Nicolas de Clémengis raconte que dès le premier jour, immédiatement après les messes, tous les pères ayant pris place, un hibou s'élança du coin de l'église: l'animal regardoit le pape en jetant des cris horribles. Le souverain pontife en fut si déconcerté qu'il s'enfuit et tout le monde en fit autant. A la seconde séance, le hibou reparut et l'on décampa de même : à la fin pourtant les prélats le tuèrent à coups de bâtons ou de crosses. (Voyez *Nic. de Clemeng. Tractat. de concil. gener.*; *Théodor. de Niem*; *Spond. ad ann.* 1412; l'*Histoire Ecclés.* de Fleuri, continuée par Fabre, liv. CII, n. LIX).

[2] (V.) *Berlan*, dans les éditions de 1674 et 1675.

Lâches, où fuyez-vous? quelle peur vous abat[1]?
Aux cris d'un vil oiseau vous cédez sans combat!
Où sont ces beaux discours jadis si pleins d'audace?
Craignez-vous d'un hibou l'impuissante grimace?
Que feriez-vous, hélas! si quelque exploit nouveau
Chaque jour, comme moi, vous traînoit au barreau;
S'il falloit, sans amis, briguant une audience,
D'un magistrat glacé soutenir la présence,
Ou, d'un nouveau procès hardi solliciteur,
Aborder sans argent un clerc de rapporteur?
Croyez-moi, mes enfants, je vous parle à bon titre:
J'ai moi seul autrefois plaidé tout un chapitre;
Et le barreau n'a point de monstres si hagards,
Dont mon œil n'ait cent fois soutenu les regards.
Tous les jours sans trembler j'assiégeois leurs passages.
L'Église étoit alors fertile en grands courages [2]:
Le moindre d'entre nous, sans argent, sans appui,
Eût plaidé le prélat et le chantre avec lui.
Le monde, de qui l'âge avance les ruines,
Ne peut plus enfanter de ces ames divines [3];
Mais que vos cœurs, du moins, imitant leurs vertus,
De l'aspect d'un hibou ne soient pas abattus.
Songez quel déshonneur va souiller votre gloire,
Quand le chantre demain entendra sa victoire.
Vous verrez tous les jours le chanoine insolent,
Au seul mot de hibou, vous sourire en parlant.

[1] (I.) Parodie d'une réprimande de Nestor aux Grecs, *Iliade*, liv. VII, v. 124, etc.

[2] (Cr.) *Courages*, au pluriel, est une expression très-poétique et d'ailleurs très-correcte que Boileau a déjà employée, *Art poét.*, ch. IV, v. 156., ci-dessus, page 201.

[3] (B.) *Iliade*, liv. I, discours de Nestor.

Votre ame, à ce penser, de colère murmure;
Allez donc de ce pas en prévenir l'injure;
Méritez les lauriers qui vous sont réservés,
Et ressouvenez-vous quel prélat vous servez.
Mais déjà la fureur dans vos yeux étincelle :
Marchez, courez, volez où l'honneur vous appelle.
Que le prélat, surpris d'un changement si prompt,
Apprenne la vengeance aussitôt que l'affront.

En achevant ces mots, la déesse guerrière
De son pied trace en l'air un sillon de lumière,
Rend aux trois champions leur intrépidité,
Et les laisse tout[1] pleins de sa divinité.
C'est ainsi, grand Condé, qu'en ce combat célèbre[2],
Où ton bras fit trembler le Rhin, l'Escaut et l'Èbre,
Lorsqu'aux plaines de Lens nos bataillons poussés
Furent presque à tes yeux ouverts et renversés,
Ta valeur, arrêtant les troupes fugitives,
Rallia d'un regard leurs cohortes craintives,
Répandit dans leurs rangs ton esprit belliqueux,
Et força la victoire à te suivre avec eux.

La colère à l'instant succédant à la crainte,
Ils rallument le feu de leur bougie éteinte :
Ils rentrent; l'oiseau sort[3]; l'escadron raffermi

[1] (V.) *Tous* dans les premières éditions ; *tout* dans les meilleures depuis 1716.

[2] (B.) En 1649 (1713). — La date 1649 est inexacte ; la bataille de Lens fut gagnée par le prince de Condé contre les Espagnols et les Allemands, le 20 août 1648. Brossette avoit mis 10 août ; on a rétabli 20 dans l'édition de 1809 et en d'autres, mais sans faire observer une rectification si facile et si légère. L'un des commentateurs de 1821 semble se l'approprier en disant : *le 20 et non le 10 comme* L'AVANCENT QUELQUES *éditeurs*.

[3] (Cr.) M. Amar fait remarquer l'heureuse coupe, et l'élégante précision de ce vers.

Rit du honteux départ d'un si foible ennemi.
Aussitôt dans le chœur la machine emportée
Est sur le banc du chantre à grand bruit remontée.
Ses ais demi-pourris, que l'âge a relâchés,
Sont à coups de maillet unis et rapprochés.
Sous les coups redoublés tous les bancs retentissent;
Les murs en sont émus; les voûtes en mugissent[1],
Et l'orgue même en pousse un long gémissement[2].

[1] (I.) Insonuere cavæ gemitumque dedere cavernæ.
(Virg., AEneid., lib. II, v. 53.)

[2] (Cr.) « Quand on finit un sens, il le faut finir à la seconde rime
« et non pas faire que de deux rimes, l'une achève un sens et l'autre
« en commence un autre. » C'est Malherbe qui a écrit cette maxime;
et selon Saint-Marc, commentateur de Malherbe et de Boileau, c'est
une règle tirée de la nature même de notre versification.

Boileau qui avoit profondément étudié les secrets de notre versification a méprisé cette prétendue règle; il finit souvent un sens, même un alinéa par une première rime; et cette liberté, car nous ne croyons pas du tout que ce soit une licence, est presque toujours d'un très-heureux effet dans ses poèmes. Mais jamais peut-être n'en a-t-il usé avec plus de grace que dans le vers qui donne lieu à cette note:

Et l'orgue même en pousse un long gémissement;

le son de l'orgue paroît se prolonger durant tout l'espace qui sépare ce vers de celui qui suit:

Que fais-tu, chantre, hélas! en ce triste moment?

Dans le commentaire imprimé en 1821, chez J.-J. Blaise, on décide que *le principe de Malherbe est vrai, et que Despréaux le respectoit, comme le prouve la lecture de ses ouvrages.* Sans doute, il arrive fort souvent à Boileau de finir un sens à la deuxième rime: c'est un résultat ordinaire, mais non pas une *règle* de notre versification rimée. Despréaux dans tous ses poèmes et spécialement dans son Art poétique, versifié avec un si grand soin, saisit avidement, et semble chercher même les occasions de rompre cette monotonie. Voyez chant I, vers 63 et 64, 97 et 98, chant II, vers 37 et 38, 57 et 58, 81 et 82, 167 et 168, chant III, vers 37 et 38, 123 et 124, 159 et 160, 267 et 268; 423 et 424; chant IV, vers 9 et 10, 17 et 18, 19 et 20, 25 et 26, 61 et 62, 145 et 146, etc.

Que fais-tu, chantre, hélas! dans ce triste moment?
Tu dors d'un profond somme, et ton cœur sans alarmes
Ne sait pas qu'on bâtit l'instrument de tes larmes!
Oh! que si quelque bruit, par un heureux réveil,
T'annonçoit du lutrin le funeste appareil!
Avant que de souffrir qu'on en posât la masse,
Tu viendrois en apôtre expirer dans ta place,
Et, martyr glorieux d'un point d'honneur nouveau [1],
Offrir ton corps aux clous et ta tête au marteau.
Mais déjà sur ton banc la machine enclavée
Est, durant ton sommeil, à ta honte élevée :
Le sacristain achève en deux coups de rabot;
Et le pupitre enfin tourne sur son pivot [2].

[1] (V,) Et donnant aux martyrs un successeur nouveau
Offre ton corps aux clous. . . . .
(*Fragments imprimés en* 1673.)

[2] (Cr.) « Quelle admirable légèreté dans ce dernier vers! La chose reste pour jamais sous les yeux. » (*Note de Le Brun.*)

CHANT IV.

Les cloches dans les airs, de leurs voix argentines[1],
Appeloient à grand bruit[2] les chantres à matines[3],
Quand leur chef[4], agité d'un sommeil effrayant,

[1] (Cr.) « Je fis un jour, dit Ségrais, un régal à Boileau, à Pui-
« morin son frère, à Chapelle et à M. Delbène. La fête étoit faite
« pour lire un chant du Lutrin de Boileau, qui le lut après qu'on eut
« bien mangé. *Quand il en vint* aux vers où il est parlé des cloches
« de la Sainte-Chapelle, ce sont ceux-ci :

> Les cloches dans les airs, de leurs voix argentines,
> Appeloient à grands cris les chantres à matines ;

« Chapelle, qui se prenoit aisément de vin, lui dit : je ne te passerai
« pas *argentines*, argentines n'est pas un mot françois. Boileau con-
« tinuant de lire, il reprit : je te dis que cela ne vaut rien. Boileau
« repartit : tais-toi, tu es ivre. Chapelle répliqua : je ne suis pas si
« ivre de vin que tu es ivre de tes vers. Leur dialogue fut plaisant
« et M. Delbène, qui avoit du goût, prit le parti de Chapelle. »
(*Mémoires publiés sous le nom de Ségrais.*) — Il est superflu de dire
que le mot *argentines* étoit bien mal à propos critiqué. Mais nous remarquerons l'expression *quand il en vint*, comme fort étrange dans
ce récit, puisqu'il s'agit du commencement même du chant que Boileau devoit lire. Cette anecdote est du nombre de celles qu'il est
permis de révoquer en doute.

[2] (Cr.) *A grand bruit* est peut-être trop pompeux après *leurs voix
argentines*; c'est une des remarques sévères, mais pourtant justes de
Le Brun.

[3] (V.) Après ces deux vers, les fragments imprimés en 1673
donnent ces deux-ci :

> Et les chanoines seuls, *dédaignant le soleil*,
> Étendus dans leur lit, *redoubloient leur sommeil*.

De telles platitudes ne sauroient être imputées à Boileau : les éditeurs
de ces fragments y inséroient des vers de leur façon, en place de
ceux qu'ils n'avoient pu retenir.

[4] (B.) Le chantre. — Voyez ci-dessus, pages 215 et 216.

Encor tout en sueur, se réveille en criant.
Aux élans redoublés de sa voix douloureuse,
Tous ses valets tremblants quittent la plume oiseuse.
Le vigilant Girot[1] court à lui le premier :
C'est d'un maître si saint le plus digne officier ;
La porte dans le chœur à sa garde est commise :
Valet souple au logis, fier huissier à l'église[2].

Quel chagrin, lui dit-il, trouble votre sommeil ?
Quoi ! voulez-vous au chœur prévenir le soleil ?
Ah ! dormez, et laissez à des chantres vulgaires
Le soin d'aller sitôt mériter leurs salaires.

Ami, lui dit le chantre encor pâle d'horreur,
N'insulte point, de grace, à ma juste terreur ;
Mêle plutôt ici tes soupirs à mes plaintes,
Et tremble en écoutant le sujet de mes craintes.
Pour la seconde fois un sommeil gracieux
Avoit sous ses pavots appesanti mes yeux,
Quand, l'esprit enivré d'une douce fumée,
J'ai cru remplir au chœur ma place accoutumée.
Là, triomphant aux yeux des chantres impuissants,
Je bénissois le peuple, et j'avalois l'encens,
Lorsque du fond caché de notre sacristie
Une épaisse nuée à grands flots est sortie,
Qui, s'ouvrant à mes yeux, dans son bleuâtre[3] éclat,

---

[1] (H.) Le valet du chantre s'appeloit Brunot, et remplissoit aussi les fonctions de bedeau et d'huissier ; il gardoit la porte du chœur. Brossette assure que Brunot étoit fort fâché que Despréaux ne l'eût pas fait paroître sous son véritable nom dans le Lutrin.

[2] (Cr.) Excellent vers qui revenoit à la mémoire du président Lamoignon, toutes les fois que ce magistrat voyoit Brunot en fonction dans l'église de la Sainte-Chapelle.

[3] (V.) *Bluâtre*, dans les éditions antérieures à 1720.

M'a fait voir un serpent conduit par le prélat.
Du corps de ce dragon, plein de soufre et de nitre [1],
Une tête sortoit en forme de pupitre,
Dont le triangle affreux, tout hérissé de crins,
Surpassoit en grosseur nos plus épais lutrins.
Animé par son guide, en sifflant il s'avance;
Contre moi sur mon banc je le vois qui s'élance.
J'ai crié, mais en vain; et, fuyant sa fureur,
Je me suis réveillé plein de trouble et d'horreur.
　　Le chantre s'arrêtant à cet endroit funeste,
A ses yeux effrayés laisse dire le reste.
Girot en vain l'assure [2], et, riant de sa peur,
Nomme sa vision l'effet d'une vapeur.
Le désolé vieillard [3], qui hait la raillerie,
Lui défend de parler ; sort du lit en furie.

[1] (Cr.) « La rime de *nitre*, déterminée par le sens, est neuve, et
« convient à la singularité du portrait. » (*Note de Le Brun.*)
　On a peine à comprendre comment Saint-Marc a pu critiquer des
vers si correctement et si élégamment pittoresques.

[2] (Cr.) *Assurer* s'employoit dans le sens de rassurer.

> O bonté qui m'*assure* autant qu'elle m'honore.
> Princesse, *assurez*-vous, je le prends sous ma garde.
>   　　(Racine, *Esther*, act. II, sc. VII. *Athalie*, act. II, sc. VII.)

[3] (Cr.) Saint-Marc prétend que le *vieillard désolé* vaudroit mieux ;
et cela, dit-il, *par une raison logique qui demanderoit une dissertation
pour être mise dans tout son jour.* Heureusement, Saint-Marc s'est abs-
tenu de faire cette dissertation. Ce commentateur censure aussi
l'inversion *saint jeudi* (vers 126) pour *du jeudi-saint,* et le pluriel
leurs salaires, (ci-dessus, vers 14.) Ce pluriel ne lui semble pas
assez bien établi dans notre langue. Nous citons ces trois réflexions
critiques de Saint-Marc pour justifier la liberté que nous prenons
d'en omettre beaucoup d'autres.
　Le Brun dit que l'épithète *désolé* placée avant *vieillard* rend le
personnage ridicule, tandis que si le poète eût mis *le vieillard désolé*,
il eût été presque barbare d'en rire.

On apporte à l'instant ses somptueux habits,
Où sur l'ouate molle éclate le tabis.
D'une longue soutane il endosse la moire,
Prend ses gants violets, les marques de sa gloire ;
Et saisit, en pleurant, ce rochet qu'autrefois
Le prélat trop jaloux lui rogna de trois doigts [1].
Aussitôt, d'un bonnet ornant sa tête grise [2],
Déjà l'aumusse en main il marche vers l'église ;
Et, hâtant de ses ans l'importune langueur,
Court, vole, et le premier arrive dans le chœur.
O toi qui, sur ces bords qu'une eau dormante mouille,
Vis combattre autrefois le rat et la grenouille [3] ;
Qui, par les traits hardis d'un bizarre pinceau,
Mis l'Italie en feu pour la perte d'un seau [4] ;

[1] (H.) En l'absence du trésorier, le chantre étoit en possession de célébrer l'office avec les ornements pontificaux, de se faire encenser et de donner des bénédictions ; mais le trésorier obtint un arrêt qui lui rendit le privilége exclusif d'être encensé et qui condamna le chantre à porter un rochet plus court : toutefois le chantre fut maintenu dans le droit de bénir en l'absence du trésorier, à la charge d'être béni lui-même par le trésorier présent.

[2] (V.) Boileau avoit mis, avant l'impression :

Alors d'un domino couvrant sa tête grise,
Déjà l'aumusse en main.

Louis XIV fit remarquer au poète que l'aumusse étoit un habillement d'hiver et le domino un habillement d'été. Ne soyez pas étonné, ajoutoit-il, de me voir instruit de ces usages, je suis chanoine en plusieurs églises. En effet le roi de France, disent les commentateurs de Boileau, est chanoine de Saint-Jean de Latran, de Saint-Jean de Lyon, de Saint-Martin de Tours, des églises d'Angers, du Mans et de quelques autres.

[3] (B.) Homère a fait la *Guerre des rats et des grenouilles*. Quelques-uns des admirateurs d'Homère soutiennent que ce poème n'est pas de lui.

[4] (B.) *La Secchia rapita*, poème italien.
Ce poème héroïque, très-inférieur au *Lutrin*, a pour sujet la guerre

Muse, prête à ma bouche une voix plus sauvage,
Pour chanter le dépit, la colère, la rage,
Que le chantre sentit allumer dans son sang,
A l'aspect du pupitre élevé sur son banc.
D'abord pâle et muet, de colère immobile,
A force de douleur, il demeura tranquille;
Mais sa voix s'échappant au travers des sanglots
Dans sa bouche à la fin fit passage à ces mots :
La voilà donc, Girot, cette hydre épouvantable
Que m'a fait voir un songe, hélas ! trop véritable !
Je le vois ce dragon tout prêt à m'égorger,
Ce pupitre fatal qui me doit ombrager !
Prélat, que t'ai-je fait ? quelle rage envieuse
Rend pour me tourmenter ton ame ingénieuse ?
Quoi ! même dans ton lit, cruel, entre deux draps [1],
Ta profane fureur ne se repose pas !
O ciel ! quoi ! sur mon banc une honteuse masse
Désormais me va faire un cachot de ma place !
Inconnu dans l'église, ignoré dans ce lieu [2],
Je ne pourrai donc plus être vu que de Dieu [3] !
Ah ! plutôt qu'un moment cet affront m'obscurcisse [4],

qu'entreprirent les Bolonois afin de recouvrer un seau de sapin que les Modénois avoient fait enlever du puits public de la ville de Bologne. L'auteur est Alexandre Tassoni qui naquit à Modène en 1565, et y mourut en 1635.

[1] (Cr.) Hémistiche d'une malignité charmante, dit Le Brun.

[2] (V.) Ignoré dans l'église, invisible en ce lieu.
(*Avant* 1771.)

[3] (Cr.) Pradon dénonçoit ce vers comme impie; Le Brun y admire l'expression naïve de l'ambition d'un homme d'église.

[4] (Cr.) Cette expression, amèrement critiquée par Desmarest, n'est pas, à vrai dire, très-heureuse. On a dit que l'audace de la figure sembloit *excusée* par l'égarement de celui qui parle ; ce seroit une

Renonçons à l'autel, abandonnons l'office;
Et, sans lasser le ciel par des chants superflus,
Ne voyons plus un chœur¹ où l'on ne nous voit plus.
Sortons... Mais cependant mon ennemi tranquille
Jouira sur son banc de ma rage inutile,
Et verra dans le chœur le pupitre exhaussé
Tourner sur le pivot où sa main l'a placé!
Non, s'il n'est abattu, je ne saurois plus vivre.
A moi, Girot, je veux que mon bras m'en délivre.
Périssons, s'il le faut; mais de ses ais brisés
Entraînons, en mourant, les restes divisés.

 A ces mots, d'une main par la rage affermie,
Il saisissoit déjà² la machine ennemie,
Lorsqu'en ce sacré lieu³, par un heureux hasard,
Entrent Jean le choriste, et le sonneur Girard⁴,

étrange excuse. Un poète a bien le droit de peindre les égaremens de ses personnages; il peut leur attribuer des erreurs et des travers; mais dans un ouvrage écrit d'un style noble et soutenu, il doit les faire parler purement et avec une justesse parfaite : il seroit responsable des incorrections de leur langage et de l'impropriété de leurs expressions.

¹ (V.) *Retirons-nous d'un chœur,* dans les fragments imprimés en 1673.

² (V.) *Il alloit terrasser,* dans les premières éditions.

³ (Cr.) Saint-Marc dit que cet hémistiche est dur, et que l'adjectif mis après le substantif le rendroit plus doux. Mais ce sont surtout les trois premières syllabes *lorsqu'en ce* qui contribuent à la dureté de ce vers. Racine a, comme Boileau, placé l'adjectif *sacré* avant son substantif, afin de rendre l'expression plus poétique.

⁴ (H.) Brossette nous apprend que Jean le choriste est un personnage supposé; mais qu'il y avoit à la Sainte-Chapelle un sonneur nommé Girard, connu par son intrépidité. Monté sur les rebords du toit de cette église, il débouchoit et vidoit une bouteille de vin. Despréaux, étant encore écolier, avoit assisté à ce spectacle qui glaçoit d'effroi de nombreux spectateurs. Girard se noya dans la Seine, qu'il avoit parié de passer neuf fois à la nage : il a terminé ainsi sa carrière avant la publication du *Lutrin.*

Deux Manceaux renommés, en qui l'expérience [1]
Pour les procès est jointe à la vaste science.
L'un et l'autre aussitôt prend part à son affront.
Toutefois condamnant un mouvement trop prompt,
Du lutrin, disent-ils, abattons la machine :
Mais ne nous chargeons pas tout [2] seuls de sa ruine ;
Et que tantôt, aux yeux du chapitre assemblé,
Il soit sous trente mains en plein jour accablé.

Ces mots des mains du chantre arrachent le pupitre.
J'y consens, leur dit-il, assemblons le chapitre :
Allez donc de ce pas, par de saints hurlements [3],
Vous-mêmes appeler les chanoines dormants.
Partez. Mais ce discours les surprend et les glace [4].

[1] (V.) Au lieu de ce vers et des quatre suivants, on lisoit avant 1701 :

> Qui, de tout temps pour lui brûlant d'un même zèle,
> Gardent pour le prélat une haine fidèle.
> A l'aspect du lutrin tous deux tremblent d'horreur ;
> Du vieillard toutefois ils blâment la fureur.
> Abattons, disent-ils, la superbe machine.

[2] (V.) *Tous*, dans les premières éditions et dans quelques éditions nouvelles : c'est une faute d'impression ou de langage ; car ici *tout* ne peut se prendre qu'adverbialement.

[3] (V.) Sus donc, allez tous deux, par de saints hurlements,
Réveiller de ce pas les chanoines dormants.
(*Avant* 1701.)

[4] (V.) Ce vers et les trois suivants en ont remplacé huit qui, dans les éditions antérieures à 1701, se lisent de cette manière :

> Partez. Mais à ce mot les champions pâlissent ;
> De l'horreur du péril leurs courages frémissent.
> Ah! seigneur, dit Girard, que nous demandez-vous ?
> De grace, modérez un aveugle courroux.
> Nous pourrions réveiller des chantres et des moines ;
> Mais, même avant l'aurore, éveiller des chanoines !
> Qui jamais l'entreprit ? qui l'oseroit tenter ?
> Est-ce un projet, ô ciel! qu'on puisse exécuter ?
> Ah ! seigneur...

Nous! qu'en ce vain projet, pleins d'une folle audace,
Nous allions, dit Girard, la nuit nous engager!
De notre complaisance osez-vous l'exiger?
Hé! seigneur, quand nos cris pourroient, du fond des rues,
De leurs appartements percer les avenues,
Réveiller [1] ces valets autour d'eux étendus,
De leur sacré repos [2] ministres assidus,
Et pénétrer des [3] lits au bruit inaccessibles.
Pensez-vous, au moment que les ombres paisibles
A ces lits enchanteurs ont su les attacher,
Que la voix d'un mortel les en puisse arracher [4]?
Deux chantres feront-ils, dans l'ardeur de vous plaire,
Ce que depuis trente ans six cloches n'ont pu faire?

Ah! je vois bien où tend tout ce discours trompeur,
Reprend le chaud vieillard : le prélat vous fait peur.
Je vous ai vus [5] cent fois, sous sa main bénissante,
Courber servilement une épaule tremblante.
Eh bien! allez, sous lui fléchissez les genoux :
Je saurai réveiller les chanoines sans vous.
Viens, Girot, seul ami qui me reste fidèle :

---

[1] (V.) *Appeler*, avant 1701.

[2] (Cr.) Nouvel exemple de l'adjectif *sacré*, poétiquement placé avant le substantif. On n'évite aujourd'hui ces expressions que parce qu'on s'est accoutumé, sans raison, à les regarder comme des juremens.

[3] (V.) Ces *lits*, dans les premières éditions.

[4] (V.) Au lieu des vers 114, 115 et 116, on lisoit, avant 1701 :

>   Pensez-vous, au moment que ces dormeurs paisibles
>   De la tête une fois pressent un oreiller,
>   Que la voix d'un mortel puisse les réveiller?

[5] (V.) *Vu*, dans les premières éditions.

Prenons du saint jeudi[1] la bruyante crécelle[2].
Suis-moi. Qu'à son lever, le soleil aujourd'hui
Trouve tout le chapitre éveillé devant[3] lui.
Il dit. Du fond poudreux d'une armoire sacrée,
Par les mains de Girot la crécelle est tirée.
Ils sortent à l'instant, et, par d'heureux efforts,
Du lugubre instrument font crier les ressorts[4].
Pour augmenter l'effroi, la Discorde infernale
Monte dans le palais, entre dans la grand' salle,
Et, du fond de cet antre, au travers de la nuit,
Fait sortir le démon du tumulte et du bruit.
Le quartier alarmé n'a plus d'yeux qui sommeillent[5];
Déjà de toutes parts les chanoines s'éveillent :
L'un croit que le tonnerre est tombé sur les toits,

[1] (Cr.) Saint-Jeudi : voyez, sur cette inversion, la note 2 de la page suivante.

[2] (B.) Instrument dont on se sert le jeudi saint au lieu de cloches.

(V.) *Cresselle* dans les premières éditions.

On croiroit que cet instrument s'appeloit alors *crécerelle* si l'on s'en rapportoit au *Dictionnaire de l'Académie françoise*, édition de 1694; mais Boileau est un bien meilleur témoin de l'état de la langue durant les vingt dernières années du dix-septième siècle.

[3] (Cr.) *Devant* pour *avant*. Voyez tome I, page 98.

[4] (Cr.) L'harmonie imitative de ce vers est immédiatement sensible.

[5] (Cr.) « Ce n'étoit pas facile à dire en poésie ; et cependant c'est
« dit d'une manière poétique. » Cette remarque de Le Brun est fort juste. L'une des plus grandes difficultés en poésie, et même dans la prose soutenue, est de trouver l'expression noble des détails familiers; il est plus aisé de faire un sonnet, que de dire poétiquement: tout le monde est éveillé et en alarmes dans le quartier; ou personne n'est encore éveillé en Aulide., sinon vous et moi. Despréaux et Racine disent :

> Le quartier alarmé n'a plus d'yeux qui sommeillent...
> Vos yeux seuls et les miens sont ouverts en Aulide.

C'est à de pareils traits qu'on reconnoît les grands maîtres dans l'art d'écrire.

Et que l'église brûle une seconde fois [1] ;
L'autre, encore agité de vapeurs plus funèbres,
Pense être au jeudi saint [2], croit que l'on dit ténèbres,
Et déjà tout confus, tenant midi sonné,
En soi-même frémit de n'avoir point dîné.

Ainsi, lorsque tout prêt à briser cent murailles
Louis, la foudre en main, abandonnant Versailles,
Au retour du soleil et des zéphyrs nouveaux,
Fait dans les champs de Mars déployer ses drapeaux;
Au seul bruit répandu de sa marche étonnante,
Le Danube s'émeut, le Tage s'épouvante [3],
Bruxelle attend le coup qui la doit foudroyer,
Et le Batave encore est prêt à se noyer.

Mais en vain dans leurs lits un juste effroi les presse :
Aucun ne laisse encor la plume enchanteresse.
Pour les en arracher Girot s'inquiétant,
Va crier qu'au chapitre un repas les attend.
Ce mot dans tous les cœurs répand la vigilance :
Tout s'ébranle, tout sort, tout marche en diligence.
Ils courent au chapitre, et chacun se pressant
Flatte d'un doux espoir son appétit naissant.
Mais, ô d'un déjeuner vaine et frivole attente !
A peine ils sont assis, que, d'une voix dolente,

---

[1] (B.) Le toit de la Sainte-Chapelle fut brûlé en 1618.

(H.) C'est, dit Brossette, la grand'salle du palais qui fut brûlée en 1618. Le toit de la Sainte-Chapelle ne le fut qu'en 1630.

[2] (Cr.) Comme il ne s'agit en ce moment que de propos vulgaires, Boileau se garde bien d'employer l'expression poétique *du saint jeudi*; il n'y a ici que le terme familier qui convienne : mais dans le discours homérique de l'un des héros du poème, *le jeudi saint* eût été d'un langage trop commun; l'inversion y produit un excellent effet.

[3] (I.) Hinc movet Euphrates, illinc Germania bellum.
(*Virg.*, Georg., lib. I, v. 509.)

Le chantre désolé, lamentant son malheur,
Fait mourir l'appétit et naître la douleur.
Le seul chanoine Évrard [1], d'abstinence incapable,
Ose encor proposer qu'on apporte la table.
Mais il a beau presser, aucun ne lui répond :
Quand, le premier rompant ce silence profond,
Alain [2] tousse [3], et se lève; Alain, ce savant homme,
Qui de Bauny vingt fois a lu toute la Somme [4],
Qui possède Abéli [5], qui sait tout Raconis [6],

[1] (H.) Le personnage ici désigné s'appeloit Louis Roger Danse ou d'Ense; il est mort à Ivri en octobre 1699; et jusqu'alors il avoit été connu pour le plus parfait gourmand des chanoines de la Sainte-Chapelle. J.-B. Rousseau (*Lettres* tome II, page 187) raconte « qu'un « jour l'abbé Danse, étant à table avec Despréaux s'avisa de lui servir « une grappe de raisin avec sa fourchette, et que Despréaux sur le « champ porta la sienne à son front pour le remercier. » C'est une assez pauvre anecdote que nous avions écartée en 1809; et que MM. Amar et Viollet Le Duc ont aussi négligée; mais elle a été insérée dans un autre commentaire de 1821.

[2] (H.) Sous le nom d'Alain, Boileau vouloit désigner Aubery, ou Aubry chanoine de Saint-Jacques, puis du Saint-Sépulcre, enfin de la Sainte-Chapelle. Son frère, Antoine Aubery, avocat, a laissé une *Histoire des Cardinaux*, et d'autres ouvrages; mais le chanoine étoit dévôt, anti-janséniste, et, dit Brossette, *d'un esprit médiocre; sachant peu*, ajoute Saint-Marc. Le président Lamoignon l'avoit pris pour son confesseur.

[3] (H.) L'abbé Aubery ne parloit qu'après avoir toussé une ou deux fois.

[4] (H.) *La Somme des Péchés* est le titre d'un livre du jésuite Bauny; livre publié en 1634, et réimprimé plusieurs fois. Voyez t. I, p. 292.

[5] (H.) Voyez ci-dessus, tome II, page 120.

[6] (H.) Charles-François d'Abra de Raconis, évêque de Lavaur, a fait imprimer un grand nombre de volumes; par exemple, trois in-4° contre le livre d'Arnauld sur la fréquente communion. Un des passe-temps du cardinal de Richelieu étoit de faire venir Raconis et de lui ordonner de prêcher à l'instant sur un sujet indiqué, et sur un texte qui n'avoit aucun rapport à ce sujet. Raconis commençoit de suite et ne finissoit que lorsque Richelieu le faisoit taire. L'évêque de Lavaur mourut en 1646, près de Chartres, au château de Ra-

Et même entend, dit-on, le latin d'A-Kempis [1].

N'en doutez point, leur dit ce savant canoniste,
Ce coup part, j'en suis sûr, d'une main janséniste.

conis où il étoit né en 1590. Il avoit, à l'âge de treize ans, abjuré la religion protestante dans laquelle ses parents l'avoient élevé; et six ans après il étoit déjà professeur de philosophie au collège des Grassins. Les nouveaux convertis faisoient vite leur chemin.

[1] (H.) Thomas A-Kempis (né à Kempis, en Allemagne, en 1380, et mort en 1471) est l'un des auteurs auxquels le livre de l'Imitation a été attribué. On sait que le mérite de ce livre ne consiste pas dans une élégante latinité. La Harpe, après avoir observé que le latin en *est le plus facile de tous à entendre,* ajoute que Despréaux sait ainsi placer toujours à propos le trait comique qui réduit à la vérité le ton héroïque dont il s'amuse à agrandir les objets.

On a désigné, comme auteur du livre de l'Imitation, quelquefois saint Bernard, plus souvent Gersen, théologien du 13e siècle, ou Gerson, qui mourut en 1429, ou enfin Thomas A-Kempis. C'est une question qui a été souvent agitée, et qui peut sembler encore indécise.

(Cr.) Ce vers de Boileau et le précédent ont été gravement censurés par l'abbé d'Artigny (*Nouveaux Mémoires*, tome VII, p. 278). « C'est, dit-il, porter le mépris bien loin, surtout à l'égard d'Abelli « dont le *Traité de théologie* a été lu si long-temps dans un grand « nombre de séminaires. Mais supposons que ses ouvrages et ceux « de Raconis ne vaillent absolument rien, on ne peut néanmoins « disconvenir que le latin n'en soit beaucoup plus difficile que celui « de l'Imitation. Quand on affirme d'un homme qu'il sait une chose « et qu'on ajoute, il en sait même une autre, on fait entendre que « cette seconde chose est plus considérable ou plus difficile que la « première. Or c'est ici tout le contraire. »

Boileau suppose en effet que les *ouvrages de Raconis et d'Abelli ne valent absolument rien,* et cette supposition est devenue depuis long-temps l'opinion du public. Alain *sait* à fond ces fameux traités, il les *possède;* et il *entend même* le latin d'A-Kempis. Il y a dans ce *même* une finesse exquise que d'Artigny n'a point entendue; et ce n'est pas la faute de Boileau. On a répondu à d'Artigny que « son raisonnement « seroit sans réplique, si le poète traçoit le portrait d'Alain d'après « son opinion personnelle, mais qu'il se divertit en le donnant d'a- « près l'opinion des chanoines qui regardent ce canoniste comme « leur oracle. » Il n'est ici aucunement question des chanoines qui ne songent qu'à bien déjeuner, et pour qui *le gras Evrard* va être un oracle plus sûr que le *savant* Alain. Celui-ci est peint par le poète, tel qu'il est, tel qu'il doit se montrer dans le poème.

Mes yeux en sont témoins : j'ai vu moi-même hier
Entrer chez le prélat le chapelain Garnier [1].
Arnauld, cet hérétique ardent à nous détruire,
Par ce ministre adroit tente de le séduire :
Sans doute il aura lu dans son saint Augustin [2]
Qu'autrefois saint Louis érigea ce Lutrin [3].
Il va nous inonder des torrents de sa plume :
Il faut, pour lui répondre, ouvrir plus d'un volume.
Consultons sur ce point quelque auteur signalé ;
Voyons si des lutrins Bauny n'a point parlé.
Étudions enfin, il en est temps encore [4] ;
Et, pour ce grand projet, tantôt dès que l'Aurore
Rallumera le jour dans l'onde enseveli,
Que chacun prenne en main le moelleux Abéli [5].

[1] (H.) Garnier pour Fournier, chapelain de la Sainte-Chapelle, et ami d'Arnauld. Voyez *le Supplément au Nécrologe de Port-Royal*, 22 janvier.

(Cr.) *Garnier* ne rime point à l'oreille avec *hier*.

[2] (H.) M. Arnauld, docteur de Sorbonne, avoit fait une étude particulière des écrits de saint Augustin, dont il a traduit en françois plusieurs Traités, comme celui des *Mœurs de l'église catholique*, celui de *la Correction et de la Grâce*, celui de *la véritable Religion*, le *Manuel de la Foi*, etc. (*Note de Brossette.*)

Il a déjà été fait plusieurs mentions d'Antoine Arnauld. Voyez tome I, pages 230-250 ; tome II, pages 22-28 ; 104, etc.

[3] (H.) Saint Augustin est antérieur de huit siècles à saint Louis, fondateur de la Sainte-Chapelle. *Alain, ce savant homme*, est habile en chronologie.

[4] (Cr.) Vers d'une bonhomie charmante, dit Le Brun.

[5] (B.) Fameux auteur qui a fait la *Moelle théologique*, *Medulla theologica*.

A propos de cette note de Despréaux, Bayle (*Dict.*, art. *Abelli*, remarque *A*) s'exprime en ces termes : « L'auteur a mis en marge
« une note qui explique la raison de l'épithète, et il a bien fait.
« Quand je songe aux conjectures que formeroient les critiques, si
« la langue françoise avoit un jour le destin qu'a eu la latine, et que

Ce conseil imprévu de nouveau les étonne :
Surtout le gras Évrard d'épouvante[1] en frissonne.

« les œuvres de Boileau se conservassent, je me représente bien des
« chimères. Car supposons que *la Medulla theologica* fût entièrement
« perdue, et que presque aucun auteur qui en eût parlé ne subsistât,
« et qu'il n'y eût point de note à la marge du Lutrin, vis-à-vis de
« *moelleux*, quels mouvements les critiques ne se donneroient-ils
« pas pour trouver la raison de cette épithète, et combien de faus-
« setés ne diroient-ils point? Je m'imagine que quelqu'un mal satis-
« fait de toutes les conjectures de tous ses prédécesseurs diroit enfin
« que l'écrivain Abelli avoit été caractérisé par cette épithète, à cause
« qu'on avoit voulu faire allusion aux offrandes d'Abel, qui ne furent
« point sèches comme celles de Caïn, mais un véritable sacrifice de
« bêtes. Il citeroit sur cela le *Sacrum pingue dabo nec macrum sacrifi-*
« *cabo* : il diroit que les parties des victimes n'étoient pas toutes éga-
« lement considérables ; et que la graisse, sous laquelle il faut aussi
« comprendre la moëlle, étoit d'un usage singulier. Plus il seroit
« docte, plus on le verroit courir d'extravagance en extravagance,
« et accumuler de chimères. En cet endroit, comme en plusieurs
« autres, on verroit vérifiée l'espérance dont il est parlé dans la
« neuvième satire de Boileau :

> Et déjà vous croyez dans vos rimes obscures
> Aux Saumaises futurs préparer des tortures. »

Les commentateurs de Boileau se sont emparés de cette observation de Bayle, pour prouver l'utilité, la nécessité de leur travail. Mais d'abord Despréaux lui-même, en ses courtes notes, avoit donné, en très-grande partie, les éclaircissements dont son texte pouvoit avoir besoin ; et si l'on y joint ses lettres à Racine, à Brossette, à Maucroix, à Le Verrier, etc., on a sur l'histoire et sur plusieurs détails de ses ouvrages presque tous les renseignements désirables. Bayle, loin de recommander les commentaires, fait voir au contraire comment ceux qui ne viennent pas de l'auteur même se remplissent d'inutilités et d'hypothèses chimériques. Il y a peu d'instruction littéraire à recueillir dans les anecdotes accumulées et hasardées par Brossette ; ce n'est point dans les éditions ou compilations de 1747, 1772, etc., qu'on feroit une étude méthodique et profitable des chefs-d'œuvre de Boileau : un long amas de citations oiseuses, de minuties bibliographiques et biographiques offense le bon goût, et ne sauroit jamais l'éclairer. Les éditions utiles se distinguent, comme celle de M. Viollet le Duc, par le bon choix des notes, ou comme celle de M. Amar, par des observations réellement littéraires.

[1] (Cr.) *D'épouvante* est ici le terme propre ; il est d'un admirable

Moi! dit-il, qu'à mon âge, écolier tout nouveau,
J'aille pour un lutrin me troubler le cerveau?
O le plaisant conseil! Non, non, songeons à vivre:
Va maigrir, si tu veux, et sécher sur un livre.
Pour moi, je lis la bible autant que l'alcoran.
Je sais ce qu'un fermier nous doit rendre par an;
Sur quelle vigne à Reims nous avons hypothèque[1]:
Vingt muids rangés chez moi font ma bibliothèque.
En plaçant un pupitre on croit nous rabaisser;
Mon bras seul sans latin saura le renverser.
Que m'importe qu'Arnauld me condamne ou m'approuve?
J'abats ce qui me nuit partout où je le trouve:
C'est là mon sentiment. A quoi bon tant d'apprêts?
Du reste, déjeunons messieurs, et buvons frais[2].

Ce discours, que soutient l'embonpoint du visage,
Rétablit l'appétit, réchauffe le courage;
Mais le chantre surtout en paroît rassuré.
Oui, dit-il, le pupitre a déjà trop duré:
Allons sur sa ruine assurer[3] ma vengeance.

effet. Évrard est intrépide quand il s'agit d'apporter la table ou de renverser un pupitre; mais il est saisi d'effroi, il frissonne à l'aspect d'un livre: il pâlit, il s'écrie qu'il ne veut pas *maigrir* et *sécher*.

[1] (H.) Une partie du revenu de la Sainte-Chapelle consistoit en vins du territoire de Reims. Chaque chanoine en percevoit un muids par an; c'est ce qu'on lit dans une lettre de Jacques Boileau à Brossette, datée du 12 février 1703.

[2] (Cr.) « Voilà, s'écrie Pradon, un beau discours pour un chanoine, et cela eût été bien reçu du temps de *Jeanne*, reine de Navarre, qui aimoit si fort les contes sur les moines et les religieux. » Pradon confond *Jeanne* d'Albret, reine de Navarre, avec sa mère *Marguerite* qui a laissé un recueil de contes. (Voyez ci-dessus, tome I, pages 195, 196.) Mais cette erreur n'est pas ce qu'il y a de plus déraisonnable dans l'exclamation de Pradon.

[3] (Cr.) *Assurer* est bien près de *rassuré*, v. 207.

Donnons à ce grand œuvre une heure d'abstinence ;
Et qu'au retour tantôt un ample déjeuner
Long-temps nous tienne à table, et s'unisse au dîner.

Aussitôt il se lève, et la troupe fidèle
Par ces mots attirants sent redoubler son zèle.
Ils marchent droit au chœur d'un pas audacieux,
Et bientôt le lutrin se fait voir à leurs yeux.
A ce terrible objet aucun d'eux ne consulte :
Sur l'ennemi commun ils fondent en tumulte ;
Ils sapent le pivot, qui se défend en vain ;
Chacun sur lui d'un coup veut honorer sa main.
Enfin sous tant d'efforts la machine succombe,
Et son corps entr'ouvert chancèle, éclate et tombe [1].
Tel sur les monts glacés des farouches Gelons [2]
Tombe un chêne battu des voisins [3] aquilons ;
Ou tel, abandonné de ses poutres usées,
Fond enfin un vieux toit sous ses tuiles brisées.
La masse est emportée, et ses ais arrachés
Sont aux yeux des mortels chez le chantre cachés.

[1] (I.) . . . . Illa usque minatur
Et tremefacta comam concusso vertice nutat.
Vulneribus donec paulatim evicta, supremum
Congemuit, traxitque jugis avulsa ruinam.
(*Virg.*, AEneid., lib. II, v. 628-631.)

(Cr.) « C'est, dit Le Brun, le *procumbit humi bos*. Cette syllabe pesante, ce mot *tombe*, qui termine si admirablement cet hémistiche, se trouve répété plus bas, *tombe un chêne*; mais cette répétition, loin d'être ici négligence, me semble une beauté. Boileau, en peintre habile, ayant à peindre la même chose, rappelle le même son. »

[2] (B.) Peuples de Sarmatie, voisins du Borysthène.

[3] (Cr.) A quoi bon *voisins ?* — *A ce mot près*, qui en effet n'est guère excusable, La Harpe admire toute cette peinture de la destruction et de la chûte du lutrin.

CHANT V.

(1681-1683.)

L'Aurore cependant, d'un juste effroi troublée,
Des chanoines levés voit la troupe assemblée,
Et contemple long-temps, avec des yeux confus,
Ces visages fleuris qu'elle n'a jamais vus.
Chez Sidrac aussitôt Brontin d'un pied fidèle
Du pupitre abattu va porter la nouvelle.
Le vieillard de ses soins bénit l'heureux succès,
Et sur un bois détruit bâtit mille procès.
L'espoir d'un doux tumulte échauffant son courage,
Il ne sent plus le poids ni les glaces de l'âge;
Et chez le trésorier, de ce pas, à grand bruit,
Vient étaler au jour les crimes de la nuit.
Au récit imprévu de l'horrible insolence,
Le prélat hors du lit, impétueux s'élance.
Vainement d'un breuvage à deux mains apporté
Gilotin avant tout le veut voir humecté.
Il veut partir à jeun. Il se peigne, il s'apprête;
L'ivoire trop hâté deux fois rompt sur sa tête,
Et deux fois de sa main le buis[1] tombe en morceaux :
Tel Hercule filant rompoit tous les fuseaux[2].

---

[1] (V.) ....*bouis*, dans les premières éditions.

[2] (I.) Ah! quoties, digitis dum torques stamina duris,
  Prævalidæ fusos comminuere manus!
    (Ovid. Heroid. IX, *Dejanira ad Herculem*, v. 79, 80.)

Il sort demi-paré; mais déjà sur sa porte
Il voit de [1] saints guerriers une ardente cohorte,
Qui tous, remplis pour lui d'une égale vigueur [2],
Sont prêts, pour le servir, à déserter le chœur.
Mais le vieillard condamne un projet inutile.
Nos destins sont, dit-il, écrits chez la Sibylle :
Son antre n'est pas loin; allons la consulter,
Et subissons la loi qu'elle nous va dicter.
Il dit : à ce conseil, où la raison domine,
Sur ses pas au barreau la troupe s'achemine,
Et bientôt, dans le temple, entend, non sans frémir,
De l'antre redouté les soupiraux gémir [3].

Entre ces vieux appuis dont l'affreuse grand'salle
Soutient l'énorme poids de sa voute infernale,
Est un pilier fameux [4], des plaideurs respecté,
Et toujours de Normands à midi fréquenté.
Là, sur des tas poudreux de sacs et de pratique [5],
Hurle tous les matins une Sibylle étique :
On l'appelle Chicane; et ce monstre odieux
Jamais pour l'équité n'eut d'oreilles ni d'yeux.

[1] (V.) ....*des*, dans l'édition de 1713.

[2] (Cr.) *Remplis de vigueur pour lui:* Saint-Marc demande ce que cela signifie. *Vigueur*, on le sent assez, veut dire ici zèle actif; le sens n'est pas douteux, mais l'expression est impropre. On ne diroit à personne : j'aurai *de la vigueur pour* vous; ou bien cela signifieroit que celui à qui l'on s'adresse n'en a point, et qu'on en aura en sa place.

[3] (I.)   Ecce autem primi sub lumina solis et ortus,
       Sub pedibus mugire solum. . . . . .
       Adventante Dea.
                (*Virg.*, AEneid., lib. VI, v. 256-259.)

[4] (B.) Pilier des consultations.

[5] (Cr.) Ici commence un tableau poétique, plein de vérité.

La Disette au teint blême et la triste Famine,
Les Chagrins dévorants et l'infâme Ruine,
Enfants infortunés de ses raffinements,
Troublent l'air d'alentour de longs gémissements.
Sans cesse feuilletant les lois et la coutume,
Pour consumer autrui, le monstre se consume;
Et, dévorant maisons, palais, châteaux entiers,
Rend pour des monceaux d'or de vains tas de papiers.
Sous le coupable effort de sa noire insolence,
Thémis a vu cent fois chanceler sa balance.
Incessamment il va de détour en détour;
Comme un hibou, souvent il se dérobe au jour:
Tantôt, les yeux en feu, c'est un lion superbe;
Tantôt, humble serpent, il se glisse sous l'herbe [1].
En vain, pour le dompter, le plus juste des rois
Fit régler le chaos des ténébreuses lois:
Ses griffes, vainement par Pussort [2] accourcies,
Se ralongent déjà, toujours d'encre noircies;
Et ses ruses, perçant et digues et remparts,
Par cent brèches déjà rentrent de toutes parts.

 Le vieillard humblement l'aborde et le salue;
Et faisant, avant tout, briller l'or à sa vue:
Reine des longs procès, dit-il, dont le savoir

---

[1] (I.) Tum variæ illudent species atque ora ferarum :
   Fiet enim subito sus horridus, atraque tigris,
   Squamosusque draco, et fulva cervice leæna, etc.
       (*Virg.*, Georg., lib. IV, v. 407, etc.)

[2] (B.) M. Pussort, conseiller d'état, est celui qui a le plus contribué à faire le Code.

(H.) Henri Pussort, oncle de Colbert, passe pour l'un des principaux rédacteurs des ordonnances de 1667 et 1670. Il est mort en 1697, âgé de quatre-vingt-deux ans : il s'étoit fort mal conduit dans l'affaire de Fouquet.

Rend la force inutile et les lois sans pouvoir,
Toi, pour qui dans le Mans le laboureur moissonne,
Pour qui naissent à Caen tous les fruits de l'automne;
Si, dès mes premiers ans, heurtant tous les mortels,
L'encre a toujours pour moi coulé sur tes autels,
Daigne encor me connoître en ma saison dernière.
D'un prélat qui t'implore exauce la prière.
Un rival orgueilleux, de sa gloire offensé,
A détruit le lutrin par nos mains redressé.
Épuise en sa faveur ta science fatale :
Du Digeste [1] et du Code [2] ouvre-nous le dédale,
Et montre-nous cet art, connu de tes amis,
Qui, dans ses propres lois, embarrasse Thémis.

    La sibylle, à ces mots, déjà hors d'elle-même [3]
Fait lire sa fureur sur son visage blême;
Et, pleine du démon qui la vient oppresser,
Par ces mots étonnants tâche à le repousser:
Chantres, ne craignez plus une audace insensée
Je vois, je vois au chœur la masse replacée;

---

[1] (H.) On donne le nom de Digeste ou de Pandectes à l'une des collections faites par ordre de Justinien, savoir, à celle où sont recueillies et classées, bien ou mal, les décisions des plus fameux jurisconsultes romains.

[2] (H.) On appelle *le Code*, par excellence, un recueil général des lois romaines, formé par ordre du même Justinien.

[3] (I.)   At, Phœbi nondum patiens, immanis in antro
    Bacchatur vates, magnum si pectore possit
    Excussisse deum : tanto magis ille fatigat
    Os rabidum, fera corda domans, fingitque premendo.
    . . . .
    O tandem magnis pelagi defuncte periclis!
    Sed terra graviora manent. In regna Lavini
    Dardanidæ venient, mitte hanc de pectore curam;
    Sed non et venisse volent : bella, horrida bella,
    Et Tibrim multo spumantem sanguine cerno.
               (*Virg.*, Æneid., lib. VI, v. 77-87.)

Mais il faut des combats. Tel est l'arrêt du sort;
Et surtout évitez un dangereux accord.

Là bornant son discours, encor tout [1] écumante,
Elle souffle aux guerriers l'esprit qui la tourmente;
Et dans leurs cœurs brûlants de la soif de plaider
Verse l'amour de nuire, et la peur de céder.

Pour tracer à loisir une longue requête,
A retourner chez soi leur brigade s'apprête.
Sous leurs pas diligents le chemin disparoît,
Et le pilier, loin d'eux, déjà baisse et décroît [2].

Loin du bruit cependant les chanoines à table
Immolent trente mets à leur faim indomptable.
Leur appétit fougueux, par l'objet excité,
Parcourt tous les recoins d'un monstrueux pâté.
Par le sel irritant la soif est allumée;
Lorsque d'un pied léger la prompte Renommée,
Semant partout l'effroi, vient au chantre éperdu
Conter l'affreux détail de l'oracle rendu.
Il se lève, enflammé de muscat et de bile,
Et prétend à son tour consulter la sibylle.
Évrard a beau gémir du repas déserté,
Lui-même est au barreau par le nombre emporté.
Par les détours étroits d'une barrière oblique,
Ils gagnent les degrés et le perron antique,

[1] (V.) ... *toute*, dans quelques éditions.
[2] (I.) « Qui croiroit, dit J. B. Rousseau, que l'original de deux
« aussi beaux vers se retrouvât dans *la Pucelle*? Le voici:

Chinon baissé décroît,
S'éloigne, se blanchit, s'efface et disparoît. »
(*Lettres de J. B. Rousseau*, tome II, page 187.)

Despréaux emprunte jusqu'à une rime qui étoit fort irrégulière, à moins qu'on ne prononçât encore *disparoèt* et *decroèt*.

Où sans cesse, étalant bons et méchants écrits,
Barbin vend aux passants des auteurs à tout prix[1].

Là le chantre à grand bruit arrive et se fait place,
Dans le fatal instant que, d'une égale audace,
Le prélat et sa troupe, à pas tumultueux,
Descendoient du Palais l'escalier tortueux.
L'un et l'autre rival, s'arrêtant au passage,
Se mesure des yeux, s'observe, s'envisage;
Une égale fureur anime leurs esprits :
Tels deux fougueux taureaux[2], de jalousie épris,
Auprès d'une génisse au front large et superbe,
Oubliant tous les jours le pâturage et l'herbe[3],
A l'aspect l'un de l'autre embrasés, furieux,
Déjà le front baissé, se menacent des yeux.
Mais Évrard, en passant coudoyé par Boirude,
Ne sait point contenir son aigre inquiétude :
Il entre chez Barbin, et, d'un bras irrité,
Saisissant du Cyrus un volume écarté,
Il lance au sacristain le tome épouvantable.

---

[1] (B.) Barbin se piquoit de savoir vendre des livres quoique méchants. (1713)

[2] (B.) *Virgile*, Géorg., liv. III, v. 21. (Il faut lire 215.)

(I.)   Carpit enim vires paulatim, uritque videndo,
       Fœmina, nec nemorum patitur meminisse nec herbæ.
       Dulcibus illa quidem illecebris et sæpe superbos
       Cornibus inter se subigit decernere amantes.
       Pascitur in magna sylva formosa juvenca :
       Illi alternantes multa vi prælia miscent
       Vulneribus crebris; lavit ater corpora sanguis,
       Versaque in obnixos urgentur cornua vasto
       Cum gemitu; reboant sylvæque et magnus Olympus.

[3] (Cr.) Le Brun fait observer que « *le pâturage et l'herbe* disent « un peu trop la même chose. »

Boirude fuit le coup : le volume effroyable
Lui rase le visage, et, droit dans l'estomac,
Va frapper en sifflant l'infortuné Sidrac :
Le vieillard, accablé de l'horrible Artamène [1],
Tombe aux pieds du prélat, sans pouls et sans haleine.
Sa troupe le croit mort, et chacun empressé
Se croit frappé du coup dont il le voit blessé.
Aussitôt contre Évrard vingt champions s'élancent ;
Pour soutenir leur choc les chanoines s'avancent.
La Discorde triomphe, et du combat fatal
Par un cri donne en l'air l'effroyable signal.

Chez le libraire absent tout entre, tout se mêle :
Les livres sur Évrard fondent comme la grêle [2],
Qui, dans un grand jardin, à coups impétueux,

---

[1] (B.) *Artamène, ou le grand Cyrus*, roman de mademoiselle Scudéri.

(Cr.) « Ces tomes épouvantables, dit Pradon, et cet horrible Ar-
« tamène, qui ont été traduits en toutes sortes de langues, même en
« arabe, et qui font encore aujourd'hui la plus délicieuse lecture des
« premières personnes de la cour, cet horrible Artamène, dis-je, dont
« on achetoit les feuilles si chèrement à mesure qu'on les imprimoit,
« et qui a enfin fait gagner cent mille écus à Augustin Courbé, est
« à présent l'objet de la satire de M. D***. Quand ses satires auront
« fait gagner cent mille écus à Barbin, on souffrira sa critique un
« peu plus tranquillement, et quoiqu'il dise,

A ses propres dépens (*périls*) enrichir le libraire,

« je crois qu'il y a encore du chemin à faire jusque-là. En vérité,
« Cyrus et Clélie sont des ouvrages qui ont illustré la langue fran-
« çoise ; et les marques éclatantes d'estime que le roi a données à
« une personne illustre et modeste, qui n'a jamais voulu être nom-
« mée, devroient arrêter M. D***. » (*Nouvelles Remarques*, p. 105.)

Mademoiselle de Scudéri et Pradon sont jugés par la postérité comme ils l'ont été par Boileau. — Voyez tome I, page 77.

[2] (I.) Tam multa in tectis crepitans salit horrida grando.
(*Virg.*, Georg., lib. I, v. 449.)

Abat l'honneur naissant des rameaux fructueux.
Chacun s'arme au hasard du livre qu'il rencontre :
L'un tient l'Édit[1] d'Amour, l'autre en saisit la Montre[2].
L'un prend le seul Jonas,[3] qu'on ait vu relié ;
L'autre, un Tasse françois[4], en naissant oublié.
L'élève de Barbin, commis à la boutique,
Veut en vain s'opposer à leur fureur gothique :
Les volumes, sans choix à la tête jetés,
Sur le perron poudreux volent de tous côtés.

[1] (V.) *Le Nœud d'Amour*, dans quelques anciennes éditions. Mais la première, celles de Brossette, de Saint-Marc, de M. Viollet-le-Duc, de M. Amar, etc., portent l'*Édit d'Amour;* et nous croyons que c'est la véritable leçon, quoiqu'elle ait été réprouvée dans l'une des éditions de 1821.

L'opuscule en vers que Boileau désigne ici, est intitulé l'*Édit d'Amour*, et a pour auteur François-Séraphin Régnier-Desmarais ou Desmarets, né à Paris en 1632, reçu à l'Académie françoise en 1670, secrétaire perpétuel de cette compagnie en 1683, mort en 1713. Despréaux et Régnier-Desmarais étoient *amis* en 1701. Voyez la VIe préface, tome I, page 25.

« Il paroît, dit d'Alembert, que les vers de l'abbé Régnier n'é-
« toient pas en possession de plaire à l'inexorable satirique ; car toute
« son *amitié* ne l'empêcha pas de mettre l'*Édit d'Amour* de notre aca-
« démicien parmi les mauvais livres que les chanoines du Lutrin se
« jettent à la tête, dans la bataille qu'ils se livrent sur les degrés du
« Palais. Cet *Édit d'Amour* étoit une petite production obscure de
« la jeunesse de l'abbé Régnier, qui eût bien pu se passer de l'hon-
« neur que lui fit Despréaux d'en rappeler le souvenir. » (*Éloge de Regnier-Desmarais.*)

[2] (B.) De Bonnecorse.

(H.) Voyez tome I, page 127.

[3] (H.) Poëme de Coras. Voyez satire IX, vers 91 ; épître IX, vers 62 ; épître X, vers 64, et la note sur Coras, tome I, p. 170.

[4] (B.) Traduction de Le Clerc.

(H.) Michel Le Clerc, qui mourut en 1691, étoit membre de l'Académie françoise depuis 1662. Il a traduit en vers françois les cinq premiers chants de *la Jérusalem délivrée*, et mis au théâtre des tragédies intitulées : *Iphigénie*, *Virginie*, etc.

Là, près d'un Guarini[1], Térence[2] tombe à terre;
Là, Xénophon[3] dans l'air heurte contre un La Serre[4].
Oh! que d'écrits obscurs, de livres ignorés,
Furent en ce grand jour de la poudre tirés!
Vous en fûtes tirés[5], Almerinde et Simandre[6];
Et toi, rebut du peuple, inconnu Caloandre[7],
Dans ton repos, dit-on, saisi par Gaillerbois[8],
Tu vis le jour alors pour la première fois.

[1] (H.) Auteur du *Pastor fido*, Battista Guarini, né à Ferrare en 1537, est mort en 1612 à Venise.

[2] (H.) Voyez ci-dessus, tome II, pages 187-190.

[3] (H.) On voit par un article du *Carpentariana* que Charpentier croyoit sa traduction de *la Cyropédie* attaquée dans ce vers de Boileau. Il semble pourtant que Xénophon est ici opposé à La Serre, comme Térence vient de l'être à Guarini dans le vers précédent. Mais on a vu ailleurs que Despréaux estimoit fort peu Charpentier, et il est vrai de plus que celui-ci a fort mal traduit Xénophon.

[4] (H.) Voyez sur La Serre, ci-dessus, tome I, page 91.

[5] (Cr.) « Beau mouvement, dit Le Brun, et que la répétition même « du mot *tirés* rend plus vif. »

[6] (H.) Almerinde et Simandre : ces deux noms forment le titre d'un roman imprimé en 1646, in-8°, à Paris, chez Courbé. L'auteur n'en est pas bien connu : Brossette le désigne par les initiales D. S. C'est une traduction d'un roman italien de Luca Assarino. Mazzuchelli l'indique ainsi que la version françoise, mais sans nommer le traducteur. (*Scrittori d'Italia*, vol. I, part. II, page 1170.)

[7] (H.) Roman italien, traduit par Scudéri.
Après avoir transcrit cette note de Boileau, on ajoutoit, dans l'édition stéréotype de 1809, que l'auteur du *Caloandro fidele* étoit *Ambrosio Marino*; tandis qu'ailleurs on designoit l'auteur de l'*Adone*, par son nom de J. B. Marini. Cependant il est dit, dans le commentaire imprimé chez J. J. Blaise, en 1821, que l'éditeur de 1809 *confond* le romancier J. Ambr. Marini avec le poète J. B. Marini. L'unique erreur consistoit en ce que, dans la table de l'édition stéréotype, on renvoyoit, mal à propos, sous le nom de J. B. Marini, à la page du tome II où il étoit fait mention d'*Ambrosio Marino*.
L'auteur du *Caloandro fedele* (et non *fidele* comme écrit le commentateur de 1821), est né à Gênes vers l'an 1600.

[8] (H.) Pierre Tardieu, sieur de Gaillerbois, avoit été chanoine de la Sainte-Chapelle : il étoit frère du lieutenant-criminel Tardieu,

Chaque coup sur la chair laisse une meurtrissure;
Déjà plus d'un guerrier se plaint d'une blessure.
D'un Le Vayer [1] épais Giraut [2] est renversé;
Marineau [3], d'un Brébeuf [4] à l'épaule blessé [5],
En sent partout le bras une douleur amère,
Et maudit la Pharsale aux provinces si chère.
D'un Pinchêne in-quarto [6] Dodillon [7] étourdi
A long-temps le teint pâle et le cœur affadi [8].
Au plus fort du combat le chapelain Garagne [9],

si fameux par son avarice et par sa mort tragique. Voyez tome I, satire X; tome I, pages 205-209.

[1] (H.) Les ouvrages du trop fécond La Mothe Le Vayer ne sont pas tous compris dans les deux volumes in-folio, publiés sous son nom en 1667 : pour avoir toutes ses œuvres, il faut joindre à l'édition en quinze volumes, petit in-12, ses dialogues d'*Oratius Tubero*. Le trait de satire lancé ici contre cet écrivain est fort injuste. — François de La Mothe Le Vayer, né à Paris en 1588, fut reçu à l'Académie françoise en 1639, et mourut en 1672.

[2] (H.) Giraut est un nom imaginaire : on ne sait du moins à qui l'appliquer.

[3] (H.) Un des chantres de la Sainte-Chapelle s'appeloit Marineau; mais il étoit mort, selon Brossette, avant la publication de ce cinquième chant.

[4] (H.) Brébeuf, né à Thorigny en Normandie, en 1618, mort en 1661, a traduit en vers françois la Pharsale de Lucain. Voyez ci-dessus, tome II, pages 76 et 135.

[5] (Cr.) Au vers 158, *plus d'un guerrier se plaint d'une blessure*; et ici, vers 160, *Marineau est blessé à l'épaule*. Le Brun se figure qu'il y a dans cette répétition *une intention secrète*; mais comme il n'en résulte aucun effet sensible, nous serions fort portés à croire que c'est une pure négligence.

[6] (H.) Voyez la note sur Pinchêne, ci-dessus, tome II, page 43.

[7] (H.) Dodillon, chantre de la Sainte-Chapelle, devenu imbécile dans les dernières années de sa vie.

[8] (Cr.) Le Brun caractérise parfaitement ces deux vers, lorsqu'il dit qu'ils *sont faits avec charme*, et que le nom même de Dodillon contribue à l'effet qu'ils produisent.

[9] (V.) *Garaigne*, dans l'édition de 1683.
C'est encore, à ce que dit Brossette, un nom supposé.

v. 166.

Vers le sommet du front atteint d'un Charlemagne [1],
(Des vers de ce poëme effet prodigieux!)
Tout prêt à s'endormir, bâille et ferme les yeux.
A plus d'un combattant la Clélie [2] est fatale :
Girou dix fois par elle éclate et se signale.
Mais tout cède aux efforts du chanoine Fabri [3] :
Ce guerrier, dans l'Église aux querelles nourri,
Est robuste de corps, terrible de visage,
Et de l'eau dans son vin n'a jamais su l'usage [4].
Il terrasse lui seul et Guibert et Grasset,
Et Gorillon la basse, et Grandin le fausset,
Et Gerbais l'agréable, et Guérin l'insipide.
  Des chantres désormais la brigade timide
S'écarte, et du palais regagne les chemins.
Telle, à l'aspect d'un loup, terreur des champs voisins,
Fuit d'agneaux effrayés une troupe bêlante ;
Ou tels devant Achille, aux campagnes du Xanthe,
Les Troyens se sauvoient à l'abri de leurs tours [5] :
Quand Brontin à Boirude adresse ce discours :
Illustre porte-croix, par qui notre bannière

---

[1] (H.) Poëme de Louis Le Laboureur. Voyez épître VIII, v. 57 ; épître IX, v. 171 ; ci-dessus, tome II, pages 76, 90, 91.

[2] (H.) Roman de mademoiselle de Scudéri, en dix volumes.

[3] (H.) Fabri pour Le Febvre, conseiller-clerc, homme très-violent. Quant à Girou, (vers 170) c'est, dit-on, un nom supposé, ainsi que Guibert, Grasset, Gorillon, Grandin, Gerbais, Guérin, aux vers 175, 176, 177. Il est assez étrange que tous ces noms commencent par la lettre G. Brossette assure qu'après la publication du Lutrin, quelques personnes qui portoient ces noms-là se plaignirent; mais il ne reste nulle part aucune trace de ces réclamations.

[4] (I.)   E non bevea giammai vino inacquato.
            (Tassoni, *Secchia rap.*, canto VI, st. 60.)

[5] (H.) *Iliade*, l. XXI, v. 520-611.

N'a jamais en marchant fait un pas en arrière[1],
Un chanoine lui seul triomphant du prélat
Du rochet à nos yeux ternira-t-il l'éclat?
Non, non: pour te couvrir de sa main redoutable,
Accepte de mon corps l'épaisseur favorable[2].
Viens, et, sous ce rempart, à ce guerrier hautain
Fais voler ce Quinault[3] qui me reste à la main.
A ces mots, il lui tend le doux et tendre[4] ouvrage :
Le sacristain, bouillant de zèle et de courage,
Le prend, se cache, approche, et, droit entre les yeux,

---

[1] (H.) Quelques années avant l'impression du Lutrin, la procession de la Sainte-Chapelle et la procession de Notre-Dame se rencontrèrent au Marché-Neuf, le jour de la Fête-Dieu. Le porte-bannière de la Sainte-Chapelle tint ferme : sa résistance et celle des huissiers qui accompagnoient le premier président forcèrent Notre-Dame de céder le pas. Il fut réglé que, dans la suite, la Sainte-Chapelle feroit sa procession à sept heures du matin, et Notre-Dame plus tard.

[2] (B.) *Iliade*, l. VIII, v. 267.
Teucer se cache à l'abri du bouclier d'Ajax.

[3] (V.) *ce G......* (édit. de 1683 et 85.)
ce P...... (édit. de 1694.)
ce Quinault (en 1701.)

On ne sait pas quel auteur étoit désigné par l'initiale G. Il y a peu d'apparence que ce soit Gombauld, qui, étant mort depuis 1666, aurait été nommé en toutes lettres en 1683. P. étoit sans doute Perrault, dont les ouvrages ne sont pourtant pas *doux et tendres*, ni même *doucereux*.

[4] Il y avoit *doucereux*, avant 1701 ; et l'un des derniers commentateurs de Boileau suppose que ce poète, lorsqu'il eut mis définitivement le nom de *Quinault* dans le vers précédent, jugea convenable de changer l'épithète *doucereux qui se prend toujours en mauvaise part*, en *doux et tendres, expressions qui conviennent même aux chefs-d'œuvre du célèbre lyrique*. Mais c'est bien un trait de satire que Despréaux entend lancer ici, quoique assez injustement, sur les productions de Quinault ; car après les avoir ironiquement appelées *le noble écrit* (au vers 196), il finit par les représenter (vers 198) comme un *livre sans vigueur* qui *mollit contre la tête* du chanoine Fabri.

Frappe du noble écrit l'athlète audacieux ¹,
Mais c'est pour l'ébranler une foible tempête,
Le livre sans vigueur mollit contre sa tête.
Le chanoine les voit; de colère embrasé :
Attendez, leur dit-il, couple lâche et rusé,
Et jugez si ma main, aux grands exploits novice,
Lance à mes ennemis un livre qui mollisse ².
A ces mots il saisit un vieil Infortiat ³,
Grossi des visions d'Accurse ⁴ et d'Alciat ⁵,
Inutile ramas de gothique écriture,
Dont quatre ais mal unis formoient la couverture,
Entourée à demi d'un vieux parchemin noir,
Où pendoit à trois clous un reste de fermoir ⁶.

¹ (I.) Dans l'*Iliade*, livre IV, vers 121, Pandarus étend un bras; de l'autre il retire contre son sein la corde de son arc, et du trait qui s'en échappe frappe sa victime.

² (I.)   Adspice num mage sit nostrum penetrabile telum.
(*Virg.*, AEneid., lib. X, v. 484.)

³ (B.) Livre de droit d'une grosseur énorme.
On avoit donné le nom barbare d'Infortiat (*Infortiatum*) à la seconde partie du Digeste.

⁴ (H.) Accurse (Francesco Accorso), né à Florence en 1151, mourut à Bologne en 1229. Son énorme commentaire du *Droit romain* est appelé grande glose ou glose continue : Accurse y compile les notes et les décisions des jurisconsultes qui l'avoient précédé.

⁵ (H.) André Alciat, né à Milan le 8 mai 1492, mort à Pavie en 1550, étoit docteur en droit, mais il cultivoit aussi la littérature, et ses *Emblèmes* lui assurent un rang distingué parmi les auteurs du seizième siècle qui ont écrit en langue latine.
Corneille avoit fait aussi rimer Alciat avec l'Infortiat :

Le Digeste nouveau, le vieux, l'Infortiat;
Ce qu'en a dit Jason, Balde, Accurse, Alciat.
(*Le Menteur*, act. I, sc. vi.)

⁶ (Cr.) Aucun poète n'a mieux réussi que Boileau *à peindre les objets les plus rebelles à la poésie*, ainsi que Le Brun le fait remarquer, à propos de ces vers qui en offrent en effet un admirable exemple.

Sur l'ais qui le soutient auprès d'un Avicenne [1],
Deux des plus forts mortels l'ébranleroient à peine :
Le chanoine pourtant l'enlève sans effort ;
Et, sur le couple pâle et déjà demi-mort,
Fait tomber à deux mains l'effroyable tonnerre [2].
Les guerriers, de ce coup, vont mesurer la terre,
Et, du bois et des clous meurtris et déchirés,
Long-temps, loin du perron, roulent sur les degrés.
 Au spectacle étonnant de leur chute imprévue,
Le prélat pousse un cri qui pénètre la nue.
Il maudit dans son cœur le démon des combats,
Et de l'horreur du coup il recule six pas.
Mais bientôt rappelant son antique prouesse,
Il tire du manteau sa dextre vengeresse ;
Il part, et, de ses doigts saintement alongés,
Bénit tous les passants, en deux files rangés.
Il sait que l'ennemi, que ce coup va surprendre,
Désormais sur ses pieds ne l'oseroit attendre,
Et déjà voit pour lui tout le peuple en courroux
Crier aux combattants : Profanes, à genoux !
Le chantre, qui de loin voit approcher l'orage,

---

[1] (B.) Auteur arabe.
 (H.) Avicenne, médecin et philosophe arabe, né vers l'an 980, mourut vers 1037.

[2] (I.) Depuis le vers 203 jusqu'au vers 213, Despréaux imite ce morceau de Virgile, Énéide, l. XII, v. 896-902 :

> Nec plura effatus, saxum circumspicit ingens,
> Saxum antiquum, ingens, campo quod forte jacebat,
> Limes agro positus, litem ut discerneret arvis.
> Vix illud lecti bis sex cervice subirent,
> Qualia nunc hominum producit corpora tellus.
> Ille manu raptum trepida torquebat in hostem,
> Altior insurgens, et cursu concitus heros.

Dans son cœur éperdu cherche en vain du courage¹ :
Sa fierté l'abandonne, il tremble, il cède, il fuit.
Le long des sacrés murs sa brigade le suit :
Tout s'écarte à l'instant ; mais aucun n'en réchappe ;
Partout le doigt vainqueur les suit et les rattrape.
Évrard seul, en un coin prudemment retiré,
Se croyoit à couvert de l'insulte sacré² ;
Mais le prélat vers lui fait une marche adroite :
Il l'observe de l'œil ; et tirant vers la droite,
Tout d'un coup tourne à gauche, et d'un bras fortuné
Bénit subitement le guerrier consterné³.

¹ (I.) L'infortuné guerrier, contre ce double orage,
Vainement dans son sein recherche du courage.
(Chapelain, *Pucelle*, chant II.)

Peut-être n'oseroit-on plus employer ainsi le mot *recherche* : à cela près, il seroit permis de dire que les deux vers de Chapelain valoient bien ceux de Boileau. L'épithète *éperdu*, qui revient souvent dans le Lutrin, n'étoit pas très-nécessaire ici.

Comme on a perdu la trace de l'étymologie du mot *courage*, qui n'est qu'une sorte de développement et en quelque sorte d'exaltation du mot *cœur*, Boileau n'est pas le seul écrivain classique qui ait employé ces deux mots comme tout-à-fait distincts, et considéré le second comme un mode, une qualité qui se trouve ou ne se trouve pas dans le premier. Mais il est peut-être à regretter que le sens primitif de l'un et de l'autre ne se soit pas mieux maintenu dans notre langage.

² (Cr.) Pradon dénonçoit l'expression d'*insulte sacré* comme impie, comme un outrage à une cérémonie qui doit attirer le respect de tout le monde, et par qui tant de saints évêques ont fait autrefois tant de miracles. (*Nouvelles Remarques*, page 106.)

On a plus raisonnablement observé qu'*insulte* est un mot féminin, quoi qu'en ait dit le Dictionnaire de l'Académie de 1694, et quoique Despréaux l'ait encore fait masculin au vers 137 du sixième chant de son Lutrin. Voyez ci-dessous, page 290.

³ (H.) Le cardinal de Retz, coadjuteur de l'archevêque de Paris, faisoit une procession solennelle. Le prince de Condé, alors brouillé avec le coadjuteur, rencontre cette procession et descend de son carrosse : le prélat s'arrête, se tourne vers le prince, et lui alonge une

Le chanoine, surpris de la foudre mortelle,
Se dresse, et lève en vain une tête rebelle;
Sur ses genoux tremblants il tombe à cet aspect,
Et donne à la frayeur ce qu'il doit au respect.
Dans le temple aussitôt le prélat plein de gloire
Va goûter les doux fruits de sa sainte victoire :
Et de leur vain projet les chanoines punis
S'en retournent chez eux éperdus [1] et bénis.

grande bénédiction. Il est dit, dans le Bolœana de 1770, que ce fait a fourni à Boileau l'idée des bénédictions qu'il fait donner ici par le trésorier au chantre et aux chanoines. On a rapproché aussi des vingt-huit derniers vers de ce chant du Lutrin les stances 30 et 39 du cinquième chant de *la Secchia rapita :* mais dans Boileau le trésorier bénit ses ennemis; dans le Tassoni, au contraire, le nonce bénit (stance 30) l'armée qui combat pour le pape, et il refuse (stance 39) de bénir Salinguerre, dont la sainte église avoit à se plaindre : *nemico... a la Chiesa.*

Quoi qu'il en soit, on a vu, par les vers 55 et 56 du chant IV, que Boileau, en composant le Lutrin, jetoit quelquefois les yeux sur *la Secchia rapita;* et il se pourroit, par exemple, que les deux vers 223, 224 :

...... Et de ses doigts saintement *alongés,*
Il bénit les passants en deux files rangés,

aient été inspirés par ceux du Tassoni :

Trinciava certe benedizioni
Che pigliavano un miglio di paese.

(Il *allongeoit* certaines bénédictions qui embrassoient une demi-lieue de pays.)

[1] (Cr.) Le chantre a été déjà *éperdu* aux vers 99 et 230 de ce chant.

CHANT VI.

(1681-83)

Tandis que tout conspire à la guerre sacrée,
La Piété[1] sincère[2], aux Alpes retirée[3],
Du fond de son désert entend les tristes cris
De ses sujets cachés dans les murs de Paris.
Elle quitte à l'instant sa retraite divine :
La Foi, d'un pas certain, devant elle chemine ;
L'Espérance au front gai l'appuie et la conduit ;
Et, la bourse à la main, la Charité la suit.
Vers Paris elle vole, et, d'une audace sainte,
Vient aux pieds de Thémis[4] proférer cette plainte :
Vierge, effroi des méchants[5], appui de mes autels,
Qui, la balance en main, règles tous les mortels,

[1] (Cr.) Voilà de nouveaux personnages, la Piété, Thémis, etc., qui surviennent à la fin du poème, sans que rien jusqu'ici ait fait pressentir leur intervention.

[2] (Cr.) Cette épithète est au moins oiseuse, lorsqu'il s'agit de la Piété personnifiée.

[3] (B.) La Grande Chartreuse est dans les Alpes. (*Edit. de* 1683-1701.) Dans l'édition de 1713 on n'a conservé que les premiers mots de cette note *La Grande Chartreuse.*

[4] (Cr.) Quoique le nom de Thémis soit employé quelquefois dans notre langage figuré comme synonyme de la justice, Thémis est un personnage mythologique, une divinité *païenne*, inadmissible dans son sujet chrétien. (Art poétique, chant III, v. 217, 218, p. 177.)

[5] (V.) Boileau avoit d'abord écrit *Déesse aux yeux couverts :* on lui remontra qu'une *déesse* n'avoit point à s'immiscer dans une querelle de *chanoines* — *Aux yeux couverts* n'étoit pas non plus une expression très-heureuse ni très-convenable.

Ne viendrai-je jamais, en tes bras salutaires
Que pousser des soupirs, et pleurer mes misères?
Ce n'est donc pas assez qu'au mépris de tes lois
L'Hypocrisie ait pris et mon nom et ma voix;
Que, sous ce nom sacré, partout ses mains avares
Cherchent à me ravir crosses, mitres, tiares!
Faudra-t-il voir encor cent monstres furieux
Ravager mes états usurpés à tes yeux?
Dans les temps orageux de mon naissant empire,
Au sortir du baptême on couroit au martyre.
Chacun, plein de mon nom, ne respiroit que moi:
Le fidèle, attentif aux règles de sa loi,
Fuyant des vanités la dangereuse amorce,
Aux honneurs appelé, n'y montoit que par force.
Ces cœurs, que les bourreaux ne faisoient point frémir,
A l'offre d'une mitre étoient prêts à gémir;
Et, sans peur des travaux, sur mes traces divines
Couroient chercher le ciel au travers des épines.
Mais, depuis que l'Église eut, aux yeux des mortels,
De son sang en tous lieux cimenté ses autels,
Le calme dangereux succédant aux orages,
Une lâche tiédeur s'empara des courages[1].
De leur zèle brûlant l'ardeur se ralentit;
Sous le joug des péchés leur foi s'appesantit.
Le moine secoua le cilice et la haire;
Le chanoine indolent apprit à ne rien faire;
Le prélat, par la brigue aux honneurs parvenu,

[1] (Cr.) Ce mot n'est tolérable ici que comme synonyme de *cœur* dont il est dérivé. Les *courages*, dans le sens ordinaire, peuvent bien être abattus, anéantis par *la tiédeur lâche;* mais elle ne s'en *empare* point, ainsi que pourroient le faire l'Ambition, la Vengeance, le Fanatisme, etc.

Ne sut plus qu'abuser d'un ample revenu,
Et, pour toutes vertus fit, au dos d'un carrosse,
A côté d'une mitre armorier sa crosse:
L'Ambition partout chassa l'Humilité;
Dans la crasse du froc logea la Vanité.
Alors de tous les cœurs l'union fut détruite.
Dans mes cloîtres sacrés la Discorde introduite
Y bâtit de mon bien ses plus sûrs arsenaux,
Traîna tous mes sujets aux pieds des tribunaux.
En vain à ses fureurs j'opposai mes prières:
L'insolente, à mes yeux, marcha sous mes bannières.
Pour comble de misère, un tas de faux docteurs
Vint flatter les péchés de discours imposteurs;
Infectant les esprits d'exécrables maximes,
Voulut faire à Dieu même approuver tous les crimes.
Une servile peur tint lieu de charité;
Le besoin d'aimer Dieu passa pour nouveauté;
Et chacun à mes pieds, conservant sa malice,
N'apporta de vertu que l'aveu de son vice.

 Pour éviter l'affront de ces noirs attentats,
J'allai[1] chercher le calme au séjour des frimas,
Sur ces monts entourés[2] d'une éternelle glace,
Où jamais au[3] printemps les hivers n'ont fait place;
Mais, jusque dans la nuit de mes sacrés déserts,

---

[1] (V.) *Je vins* étoit une faute assez grossière dans les premières éditions: Brossette, Saint-Marc, et la plupart des éditeurs, y compris M. Viollet-le-Duc, ont imprimé *j'allai*. C'est la leçon établie; et il doit suffire d'avertir qu'il s'en étoit glissé une autre avant 1716.

[2] (Cr.) M. Amar fait remarquer l'extrême foiblesse de ce mot *entourés*, qui reste évidemment trop au-dessous de ce que l'imagination des lecteurs attend de celle du poète.

[3] (V.) ... *aux*, dans les éditions de MM. Didot.

Le bruit de mes malheurs fait retentir les airs.
Aujourd'hui même encore une voix trop fidèle
M'a d'un triste désastre apporté la nouvelle :
J'apprends que, dans ce temple où le plus saint des rois[1]
Consacra tout le fruit de ses pieux exploits,
Et signala pour moi sa pompeuse largesse,
L'implacable Discorde et l'infame Mollesse,
Foulant aux pieds les lois, l'honneur et le devoir,
Usurpent en mon nom le souverain pouvoir.
Souffriras-tu, ma sœur, une action si noire ?
Quoi ! ce temple, à ta porte, élevé pour ma gloire,
Où jadis des humains j'attirois tous les vœux,
Sera de leurs combats le théâtre honteux !
Non, non, il faut enfin que ma vengeance éclate :
Assez et trop long-temps l'impunité les flatte[2].
Prends ton glaive, et, fondant sur ces audacieux,
Viens aux yeux des mortels justifier les cieux [3].

Ainsi parle à sa sœur cette vierge enflammée :
La grace est dans ses yeux d'un feu pur allumée.
Thémis sans différer lui promet son secours,
La flatte, la rassure, et lui tient ce discours :
Chère et divine sœur, dont les mains secourables
Ont tant de fois séché les pleurs des misérables,

[1] (B.) Saint-Louis, fondateur de la Sainte-Chapelle.
(H.) Ce prince et ses prédécesseurs depuis le milieu du dixième siècle habitoient le palais de la Cité, aujourd'hui le palais de Justice : la crainte des Normands les avoit déterminés à quitter le palais des Thermes.

[2] (Cr.) C'est à dire *les encourage*; il va être dit, six vers plus bas, que Thémis *flatte* la Piété. Le poète s'est engagé dans un système d'idées qui doit amener beaucoup d'expressions fausses.

[3] (I.) Absolvitque deos.   (*Claudian. in Rufin.*, lib. I, v. 21.)

Pourquoi toi-même, en proie à tes vives douleurs,
Cherches-tu sans raison à grossir tes malheurs?
En vain de tes sujets l'ardeur est ralentie:
D'un ciment éternel ton Église est bâtie,
Et jamais de l'enfer les noirs frémissements
N'en sauroient ébranler les fermes fondements.
Au milieu des combats, des troubles, des querelles,
Ton nom encor chéri vit au sein des fidèles.
Crois-moi, dans ce lieu même où l'on veut t'opprimer,
Le trouble qui t'étonne est facile à calmer:
Et, pour y rappeler la paix tant désirée,
Je vais t'ouvrir, ma sœur, une route assurée.
Prête-moi donc l'oreille, et retiens tes soupirs.
Vers ce temple fameux, si cher à tes désirs,
Où le ciel fut pour toi si prodigue en miracles,
Non loin de ce palais où je rends mes oracles,
Est un vaste séjour des mortels révéré [1],
Et de clients soumis à toute heure entouré.
Là, sous le faix pompeux de ma pourpre honorable,
Veille au soin de ma gloire un homme incomparable [2],
Ariste [3], dont le ciel et Louis ont fait choix
Pour régler ma balance et dispenser mes lois.
Par lui dans le barreau sur mon trône affermie,
Je vois hurler en vain la chicane ennemie:
Par lui la vérité ne craint plus l'imposteur,

---

[1] (H.) L'hôtel du premier président, aujourd'hui la préfecture de police.

[2] (Cr.) Cet *homme incomparable* ressemble un peu à *l'objet non-pareil, aux beautés sans pareilles, à nulle autre secondes*, etc., dont Boileau s'est moqué dans la satire II. — Il étoit digne de lui de ne pas rimer par des épithètes telles qu'*incomparables* et *honorables*.

[3] (B.) M. de Lamoignon, premier président.

Et l'orphelin n'est plus dévoré du tuteur.
Mais pourquoi vainement t'en retracer l'image?
Tu le connois assez : Ariste est ton ouvrage ;
C'est toi qui le formas dès ses plus jeunes ans ;
Son mérite sans tache est un de tes présents.
Tes divines leçons, avec le lait sucées,
Allumèrent l'ardeur de ses nobles pensées.
Aussi son cœur, pour toi brûlant d'un si beau feu,
N'en fit point dans le monde un lâche désaveu ;
Et son zèle hardi, toujours prêt à paroître,
N'alla point se cacher dans les ombres d'un cloître [1].
Va le trouver, ma sœur : à ton auguste nom,
Tout s'ouvrira d'abord en sa sainte maison.
Ton visage est connu de sa noble famille ;
Tout y garde tes lois, enfants, sœur, femme, fille [2].
Tes yeux d'un seul regard sauront le pénétrer ;
Et, pour obtenir tout, tu n'as qu'à te montrer.

   Là s'arrête Thémis. La Piété charmée
Sent renaître la joie en son ame calmée.
Elle court chez Ariste ; et s'offrant à ses yeux :
Que me sert, lui dit-elle, Ariste, qu'en tous lieux
Tu signales pour moi ton zèle et ton courage,
Si la Discorde impie à ta porte m'outrage?
Deux puissants ennemis, par elle envenimés,
Dans ces murs, autrefois si saints, si renommés,
A mes sacrés autels font un profane insulte [3],

---

[1] (Gr.) *Paroître* a déjà rimé avec *cloître* dans l'ép. III, ci-dessus p. 27 : peut-être prononçoit-on *paroître* et *cloître* de la même manière.

[2] (Cr.) *Enfants.... fille* ; cette *fille* est comprise parmi les enfants, et d'ailleurs ce mot termine le vers et la phrase d'une manière un peu dure.

[3] (Cr.) UN *profane insulte*, et au vers 236 du chant V, UN *insulte*

Remplissent tout d'effroi, de trouble et de tumulte.
De leur crime à leurs yeux va-t'en peindre l'horreur[1] :
Sauve-moi, sauve-les de leur propre fureur.

Elle sort à ces mots. Le héros[2] en prière
Demeure tout couvert de feux et de lumière.
De la céleste fille il reconnoît l'éclat,
Et mande au même instant le chantre et le prélat.

Muse, c'est à ce coup que mon esprit timide
Dans sa course élevée a besoin qu'on le guide[3],
Pour chanter par quels soins, par quels nobles travaux,
Un mortel sut fléchir ces superbes rivaux[4].

sacré : Bonnecorse, dans les remarques qui suivent son *Lutrigot*, reproche à Boileau d'avoir fait *insulte* masculin. Bouhours, qui avoit donné le même genre à ce mot, en fut repris par Ménage. Aujourd'hui *insulte* ne s'emploie qu'au féminin.

[1] (Cr.) Boileau, dans les premiers chants de son Lutrin, ne nous a pas peint sous des couleurs si noires, ces *deux puissants ennemis*, le trésorier et le chantre, qu'il accuse ici d'un *crime horrible* et d'une *fureur* qui *remplit tout d'effroi*. Leur querelle n'étoit pas si sérieuse ; mais le poète a tout-à-fait changé le caractère et le ton de son ouvrage.

[2] (Cr.) Quoi qu'on en puisse dire, cette qualification de *héros* convient peu à un magistrat qui ne va remplir ici qu'un ministère de conciliation.

[3] (Cr.) Aveu trop véridique de la stérilité de l'imagination du poète dans ce dernier chant. Le style même s'y ressent de la sécheresse et de la tristesse des pensées. Il a beaucoup moins de coloris et d'élégance que dans les cinq premières parties du poème.

[4] (Cr.) Au lieu de ce froid et insipide dénouement, Le Brun voudroit que la Discorde, épouvantée des projets de la Piété, tentât les derniers efforts auprès du chantre et du prélat ; que la Chicane vînt aider le chantre, et que, vaincue par la Piété, elle pâlit et disparût, en même temps que la Discorde, prévoyant sa propre défaite, passeroit du palais de Thémis dans quelque couvent. Nous doutons que ce plan eût mieux réussi. Ce qu'on regrette, c'est de ne pas revoir les véritables auteurs du poème, le trésorier, le chantre et leurs partisans reparoître sur la scène pour y être entraînés par la suite des événements à une réconciliation éclatante.

Mais plutôt, toi qui fis ce merveilleux ouvrage,
Ariste, c'est à toi d'en instruire notre âge.
Seul tu peux révéler par quel art tout puissant
Tu rendis tout-à-coup le chantre obéissant.
Tu sais par quel conseil rassemblant le chapitre
Lui-même, de sa main, reporta le pupitre;
Et comment le prélat, de ses respects content,
Le fit du banc fatal enlever à l'instant.
Parle donc : c'est à toi d'éclaircir ces merveilles.
Il me suffit, pour moi [1], d'avoir su, par mes veilles,
Jusqu'au sixième chant pousser ma fiction,
Et fait d'un vain pupitre un second Ilion.
Finissons. Aussi bien, quelque ardeur qui m'inspire,
Quand je songe au héros qui [2] me reste à décrire,
Qu'il faut parler de toi, mon esprit éperdu
Demeure sans parole, interdit, confondu.

Ariste, c'est ainsi qu'en ce sénat illustre
Où Thémis, par tes soins, reprend son premier lustre,
Quand, la première fois, un athlète nouveau
Vient combattre en champ clos aux joûtes du barreau,
Souvent, sans y penser [3], ton auguste présence
Troublant par trop d'éclat sa timide éloquence,
Le nouveau Cicéron [4], tremblant, décoloré,

---

[1] (Cr.) *Il me suffit, pour moi* (quant à moi): tour prosaïque; mais on en remarqueroit bien d'autres dans les cent soixante-seize vers de ce VI° chant.

[2] (V.) ...*qu'il* au lieu de *qui*, dans les premières éditions.

[3] (Cr.) On a observé que *sans y penser* ne se construit pas très-bien avec le reste de cette phrase.

[4] (H.) Un commentateur de Boileau fait, à propos de cet hémistiche, une note biographique sur Marcus Tullius Cicero.

On croit que le nouveau Cicéron que Boileau veut désigner, est l'avocat Barbier d'Aucour, qui perdit la mémoire au milieu de son

Cherche en vain son discours sur sa langue égaré;
En vain, pour gagner temps[1], dans ses transes affreuses,
Traîne d'un dernier mot les syllabes honteuses;
Il hésite, il bégaie; et le triste orateur
Demeure enfin muet aux yeux du spectateur[2].

premier plaidoyer, et qui depuis ne plaida plus, mais cultiva les belles-lettres.

[1] (Cr.) *Pour gagner temps, dans*, n'est ni poétique ni harmonieux

[2] (B.) L'orateur demeurant muet, il n'y a plus d'auditeurs: il reste seulement des spectateurs. (1713)

Cette note apologétique pourroit bien être des éditeurs de 1713, Renaudot et Valincour, plutôt que de Boileau.

La Harpe termine l'examen du Lutrin par cette observation: « Le « seul défaut de ce chef-d'œuvre, c'est que le dernier chant ne ré- « pond pas aux autres: il est tout entier sur le ton sérieux, et la « fiction y change de nature. Le personnage de la Piété est trop grave « pour figurer agréablement avec la Nuit, la Mollesse et la Chicane. « La fin du poème ne semble faite que pour amener l'éloge du pré- « sident de Lamoignon. Cette faute a été relevée depuis long-temps; « mais un sixième chant défectueux n'ôte rien du grand mérite des « cinq autres, ni du plaisir continu qu'on éprouve en les lisant. »

« Ce chant, dit Le Brun, a trop de discours et trop peu d'actions. « Les personnages en sont trop graves. Qu'attendre de plaisant de « la Piété sortant de la Grande-Chartreuse avec la Foi, l'Espérance, « la Charité, et venant faire un grand discours de soixante-dix vers « à Thémis sur les désordres de l'Église? Thémis, par un autre dis- « cours de quarante-quatre vers, lui conseille gravement de s'adresser « au premier président. La Piété court lui faire un petit discours, et « laisse là le héros en prière, couvert de feu et de lumière. Dans « tout cela, il n'y a rien de convenable au ton des cinq premiers « chants. »

ODES
ET POÉSIES DIVERSES.

AVERTISSEMENT.

Quoique les poésies diverses qui vont remplir le reste de ce volume ne doivent rien ajouter à la gloire de Boileau, elles sont dignes encore de fixer l'attention des hommes de lettres. Les premiers éditeurs les avoient entassées confusément sans égard ni à leurs genres ni même à leurs dates, ou en ne tenant compte que des époques où elles ont été successivement publiées. Nous avons essayé, en 1809, d'établir dans cette partie des œuvres de Despréaux un ordre plus méthodique et plus réel, qui a été adopté par M. Amar et que nous allons reproduire.

1° L'ode sur Namur, précédée du discours en prose qui la concerne, et l'ode contre les Anglois;

2° Des stances, des chansons et des sonnets;

3° Des épitaphes, des vers destinés à être mis au bas de quelques portraits; etc.

4° Une fable et d'autres pièces isolées :

Ces quatre premières classes comprennent ensemble trente-trois articles.

Nous rassemblerons ensuite trente-huit (ou quarante) épigrammes proprement dites, avant lesquelles nous placerons un avertissement particulier.

Suivront un prologue d'opéra,

Les scènes de Chapelain décoiffé,

Et des vers latins.

DISCOURS SUR L'ODE[1].
(1693)

L'ode suivante[2] a été composée à l'occasion de ces étranges dialogues[3] qui ont paru depuis quelque temps, où tous les plus grands écrivains de l'antiquité sont traités d'esprits médiocres, de gens à être mis en parallèle avec les Chapelains et avec les Cotins, et où, voulant faire honneur à notre siècle, on l'a en quelque sorte diffamé, en faisant voir qu'il s'y trouve des hommes capables d'écrire des choses si peu sensées. Pindare y[4] est des plus maltraités. Comme les beautés de ce poëte sont extrêmement renfermées dans sa langue, l'auteur de ces dialogues, qui vraisemblablement ne sait point de grec[5], et qui n'a lu Pindare que dans des traductions latines assez défectueuses, a pris pour galimatias tout ce que la faiblesse de ses lumières ne lui permettoit pas de comprendre. Il a surtout traité de ridicules ces endroits merveilleux où le poëte, pour marquer un esprit entièrement hors de soi, rompt quelquefois de dessein formé la suite de son discours; et afin de mieux entrer dans la raison, sort, s'il faut ainsi parler, de la raison même[6], évitant avec

---

[1] (V.) Au lecteur, dans une édition de 1693.

[2] (V.) *L'ode qu'on donne ici au public*, ibid.

[3] (B.) Parallèles des anciens et des modernes, en forme de dialogues.

[4] (V.) Cet *y* manque dans les premières éditions.

[5] (V.) ...*qui ne sait pas le grec*. (1693)

[6] (Cr.) « Cela est difficile à comprendre, répond Perrault. Ce « n'est pas un moyen de mieux entrer dans la raison que d'en sortir. « D'ailleurs la poésie la plus dithyrambique ne fait point sortir le

grand¹ soin cet ordre méthodique et ces exactes liaisons de sens qui ôteroient l'ame à la poésie lyrique. Le censeur dont je² parle n'a pas pris garde qu'en attaquant ces nobles hardiesses de Pindare, il donnait lieu de croire qu'il n'a jamais conçu le sublime des psaumes de David, où, s'il est permis de parler de ces saints cantiques à propos de choses si profanes, il y a beaucoup de ces sens rompus, qui servent même quelquefois à en faire sentir la divinité. Ce critique, selon toutes les apparences, n'est pas fort convaincu du précepte que j'ai avancé³ dans mon Art poétique, à propos de l'ode :

> Son style impétueux souvent marche au hasard :
> Chez elle un beau désordre est un effet de l'art.

Ce précepte effectivement, qui donne pour règle de ne point garder quelquefois de règles, est un mystère de l'art, qu'il n'est pas aisé de faire entendre à un homme sans aucun goût, qui croit que la Clélie et nos⁴ opéra⁵

« poète de la raison, en l'obligeant de s'écarter un peu de son sujet,
« puisque la raison veut qu'il ait de l'emportement et de l'enthou-
« siasme. » C'est précisément ce que Boileau veut dire et ce qu'il dit en effet.

¹ (V.) Ce mot *grand* est omis dans l'édition de 1693.
² (V.) ...dont *on* parle : *ibid.*
³ (V.) ...qu'*on* a avancé dans l'Art poétique : *ibid.*
⁴ (V.) *les* au lieu de *nos*, dans les éditions de 1693 et 94.
⁵ (Cr.) Boileau avoit écrit *opéras* avec *s*, dans l'édition de 1693. Perrault fit grand bruit de cette lettre *s* : c'étoit selon lui une incorrection grave. Despréaux la supprima en 1694 ; et selon J.-B. Rousseau (*Lettres*, tome II, page 190), c'étoit passer trop aisément condamnation. L'*s* est aussi nécessaire au pluriel d'*opéra*, qu'à tous les autres pluriels de la langue. Où ce mot est considéré comme latin, et dans ce cas il ne doit point être employé au singulier ; ou il est naturalisé françois, et alors il est assujetti aux lois de la langue. D'ailleurs on prononce en parlant *opéras*, *quidams*, *factums* ; ce qui est une marque qu'il faut les écrire ainsi. — Voyez, tome III, la huitième Réflexion sur Longin.

DISCOURS SUR L'ODE.

sont les modèles du genre sublime; qui trouve Térence fade, Virgile froid, Homère de mauvais sens, et qu'une espèce de bizarrerie d'esprit [1] rend insensible à tout ce qui frappe ordinairement les hommes. Mais ce n'est pas ici le lieu de lui montrer ses erreurs. On le fera peut-être plus à propos un de ces jours, dans quelque autre ouvrage.

Pour revenir à Pindare, il ne seroit pas difficile d'en faire sentir les beautés à des gens qui se seroient un peu familiarisé le grec; mais comme cette langue est aujourd'hui assez ignorée de la plupart des hommes, et qu'il n'est pas possible de leur faire voir Pindare dans Pindare même, j'ai cru que je ne pouvois mieux justifier ce grand poète qu'en tâchant de faire [2] une ode en françois à sa manière, c'est-à-dire pleine de mouvements et de transports, où l'esprit parût [3] plutôt entraîné du démon de la poésie que guidé par la raison. C'est le but que je me suis proposé [4] dans l'ode qu'on va voir. J'ai pris [5] pour sujet la prise de Namur, comme la plus grande ac-

[1] (V.) ...d'esprit, qu'il a, dit-on, commune (ou qui lui est commune) avec toute sa famille... Ces mots se lisent dans l'édition de 1693; ils ont été retranchés dans les éditions suivantes. Perrault s'en étoit plaint amèrement et fort justement. « Cet endroit, monsieur, « est trop fort, disoit-il, et excède toutes les libertés et toutes les li- « cences que les gens de lettres prennent dans leurs disputes. Ma fa- « mille est irréprochable, et elle l'est à un point que je lui ferois « tort si je me donnois la peine de la justifier de votre calomnie. « On n'y trouvera que des gens de bien, des gens de bon sens, of- « ficieux, bienfaisants et aimés de tout le monde. De quatre frères « que j'ai eus, et dont je suis le moindre et le dernier en toutes choses, « vous n'avez connu que celui qui étoit médecin et de l'Académie des « sciences, etc. » Voyez, tome III, la première Réflexion sur Longin.

[2] (V.) On a cru qu'on ne pouvoit mieux justifier ce grand poète qu'en faisant une ode en françois à sa manière, etc. (Édit. de 1693.)

[3] (V.) ...où l'on parut, ibid.

[4] (V.) ...qu'on s'est proposé, ibid.

[5] (V.) ...on a pris, ibid.

tion de guerre qui se soit faite de nos jours, et comme la matière la plus propre à échauffer l'imagination d'un poète. J'y ai jeté, autant que j'ai pu [1], la magnificence des mots; et, à l'exemple des anciens poètes dithyrambiques, j'y ai employé [2] les figures les plus audacieuses, jusqu'à y faire un astre de la plume blanche que le roi porte ordinairement à son chapeau, et qui est en effet comme une espèce de comète fatale à nos ennemis, qui se jugent perdus dès qu'ils l'aperçoivent. Voilà le dessein de cet ouvrage [3]. Je ne réponds [4] pas d'y avoir réussi; et je ne sais [5] si le public, accoutumé aux sages emportements de Malherbe, s'accommodera de ces saillies et de ces excès pindariques. Mais, supposé que j'y aie échoué, je m'en consolerai du moins [6] par le commencement de cette fameuse ode latine d'Horace,

Pindarum quisquis studet æmulari, etc.

où Horace donne assez à entendre que s'il eût voulu lui-même s'élever à la hauteur de Pindare, il se seroit cru en grand hasard de tomber [7].

Au reste, comme parmi les épigrammes qui sont imprimées à la suite de cette ode, on trouvera encore une autre petite ode de ma façon, que je n'avois point jusqu'ici insérée dans mes écrits, je suis bien aise, pour ne me point brouiller avec les Anglois d'aujourd'hui, de faire ici ressouvenir le lecteur que les Anglois que j'attaque

[1] (V.) ...on y a jeté, autant qu'on a pu, ibid.
[2] (V.) ...on y a employé, ibid.
[3] (V.) ...de ce petit ouvrage, ibid.
[4] (V.) ...on ne répond pas, ibid.
[5] (V.) ...et on ne sait pas, ibid.
[6] (V.) Mais, supposé qu'on y ait échoué, on s'en consolera du moins... ibid.
[7] (V.) Ici finissoit ce discours dans les premières éditions. Les deux alinéas suivants ont été ajoutés en 1701.

dans ce petit poème, qui est un ouvrage de ma première jeunesse, ce sont les Anglois du temps de Cromwel.

J'ai joint aussi à ces épigrammes un arrêt burlesque [1] donné au Parnasse, que j'ai composé autrefois, afin de prévenir un arrêt très-sérieux, que l'université songeoit à obtenir du parlement, contre ceux qui enseigneroient dans les écoles de philosophie d'autres principes que ceux d'Aristote. La plaisanterie y descend un peu bas, et est toute dans les termes de la pratique; mais il falloit qu'elle fût ainsi, pour faire son effet, qui fut très-heureux, et obligea, pour ainsi dire, l'université à supprimer la requête qu'elle alloit présenter.

. . . . Ridiculum acri
Fortius ac melius magnas plerumque secat res [2].

[1] (H.) Composé assez long-temps avant ce discours sur l'ode. Voyez tome III.

[2] (H.) Hor., lib. I, sat. x, v. 14, 15. — Charles Perrault a publié une lettre à M. Despréaux, en réponse au discours sur l'ode. Nous en avons extrait quelques lignes dans les notes précédentes. Nous nous abstenons de transcrire la pièce entière, quoiqu'elle ait été insérée dans plusieurs éditions des œuvres de Boileau.

ODE

SUR LA PRISE DE NAMUR.

(1693[1])

I.

Quelle docte et sainte ivresse
Aujourd'hui me fait la loi?
Chastes nymphes du Permesse,
N'est-ce pas vous que je voi?
Accourez, troupe savante:
Des sons que ma lyre enfante
Ces arbres sont réjouis[2].
Marquez-en bien la cadence;
Et vous, vents, faites silence:
Je vais parler de Louis.

II.

Dans ses chansons immortelles[3],

---

[1] (H.) Louis XIV commença le siége de Namur le 26 mai 1692; la ville fut prise le 5 juin, et le château se rendit le 30. — Voyez, tome IV, une lettre où Racine raconte à Boileau les détails de ce siége.

[2] (Cr.) « *Réjouis* est triste à l'oreille; et le verbe *sont* est sans ac-« tion. Un poète plein d'ivresse doit avoir un style plein de mou-« vement. » Le Brun. On pourroit ajouter que *sont* reproduit pour l'oreille la syllabe *sons* du vers précédent.

[3] (V.) Cette seconde strophe n'étoit que la troisième; elle étoit précédée de celle-ci:

Un torrent dans les prairies

Comme un aigle audacieux,
Pindare [1], étendant ses ailes,
Fuit loin des vulgaires yeux.
Mais, ô ma fidèle lyre!
Si, dans l'ardeur qui m'inspire,
Tu peux suivre mes transports,
Les chênes des monts de Thrace [2]
N'ont rien ouï que n'efface
La douceur de tes accords.

>Roule à flots précipités.
>Malherbe dans ses furies
>Marche à pas trop concertés.
>J'aime mieux, nouvel Icare,
>Dans les airs suivant Pindare,
>Tomber du ciel le plus haut,
>Que, loué de Fontenelle,
>Raser, timide hirondelle,
>La terre comme Perrault.

Aux vers 6 et 9 de cette strophe, au lieu de *suivant* et *timide*, on lit *cherchant* et *craintive*, dans une copie conservée à la bibliothéque du roi, et qu'on croit être de la main de Rollin. Cette copie présente de plus à la marge les cinq vers suivants, qui semblent être une variante:

>En prodiges l'eau féconde
>Dans Versailles vole aux cieux.
>La perle est fille de l'onde,
>L'or est le charme des yeux.
>Mais, ô ma fidèle lyre, etc.

On remarqueroit là une imitation sensible du commencement de la première olympique de Pindare; mais il y a peu d'apparence que ces vers soient de Boileau.

[1] (H.) Pindare, poëte grec, né à Thèbes en Béotie, est mort au cinquième siècle avant l'ère vulgaire: il avoit composé des tragédies, des élégies: il ne reste de lui que quarante-cinq odes, savoir: quatorze olympiques, douze pythiques, onze néméennes et huit isthmiques.

[2] (B.) Hémus, Rhodope et Pangée.

III.

Est-ce Apollon et Neptune
Qui, sur ces rocs sourcilleux,
Ont, compagnons de fortune[1],
Bâti ces murs orgueilleux ?
De leur enceinte fameuse
La Sambre, unie à la Meuse,
Défend le fatal abord ;
Et, par cent bouches horribles,
L'airain sur ces monts terribles
Vomit le fer et la mort.

IV.

Dix mille vaillants Alcides
Les bordant de toutes parts,
D'éclairs au loin homicides
Font petiller leurs remparts ;
Et, dans son sein infidèle,
Partout la terre y recèle
Un feu prêt à s'élancer,
Qui, soudain perçant son gouffre,
Ouvre un sépulcre de soufre
A quiconque ose avancer[2].

---

[1] (B.) Ils s'étoient loués à Laomédon, pour rebâtir les murs de Troie.

[2] (Cr.) La Harpe a fait d'excellentes observations sur cette strophe. « *Dix mille Alcides* est une froide hyperbole, qui n'est point faite « pour le style noble. Si les défenseurs de Namur sont tous des *Al-* « *cides*, que seront donc ceux qui ont pris la ville ? On voit jusqu'où « l'exagération peut mener. On a toujours cru louer suffisamment « un héros en le nommant *un Alcide*, et voilà que dix mille soldats

V.

Namur, devant tes murailles
Jadis la Grèce eût, vingt ans,
Sans fruit vu les funérailles
De ses plus fiers combattants.
Quelle effroyable puissance
Aujourd'hui pourtant s'avance,
Prête à foudroyer tes monts!
Quel bruit, quel feu l'environne!
C'est Jupiter en personne,
Ou c'est le vainqueur de Mons.

VI.

N'en doute point, c'est lui-même;
Tout brille en lui, tout est roi.
Dans Bruxelles Nassau blême [1]
Commence à trembler pour toi.
En vain il voit le Batave,
Désormais docile esclave,
Rangé sous ses étendards;
En vain au lion belgique
Il voit l'aigle germanique
Uni sous les léopards:

« sont des *Alcides*, et de *vaillants Alcides!... Font pétiller* est pro-
« saïque et foible... *Un sépulcre de soufre* n'est pas plus extraordinaire
« qu'un *sépulcre de feu*, qu'on a dit cent fois. Il s'en faut bien que
« cette figure commune puisse excuser, surtout dans des vers ly-
« riques, cette chute misérable: *A quiconque ose avancer*, qui gâteroit
« la meilleure strophe. » *Sein infidèle* n'est pas non plus très-har-
monieux. Du reste l'épithète *infidèle* appliquée ici à *la terre* seroit fort
poétique.

[1] (Cr.) On a peine à comprendre comment Boileau a pu écrire
un tel vers.

VII.

Plein de la frayeur nouvelle
Dont ses sens sont agités,
A son secours il appelle
Les peuples les plus vantés.
Ceux-là viennent du rivage
Où s'enorgueillit le Tage
De l'or qui roule en ses eaux;
Ceux-ci, des champs où la neige
Des marais de la Norwège
Neuf mois couvre les roseaux.

VIII.

Mais qui fait enfler la Sambre?
Sous les gémeaux [1] effrayés,
Des froids torrents de décembre
Les champs partout sont noyés [2].
Cérès s'enfuit éplorée
De voir en proie à Borée
Ses guérêts d'épis chargés,
Et, sous les urnes fangeuses
Des Hyades orageuses,
Tous ses trésors submergés.

IX.

Déployez toutes vos rages,
    Princes, vents, peuples, frimas;

---

[1] (V.) ...*jumeaux*, dans les anciennes éditions.

[2] (B.) Le siége se fit au mois de juin, et il tomba durant ce temps-là de furieuses pluies.

Ramassez tous vos nuages,
Rassemblez tous vos soldats :
Malgré vous, Namur en poudre
S'en va tomber sous la foudre
Qui dompta Lille, Courtrai,
Gand la superbe [1] Espagnole,
Saint-Omer [2], Besançon, Dole,
Ypres, Mastricht et Cambrai [3].

X.

Mes présages s'accomplissent :
Il commence à chanceler ;
Sous les coups qui retentissent
Ses murs s'en vont s'écrouler [4].
Mars en feu, qui les domine,
Souffle à grand bruit leur ruine [5] ;
Et les bombes, dans les airs

---

[1] (V.) Première manière :

> Gand, la *constante* espagnole.

[2] (V.) *Luxembourg* au lieu de *Saint-Omer*, dans la copie envoyée à Racine, le 4 juin 1693. Voyez tome IV.

[3] (Cr.) « Fatale nomenclature, s'écrie Le Brun, composée de « mots durs et barbares qui déchirent l'oreille ! Quelle rime pour « une ode que *Cambrai* et *Courtrai !* et quels vers, bon Dieu, où « l'on entasse *Ypres, Mastricht* et *Cambrai !* »

[4] (V.) La copie envoyée à Racine portoit :

> Je vois ses murs qui frémissent
> Déjà prêts à s'écrouler.

C'étoit mieux que *s'en vont s'écrouler*, surtout après qu'on a dit dans la strophe précédente, *Namur s'en va tomber*.

[5] (V.)   De loin souffle leur ruine,

dans la même copie.

Allant chercher le tonnerre,
Semblent, tombant sur la terre,
Vouloir s'ouvrir les enfers [1].

XI.

Accourez, Nassau, Bavière,
De ces murs l'unique espoir :
A couvert d'une rivière,
Venez, vous pouvez tout voir.
Considérez ces approches :
Voyez grimper sur ces roches
Ces athlètes belliqueux ;
Et dans les eaux, dans la flamme,
Louis à tous donnant l'ame,
Marcher, courir avec eux.

XII.

Contemplez dans la tempête
Qui sort de ces boulevards,
La plume qui sur sa tête [2]
Attire tous les regards.
A cet astre [3] redoutable

---

[1] (Cr.) « Quoique ces vers soient de Boileau, quiconque, dit La « Harpe, aura étudié la poésie dans Boileau lui-même sentira que « ces vers sont mauvais de tout point. La consonnance de quatre « rimes n'est que désagréable et dure, parce qu'elle ne peut avoir « aucune intention; mais ce qu'il y a de pis, c'est qu'aucune des « circonstances choisies par le poète ne peint ce que la bombe a de « terrible. Qu'importe qu'elle *aille chercher le tonnerre* ou qu'elle *veuille* « *s'ouvrir les enfers?* Otez *le tonnerre* et *les enfers*, et il ne reste rien. »

[2] (B.) Le roi porte toujours à l'armée une plume blanche.

[3] (B.) Homère, *Iliade*, livre XIX, vers 299 (*il falloit dire* 381), où il dit que l'aigrette d'Achille étinceloit comme un astre.

Toujours un sort favorable [1]
S'attache dans les combats ;
Et toujours avec la gloire [2]
Mars amenant la victoire
Vole, et le suit à grands pas.

XIII.

Grands [3] défenseurs de l'Espagne,
Montrez-vous, il en est temps.
Courage ! vers la Méhagne [4]
Voilà vos drapeaux flottants.
Jamais ses ondes craintives
N'ont vu sur leurs foibles rives
Tant de guerriers s'amasser.
Courez donc ; qui vous retarde ?
Tout l'univers vous regarde :
N'osez-vous la traverser [5] ?

Brossette prétend que Boileau avoit aussi en vue ces deux vers du Tassoni, *Secchia rapita*, canto VI, st. XVIII :

> Ei qual cometa minacciosa splende
> D'oro e di piume alteramente adorno.

[1] (Cr.) *Redoutable, favorable.* L'ode veut de plus belles rimes.
LE BRUN.

[2] (Cr.) *Avec la gloire* est bien cheville. LE BRUN.

[3] (Cr.) *Grands pas* à la fin du vers précédent, et ici *grands défenseurs*.

[4] (B.) Rivière près de Namur.

[5] (V.) Voici comment se lisent les strophes XI, XII, XIII, dans la copie communiquée à Racine :

> *Approchez, troupes altières,*
> *Qu'unit un même devoir :*
> *A couvert de ces rivières,*
> *Venez, vous pouvez tout voir.*

XIV.

Loin de fermer le passage
A vos nombreux bataillons,
Luxembourg a du rivage
Reculé ses pavillons [1].
Quoi ! leur seul [2] aspect vous glace !

Contemplez bien ces approches ;
Voyez détacher ces roches ;
Voyez ouvrir ce terrein ;
Et dans les eaux, dans la flamme,
Louis à tout donnant l'ame,
Marcher *tranquille et serein.*

Voyez, dans cette tempête,
Partout se montrer aux yeux
La plume qui *ceint* sa tête
D'un cercle si glorieux.
A sa blancheur remarquable,
Toujours un sort favorable
S'attache dans les combats ;
Et toujours avec la gloire
Mars *et sa sœur* la Victoire
Suivent cet astre à grands pas.

Grands défenseurs de l'Espagne,
Accourez tous, il est temps.
Mais déjà vers la Méhagne
Je vois vos drapeaux flottants.
Jamais ses ondes craintives
N'ont vu sur leurs foibles rives
Tant de guerriers s'amasser.
Marchez donc, *troupe héroïque :*
Au-delà de ce *Granique*
Que tardez-vous d'avancer ?

[1] (Cr.) Despréaux (voyez sa lettre à Racine), craignoit que cet hommage rendu au maréchal de Luxembourg n'indisposât Louis XIV. « Il y auroit eu, dit d'Alembert, une meilleure raison de supprimer « la stance qui mettoit Despréaux si fort en peine, c'est qu'elle est « foible et peu digne de l'auteur ; mais ce motif auroit dû en faire « disparoître beaucoup d'autres, plus mauvaises encore que celle-ci. » (*Note* XIV *sur l'éloge de Despréaux.*)

[2] (V.) *Eh quoi ! son,* dans la même lettre à Racine.

Où sont ces chefs pleins d'audace,
Jadis si prompts à marcher,
Qui devoient, de la Tamise,[1]
Et de la Drave[2] soumise,
Jusqu'à Paris nous chercher?

XV.

Cependant l'effroi redouble
Sur les remparts de Namur :
Son gouverneur, qui se trouble,
S'enfuit sous son dernier mur.
Déjà jusques à ses portes
Je vois monter nos cohortes[3]
La flamme et le fer en main;
Et sur les monceaux de piques,
De corps morts, de rocs, de briques[4],
S'ouvrir un large chemin.

[1] (H.) Rivière qui passe à Londres, dit Brossette. Nous avions, en 1809, attribué cette note à Boileau, et l'on n'a pas manqué de relever une si grave *méprise*, dans l'un des commentaires publiés en 1821. Au fond, la note est plus digne du commentateur que du poète.

[2] (B.) Rivière qui passe à Belgrade, en Hongrie. — Pour cette note-ci, elle est de Despréaux, ou du moins de ses éditeurs de 1713 : il seroit possible qu'elle ne lui appartînt pas plus que la précédente.

[3] (V.) Dans la lettre citée ci-dessus, les cinq derniers vers de cette strophe sont copiés ainsi :

> Je vois nos *fières* cohortes
> S'ouvrir un large chemin;
> Et sur les monceaux de piques,
> De corps morts, de rocs, de briques,
> Monter le sabre à la main.

[4] (Cr.) On voit bien que le poète a eu l'intention de produire un effet d'harmonie imitative; mais il n'a fait qu'un vers dur qui déchire l'oreille sans frapper l'imagination.

XVI.

C'en est fait. Je viens d'entendre
Sur ces rochers éperdus [1]
Battre un signal pour se rendre.
Le feu cesse : ils sont rendus.
Dépouillez votre arrogance [2],
Fiers ennemis de la France ;
Et, désormais gracieux [3],
Allez à Liége, à Bruxelles,
Porter les humbles nouvelles
De Namur pris à vos yeux.

XVII.

Pour moi, que Phébus anime
De ses transports les plus doux,
Rempli de ce dieu sublime,
Je vais, plus hardi que vous,
Montrer que sur le Parnasse,
Des bois fréquentés d'Horace
Ma muse dans [4] son déclin
Sait encor les avenues,

---

[1] (V.) Sur les remparts éperdus.
(*Dans la lettre à Racine.*)

[2] (V.) Rappelez votre constance. (*Ibid.*)

[3] (Cr.) *Gracieux* pour *modeste, abaissé, moins fier.* Voltaire observe avec raison que cet emploi du mot *gracieux* est impropre. (*Dict. philosoph.*, article *Gracieux.*)

[4] (V.) ...*sur*, dans la copie qui fait partie de la lettre à Racine, 4 juin 1693. — Il paroît aussi que le vers précédent avoit été d'abord écrit de cette manière :

Des antres chéris d'Horace.

Et des sources inconnues
A l'auteur du Saint-Paulin[1].

[1] (B.) Poème héroïque du sieur P.... (Perrault.)
(Cr.) L'ode qu'on vient de lire est, de toutes les pièces de Boileau, celle qui a essuyé le plus de critiques. On feroit un volume de tout ce qui a été écrit contre elle, depuis Perrault jusqu'à nos jours. Des littérateurs du dix-septième siècle et du dix-huitième l'ont déclarée inférieure, non-seulement à l'ode de Chapelain sur Richelieu, mais à une ode composée par Perrault lui-même sur la prise de Namur, et dont voici pourtant une strophe :

> La raison que j'ai choisie
> Pour mon immuable loi,
> Veut que toute frénésie
> Se retire loin de moi.
> Il faut qu'au fond de mon ame
> D'une lumineuse flamme
> Règne la sérénité,
> Pour voir d'un œil clair et sage,
> Des vertus qu'elle envisage
> L'immense sublimité.

Voltaire, dans *le Temple du Goût*, suppose que Boileau condamne lui-même son propre ouvrage,

> Et rit des traits *manqués* du pinceau foible et dur
> Dont il défigura le vainqueur de Namur.

Sans appeler de cet arrêt sévère, presque généralement adopté aujourd'hui, nous remarquerons historiquement que l'ode de Boileau a cependant trouvé des admirateurs recommandables, habiles, et même illustres. Non-seulement Rollin l'a traduite en vers latins, et Goujet l'a citée comme une époque dans l'histoire de ce genre de poésie; mais elle a été louée par Regnard, par Jean Racine, par le lyrique J. B. Rousseau.

Oserons-nous ajouter que les idées dont ce poème se compose paroissent grandes et poétiques dans la traduction latine de Rollin, et dans celle de l'abbé de Saint-Remi? C'est l'expression, chose étonnante ! qui est foible ou même fausse dans l'ode de Boileau : la plupart des effets de style, qu'il a voulu produire, y sont *manqués*.

« *Le plan de cette ode est beau*, dit Le Brun, le sujet en est bien
« saisi, elle renferme des strophes d'une grande vigueur. Il y en a
« de foibles ; il y en a même de mauvaises. Là étincellent des expres-
« sions riches et superbes; ici l'on en trouve de basses et de ridi-

« cules; et là d'incorrectes et de triviales. En général, la versification
« en est peu lyrique...; l'expression n'est pas aussi heureuse que l'i-
« dée..... On reconnoît Boileau dans les quatre premiers vers de la
« troisième strophe... La huitième (*Mais qui fait enfler la Sambre*, etc.),
« est superbe, et de la plus riche poésie. »

ODE[1]

Sur un bruit qui courut, en 1656[2], que Cromwell et les Anglois alloient faire la guerre à la France.

    Quoi! ce peuple aveugle en son crime,
    Qui, prenant son roi pour victime,
    Fit du trône un théâtre affreux[3]
    Pense-t-il que le ciel, complice
    D'un si funeste sacrifice,
    N'a pour lui ni foudre[4] ni feux[5]?

    Déjà sa flotte à pleines voiles[6],
    Malgré les vents et les étoiles[7],
    Veut maîtriser tout l'univers;
    Et croit que l'Europe étonnée,

---

[1] (B.) Je n'avois que dix-huit ans quand je fis cette ode, mais je l'ai raccommodée.

[2] (H.) Boileau étoit, quoi qu'il en dise, dans sa vingtième année en 1656.

[3] (Cr.) *Affreux* est peut-être l'épithète que Despréaux a le plus employée. Voyez satire I, v. 133; III, 76; VI, 17; VIII, 210; IX, 209; X, 19, 270, 339, 391; XI, 111; XII, 316. Épître I, v. 24, 138; IV, 48, 126; IX, 110; XII, 57, 66. Art poétique, II, 159, 188; III, 4, 137; IV, 187, 210. Lutrin, III, 1; IV, 31; V, 33, 100; VI, 173, etc.

[4] (V.) *Foudres*, au pluriel, dans quelques éditions.

[5] (Cr.) *Ni feux* paroît à Saint-Marc une addition oiseuse après *ni foudres*.

[6] (V.) EN *pleines voiles*, dans l'édition souvent fautive de 1713.

[7] (Cr.) On ne sait trop ce que viennent faire ici *les étoiles*, si non rimer avec *les voiles*.

A son audace forcenée
Va céder l'empire des mers.

Arme-toi, France; prends la foudre;
C'est à toi de réduire en poudre
Ces sanglants [1] ennemis des lois.
Suis la victoire qui t'appelle,
Et va sur ce peuple rebelle
Venger la querelle des rois [2].

Jadis on vit ces parricides,
Aidés de nos soldats perfides,
Chez nous, au comble de l'orgueil [3],
Briser tes plus fortes murailles,

---

[1] (Cr.) Doit-on employer ainsi le mot *sanglant* comme synonyme de *sanguinaire*? Les *sanguinaires* ennemis de Charles Ier ont *ensanglanté* ou rendu *sanglant* le trône d'Angleterre. On apauvrit la langue lorsqu'on méconnoît ces nuances.

[2] (V.) Entre cette strophe et la suivante se trouvoit celle-ci :

    O que la mer dans les deux mondes
    Va voir de morts parmi ses ondes
    Flotter à la merci du sort !
    Déjà Neptune, plein de joie,
    Regarde en foule à cette proie
    Courir les baleines du nord.

[3] (V.) Ce vers et les trois suivants avoient été d'abord composés de cette manière :

    De sang inonder nos guérêts,
    Faire des déserts de nos villes,
    Et dans nos campagnes fertiles
    Brûler jusqu'au jonc des marais.

La seconde manière vaut mieux, à l'exception pourtant des deux premiers mots *chez nous* qui sont tout-à-fait parasites, et qui figurent assez mal dans la phrase : *France, on vit ces parricides briser* CHEZ NOUS (c'est-à-dire chez toi) *tes murailles*, etc.

Et par le gain de vingt batailles
Mettre tous tes peuples en deuil.

Mais bientôt le ciel en colère [1],
Par la main d'une humble bergère [2]
Renversant tous leurs bataillons,
Borna leurs succès et nos peines;
Et leurs corps, pourris dans nos plaines,
N'ont fait qu'engraisser nos sillons [3].

[1] (V.) Cette dernière strophe commençoit par ces quatre vers :

> Mais bientôt, malgré leurs furies,
> Dans ces campagnes refleuries,
> Leur sang coulant à gros bouillons
> Paya l'usure de nos peines.

[2] (H.) Jeanne d'Arc, dite la Pucelle d'Orléans.

[3] (H.) Boileau n'a fait entrer cette ode dans le recueil de ses œuvres qu'en 1701; mais elle avoit été insérée, en 1671, dans une collection de Poésies chrétiennes et diverses, imprimée à Paris, chez Le Petit, en 3 vol. in-12.

CHANSONS,

STANCES, SONNETS, ÉPITAPHES, etc.

I. Chanson à boire, que je fis au sortir de mon cours de philosophie, à l'âge de dix-sept ans. (1653)

Philosophes rêveurs, qui pensez tout savoir,
Ennemis de Bacchus, rentrez dans le devoir :
    Vos esprits s'en font trop accroire.
    Allez, vieux fous, allez apprendre à boire.
      On est savant quand on boit bien :
      Qui ne sait boire ne sait rien.

S'il faut rire ou chanter au milieu d'un festin [1],
Un docteur est alors au bout de son latin :
    Un goinfre en a toute la gloire.
    Allez, vieux fous, etc.

[1] (V.) Ce second couplet est omis dans l'édition de Brossette.

II. Chanson à boire. (1653-56)[1]

Soupirez jour et nuit, sans manger et sans boire,
Ne songez qu'à souffrir :
Aimez, aimez vos maux, et mettez votre gloire
A n'en jamais guérir.
Cependant nous rirons
Avecque la bouteille,
Et dessous la treille
Nous la chérirons.

Si, sans vous soulager, une aimable cruelle
Vous retient en prison,
Allez aux durs rochers, aussi sensibles qu'elle,
En demander raison.
Cependant nous rirons, etc.[2]

[1] (H.) Brossette dit que Boileau étoit malade lorsqu'il fit cette chanson; et qu'à chaque accès de fièvre, il se croyoit condamné à faire des couplets sur l'un des airs du Savoyard.

[2] (H.) Ce refrain étoit emprunté d'une chanson du Savoyard, dont, à ce propos, Boileau se disoit *le continuateur*; et l'on suppose que cette circonstance de sa vie lui a suggéré ce vers de la IXe satire :

Servir de second tome aux airs du Savoyard.

Voyez tome I, page 169.

III. Vers sur Marie Poncher de Bretouville[1], mis en musique par Lambert en 1671.

Voici les lieux charmants, où mon ame ravie
    Passoit à contempler Silvie.
Ces tranquilles moments si doucement perdus.
Que je l'aimois alors! Que je la trouvois belle!
Mon cœur, vous soupirez au nom de l'infidèle :
Avez-vous oublié que vous ne l'aimez plus[2]?

C'est ici que souvent errant dans les prairies,
    Ma main des fleurs les plus chéries
Lui faisoit des présents si tendrement reçus.
Que je l'aimois alors! Que je la trouvois belle!
Mon cœur, vous soupirez au nom de l'infidèle :
Avez-vous oublié que vous ne l'aimez plus?

---

[1] (H.) Voyez la Vie de Boileau, tome I, page LV.
Mademoiselle de Bretouville avoit embrassé la vie religieuse ; et Brossette assure que Boileau avoit payé sa dot qui étoit d'environ 6000 fr. Cependant de Boze dit que cette somme, provenant des revenus du bénéfice de Saint-Paterne durant huit ans, fut employée par Despréaux en différentes œuvres de piété, et principalement à soulager les pauvres du lieu.

[2] (Cr.) L'humeur de Marmontel contre Boileau se manifeste par la critique amère qu'il fait de ces six vers : il les appelle un madrigal où il n'y a que de l'esprit, et ne craint pas de leur appliquer ces vers du *Misanthrope* :

    Ce n'est que jeux d'esprit, affectation pure ;
    Et ce n'est pas ainsi que parle la nature.

(Voyez les *Éléments de littérature*, article *Anacréontique*.)

IV. Chanson à boire, faite à Bâville, où étoit le père Bourdaloue.
(1672)

(Voyez la lettre de Boileau à Brossette, du 15 juillet 1702, tome IV.)

Que Bâville me semble aimable,
Quand des magistrats le plus grand
Permet que Bacchus à sa table
Soit notre premier président!

Trois muses, en habits de ville [1],
Y président à ses côtés :
Et ses arrêts par Arbouville [2]
Sont à plein verre exécutés.

Si Bourdaloue [3] un peu sévère
Nous dit : Craignez la volupté;
Escobar [4], lui dit-on, mon père,
Nous la permet pour la santé.

Contre ce docteur authentique,
Si du jeûne il prend l'intérêt :
Bacchus le déclare hérétique,
Et janséniste, qui pis est.

[1] (V.) Il y avoit d'abord :

Chalucet, Helyot, La Ville.

[2] (B.) Gentilhomme, parent de M. le premier président.

[3] (H.) On dit que Bourdaloue prit mal cette plaisanterie, et qu'il dit au P. Rapin : Si M. Despréaux me chante, je le *prêcherai*. Il avoit déjà prêché Molière. Voyez tome II, page 66.

[4] (H.) Voyez tome I, page 291.

V. Vers dans le style de Chapelain, que Boileau chantoit sur
un air fort tendre.

Droits et roides rochers dont peu tendre est la cîme,
De mon flamboyant cœur l'âpre état vous savez :
Savez aussi, durs bois par les hivers lavés [1],
Qu'holocauste est mon cœur pour un front magnanime.

[1] (V.) Ces trois premiers vers sont cités par Perrault dans le tome III du *Parallèle des anciens et des modernes ;* mais avec quelques différences :

> *Rochers roides et droits* dont peu tendre est la cîme,
> De mon *barbare sort* l'âpre état vous savez :
> Savez aussi, durs bois, *qu'ont les* hivers lavés...

VI. Sonnet sur la mort d'une parente [1] (1653 ou 54)

(Voyez la lettre de Boileau à Brossette, du 24 novembre 1707.)

Parmi les doux transports d'une amitié fidèle,
Je voyois près d'Iris couler mes heureux jours;
Iris que j'aime encore, et que j'aimai toujours,
Brûloit des mêmes feux dont je brûlois pour elle;

Quand, par l'ordre du ciel, une fièvre cruelle
M'enleva cet objet de mes tendres amours;
Et, de tous mes plaisirs interrompant le cours,
Me laissa de regrets une suite éternelle.

Ah! qu'un si rude coup étonna mes esprits!
Que je versai de pleurs! que je poussai de cris!
De combien de douleurs ma douleur fut suivie!

Iris, tu fus alors moins à plaindre que moi;
Et, bien qu'un triste sort t'ait fait perdre la vie,
Hélas! en te perdant j'ai perdu plus que toi.

[1] (H.) Mademoiselle Dongois, nièce du poète.

VII. Sonnet sur une de mes parentes qui mourut toute jeune entre les mains d'un charlatan.

(Voyez les lettres de Boileau à Brossette du 24 novembre 1707.)

Nourri dès le berceau près de la jeune Orante,
Et non moins par le cœur que par le sang lié,
A ses jeux innocents enfant associé,
Je goûtois les douceurs d'une amitié charmante;

Quand un faux Esculape, à cervelle ignorante,
A la fin d'un long mal vainement pallié,
Rompant de ses beaux jours le fil trop délié,
Pour jamais me ravit mon aimable parente.

Oh! qu'un si rude coup me fit verser de pleurs!
Bientôt, la plume en main signalant mes douleurs,
Je demandai raison d'un acte si perfide.

Oui, j'en fis dès quinze ans [1] ma plainte à l'univers;
Et l'ardeur de venger ce barbare homicide,
Fut le premier démon qui m'inspira des vers.

[1] (H.) A prendre ce nombre de *quinze ans* à la rigueur, le sonnet précédent auroit été composé dès 1652 ; mais on sait bien qu'en vers les nombres ne sont qu'approximatifs : voilà pourquoi nous avons cru devoir proposer, comme plus vraisemblable, la date 1653 ou 54.
C'est de 1690 à 92 que Boileau a refait ce sonnet; il l'a laissé tel que nous venons de le transcrire sous le n° VII.

VIII. Stances à M. Molière [1], sur sa comédie de l'*École des femmes* [2], que plusieurs gens frondoient. (1663)

> En vain mille jaloux esprits,
> Molière, osent avec mépris,
> Censurer ton plus bel ouvrage :
> Sa charmante naïveté
> S'en va [3] pour jamais d'âge en âge
> Divertir [4] la postérité.
>
> Que tu ris agréablement !
> Que tu badines savamment !
> Celui qui sut vaincre Numance [5],
> Qui mit Carthage sous sa loi,
> Jadis sous le nom de Térence
> Sut-il mieux badiner que toi [6] ?
>
> Ta muse avec utilité
> Dit plaisamment la vérité ;
> Chacun profite à ton école :
> Tout en est beau, tout en est bon ;

---

[1] (V.) De *Molière*, en quelques éditions.

[2] (H.) Brossette dit que Boileau envoya ces stances à Molière, le 1er janvier 1663. L'*École des femmes* avoit été représentée pour la première fois le 26 décembre 1662.

[3] (Cr.) Cette expression *s'en va* déplaît à Saint-Marc.

[4] (V.) Il y avoit d'abord *enjouer*.

[5] (B.) Scipion.

[6] (Cr.) « Non, sans doute, répond Le Brun : il y a bien de la « différence entre Molière et Térence pour le sel de la plaisanterie, « la verve, l'originalité et surtout la variété des caractères. C'est ce « que Boileau devoit dire : il étoit beau de devancer le jugement de « la postérité. » Voyez ci-dessus, tome II, pages 187-189.

Et ta plus burlesque parole
Est souvent un docte sermon.

Laisse gronder tes envieux ;
Ils ont beau crier en tous lieux
Qu'en vain tu charmes le vulgaire,
Que tes vers n'ont rien de plaisant :
Si tu savois un peu moins plaire,
Tu ne leur déplairois pas tant [1].

[1] (V.) Ces quatre stances ont été insérées dans un recueil intitulé *les Délices de la poésie galante des plus célèbres autheurs de ce temps*: Paris, Ribou, 1666, in-12 ; mais on y a transposé les stances II et III : on a écrit le second et le troisième vers de la quatrième de cette manière :

> Que c'est à tort qu'on te révère,
> Que tu n'es rien moins que plaisant ;

enfin l'on a augmenté la pièce d'une cinquième stance, qui seroit à placer immédiatement après la première :

> Tant que l'univers durera,
> Avecque plaisir on dira
> Que, quoi qu'une femme complote,
> Un mari ne doit dire mot,
> Et qu'assez souvent la plus sotte
> Est habile pour faire un sot.

Nous avons peine à croire que Despréaux ait réellement composé ces six vers ; en tout cas, il a fort bien fait de les omettre dans les éditions qu'il a données de ses OEuvres.

IX. Épitaphe de la mère de l'auteur[1]. (1670)

Épouse d'un mari doux, simple, officieux,
Par la même douceur je sus plaire à ses yeux :
Nous ne sûmes jamais ni railler, ni médire.
Passant, ne t'enquiers point si de cette bonté
    Tous mes enfants ont hérité :
Lis[2] seulement ces vers[3], et garde-toi d'écrire[4].

X. Vers pour mettre au bas du portrait de mon père, greffier de la grand' chambre du parlement de Paris[5]. (1690)

    Ce greffier, doux et pacifique,
    De ses enfants au sang critique
    N'eut point le talent redouté ;
    Mais, fameux par sa probité,
    Reste de l'or du siècle antique,
    Sa conduite, dans le Palais
    Partout pour exemple citée,
    Mieux que leur plume si vantée
    Fit la satire des Rolets[6].

[1] (H.) Anne Denielle, seconde femme de Gilles Boileau le greffier, mourut en 1637, âgée de 23 ans.

[2] (V.) *Li* (sans *s*) dans les premières éditions.

[3] (H.) Ces six vers sont dans l'édition de 1694 : Brossette dit qu'ils ont été composés en 1670.

[4] (Cr.) Cet hémistiche, selon la plupart des commentateurs, exprime le remords ou le regret d'avoir écrit ; mais il en a été donné une explication bien plus étrange : *Il nous semble exprimer*, a-t-on dit, *la crainte que le satirique devoit inspirer à ceux qui écrivent.* C'est supposer que Despréaux a parlé un langage aussi obscur qu'arrogant.

[5] (H.) Gilles Boileau, greffier, mourut en 1653 ; mais ces huit vers n'ont été faits qu'en 1690.

[6] (H.) Voyez tome I, pages 61 et 62.

XI. M. Le Verrier, mon illustre ami, ayant fait graver mon portrait par Drevet, célèbre graveur, fit mettre au bas de ce portrait quatre vers, où l'on me fait ainsi parler : (1704)

Au joug de la raison [1] asservissant la rime ;
Et, même en imitant, toujours original,
J'ai su dans mes écrits, docte, enjoué, sublime,
Rassembler en moi Perse, Horace et Juvénal [2].

[1] (V.) Il y avoit d'abord *Sans peine à la raison.*

[2] (H.) Brossette raconte qu'un graveur, désirant mettre quelques vers au bas d'un portrait de Boileau, pria ce poète de les composer lui-même, et que celui-ci répondit : « Je ne suis ni assez fat pour « dire du bien de moi, ni assez sot pour en dire du mal. » Cependant le même Brossette nous assure que Boileau est le véritable auteur des quatre vers n° XI : *Au joug de la raison*, etc. ; et c'est d'ailleurs ce qu'on pourroit conclure d'une lettre écrite par le poète à son commentateur, le 6 mars 1705. (Voyez tome IV.) D'un autre côté, Boileau a fait semblant de se trouver trop loué dans ce quatrain : il va s'en plaindre dans la pièce n° XII.

XII. A quoi j'ai répondu par ces vers : (1704)

Oui, Le Verrier[1], c'est là mon fidèle portrait[2];
 Et le graveur en chaque trait[3]
A su très-finement tracer sur mon visage
De tout faux bel esprit l'ennemi redouté.
Mais, dans les vers pompeux qu'au bas de cet ouvrage
Tu me fais prononcer avec tant de fierté,
  D'un ami de la vérité
  Qui peut reconnoître l'image?

[1] (H.) Financier, qui se donnoit volontiers pour un homme de lettres : il étoit ami de Boileau.

[2] (H.) Brossette distingue quatre portraits de Boileau : le premier par Santerre; le second par Bouis; le troisième par de Troy; le quatrième et le meilleur par Rigaud : c'est celui qui a été gravé par Drevet, avec cette inscription : *Nicolaus Boileau Despreaux, morum lenitate et versuum dicacitate æquè insignis; natus die 1 novembris* 1637. On sait que cette date est fausse; la véritable est 1636.

[3] (V.) Ce vers et les suivants se lisent d'une autre manière dans la lettre de Boileau à Brossette, du 13 décembre 1704 :

  Et l'on y voit à chaque trait
  L'ennemi des Cotins tracé sur mon visage :
  Mais dans les vers altiers qu'au bas de cet ouvrage,
   Trop enclin à me rehausser,
  Sur un ton si pompeux on me fait prononcer
  Qui de l'ami du vrai reconnoîtra l'image?

XIII. Sur le buste de marbre qu'a fait de moi M. Girardon [1], premier sculpteur du roi.

Grace au Phidias de notre âge,
Me voilà sûr de vivre autant que l'univers;
Et ne connût-on plus ni mon nom ni mes vers,
Dans ce marbre fameux, taillé sur mon visage,
De Girardon toujours on vantera l'ouvrage.

XIV. Vers pour mettre au bas du portrait de Tavernier, le célèbre voyageur. (1668)

De Paris à Dehli [2], du couchant à l'aurore,
Ce fameux voyageur courut plus d'une fois;
De l'Inde et de l'Hydaspe [3] il fréquenta les rois,
Et sur les bords du Gange on le révère encore.
En tous lieux sa vertu fut son plus sûr appui;
Et, bien qu'en nos climats de retour aujourd'hui
  En foule à nos yeux il présente
Les plus rares trésors que le soleil enfante [4],
Il n'a rien rapporté de si rare que lui [5].

---

[1] (H.) François Girardon, sculpteur, né à Troyes en 1630, mort à Paris le 1er septembre 1715, le même jour que Louis XIV.

[2] (B.) Ville et royaume des Indes.

[3] (B.) Fleuves du même pays.

[4] (B.) Il étoit revenu des Indes avec près de trois millions en pierreries.

[5] (Cr.) On ne sait trop si ce dernier vers n'est pas épigrammatique; Tavernier étoit fort bizarre.

(H.) Ce voyageur, né à Paris en 1605, est mort à Moscou en 1689.

XV. Vers pour mettre au bas d'un portrait de monseigneur le duc du Maine [1], alors enfant, et dont on avoit imprimé un petit volume de lettres, au-devant desquelles ce prince étoit peint en Apollon, avec une couronne sur la tête. (1677)

> Quel est cet Apollon nouveau,
> Qui presque au sortir du berceau
> Vient régner sur notre Parnasse?
> Qu'il est brillant! Qu'il a de grace!
> Du plus grand des héros je reconnois le fils.
> Il est déjà tout plein de l'esprit de son père [2];
> Et le feu des yeux de sa mère
> A passé jusqu'en ses écrits.

[1] (H.) Né en 1670, fils de madame de Montespan et de Louis XIV.

[2] (V.) Ce vers et le précédent se lisoient d'abord comme il suit:

> Du plus grand des mortels je reconnois le fils.
> Il a déjà la fierté de son père.

XVI. Vers pour mettre au bas du portrait de mademoiselle de Lamoignon. (1687)

Aux sublimes vertus nourrie en sa famille,
    Cette admirable et sainte fille
En tous lieux signala son humble piété;
Jusqu'aux climats [1] où naît et finit la clarté,
Fit ressentir l'effet de ses soins secourables,
Et jour et nuit pour Dieu pleine d'activité,
Consuma son repos, ses biens et sa santé,
A soulager les maux de tous les misérables [2].

XVII. Vers pour mettre au bas du portrait de défunt M. Hamon [3], médecin de Port-Royal. (1787)

Tout brillant de savoir, d'esprit et d'éloquence,
Il courut au désert chercher l'obscurité,
Aux pauvres consacra ses biens et sa science,
Et trente ans dans le jeûne et dans l'obscurité,
    Fit son unique volupté
    Des travaux de la pénitence.

---

[1] (B.) Mademoiselle de Lamoignon faisoit tenir de l'argent à beaucoup de missionnaires jusque dans les Indes orientales et occidentales. L'édition de 1713 insère dans cette note les mots : sœur de M. le premier président.

[2] (H.) Madeleine de Lamoignon mourut le 14 avril 1687, âgée de 78 ans. Voyez ci-dessus, tome I, page LVII et CLXXX.

[3] (H.) Jean Hamon mourut en 1687, âgé de 69 ans.

XVIII. Vers pour mettre sous le buste du roi, fait par M. Girardon, l'année que les Allemands prirent Belgrade (1688)[1]

C'est ce roi si fameux dans la paix, dans la guerre,
Qui seul fait à son gré le destin de la terre.
Tout reconnoît ses lois, ou brigue son appui.
De ses nombreux combats le Rhin frémit encore;
Et l'Europe en cent lieux a vu fuir devant lui
Tous ces héros si fiers, que l'on voit aujourd'hui
Faire fuir l'Ottoman au-delà du Bosphore.

[1] (H.) La ville de Belgrade ne fut prise que le 6 septembre 1688; et cependant, dès le 31 août 1687, Girardon lui-même écrit au maire et échevins de Troyes que Boileau lui a donné ces sept vers pour mettre au bas de l'image du roi. Il y a vraisemblablement erreur de date dans cette lettre de Girardon.

Les mots *sous le buste* sont inexacts dans l'intitulé de cette petite pièce de vers : c'étoit un médaillon en marbre que Girardon avoit fait pour Louis XIV.

L'inscription latine qui accompagnoit ce médaillon étoit de Racine. Les sept vers françois de Boileau furent composés pour remplacer cette inscription dans l'estampe de ce même médaillon, gravée par Le Clerc.

Nous avions inséré ces détails dans l'édition de 1809; on les a transcrits dans celle de 1821, chez J. J. Blaise; mais afin d'avoir occasion de les contredire en observant que *l'inscription latine* ne se trouve point dans les œuvres de Racine, *pas même dans l'édition* SI COMPLÈTE *publiée par feu M. Germain Garnier, pair de France.*

Il paroît que l'auteur de cette remarque n'a pas pris la peine de recourir à la lettre de Girardon, qui est imprimée depuis près de soixante-dix ans, parmi les additions à *la Vie de P. Pithou*, par Grosley (tome II, pages 106-110) : il y auroit vu qu'il existe sur cet article un autre témoignage *positif* que le nôtre, et que c'étoit Girardon lui-même qu'il falloit *démentir*. Car ce sculpteur dit en propres termes : *c'est M. Racine qui a fait, à ma prière, l'inscription latine*, et il la transcrit tout entière à la suite de sa lettre. Il ne nous appartient point d'examiner pourquoi elle est omise dans les éditions *complètes* de Racine.

Nous laissons, le plus qu'il nous est possible, sans réponse beaucoup d'autres observations de la même espèce. A notre avis, l'au-

XIX. Vers pour mettre au bas du portrait de M. Racine.

Du théâtre françois l'honneur et la merveille [1],
Il sut ressusciter Sophocle en ses écrits ;
Et dans l'art d'enchanter les cœurs et les esprits,
Surpasser Euripide et balancer Corneille[2].

XX. Autre manière (communiquée par Racine fils à l'éditeur de Boileau en 1740).

Du théâtre françois l'honneur et la merveille,
J'ai su ressusciter Sophocle dans mes vers,
   Et, sans me perdre dans les airs,
  Voler aussi haut que Corneille.

teur du commentaire de Boileau, imprimé chez J. J. Blaise, a beaucoup trop laissé voir l'intention de déprécier un travail fort imparfait sans doute, mais antérieur au sien, et auquel il daigne faire beaucoup d'emprunts, lorsqu'il ne le cite point.

[1] (H.) Perrault avoit dit dans son *Siècle de Louis-le-Grand*, publié en 1687 :

    Mais quel sera le sort de l'illustre Corneille,
    Du théâtre françois l'honneur et la merveille ?

Boileau affecta de commencer son quatrain sur Racine, en appliquant à ce poète un vers fait pour Corneille par Perrault.

[2] (V.) On sait que le dernier vers de ce quatrain exprimoit d'abord avec plus de franchise la pensée de Boileau ; il y avoit :

    Balancer Euripide et surpasser Corneille.

Lorsque, par ménagement pour quelques admirateurs de l'auteur du *Cid*, Boileau eut consenti à déplacer les deux mots *balancer* et *surpasser*, il disoit : Je ne serois point fâché que, dans la suite des temps, quelque critique se donnât la liberté de rétablir mon vers de la manière que je l'avois fait.

XXI. Vers pour mettre sous le portrait de M. de La Bruyère, au-devant de son livre des *Caractères du temps*. (1693)[1]

Tout esprit orgueilleux qui s'aime
Par mes leçons se voit guéri ;
Et dans mon livre si chéri
Apprend à se haïr soi-même.

[1] (H.) C'est la date de la mort de La Bruyère. Mais ces quatre vers ont pu être composés auparavant par Despréaux, peut-être un ou deux ans après la publication des *Caractères*. Cet excellent livre parut en 1687, et fut bientôt apprécié par Boileau. Delille dit qu'on *n'entend pas ce que veulent dire* les quatre vers qui donnent lieu à cette note; « Que l'auteur des *Caractères* a fait une satire ingénieuse « et piquante des *vices et des ridicules;* mais qu'il ne doit point être « placé parmi ces moralistes austères et fâcheux *qui font haïr l'hu-* « *manité.* » Ce n'est pas non plus ce que signifient les quatre vers : ils disent seulement qu'on apprend dans La Bruyère à se guérir de l'orgueil et à *se haïr soi-même*. Ses *leçons* nous humilient en nous offrant le tableau *de nos ridicules et de nos vices*, sans nous faire *haïr le genre humain*. Voyez sur La Bruyère, tome I, pages LXVIII et 224.

XXII. Épitaphe de M. Arnauld, docteur de Sorbonne. (1694)

Au pied de cet autel de structure grossière [1].
Gît sans pompe, enfermé dans une vile bière,
Le plus savant mortel qui jamais ait écrit;
Arnauld, qui, sur la grace instruit par Jésus-Christ,
Combattant pour l'Église, a, dans l'Église même,
Souffert plus d'un outrage et plus d'un anathème.
Plein du feu qu'en son cœur souffla l'esprit divin,
Il terrassa Pélage, il foudroya Calvin,
De tous les faux docteurs confondit la morale.
Mais, pour fruit de son zèle, on l'a vu rebuté [2],
En cent lieux opprimé par leur noire cabale,
Errant, pauvre, banni, proscrit, persécuté [3];
Et même par sa mort leur fureur mal éteinte
N'auroit jamais laissé ses cendres en repos,
Si Dieu lui-même ici de son ouaille sainte
A ces loups dévorants n'avoit caché les os [4].

[1] (H.) Antoine Arnauld, mort en Flandre le 8 août 1694, dans sa quatre-vingt-troisième année, est enterré dans un faubourg de Bruxelles, sous l'autel d'une petite chapelle. (Voyez *Lettres de J. B. Rousseau*, tome II, page 190.)

[2] (V.) Première manière :

Cependant pour tout fruit de tant d'habileté.

[3] (V.) Il y avoit d'abord :

Il fut errant, banni, trahi, persécuté.

[4] (Cr.) Le Brun dit que cette épitaphe est bien versifiée, mais un peu longue.

XXIII. A madame la présidente de Lamoignon, sur le portrait du père Bourdaloue qu'elle m'avoit envoyé. (1704)[1]

Du plus grand orateur[2] dont la chaire se vante,
M'envoyer le portrait, illustre présidente,
C'est me faire un présent qui vaut mille présents[3].
J'ai connu Bourdaloue, et dès mes jeunes ans[4]
Je fis de ses sermons mes plus chères délices.
Mais lui, de son côté lisant mes vains caprices,
Des censeurs de Trévoux n'eut point pour moi les yeux.
Ma franchise surtout gagna sa bienveillance.
Enfin après Arnauld, ce fut l'illustre en France
Que j'admirai le plus et qui m'aima le mieux.

[1] (H.) Le portrait de Bourdaloue n'a été fait qu'après sa mort (13 mai 1704).

[2] (H.) Massillon n'étoit point encore assez connu.

[3] (Cr.) Ce vers n'est pas d'une très-haute poésie.

4 (V.) J'ai connu Bourdaloue, et dès mes *plus* jeunes ans, dans l'édition de Saint-Marc: *plus* ajouté aux douze syllabes de ce vers n'est là qu'une faute d'impression.

XXIV. Énigme. (1653)

Du repos des humains implacable ennemie,
J'ai rendu mille amants envieux de mon sort.
Je me repais de sang, et je trouve ma vie
Dans les bras de celui qui recherche ma mort [1].

XXV. Sur le cheval de don Quichotte [2]. (1653-1656)

Tel fut ce roi des bons chevaux,
Rossinante, la fleur des coursiers d'Ibérie,
Qui trottant nuit et jour et par monts et par vaux,
Galopa, dit l'histoire, une fois en sa vie [3].

---

[1] (B.) Une puce.
Voyez les lettres de Boileau à Brossette, du 29 septembre et du 7 novembre 1703, tome IV.

[2] (V.) Dans les anciennes éditions, ce titre se lit de cette manière : *Sur un portrait de Rocinante, cheval de don Guichot.*

[3] (H.) Boileau, âgé de dix-sept à vingt ans, avoit une maîtresse à Saint-Prix. Il étoit allé la voir, monté sur un très-mauvais cheval, et avoit fait une relation de ce voyage : il en subsiste deux fragments, savoir ceux que nous plaçons ici sous les numéros xxv et xxvi.

XXVI. Autre fragment de la relation d'un voyage à Saint-Prix.
(1653-56)

J'ai beau m'en aller à Saint-Prit :
Ce saint qui de tous maux guérit,
Ne sauroit me guérir de mon amour extrême.
Philis, il le faut avouer,
Si vous ne prenez soin de me guérir vous-même,
Je ne sais plus du tout à quel saint me vouer [1].

[1] (H.) C'est Brossette qui nous a transmis ces six vers; il ajoute que Boileau parloit quelquefois de la relation dont ils faisoient partie, et que, pour se moquer de cette production de sa jeunesse, il disoit : « Quand je mourrai, je veux la léguer à M. de Benserade : « elle lui appartient de droit, j'entends pour le style. »

XXVII. Vers pour mettre au-devant de *la Macarise*[1], roman allégorique de l'abbé d'Aubignac[2], où l'on expliquoit toute la morale des Stoïciens. (1664)[3]

Lâches partisans d'Épicure[4],
    Qui brûlant[5] d'une flamme impure,
Du portique[6] fameux[7] fuyez l'austérité,
    Souffrez qu'enfin la raison vous éclaire.
        Ce roman, plein de vérité,
        Dans la vertu la plus sévère
Vous peut faire aujourd'hui trouver la volupté.

[1] (H.) *Macarise, ou la Reine des îles fortunées*, deux vol. in-8°, publiés en 1664.

[2] (H.) François Hédelin, abbé d'Aubignac, étoit né à Paris en 1604; il mourut à Nemours en 1676. Son traité de littérature dramatique, intitulé *Pratique du Théâtre*, est son meilleur ouvrage. Malgré les erreurs qu'on y peut reprendre, il en sera parlé avec éloge dans la troisième Réflexion de Boileau sur Longin (tome III). Mais *Zénobie*, tragédie en prose par l'abbé d'Aubignac, n'a eu aucun succès, non plus que son roman allégorique de *Macarise*.

[3] (H.) Ces vers n'arrivèrent point assez tôt pour être placés, en 1664, *au-devant* du roman qu'ils devoient recommander; et Despréaux se félicita de ce contre-temps. Voyez sa lettre à Brossette, datée du 9 avril 1702, tome IV. Il avoit néanmoins inséré, dans son édition de 1701, cette petite pièce, en supprimant dans l'intitulé les noms de Macarise et de l'abbé d'Aubignac.

[4] (H.) Philosophe grec, dont la morale a été souvent mal expliquée.

[5] (V.) ... *brûlants*, dans les premières éditions.

[6] (B.) L'école de Zénon. (Ou des Stoïciens.)

[7] (Cr.) Épithète commune et peu caractéristique.

XXVIII. Le Bucheron et la Mort.

FABLE. (1668)

Le dos chargé de bois, et le corps tout en eau,
Un pauvre bûcheron, dans l'extrême vieillesse,
Marchoit en haletant de peine et de détresse.
Enfin, las de souffrir, jetant là son fardeau,
Plutôt que de s'en voir accablé de nouveau,
Il souhaite la Mort, et cent fois il l'appelle.
La Mort vint à la fin : Que veux-tu? cria-t-elle.
Qui? moi! dit-il alors prompt à se corriger :
    Que tu m'aides à me charger [1].

---

[1] (Cr.) Racine fils dit que Despréaux composa la fable du Bucheron dans sa plus grande force et *dans son bon temps*, (vers 1668); qu'il trouvoit cette fable languissante dans La Fontaine; qu'il voulut essayer s'il ne pourroit pas mieux faire sans imiter le style de Marot, désapprouvant ceux qui écrivoient dans ce style. Pourquoi, disoit-il, emprunter une autre langue que celle de son siècle?

« Où est donc, demande d'Alembert, la langueur que Despréaux
« trouvoit dans la fable de La Fontaine? en quel endroit de cette
« fable La Fontaine a-t-il employé le style de Marot? Le jugement
« qu'on prête à Despréaux est si étrange qu'il est très-vraisemblable
« que Racine le fils a été mal servi par sa mémoire.

« La sensibilité, dit encore d'Alembert, respire à chaque vers
« dans la fable de La Fontaine (l. I, f. XVI) : chaque vers de celle de
« Despréaux est flétri par la sécheresse. »

Ce jugement est dur, mais on ne sauroit le trouver injuste.

Au surplus, pour que le lecteur ait sous les yeux toutes les pièces du procès, voici les fables de La Fontaine et de J. B. Rousseau, sur le même sujet :

    Un pauvre bûcheron tout couvert de ramée,
    Sous le faix du fagot, aussi bien que des ans,
    Gémissant et courbé, marchoit à pas pesants,
    Et tâchoit de gagner sa chaumière enfumée.
    Enfin n'en pouvant plus d'effort et de douleur,
    Il met bas son fagot, il songe à son malheur.
    Quel plaisir a-t-il eu depuis qu'il est au monde?

En est-il un plus pauvre en la machine ronde ?
Point de pain quelquefois, et jamais de repos :
Sa femme, ses enfants, les soldats, les impôts,
  Le créancier et la corvée
Lui font d'un malheureux la peinture achevée.
Il appelle la mort ; elle vient sans tarder,
  Lui demande ce qu'il faut faire.
  C'est, dit-il, afin de m'aider
A recharger ce bois : tu ne tarderas guère.
  Le trépas vient tout guérir ;
  Mais ne bougeons d'où nous sommes.
  Plutôt souffrir que mourir :
  C'est la devise des hommes.
              La Fontaine.

Le malheur vainement à la mort nous dispose :
On la brave de loin ; de près c'est autre chose.
Un pauvre bucheron de mal exténué,
Chargé d'ans et d'ennui, de forces dénué,
Jetant bas son fardeau, maudissoit ses souffrances,
Et mettoit dans la mort toutes ses espérances.
Il l'appelle : elle vient. Que veux-tu, villageois ?
Ah ! dit-il, viens m'aider à recharger mon bois.
              J. B. Rousseau.

XXIX. Impromptu à une dame qui demandoit à l'auteur un quatrain sur la prise de Mons. (1691)

(Attribué à Boileau dans le *Menagiana*, édition de La Monnoie, tome II, page 409 [1].)

Mons étoit, disoit-on, pucelle,
Qu'un roi gardoit avec le dernier soin.
Louis-le-Grand en eut besoin :
Mons se rendit, vous auriez fait comme elle.

[1] (H.) Voici l'article du *Menagiana* : « M. Despréaux étant dans « une compagnie de dames, où l'on parloit de la prise de Mons, « comme il se levoit pour sortir, une de ces dames l'arrêta par son « manteau, et lui dit : Monsieur, vous ne sortirez point d'ici que « vous ne nous ayez fait un petit quatrain sur cette nouvelle conquête « de notre grand monarque. M. D. fit ce qu'il put pour s'en dé- « fendre ; mais voyant qu'il n'y gagnoit rien, il lui demanda quartier « pour un moment. Et voici de quoi il la paya sur l'heure :

« Mons étoit, etc. »

XXX. Sur Homère. (1702)

Ἥειδον μὲν ἐγών, ἐχάρασσε δὲ θεῖος Ὅμηρος[1].

(Voyez, tome IV, les lettres de Boileau à Brossette, du 4 mars, du 8 avril, du 3 juillet et du 2 août 1703.)

Quand la dernière fois, dans le sacré vallon,
La troupe des neuf sœurs, par l'ordre d'Apollon,
   Lut l'Iliade et l'Odyssée,
Chacune à les louer se montrant empressée,
Apprenez un secret qu'ignore l'univers,
   Leur dit alors le dieu des vers [2]:
Jadis avec Homère, aux rives du Permesse,
Dans ce bois de lauriers où seul il me suivoit,
Je les fis toutes deux plein d'une douce ivresse :
   Je chantois, Homère écrivoit [3].

[1] (B.) Vers grec de l'Anthologie.
Quelques éditions de Boileau donnent une traduction latine littérale de ce vers grec :

   Cantabam quidem ego, scribebat autem divus Homerus.

[2] (V.) Brossette dit qu'au lieu de ce vers et du précédent, il n'y avoit d'abord que celui-ci (qui rimoit avec le premier et le second de la pièce) :

   De leur auteur, dit-il, apprenez le vrai nom.

[3] (I.) Traduction du vers de l'Anthologie.
J. B. Rousseau a fait, en l'honneur de la Fare, quatorze vers dont voici les derniers :

   Aussitôt le dieu du Permesse
   Lui dit : Je connois cette pièce ;
   Je la fis en ce même *endroit ;*
   L'amour avoit monté ma lyre ;
   Sa mère écoutoit sans mot dire ;
   Je chantois, La Fare *écrivoit.*

XXXI. Plainte contre les Tuileries. (1703)

(Voyez, tome IV, la lettre de Boileau à Le Verrier.)

Agréables jardins, où les Zéphyrs et Flore
Se trouvent tous les jours au lever de l'aurore;
Lieux charmants, qui pouvez dans vos sombres réduits
Des plus tristes amants adoucir les ennuis,
Cessez de rappeler dans mon ame insensée
De mon premier bonheur la gloire enfin passée.
Ce fut, je m'en souviens, dans cet antique bois,
Que Philis m'apparut pour la première fois;
C'est ici que souvent, dissipant mes alarmes,
Elle arrêtoit d'un mot mes soupirs et mes larmes;
Et que, me regardant d'un œil si gracieux,
Elle m'offroit le ciel ouvert dans ses beaux yeux.
Aujourd'hui cependant, injustes que vous êtes,
Je sais qu'à mes rivaux vous prêtez vos retraites,
Et qu'avec elle assis sur vos tapis de fleurs,
Ils triomphent contents de mes vaines douleurs.
Allez, jardins dressés par une main fatale,
Tristes enfants de l'art du malheureux Dédale :
Vos bois, jadis pour moi si charmants et si beaux
Ne sont plus qu'un désert, refuge de corbeaux,
Qu'un séjour infernal, où cent mille vipères,
Tous les jours en naissant, assassinent leurs mères [1].

---

[1] (H.) Le fond de cette pièce appartenoit à Le Verrier. Mais Despréaux avoit retouché les vers de ce financier : « Je ne sais, lui écrit-il, si vous reconnoîtrez votre ouvrage, et si vous vous accommoderez des nouvelles pensées que je vous prête. » Saint-Marc a donc eu raison d'insérer cette pièce parmi les poésies diverses de Boileau; et c'est un reproche tout-à-fait gratuit que celui qu'on lui adresse à ce sujet, à lui et à d'autres éditeurs, dans le commentaire imprimé chez J. J. Blaise, en 1821.

ÉPIGRAMMES.

AVERTISSEMENT

SUR LES PIÈCES QUI VONT ÊTRE RANGÉES SOUS CE TITRE.

Plusieurs des pièces qui précèdent ont été appelées *épigrammes* par des éditeurs de Boileau [1]. Nous avons cru devoir prendre ce mot, non dans le sens général dont il est susceptible [2], mais dans l'acception moins étendue qu'il a communément. C'est à une petite pièce de vers terminée par un trait satirique, que l'on donne aujourd'hui le nom d'épigramme; et c'est ainsi que ce nom a été employé par Boileau lui-même, soit dans l'art poétique [3], soit lorsqu'il disait : « Je commence « toujours à déclarer la guerre par des épigrammes; je lâche « d'abord ces enfans perdus sur mes ennemis. »

Si tous les éditeurs de Boileau avoient disposé ses épigrammes dans le même ordre, nous nous y conformerions [4]; mais comme il n'y a eu jusqu'ici rien de constant à cet égard, nous suivrons ou nous tâcherons de suivre l'ordre des années où elles ont été composées. Quelques-unes de ces pièces ont des dates certaines; et l'on peut former au moins des conjectures sur la succession chronologique des autres.

[1] L'ode contre les Anglois (ci-dessus pages 315-317) se trouve sous le titre courant d'*Épigrammes*, dans l'édition de 1821, donnée chez J. J. Blaise.
[2] Épigramme ne signifie originairement qu'inscription.
[3] Chant II, v. 103 et 104, ci-dessus page 152.
[4] Ainsi que nous l'avons fait pour les satires et les épîtres, quoique les unes et les autres aient été fort mal rangées et numérotées.

ÉPIGRAMMES.

I. A Climène [1].

Tout me fait peine ;
Et depuis un jour
Je crois, Climène,
Que j'ai de l'amour.
Cette nouvelle
Vous met en courroux :
Tout beau, cruelle,
Ce n'est pas pour vous.

II. A une demoiselle [2].

Pensant à notre mariage,
Nous nous trompions très-lourdement.
Vous me croyiez fort opulent,
Et je vous croyois sage.

---

[1] (H.) Despréaux étoit fort jeune lorsqu'il composa ces vers sur l'air d'une *Sarabande* que l'on chantoit alors. Voyez sa lettre à Brossette, du 15 juillet 1702.

La Fontaine a exprimé la même idée dans la fable intitulée *Tircis et Amarante*, la treizième du livre VIII.

[2] (H.) Desforges Maillard, dans une lettre au président Bouhier, dit que cette épigramme de Boileau lui a été communiquée par un M. Roger, qui la tenoit du marquis de Caunelaye, à qui le poète l'avoit récitée. C'est par cette voie qu'on sait que Despréaux avoit pour maîtresse, et recherchoit en mariage une demoiselle C ; et qu'ayant appris qu'elle étoit

Éprise d'un cadet, ivre d'un mousquetaire,

il renonça brusquement à elle, et lui fit ses adieux en lui envoyant ces quatre vers.

III. Sur une personne fort connue [1].

De six amants contents et non jaloux,
Qui tour-à-tour servoient madame Claude,
Le moins volage étoit Jean, son époux.
Un jour pourtant, d'humeur un peu trop chaude,
Serroit de près sa servante aux yeux doux,
Lorsqu'un des six lui dit : Que faites-vous?
Le jeu n'est sûr avec cette ribaude :
Ah! voulez-vous, Jean-Jean, nous gâter tous [2]?

[1] (H.) Cette personne fort connue n'est nommée ni par Brossette ni par les autres commentateurs. Brossette a publié cette épigramme dans une note sur un vers de l'Art poétique :

Imitons de Marot l'élégant badinage.

Le 28 août 1715, Brossette écrit à J. B. Rousseau que Despréaux a composé ces huit vers dans sa jeunesse; et Rousseau répond (le 15 octobre) qu'il les connoît, qu'il les sait par cœur, que le bon mot qui les termine avoit été adressé par Racine au comédien Champmeslé.

[2] (Cr.) Cette épigramme est un peu leste pour le sévère Boileau; mais ce n'est pas la plus mal tournée du recueil. LE BRUN. — Nous ajouterons que c'est la seule qui soit en vers de dix syllabes, genre de versification qui convient fort à l'épigramme.

IV. Sur un frère aîné[1] que j'avois, et avec qui j'étois brouillé.

De mon frère, il est vrai, les écrits sont vantés;
 Il a cent belles qualités :
Mais il n'a point pour moi d'affection sincère.
 En lui je trouve un excellent auteur[2],
Un poète agréable, un très-bon orateur[3];
 Mais je n'y trouve point de frère[4].

[1] (H.) Gilles Boileau. Voyez tome I, page L, LI, 65, 169.

[2] (Cr.) C'étoit beaucoup dire.

[3] (H.) On conclut de ce mot *orateur* que Gilles Boileau a exercé la profession d'avocat.

[4] (H.) A l'occasion de ces querelles entre les deux frères, Linière avoit fait cette épigramme :

  Veut-on savoir pour quelle affaire
  Boileau *le rentier* aujourd'hui
  En veut à Despréaux son frère ?
 Qu'est-ce que Despréaux a fait pour lui déplaire ?
  Il a fait des vers mieux que lui.

Gilles Boileau étoit *payeur des rentes*, et les commentateurs disent que c'est le sens attaché ici à la qualification de rentier.

V. Contre Saint-Sorlin.

Dans le palais hier Bilain [1]
Vouloit gager contre Ménage,
Qu'il étoit faux que Saint-Sorlin
Contre Arnauld eût fait un ouvrage.
Il en a fait [2], j'en sais le temps,
Dit un des plus fameux libraires,
Attendez..... C'est depuis vingt ans;
On en tira cent exemplaires.
C'est beaucoup, dis-je en m'approchant;
La pièce n'est pas si publique.
Il faut compter, dit le marchand,
Tout est encor dans ma boutique [3].

[1] (H.) Avocat dont le vrai nom étoit *Vilain.*

[2] (V.) Cette épigramme, d'abord faite contre Gilles Boileau, frère de l'auteur, commençoit ainsi :

> Hier un certain personnage
> Au palais vouloit nier
> Qu'autrefois Boileau le rentier
> Sur Costar eût fait un ouvrage.
> Attendez, j'en sais le temps....

Il a été fait mention de cet écrit de Gilles Boileau sur Costar, t. I, page 169.

[3] (Cr.) « Cette épigramme, dit Le Brun, seroit assez plaisante, « si elle n'étoit pas si délayée. »

VI. Sur la première représentation de l'Agésilas de M. de Corneille, que j'avois vue. (1666)

J'ai vu l'Agésilas.
Hélas [1] !

VII. Sur la première représentation de l'Attila. (1667)

Après l'Agésilas,
Hélas!
Mais après l'Attila,
Holà [2].

[1] (Cr.) « Agesilas n'est guère connu dans le monde que par le « mot de Despréaux. Il eut tort sans doute de faire imprimer ce « mot, qui n'en valoit pas la peine; mais il n'eut pas tort de le dire. » (Voltaire, *Préface d'Agésilas.*)

[2] (Cr.) Le sel de cette épigramme ne répare point le malheur de l'avoir faite. LE BRUN.

VIII. A M. Racine. (1674)

Racine, plains[1] ma destinée :
C'est demain la triste journée,
Où le prophète Desmarets[2],
Armé de cette même foudre
Qui mit le Port-Royal en poudre,
Va me percer de mille traits ;
C'en est fait, mon heure est venue.
Non que ma muse soutenue
De tes judicieux avis,
N'ait assez de quoi le confondre :
Mais, cher ami, pour lui répondre,
Hélas ! il faut lire Clovis [3].

IX. A un médecin (Claude Perrault.) (1674.)

Oui, j'ai dit dans mes vers qu'un célèbre assassin,
Laissant de Galien la science infertile,
D'ignorant médecin devint maçon habile [4]:
Mais de parler de vous je n'eus jamais dessein,
    Perrault, ma muse est trop correcte ;
Vous êtes, je l'avoue, ignorant médecin,
    Mais non pas habile architecte.

---

[1] (V.) *Plain* sans *s*, dans les premières éditions.

[2] (H.) Desmarets de Saint-Sorlin avoit écrit contre les religieuses de Port-Royal, et il étoit sur le point de mettre au jour la Défense du poème héroïque, dirigée contre Boileau.

[3] (B.) Poëme de Desmarets, ennuyeux à la mort.

[4] (H.) Art poétique, chant IV, ci-dessus, page 192.

Ch. Perrault avoit, comme nous l'avons dit, répondu par une fable, et Boileau réplique par cette épigramme.

X. Contre Linière[1].

Linière apporte de Senlis
Tous les mois trois couplets impies.
A quiconque en veut dans Paris,
Il en présente des copies :
Mais ses couplets, tout pleins d'ennui,
Seront brûlés même avant lui.

XI. Sur une satire très-mauvaise, que l'abbé Cotin avoit faite, et qu'il faisoit courir sous mon nom[2].

En vain par mille et mille outrages
Mes ennemis, dans leurs ouvrages,
Ont cru me rendre affreux aux yeux de l'univers[3].
Cotin[4], pour décrier mon style,
A pris un chemin plus facile :
C'est de m'attribuer ses vers.

---

[1] (H.) Voyez ci-dessus, tome I, page 180; tome II, pages 17, 70, 159.

[2] (V.) *Sur une méchante satire que l'abbé Kautain avoit faite, etc.* (Édition de 1685.) — *Sur une méchante satire que l'abbé Cotin avoit faite, etc.* (Édition de 1694.)

[3] (Cr.) Ce vers, qui paroît d'une longueur démesurée, est par trop lâche, surtout pour un vers épigrammatique. LE BRUN.

[4] (V.) *Kautain*, dans l'édition de 1685.

XII. Contre Cotin.

A quoi bon tant d'efforts, de larmes et de cris,
Cotin [1], pour faire ôter ton nom de mes ouvrages?
Si tu veux du public éviter les outrages,
Fais effacer ton nom de tes propres écrits.

XIII. Contre un athée.

Alidor, assis [2] dans sa chaise [3],
Médisant du ciel à son aise,
Peut bien médire aussi de moi [4].
Je ris de ses discours frivoles :
On sait fort bien que ses paroles
Ne sont pas articles de foi.

---

[1] (V.) Au lieu de Cotin c'étoit d'abord Quinault : celui-ci avoit invoqué l'autorité du roi pour faire ôter son nom des satires de Despréaux.

[2] (V.) Le premier vers de cette épigramme étoit d'abord :

Saint-Pavin grimpé sur sa chaise

(H.) Voyez sur Saint-Pavin, tome 1, page 68.

[3] (B.) Il étoit tellement goutteux qu'il ne pouvoit marcher,

[4] (H.) Saint-Pavin avoit fait contre Boileau un sonnet qui vaut mieux que cette épigramme et dont voici le dernier tercet.

En vérité, je lui pardonne :
S'il n'eût pas parlé de personne,
On n'eût jamais parlé de lui.

XIV. Vers en style de Chapelain, pour mettre à la fin de son poème de la Pucelle.

Maudit soit l'auteur dur, dont l'âpre et rude verve,
Son cerveau tenaillant, rima malgré Minerve;
Et, de son lourd marteau martelant le bon sens,
A fait de méchants vers douze fois douze cents [1].

XV. Le débiteur reconnoissant. (1681)

Je l'assistai dans l'indigence :
Il ne me rendit jamais rien.
Mais quoiqu'il me dût tout son bien,
Sans peine il souffroit ma présence.
Oh! la rare reconnaissance [2] !

[1] (B.) *La Pucelle* a douze livres, chacun de douze cents vers.

[2] (H.) Brossette répète, après les ennemis de Boileau, que Patru est désigné dans cette épigramme. D'Alembert n'y voit qu'un trait général contre les ingrats, et non contre Patru dont Boileau resta l'ami après l'avoir obligé.

(Cr.) Saint-Marc dit que cette épigramme est bonne, mais qu'elle seroit beaucoup meilleure, si l'auteur avoit supprimé le dernier vers. Nous avouerons que le dernier vers, s'il n'étoit qu'une exclamation ironique, pourroit sembler superflu; mais pris dans le sens direct, il exprime une vérité importante. C'est une *reconnoissance bien rare* en effet que de *souffrir sans peine la présence d'un bienfaiteur*. Les francs et parfaits ingrats en sont incapables. Il y a une ingratitude qui consiste moins à oublier les bienfaits qu'à s'en trop souvenir, et à en garder le ressentiment comme d'une injure. On recommande aux bienfaiteurs d'oublier les services qu'ils ont rendus : c'est un très-sage conseil; mais il seroit quelquefois à désirer que les obligés eux-mêmes voulussent bien en perdre la mémoire.

XVI. Parodie de cinq vers de Chapelle.

Tout grand ivrogne du Marais
Fait des vers que l'on ne lit guère.
Il les croit pourtant fort bien faits ;
Et quand il cherche à les mieux faire,
Il les fait encor plus mauvais [1].

XVII. A messieurs Pradon et Bonnecorse, qui firent en même temps paroître contre moi chacun un volume d'injures [2]. (1685)

Venez, Pradon et Bonnecorse,
Grands écrivains de même force,
De vos vers recevoir le prix ;
Venez prendre dans mes écrits
La place que vos noms demandent :
Linière et Perrin [3] vous attendent.

---

[1] (H.) Voici les cinq vers de Chapelle que Despréaux parodie :

> Tout bon habitant du Marais
> Fait des vers qui ne coûtent guère.
> Pour moi, c'est ainsi que j'en fais ;
> Et si je les voulois mieux faire,
> Je les ferois bien plus mauvais.

Delille, en citant ces vers de Chapelle (note 10 sur le quatrième chant de l'Homme des champs) transpose les deux derniers :

> Je les ferois bien plus mauvais
> Si je tâchois de les mieux faire ;

et ajoute les deux suivants :

> Quant à M. Despréaux,
> Il en composa de fort beaux.

[2] (H.) Pradon, les *Nouvelles remarques* sur tous les ouvrages de M. D*** ; et Bonnecorse, le *Lutrigot*, parodie du *Lutrin*. Voyez sur Bonnecorse, tome I, page 127. Il a été fort souvent parlé de Pradon qui, né à Rouen, mourut à Paris en 1698, sans avoir été, comme Cotin, de l'Académie françoise.

[3] (H.) Voyez sur Perrin, tome I, pages 126, 160 ; sur Linière, tome I, page 180 ; tome II, page 353.

XVIII. A la fontaine de Bourbon, où l'auteur était allé prendre les eaux, et ou il trouva un poète médiocre[1] qui lui montra des vers de sa façon. (1687)

Oui, vous pouvez chasser l'humeur apoplectique,
Rendre le mouvement au corps paralytique,
Et guérir tous les maux les plus invétérés ;
Mais quand je lis ces vers par votre onde inspirés,
 Il me paroît, admirable fontaine,
Que vous n'eûtes jamais la vertu d'Hippocrène.

[1] (H.) Brossette dit que ce poète médiocre étoit l'A.... On n'en sait pas plus et il n'y a pas grand dommage. Boileau, dans sa lettre à Brossette, du 29 juillet 1687 (tome IV) parle d'un capucin qui faisoit de mauvais vers.

XIX. Sur la manière de réciter du poëte S*** (*Santeul*)[1].

Quand j'aperçois sous ce portique
Ce moine, au regard fanatique,
Lisant ses vers audacieux
Faits pour les habitants des cieux[2],
Ouvrir une bouche effroyable,
S'agiter, se tordre les mains[3];
Il me semble en lui voir le diable,
Que Dieu force à louer les saints[4].

[1] (H.) Jean Santeul, né à Paris en 1630, se fit victorin, composa des hymnes et d'autres poésies latines, et mourut en 1697.

[2] (B.) Il a fait des hymnes *latines* à la louange des saints.

Hymne étoit du genre féminin, surtout lorsqu'il s'agissoit de chants d'église. Aujourd'hui ce mot est plus souvent masculin.

[3] (H.) Brossette raconte que Santeul récitant des vers devant le roi, *s'agitoit comme un possédé, faisoit des grimaces et des contorsions effroyables*, que cette scène fit beaucoup rire les courtisans; que Boileau, qui se trouvoit là, composa *sur le champ* cette épigramme, l'écrivit, et la remit à un duc qui aussitôt la présenta au roi *comme un papier de conséquence*. Dinouart (*Santoliana*, page II) dit au contraire que cet impromptu fût fait au sein de l'Académie françoise où Santeul étoit venu déclamer des hymnes. Ce second récit est peu vraisemblable et n'est aucunement attesté : le premier ne mérite pas non plus une pleine croyance : car il y a peu d'apparence que Santeul ait été admis à réciter si solennellement ses hymnes devant Louis XIV qui n'entendoit pas le latin.

[4] (V.) Cette épigramme n'avoit d'abord que cinq vers :

> A voir de quel air effroyable
> Roulant les yeux, tordant les mains,
> Santeul nous lit ses hymnes *vains*,
> Diroit-on pas que c'est le diable
> Que Dieu force à louer les saints?

Hymne est masculin dans cette variante.

XX. Imitation de Martial. (Lib. I, epig. 48.)

> Nuper erat medicus, nunc est vespillo Diaulus:
> Quod vespillo facit, fecerat et medicus.

(Et l. VIII, epigr. LXXIV) :

> Hoplomachus nunc es, fueras ophtalmicus ante :
> Fecisti medicus, quod facis hoplomachus.

Paul, ce grand médecin, l'effroi de son quartier,
Qui causa plus de maux que la peste et la guerre,
Est curé maintenant, et met les gens en terre :
    Il n'a point changé de métier.

XXI. A. P.... (Charles Perrault.)

Ton oncle[1], dis-tu, l'assassin,
    M'a guéri d'une maladie[2].
La preuve qu'il ne fut jamais mon médecin
    C'est que je suis encore en vie[3].

[1] (V.) *Ton frère*, en quelques éditions.

[2] (V.) Les deux premiers vers de cette épigramme avoient été d'abord composés de cette manière :

> Tu te vantes, Perrault, que ton frère assassin
> M'a guéri d'une affreuse et longue maladie.

[3] (H.) Cette épigramme a été traduite en vers latins par Fraguier et par Commire : on trouvera ces deux traductions dans l'une des dernières pages de ce volume.

XXII. A M. P**[1] sur les livres qu'il a fait contre les anciens.

Pour quelque vain discours, sottement avancé
Contre Homère, Platon, Cicéron ou Virgile,
Caligula [2] partout fut traité d'insensé,
Néron [3] de furieux, Adrien d'imbécile [4].
  Vous donc qui, dans la même erreur,
Avec plus d'ignorance, et non moins de fureur,
Attaquez ces héros de la Grèce et de Rome,
  P**, fussiez-vous empereur,
  Comment voulez-vous qu'on vous nomme ?

XXIII. Sur le même sujet.

D'où vient que Cicéron, Platon, Virgile, Homère,
Et tous ces grands auteurs que l'univers révère,
Traduits dans vos écrits nous paroissent si sots ?
Perrault [5], c'est qu'en prêtant à ces esprits sublimes
Vos façons de parler, vos bassesses, vos rimes,
  Vous les faites tous des Perraults.

[1] (H.) Charles Perrault.
[2] (H.) Suétone; (Calig, n. 34).
[3] (H.) On ne lit rien de pareil sur Néron, dans Suétone.
[4] (H.) Dion Cassius, l. LXIX, dit qu'Adrien préféroit Antimachus à Homère.
[5] (V.) Il n'y a ici et au sixième vers que l'initiale P... dans les premières éditions.

XXIV Sur ce qu'on avoit lu à l'Académie des vers contre Homère et
contre Virgile.¹ (1687.)

Clio vint, l'autre jour, se plaindre au dieu des vers
    Qu'en certain lieu de l'univers
On traitoit d'auteurs froids, de poètes stériles,
    Les Homères et les Virgiles.
Cela ne sauroit être, on s'est moqué de vous,
    Reprit Apollon en courroux:
Où peut-on avoir dit une telle infamie?
Est-ce chez les Hurons, chez les Topinamboux?
— C'est à Paris. — C'est donc dans l'hôpital des fous?
    — Non, c'est au Louvre, en pleine académie.

XXV. Sur le même sujet.

(Voyez, tome IV, la lettre de Boileau à Maucroix, du 25 avril 1693.)

J'ai traité de Topinamboux
    Tous ces beaux censeurs, je l'avoue,
Qui, de l'antiquité si follement jaloux,
Aiment tout ce qu'on hait, blâment tout ce qu'on loue;
    Et l'académie, entre nous,
    Souffrant chez soi de si grands fous,
    Me semble un peu *Topinamboue* ².

---

¹ (H.) Le poème intitulé : *Le siècle de Louis-le-Grand*, lu par Charles Perrault à l'Académie françoise le 27 janvier 1687.

² (Cr.) « Ces épigrammes, dit Le Brun, n'étaient pas assez bonnes « pour indisposer l'Académie; on en a fait depuis de meilleures « contre elle, sans qu'elle changeât rien à son allure. »

XXVI. A Perrault [1]. (1693)

Le bruit court que Bacchus, Junon, Jupiter, Mars,
    Apollon, le dieu des beaux-arts,
Les Ris mêmes, les Jeux, les Graces et leur mère,
    Et tous les dieux, enfants d'Homère,
    Résolus de venger leur père [2],
Jettent déjà sur vous de dangereux regards.
Perrault, craignez enfin [3] quelque triste aventure.
Comment soutiendrez-vous un choc si violent [4]?
    Il est vrai, Visé [5] vous assure
    Que vous avez pour vous Mercure,
    Mais c'est le Mercure galant.

[1] (V.) Il n'y a que l'initiale P*** dans l'édition de 1713.

[2] (Cr.) Voilà trois rimes féminines de suite; mais, selon J.-B. Rousseau (*Lettres*, tome II, pages 189 et 212), « ce n'est point une « faute en cet endroit non plus que dans une infinité d'autres « de Voiture, de Sarasin, de Chapelle et de La Fontaine, où cette « licence fait un effet très-agréable à l'oreille... Il est vrai que « je ne me souviens pas qu'il y en ait des exemples dans les épi- « grammes; mais si c'étoit une faute dans ce petit poëme, c'en seroit « une aussi dans tous les autres. » Cette dernière observation de J.-B. Rousseau n'est peut-être pas fort juste; car il seroit permis de penser que l'épigramme est du nombre des petits poëmes qui demandent à être versifiés avec un très-grand soin; c'étoit l'opinion de Le Brun.

[3] (V.) *P..., je crains pour vous.* Quand cette leçon subsistoit, il y avoit trois vers de suite dont le premier hémistiche se terminoit par le mot *vous*.

[4] (V.) Ce vers est omis dans les éditions de 1735 et 1740.

[5] (B.) L'auteur du *Mercure galant*.

(H.) Jean Donneau de Visé, Parisien, né en 1640, mort en 1740, a fait des pièces de théâtre, des nouvelles galantes, et commencé en 1672 le *Mercure galant*.

XXVII. Contre Perrault et ses partisans. (1693)

Ne blâmez pas Perrault de condamner Homère,
 Virgile, Aristote, Platon,
  Il a pour lui, monsieur son frère [1],
G...., N...., Lavau [2], Caligula [3], Néron [4],
 Et le gros Charpentier [5], dit-on.

[1] (H.) Claude Perrault.

[2] (H.) On n'a point deviné G.. : pour N.., c'est le duc de Nevers. Lavau étoit, dit Saint-Marc, un très-honnête gentilhomme qui *se trouvoit* de l'Académie françoise depuis 1679. Il n'a laissé aucun ouvrage et n'est plus connu que par cette épigramme de Boileau. Il mourut à Poitiers en 1694; il étoit né à Paris, on ne sait en quelle année, au sein d'une famille noble. Il s'appeloit Louis Irland de Lavau; après avoir été employé aux affaires étrangères, il se fit ecclésiastique. Ayant négocié le mariage d'une fille de Colbert avec le duc de Mortemart, Lavau en fut récompensé par une place à l'Académie françoise : il n'avoit aucun titre littéraire et n'en a point acquis depuis. Il a toutefois, en qualité de directeur de cette académie, adressé en 1690 une harangue au roi et une au dauphin, et a de plus prononcé un discours, à la réception de Fontenelle, en 1691. C'est ce Lavau que Voltaire a pris, par erreur, pour l'académicien avec lequel Despréaux eut une dispute à l'occasion de l'élection de Saint-Aulaire, en 1706.

[3] (H.) Suétone dit que Caligula vouloit anéantir les ouvrages d'Homère, de Virgile et de Tite-Live. (Calig. n. 34.)

[4] (H.) Voyez l'épigramme XXII, ci-dessus, page 360.

[5] (H.) François Charpentier, né en 1720, mourut en 1702, doyen de l'académie françoise dont il étoit membre depuis 1651.

XXVIII. Parodie de la première ode de Pindare[1] ; à la louange de M. Perrault[2].

Malgré son fatras obscur,
Souvent Brébeuf[3] étincelle.
Un vers noble, quoique dur,
Peut s'offrir dans la Pucelle[4].
Mais, ô ma lyre fidèle!
Si du parfait ennuyeux
Tu veux trouver le modèle,
Ne cherche point dans les cieux
D'astre au soleil préférable;
Ni, dans la foule innombrable
De tant d'écrivains divers
Chez Coignard rongés des vers,
Un poète comparable
A l'auteur inimitable[5]
De Peau-d'Ane mis en vers[6].

[1] (Cr.) On ne reconnoît guère dans les quinze vers de Boileau de début de la première olympique de Pindare : Αριστον μὲν ὕδωρ....

« L'eau, le premier des éléments, l'or qui brille parmi les plus
« riches métaux comme le feu dans les ténèbres de la nuit, ne
« t'offrent plus, ô mon génie, d'assez magnifiques images. Tu veux
« chanter des couronnes; ne fixe plus que l'astre du jour dans l'im-
« mensité des espaces célestes, ne vois point de plus beau triomphe
« que celui des jeux olympiques... » (*Traduction* de M. Tourlet.)

[2] (B.) J'avois dessein de parodier l'ode (entière); mais dans ce temps-là, nous nous raccommodâmes, M. Perrault et moi; ainsi il n'y eut que ce couplet de fait.

[3] (H.) Voyez ci-dessus, tome II, pages 76, 135, 278.

[4] (H.) Poème de Chapelain.

[5] (Cr.) J.-B. Rousseau auroit mieux aimé, pour la beauté de la rime :

Au chroniqueur mémorable.

(Voyez *Lettres de J.-B. Rousseau*, tome II, page 189.)

[6] (B.) Perrault, dans ce temps-là, avoit rimé le conte de *Peau-d'Ane*.

XXIX. Sur la réconciliation de l'auteur et de M. Perrault.

Tout le trouble poétique
A Paris s'en va cesser;
Perrault l'anti-pindarique
Et Despréaux l'homérique
Consentent de s'embrasser;
Quelque aigreur qui les anime,
Quand, malgré l'emportement,
Comme eux, l'un l'autre s'estime,
L'accord se fait aisément.
Mon embarras est comment
On pourra finir la guerre
De Pradon [1] et du parterre.

[1] (H.) Voyez ci-dessus, page 356.

XXX. Contre Boyer[1] et La Chapelle[2].

J'approuve que chez vous, messieurs, on examine [3]
Qui du pompeux Corneille ou du tendre Racine
Excita dans Paris plus d'applaudissements [4] :
 Mais je voudrois qu'on cherchât tout d'un temps [5]
 (La question n'est pas moins belle)
Qui du fade Boyer ou du sec La Chapelle
 Excita plus de sifflements.

[1] H.) Voyez ci-dessus, tome II, page 193.

[2] (H.) Jean de La Chapelle étoit né à Bourges en 1655 : il a fait des tragédies, (*Zaïde, Téléphonte, Cléopâtre*); une comédie intitulée *Les carosses d'Orléans;* etc. Il fut reçu à l'Académie françoise en 1688; il mourut en 1723.

[3] (H.) Cette épigramme ne se trouvoit avant 1735 dans aucune édition de Boileau; mais un article du *Segraisiana*, imprimé en 1731, en fait mention et semble dire que Despréaux la fit pour se venger de ce que La Chapelle ne l'avoit point nommé dans un discours à l'Académie françoise. « Il faut croire, dit d'Alembert, (*Éloge* de La Cha-
« pelle) que cette imputation est fausse : il est d'autant plus permis
« de le penser que le *Segraisiana* renferme d'autres anecdotes plus
« que suspectes. Le satirique en faisant courir cette épigramme, eut
« la discrétion de garder l'incognito et ne la fit point imprimer dans
« ses œuvres. Il est vraisemblable que la protection dont une maison
« puissante (les princes de Conti) honoroit M. de La Chapelle,
« rendit dans cette occasion Despréaux un peu plus circonspect qu'il
« ne l'étoit pour beaucoup d'autres. »
La Chapelle n'avoit loué Despréaux ni en 1688 en entrant à l'Académie françoise, ni en 1699 en y répondant, comme directeur, à Valincour qu'on y recevoit à la place de Racine, récemment décédé.

[4] (H.) J.-B. Rousseau écrit, le 1 mars 1741, à Racine fils : « Peut-
« être ne savez-vous pas une épigramme que fit Despréaux, lorsque
« l'Académie françoise forma le projet d'un examen sur Corneille et
« sur M. votre père. » *Lettres de J. B. Rousseau,* tome III, page 317.

[5] (V.) Mais recherchez en même temps,

dans la copie envoyée par J.-B. Rousseau à Racine fils.

XXXI. *Sur une harangue d'un magistrat dans laquelle les procureurs étoient fort maltraités.*

Lorsque dans ce sénat à qui tout rend hommage
    Vous haranguez en vieux langage,
    Paul, j'aime à vous voir, en fureur,
    Gronder maint et maint procureur;
    Car leurs chicanes sans pareilles
    Méritent bien ce traitement :
    Mais que vous ont fait nos oreilles
    Pour les traiter si durement [1] ?

XXXII. Épitaphe.

    Ci-gît justement regretté
    Un savant homme sans science,
    Un gentilhomme sans naissance,
    Un très-bon homme sans bonté [2].

---

[1] (V.) ...*si rudement*, dans l'édition de 1713.

[2] (H.) Cette épigramme, dit Brossette, n'est bonne que pour ceux qui ont personnellement connu la personne dont elle parle. Mais qui est cette personne? on n'en sait rien. La conjecture de ceux qui ont dit que c'étoit Boileau lui-même est dénuée de toute vraisemblance; et nous en dirons autant de l'explication rapportée par d'Alembert, savoir que cette épitaphe étoit destinée à Louis XIV qui passoit pour n'être pas le fils de Louis XIII, etc. On applique assez communément ce quatrain à Jean Hérauld de Gourville qui avoit été enveloppé dans la disgrace de Fouquet. Ce Gourville, qui mourut en 1705, parloit fort bien, quoiqu'il ne sût pas grand chose; il avoit des manières nobles, quoique sa naissance fût obscure, et caressoit tout le monde sans aimer personne. (Voyez les *Mémoires de L. Racine sur la vie de son père*, page 77 de l'édition de 1808; et les *Lettres de J.-B. Rousseau*, tome II, page 188.

XXXIII. Sur un portrait de l'auteur (1699)[1].

Ne cherchez point comment s'appelle
L'écrivain peint dans ce tableau :
A l'air dont il regarde et montre la Pucelle
Qui ne reconnoîtroit Boileau ?

XXXIV. Sur une gravure qu'on a faite de moi[2].

Du célèbre[3] Boileau tu vois ici l'image.
Quoi ! c'est là, diras-tu, ce critique achevé !
D'où vient ce noir chagrin qu'on lit sur son visage ?
C'est de se voir si mal gravé.

[1] (H.) « En 1699, dit Brossette, Boileau me donna son portrait « peint en grand par Santerre. Il y est représenté souriant finement « et montrant du doigt la *Pucelle* ouverte sur une table. Il accom- « pagna son présent de cette épigramme. » (Voyez tome IV, la première lettre de Boileau à Brossette.)

[2] (H.) D'après un portrait peint par Bouis. (Voyez la lettre de Boileau à Brossette, du 12 janvier 1705.) Brossette dit que le graveur si maltraité dans ce quatrain s'appeloit Desrochers.

[3] (V.) *Du poète*, dans l'édition de 1713.

XXXV. Aux révérends pères jésuites auteurs du Journal de Trévoux. (1703)

(Voyez, tome IV, la lettre de Boileau à Brossette, du 7 novembre 1703.)

Mes révérends pères en Dieu,
Et mes confrères en satire,
Dans vos écrits, en plus d'un lieu,
Je vois qu'à mes dépens vous affectez de rire.
Mais ne craignez-vous point que pour rire de vous,
Relisant Juvénal, refeuilletant Horace,
Je ne ranime encor ma satirique audace ?
Grands Aristarques de Trévoux,
N'allez point de nouveau faire courir aux armes
Un athlète tout prêt à prendre son congé,
Qui par vos traits malins au combat rengagé,
Peut encore aux rieurs faire verser des larmes.
Apprenez un mot de Regnier [1]
Notre célèbre devancier :
Corsaires attaquant corsaires
Ne font pas, dit-il, leurs affaires [2].

[1] (V.) Les quatre derniers vers ne sont pas dans toutes les éditions.

[2] (I.) Regnier dit à la fin de sa douzième satire :

Corsaires à corsaires,
L'un l'autre s'attaquant, ne font pas leurs affaires.

XXXVI. Réplique à une épigramme par laquelle les journalistes de Trévoux avoient répondu à la précédente [1].

Non, pour montrer que Dieu veut être aimé de nous,
Je n'ai rien emprunté de Perse ni d'Horace,
Et je n'ai point suivi Juvénal à la trace.
Car bien qu'en leurs écrits, ces auteurs, mieux que vous,
Attaquent les erreurs dont nos ames sont ivres,
  La nécessité d'aimer Dieu
Ne s'y trouve jamais prêchée en aucun lieu,
  Mes pères, non plus qu'en vos livres.

[1] (H.) La prétendue épigramme de ces jésuites se terminoit ainsi :

Et pour l'amour de vous, *on* voudroit bien qu'Horace
Eût traité de l'amour de Dieu.

Nous nous bornons, comme en 1809, à transcrire ces deux vers qui suffisent pour faire parfaitement entendre la réplique de Despréaux; et nous omettons ceux qui les précèdent comme insignifiants et comme étrangers à la collection des œuvres de ce poète. Ils étoient, dit-on, d'un père Du Rus.

XXXVII. Aux mêmes sur le livre des flagellants, composé par mon frère le docteur de Sorbonne[1]. (1703)

Non, le livre des Flagellants
N'a jamais condamné, lisez-le bien, mes pères,
    Ces rigidités salutaires
Que, pour ravir le ciel, saintement violents[2],
Exercent sur leurs corps tant de chrétiens austères.
Il blâme seulement ces abus odieux
    D'étaler et d'offrir aux yeux
Ce que leur doit toujours cacher la bienséance;
Et combat vivement la fausse piété
Qui, sous couleur d'éteindre en nous la volupté,
Par l'austérité même et par la pénitence,
Sait allumer le feu de la lubricité.

[1] (H.) Ce livre, publié en latin, en 1700, fut amèrement critiqué par les jésuites dans le cahier de juin 1703, de leur *Journal de Trévoux*. Voyez une lettre du 7 novembre de la même année, écrite par Despréaux à Brossette sur ce sujet.

[2] (I.) Regnum cœlorum vim patitur et *violenti* rapiunt illud.
(*Matth.*, c. xi, v. 12.)

XXXVIII. L'amateur d'horloges. (1704)

(Voyez les lettres de Boileau à Brossette, du 13 décembre 1704 et du 6 mars 1705.)

Sans cesse autour de six pendules,
De deux montres, de trois cadrans,
Lubin[1], depuis trente et quatre ans,
Occupe ses soins ridicules.
Mais à ce métier, s'il vous plaît,
A-t-il acquis quelque science?
Sans doute; et c'est l'homme de France
Qui sait le mieux l'heure qu'il[2] est[3].

[1] (H.) M. Targas, secrétaire du roi et parent de Boileau, selon la lettre du 6 mars 1705.

[2] (Cr.) Saint-Marc croit qu'il vaudroit mieux dire *quelle* heure il est.

[3] (Cr.) J.-B. Rousseau avoit retourné comme il suit les quatre derniers vers de cette épigramme:

>Mais à ce métier qui lui plaît
>Loin d'acquérir quelque science,
>C'est peut-être l'homme de France
>Qui sait le moins l'heure qu'il est.

Toutefois, ajoutoit J.-B. Rousseau, l'épigramme de M. Despréaux est beaucoup meilleure. (*Lettres de J. B. Rousseau*, tome II, page 188 et 212.) Le Brun dit au contraire que celle de Boileau n'est qu'un calembourg indigne d'un si grand poète; jugement qui nous semble mal fondé, ou du moins exprimé avec peu de justesse: il n'y a point de jeu de mots ou de calembourg dans ces vers de Boileau.

Du reste, les épigrammes de ce grand poète sont, en général, peu estimées. « Despréaux, si bien né pour la satire, dit Le Brun, n'a
« point connu l'art de l'épigramme; il avoit négligé d'étudier chez
« Clément Marot, le père de ce genre, le mètre, le rhythme, le
« choix des mots, le tour et la richesse des rimes qui conviennent
« à ce piquant badinage. Le trait qu'il décoche, faute d'être affilé
« habilement, mollit dans sa course, et meurt avant d'avoir atteint
« le but. Quand Boileau tourne l'épigramme, il lui arrive souvent
« de couper le vers de huit syllabes par celui de douze. Cette marche

« peut convenir à la grace élégiaque, mais non pas à l'allure épi-
« grammatique. Le vers de dix syllabes est le vers par excellence
« qu'ont employé pour ce genre le naïf Marot, l'élégant et malin
« Racine, et le mordant J.-B. Rousseau. »

On peut joindre aux épigrammes de Boileau, un distique contre
Mauroi et Fourcroi, que nous avons cité, tome I, page 127.

   Qui ne hait point tes vers, ridicule Mauroi,
   Pourroit bien, pour sa peine, aimer ceux de Fourcroi.

Il en est une autre que Saint-Marc a imprimée sans en garantir
l'authenticité autrement que par cette note : « On me donne cette épi-
« gramme pour être certainement de Boileau, et l'on m'assure qu'on
« la tient d'un de ses amis : »

   La figure de Pellisson
   Est une figure effroyable ;
   Mais quoique ce vilain garçon
   Soit plus laid qu'un singe et qu'un diable,
   Sapho lui trouve des appas ;
   Mais je ne m'en étonne pas :
   Car chacun aime son semblable.

C'est mademoiselle de Scudéri qui est ici désignée sous le nom de
Sapho.

Nous avons peine à croire que Boileau ait réellement écrit des
lignes si grossièrement injurieuses. C'est mal à propos aussi qu'on
lui a quelquefois attribué l'épigramme contre un prédicateur :

   On dit que l'abbé Roquette
   Prêche les sermons d'autrui :
   Moi, qui sais qu'il les achète,
   Je soutiens qu'ils sont à lui.

FRAGMENT
D'UN PROLOGUE D'OPÉRA.

AVERTISSEMENT AU LECTEUR[1].

Madame de Montespan et madame de Thianges[2], sa sœur[3], lassés des opéra de M. Quinaut[4], proposèrent au roi d'en faire faire un par M. Racine, qui s'engagea assez légèrement à leur donner cette satisfaction, ne songeant pas dans ce moment-là à une chose, dont il étoit plusieurs fois convenu avec moi, qu'on ne peut jamais faire un bon opéra, parce que la musique ne sauroit narrer; que les passions n'y peuvent être peintes dans toute l'étendue qu'elles demandent; que d'ailleurs elle ne sauroit souvent mettre en chant les expressions vraiment sublimes et courageuses[5]. C'est ce que je lui représentai, quand

---

1 (H.) Cet avertissement et le prologue qu'il annonce parurent pour la première fois, dans l'édition de 1713.

2 (V.) Il n'y a que les initiales M et T dans l'édition qui vient d'être indiquée.

3 (H.) Françoise-Athénaïs de Rochechouart, mariée en 1663 à Henri-Louis de Gondrin de Pardaillan, marquis de Montespan, fut surintendante de la maison de la reine Marie-Thérèse d'Autriche, et mourut le 28 mai 1707, âgée de soixante-six ans. Gabrielle de Rochechouart, sa sœur aînée, fut mariée en 1655 à Charles Léonor de Damas, marquis de Thiange, et mourut le 12 septembre 1693. Elles étoient sœurs du duc de Vivonne. (*Note de Saint-Marc.*)

Il faut ajouter que madame de Montespan gagna les bonnes graces de Louis XIV, supplanta madame de La Vallière, fut supplantée par madame Scarron, depuis marquise de Maintenon, et laissa outre le fils qu'elle avoit eu de M. de Montespan, huit autres enfants : le duc du Maine; mademoiselle de Nantes, mariée au petit-fils du grand Condé; mademoiselle de Blois qui épousa le duc d'Orléans (régent); le comte de Toulouse, etc.

4 (Cr.) C'étoient, dit d'Alembert (*Éloge de Despréaux*), Alceste, Atys, Proserpine et Thésée qui avoient ennuyé ces deux dames; car pour leur honneur Armide n'existoit pas encore. Cet opéra ne fut représenté qu'en 1686, lorsque madame de Montespan n'étoit plus en faveur.

5 (Cr.) Étranges assertions, dit d'Alembert, (*ibid.*) et pareilles à celles de

il me déclara son engagement; et il m'avoua que j'avois raison; mais il étoit trop avancé pour reculer. Il commença dès-lors en effet un opéra, dont le sujet étoit la chute de Phaéton[1]. Il en fit même quelques vers qu'il récita au roi qui en parut content. Mais comme M. Racine n'entreprenoit cet ouvrage qu'à regret, il me témoigna résolument qu'il ne l'achèveroit point que je n'y travaillasse avec lui, et me déclara avant tout qu'il falloit que j'en composasse le prologue. J'eus beau lui représenter mon peu de talent pour ces sortes d'ouvrages, et que je n'avois jamais fait de vers d'amourettes[2]: il persista dans sa résolution, et me dit qu'il me le feroit ordonner par le roi. Je songeai donc en moi-même à voir de quoi je serois capable, en cas que je fusse absolument obligé de travailler à un ouvrage si opposé à mon génie et à mon inclination. Ainsi, pour m'essayer, je traçai, sans en rien dire à personne, non pas même à M. Racine, le canevas d'un prologue; et j'en composai une première scène.

Pascal sur la beauté poétique: grande leçon aux plus heureux génies de se taire sur ce qu'ils ignorent.

[1] (H.) L'opéra de Quinault, sur le même sujet, fut représenté en janvier 1683.

[2] (H.) Le fragment qui suit cette préface justifie pleinement ce que Boileau dit ici de son peu de talent pour composer des vers d'opéra. Cependant Monchesnai, dans l'un des premiers articles du Bolœana, fait parler Despréaux en ces termes: « Tout ce qui s'est trouvé de passable dans *Bellérophon*, c'est à « moi qu'on le doit. Lulli étoit pressé par le roi de lui donner un spectacle; « Corneille (Thomas) lui avoit fait, disoit-il, un opéra où il ne comprenoit « rien; il auroit mieux aimé mettre en musique un exploit. Il me pria de don- « ner quelques avis à Corneille. Je lui dis avec ma cordialité ordinaire: Mon- « sieur, que voulez-vous dire par ces vers? Il m'expliqua sa pensée. Eh! que « ne dites-vous cela? lui dis-je. A quoi bon ces paroles, qui ne signifient rien? « Ainsi l'opéra fut réformé presque d'un bout à l'autre, et le roi se vit servi à « point nommé. Lulli crut m'avoir tant d'obligation qu'il s'en vint m'apporter « la rétribution de Corneille. Il voulut me compter trois cents louis. Je lui dis: « Monsieur, êtes-vous assez neuf dans le monde, pour ignorer que je n'ai ja- « mais rien pris de mes ouvrages? Comment donc voulez-vous que je tire tri- « but de ceux d'autrui? Là-dessus il m'offrit pour moi et pour toute ma pos- « térité une loge annuelle et perpétuelle à l'opéra; mais tout ce qu'il put ob- « tenir de moi, c'est que je verrois son opéra pour mon argent. »

Tout ce récit a été démenti dans le journal des Savants (mai 1741) par Fontenelle, qui est le véritable auteur de l'opéra de *Bellérophon*. Il le composa, « jeune encore, (en 1679) sur le canevas que lui avoit envoyé son oncle Thomas Corneille. Boileau n'a fourni à cette pièce que le nom *heureux et sonore* dit Fontenelle, du magicien Amisodar.

Le sujet de cette scène étoit une dispute de la Poésie et de la Musique, qui se querelloient sur l'excellence de leur art, et étoient enfin toutes prêtes à se séparer, lorsque tout-à-coup la déesse des accords, je veux dire l'Harmonie, descendoit du ciel avec tous ses charmes et ses agréments, et les réconcilioit. Elle devoit dire ensuite la raison qui la faisoit venir sur la terre, qui n'étoit autre que de divertir le prince de l'univers le plus digne d'être servi, et à qui elle devoit le plus, puisque c'étoit lui qui la maintenoit dans la France, où elle régnoit en toutes choses. Elle ajoutoit ensuite que, pour empêcher que quelque audacieux ne vînt troubler, en s'élevant contre un si grand prince, la gloire dont elle jouissoit avec lui, elle vouloit que dès aujourd'hui même, sans perdre de temps, on représentât sur la scène la chute de l'ambitieux Phaéton. Aussitôt tous les poètes et tous les musiciens, par son ordre, se retiroient, et s'alloient habiller[1]. Voilà le sujet de mon prologue, auquel je travaillai trois ou quatre jours avec un assez grand dégoût, tandis que M. Racine de son côté, avec non moins de dégoût, continuoit à disposer le plan de son opéra, sur lequel je lui prodiguois mes conseils. Nous étions occupés à ce misérable travail, dont je ne sais si nous nous serions bien tirés, lorsque tout-à-coup un heureux incident nous tira d'affaire. L'incident fut que M. Quinaut s'étant présenté au roi les larmes aux yeux, et lui ayant remontré l'affront qu'il alloit recevoir s'il ne travailloit plus au divertissement de sa majesté, le roi, touché de compassion, déclara franchement aux dames dont j'ai parlé, qu'il ne pouvoit se résoudre à lui donner ce déplaisir. *Sic nos servavit Apollo.* Nous retournâmes donc, M. Racine et moi, à notre premier emploi, et il ne fut plus mention de notre opéra, dont il ne resta que quelques vers de M. Racine, qu'on n'a point

---

[1] (Cr.) « La Poésie et la Musique sont prêtes à se séparer lorsque l'Harmo-
« nie vient les réunir. On ne comprend pas trop comment la Musique paroît
« d'abord dans ce prologue, sans l'Harmonie qui est un de ses principaux at-
« tributs. On comprend encore moins comment l'Harmonie poétique et la Mé-
« lodie du chant, en les supposant brouillées (on ne sait trop pourquoi), peu-
« vent être si facilement réconciliées par l'Harmonie musicale, c'est-à-dire ap-
« paremment par la Musique à plusieurs parties, qui seroit plutôt propre à
« augmenter la brouillerie, s'il y en avoit déjà sans elle. » D'ALEMBERT.

trouvés dans ses papiers après sa mort, et que vraisemblablement il avoit supprimés par délicatesse de conscience, à cause qu'il y étoit parlé d'amour. Pour moi, comme il n'étoit point question d'amourettes dans la scène que j'avois composée, non-seulement je n'ai pas jugé à propos de la supprimer; mais je la donne ici au public, persuadé qu'elle fera plaisir aux lecteurs, qui ne seront peut-être pas fâchés de voir de quelle manière je m'y étois pris, pour adoucir l'amertume et la force de ma poésie satirique, et pour me jeter dans le style doucereux. C'est de quoi ils pourront juger par le fragment que je leur présente ici, et que je leur présente avec d'autant plus de confiance, qu'étant fort court, s'il ne les divertit, il ne leur laissera pas du moins le temps de s'ennuyer.

PROLOGUE D'OPÉRA.

LA POÉSIE, LA MUSIQUE.

LA POÉSIE.
Quoi! par de vains accords et des sons impuissants,
Vous croyez exprimer tout ce que je sais dire!

LA MUSIQUE.
Aux doux transports, qu'Apollon vous inspire,
Je crois pouvoir mêler la douceur de mes chants.

LA POÉSIE.
Oui, vous pouvez aux bords d'une fontaine
Avec moi soupirer une amoureuse peine,
Faire gémir Thyrsis, faire craindre Climène;
Mais, quand je fais parler les héros et les dieux,
  Vos chants audacieux
Ne me sauroient prêter qu'une cadence vaine.
  Quittez ce soin ambitieux.

LA MUSIQUE.
Je sais l'art d'embellir vos plus rares merveilles.

LA POÉSIE.
On ne veut plus alors entendre votre voix.

LA MUSIQUE.
Pour entendre mes sons, les rochers et les bois
  Ont jadis trouvé des oreilles.

LA POÉSIE.
Ah! c'en est trop, ma sœur, il faut nous séparer:
  Je vais me retirer.
Nous allons voir sans moi ce que vous saurez faire.

LA MUSIQUE.

Je saurai divertir et plaire;
Et mes chants, moins forcés, n'en seront que plus doux [1].

LA POÉSIE.

Hé bien, ma sœur, séparons-nous.

LA MUSIQUE.

Séparons-nous.

LA POÉSIE.

Séparons-nous.

CHŒUR DE POÈTES ET DE MUSICIENS.[2]

Séparons-nous, séparons-nous.

LA POÉSIE.

Mais quelle puissance inconnue
Malgré moi m'arrête en ces lieux?

LA MUSIQUE.

Quelle divinité sort du sein de la nue?

LA POÉSIE.

Quels chants mélodieux
Font retentir ici leur douceur infinie?

LA MUSIQUE.

Ah! c'est la divine Harmonie,
Qui descend des cieux!

---

[1] (Cr.) « Boileau avoit raison, dit Le Brun, de ne pas vouloir jouter avec Quinault dans l'opéra. Il n'avoit point de vocation pour ce genre, et je ne crois pas que ce prologue donne un démenti à ce que j'avance. Lulli, tout Lulli qu'il étoit, n'auroit pas mis facilement en musique ces deux vers:

Nous allons voir sans moi ce que vous saurez faire....
Et mes chants moins forcés n'en seront que plus doux. »

[2] (V.) L'édition, souvent fautive, de 1713, porte *des poètes et des musiciens* et non *de*.

LA POÉSIE.

Qu'elle étale à nos yeux
De graces naturelles!

LA MUSIQUE.

Quel bonheur imprévu la fait ici revoir!

LA POÉSIE ET LA MUSIQUE.

Oublions nos querelles,
Il faut nous accorder pour la bien recevoir.

CHOEUR DE POÈTES ET DE MUSICIENS.

Oublions nos querelles,
Il faut nous accorder pour la bien recevoir.

CHAPELAIN DÉCOIFFÉ,

OU PARODIE DE QUELQUES SCÈNES DU CID [1].

SCÈNE I[2].

LA SERRE[3], CHAPELAIN.

LA SERRE.

Enfin vous l'emportez, et la faveur du roi
Vous accable de dons qui n'étoient dus qu'à moi.
On voit rouler chez vous tout l'or de la Castille.

---

[1] (H.) Cette parodie est attribuée à Boileau dans le *Menagiana* où elle est insérée, tome I, pages 146-161 de l'édition de 1715, donnée par La Monnoie. Elle seroit de Linière, si l'on s'en rapportoit à ces lignes du *Carpentariana*, (page 128 de l'édition de 1741.) « Chape-« lain étant déja fort vieux n'avoit jamais porté que cette seule per-« ruque, qui est si renommée par la parodie du *Cid* que Linière a « faite. » Selon Brossette, c'est Furetière qui est le principal auteur de ce badinage; et en ce point, Despréaux lui-même confirme le témoignage de son commentateur. Voyez la fin de la préface n°. VI, tome I, page 30; et tome IV, la lettre à Brossette, datée du 10 décembre 1701. Despréaux avoue pourtant qu'il y a eu quelque part: il étoit avec Racine du dîner où cette parodie fut esquissée; mais il est infiniment peu probable qu'il l'ait faite lui seul, pour divertir le premier président de Lamoignon, comme on le suppose dans le *Menagiana*.

Brossette l'ayant insérée parmi les œuvres de Boileau, les éditeurs de 1740 et après eux Saint-Marc et ses successeurs ont *à regret* suivi cet exemple auquel nous devons aussi, bon gré malgré, nous conformer.

[2] (H.) Cette première scène correspond à la quatrième de l'acte Ier du *Cid*, entre le comte Gomez et Don Diègue.

[3] (H.) Sur La Serre, voyez tome I, page 91. — Il a été jusqu'ici trop souvent fait mention de Chapelain, pour qu'il y ait lieu de nous arrêter à ce personnage.

CHAPELAIN.

Les trois fois mille francs qu'il met dans ma famille
Témoignent mon mérite, et font connoître assez
Qu'on ne hait pas mes vers pour être un peu forcés.

LA SERRE.

Pour grands que soient les rois, ils sont ce que nous sommes
Ils se trompent en vers comme les autres hommes;
Et ce choix sert de preuve à tous les courtisans,
Qu'à de méchants auteurs ils font de beaux présents.

CHAPELAIN.

Ne parlons point du choix dont votre esprit s'irrite :
La cabale l'a fait plutôt que le mérite.
Vous choisissant, peut-être on eût pu mieux choisir;
Mais le roi m'a trouvé plus propre à son désir.
A l'honneur qu'il m'a fait ajoutez-en un autre :
Unissons désormais ma cabale à la vôtre.
J'ai mes prôneurs aussi, quoiqu'un peu moins fréquents
Depuis que mes sonnets [1] ont détrompé les gens.
Si vous me célébrez, je dirai que La Serre
Volume sur volume incessamment desserre [2].
Je parlerai de vous avec monsieur Colbert,
Et vous éprouverez si mon amitié sert.
Ma nièce même en vous peut rencontrer un gendre.

LA SERRE.

A de plus hauts partis Phlipote doit [3] prétendre;

---

[1] (H.) Voyez tome 1, page 35.

[2] (H.) Saint-Amant avoit dit dans une pièce de vers intitulée *Le poète crotté* :

> Et même depuis La Serre
> Qui livre sur livre desserre.

[3] (V.) *Peut*, dans l'édition de Brossette et dans plusieurs autres.

Et le nouvel éclat de cette pension
Lui doit bien mettre au cœur une autre ambition.
Exerce nos rimeurs, et vante notre prince;
Va te faire admirer chez les gens de province,
Fais marcher en tous lieux les rimeurs sous ta loi,
Sois des flatteurs l'amour, et des railleurs l'effroi.
Joins à ces qualités celles d'une ame vaine :
Montre-leur comme il faut endurcir une veine,
Au métier de Phébus bander tous les[1] ressorts,
Endosser nuit et jour un rouge justaucorps[2],
Pour avoir de l'encens donner une bataille,
Ne laisser de sa bourse échapper une maille;
Surtout sers-leur d'exemple, et ressouviens-toi bien
De leur former un style aussi dur que le tien.

CHAPELAIN.

Pour s'instruire d'exemple, en dépit de Linière[3],
Ils liront seulement ma Jeanne tout entière.
Là, dans un long tissu d'amples narrations,
Ils verront comme il faut berner les nations,
Duper d'un grave ton gens de robe et d'armée,
Et sur l'erreur des sots bâtir sa renommée.

LA SERRE.

L'exemple de La Serre a bien plus de pouvoir :
Un auteur dans ton livre apprend mal son devoir.
Et qu'a fait après tout ce grand nombre de pages,
Que ne puisse égaler un de mes cent ouvrages?

---

[1] (V.) ...*ses*, dans la copie insérée au *Menagiana*.

[2] (H.) Brossette dit que Chapelain s'habilloit chez lui d'un justaucorps rouge, au lieu de robe-de-chambre.

[3] (H.) Linière avoit fait une épigramme contre le poème de (Jeanne) *la Pucelle*, par Chapelain.

Si tu fus grand flatteur, je le suis aujourd'hui,
Et ce bras de la presse est le plus ferme appui.
Bilaine et de Sercy sans moi seroient des drilles;
Mon nom seul au Palais nourrit trente familles :
Les marchands fermeroient leurs boutiques sans moi,
Et s'ils ne m'avoient plus, ils n'auroient plus d'emploi.
Chaque heure, chaque instant fait sortir de ma plume
Cahiers dessus cahiers, volume sur volume.
Mon valet écrivant ce que j'aurois dicté,
Feroit un livre entier, marchant à mon côté;
Et loin de ces durs vers qu'à mon style on préfère,
Il deviendroit auteur en me regardant faire.

CHAPELAIN.

Tu me parles en vain de ce que je connoi;
Je t'ai vu rimailler et traduire sous moi.[1]
Si j'ai traduit Gusman[2], si j'ai fait sa préface,
Ton galimatias a bien rempli ma place.
Enfin pour épargner ces discours superflus,
Si je suis grand flatteur, tu l'es et tu le fus.
Tu vois bien cependant qu'en cette concurrence
Un monarque entre nous met de la différence.

LA SERRE.

Ce que je méritois, tu me l'as emporté.

CHAPELAIN.

Qui l'a gagné sur toi l'avoit mieux mérité.

[1] (H.) Cette rime est de Corneille:

Vous me parlez en vain de ce que je *connoi.*
Je vous ai vu combattre et commander sous *moi.*

[2] (H.) Chapelain avoit traduit de l'espagnol le roman de *Gusman d'Alfarache*, imprimé à Paris, en 1638. (*Brossette.*) Saint-Marc doute que cette traduction soit réellement de Chapelain.

LA SERRE.
Qui sait mieux composer en est bien le plus digne.
CHAPELAIN.
En être refusé n'en est pas un bon signe.
LA SERRE.
Tu l'as gagné par brigue étant vieux courtisan.
CHAPELAIN.
L'éclat de mes grands vers fut mon seul partisan.
LA SERRE.
Parlons-en mieux : le roi fait honneur à ton âge.
CHAPELAIN.
Le roi, quand il en fait, le mesure à l'ouvrage.
LA SERRE.
Et par là je devois emporter ces ducats.
CHAPELAIN.
Qui ne les obtient point ne les mérite pas.
LA SERRE.
Ne les mérite pas, moi?
CHAPELAIN.
Toi.
LA SERRE.
Ton insolence,
Téméraire vieillard, aura sa récompense.
(Il lui arrache sa perruque.)
CHAPELAIN.
Achève, et prends ma tête après un tel affront,
Le premier dont ma muse a vu rougir son front.
LA SERRE.
Et que penses-tu faire avec tant de foiblesse?
CHAPELAIN.
O dieux! mon Apollon en ce besoin me laisse.

LA SERRE.

Ta perruque est à moi, mais tu serois trop vain,
Si ce sale trophée avoit souillé ma main.
Adieu; fais lire au peuple, en dépit de Linière,
De tes fameux travaux l'histoire tout¹ entière :
D'un insolent discours ce juste châtiment
Ne lui servira pas d'un petit ornement.

CHAPELAIN.

Rends-moi donc ma perruque.

LA SERRE.

Elle est trop malhonnête².
De tes lauriers sacrés va te couvrir la tête.

CHAPELAIN.

Rends la calotte au moins.

LA SERRE.

Va, va, tes cheveux d'ours
Ne pourroient sur ta tête encor durer trois jours.

SCÈNE II.

CHAPELAIN, seul³.

O rage! ô désespoir! ô perruque ma mie!
N'as-tu donc tant vécu que pour cette infamie?
N'as-tu trompé l'espoir de tant de perruquiers,
Que pour voir en un jour flétrir tant de lauriers?
Nouvelle pension fatale à ma calotte!
Précipice élevé qui te jette en la crotte!

---

¹ (V.) *Toute*, dans le *Menagiana* et en d'autres copies.
² (Cr.) Mal-propre.
³ (H.) Monologue de Don Diègue, scène V de l'acte Ier du *Cid*.

Cruel ressouvenir de tes honneurs passés!
Services de vingt ans en un jour effacés!
Faut-il de ton vieux poil voir triompher La Serre,
Et te mettre crottée, ou te laisser à terre?
La Serre, sois d'un roi maintenant régalé :
Ce haut rang n'admet pas un poète pelé;
Et ton jaloux orgueil, par cet affront insigne,
Malgré le choix du roi, m'en a su rendre indigne.
Et toi, de mes travaux glorieux instrument,
Mais d'un esprit de glace inutile ornement,
Plume jadis vantée, et qui, dans cette offense,
M'as servi de parade et non pas de défense,
Va, quitte désormais le dernier des humains,
Passe pour me venger en de meilleures mains.
Si Cassaigne a du cœur, et s'il est mon ouvrage,
Voici l'occasion de montrer son courage;
Son esprit est le mien, et le mortel affront
Qui tombe sur mon chef rejaillit sur son front.

SCÈNE III[1].

CHAPELAIN, CASSAIGNE[2].

CHAPELAIN.

Cassaigne, as-tu du cœur?

CASSAIGNE.

Tout autre que mon maître
L'éprouveroit sur l'heure.

---

[1] (H.) Scène entre Don Diègue et son fils Rodrigue, sixième de l'acte Ier du *Cid*.

[2] (H.) Sur Cassaigne ou Cassagnes, voyez tome I, page 83.

CHAPELAIN.

Ah! c'est comme il faut être.
Digne ressentiment à ma douleur bien doux!
Je reconnois ma verve à ce noble courroux.
Ma jeunesse revit en cette ardeur si prompte.
Mon disciple, mon fils, viens réparer ma honte.
Viens me venger.

CASSAIGNE.

De quoi?

CHAPELAIN.

D'un affront si cruel
Qu'à l'honneur de tous deux il porte un coup mortel;
D'une insulte... Le traître eût payé la perruque
Un quart d'écu du moins, sans mon âge caduque[1].
Ma plume, que mes doigts ne peuvent soutenir,
Je la remets aux tiens pour écrire et punir.
Va contre un insolent faire un bon gros ouvrage.
C'est dedans l'encre seul[2] qu'on lave un tel outrage:
Rime, ou crève. Au surplus, pour ne te point flatter,
Je te donne à combattre un homme à redouter;
Je l'ai vu fort poudreux au milieu des libraires,
Se faire un beau rempart de deux mille exemplaires.

CASSAIGNE.

Son nom? c'est perdre temps en discours superflus.

CHAPELAIN.

Donc pour te dire encor quelque chose de plus;

---

[1] (Cr.) *Caduque* étoit alors des deux genres.

[2] (Cr.) *Encre seul*, faute exprès affectée en la personne de Chapelain. (Note du *Menagiana*, copiée par Brossette.) — Mais *encre* (d'*encaustrum*) avoit été originairement masculin.

Plus enflé que Boyer[1], plus bruyant qu'un tonnerre,
C'est...

CASSAIGNE.

De grace, achevez.

CHAPELAIN.

Le terrible La Serre.

CASSAIGNE.

Le...

CHAPELAIN.

Ne réplique point, je connois ton fatras :
Combats sur ma parole, et tu l'emporteras.
Donnant pour des cheveux ma Pucelle en échange,
J'en vais chercher ; barbouille, écris, rime, et nous venge.

SCÈNE IV.

CASSAIGNE, seul[2].

Percé jusques au fond du cœur
D'une insulte imprévue aussi bien que mortelle,
Misérable vengeur d'une sotte querelle,
D'un avare écrivain chétif imitateur,
Je demeure stérile, et ma veine abattue
    Inutilement sue.
Si près de voir couronner mon ardeur,
    O la peine cruelle !
En cet affront La Serre est le tondeur,
Et le tondu, père de la Pucelle[3].

---

[1] (H.) Voyez ci-dessus, tome II, page 193.

[2] (H.) Monologue de Rodrigue, scène VII de l'acte Ier du *Cid*.

[3] (H.) Boileau, dans sa lettre à Brossette, du 10 décembre 1701 (tome IV), cite ce vers et le précédent comme faits par lui-même.

Que je sens de rudes combats !
Comme ma pension, mon honneur me tourmente.
Il faut faire un poème, ou bien perdre une rente :
L'un échauffe mon cœur, l'autre retient mon bras.
Réduit au triste choix ou de trahir mon maître,
Ou d'aller à Bicêtre,
Des deux côtés mon mal est infini.
O la peine cruelle !
Faut-il laisser un La Serre impuni ?
Faut-il venger l'auteur de la Pucelle ?

Auteur, perruque, honneur, argent,
Impitoyable loi, cruelle tyrannie,
Je vois gloire perdue, ou pension finie.
D'un côté je suis lâche, et de l'autre indigent.
Cher et chétif espoir d'une veine flatteuse,
Et tout ensemble gueuse,
Noir instrument, unique gagne-pain,
Et ma seule ressource,
M'es-tu donné pour venger Chapelain ?
M'es-tu donné pour me couper la bourse ?

Il vaut mieux courir chez Conrart [1] ;
Il peut me conserver ma gloire et ma finance,
Mettant [2] ces deux rivaux en bonne intelligence.
On sait comme en traités excelle ce vieillard.
S'il n'en vient pas à bout, que Sapho la pucelle [3]
Vide notre querelle.

[1] (H.) Voyez ci-dessus, tome II, page 8.
[2] (V.) *Mettre*, en quelques éditions.
[3] (H.) Mademoiselle de Scudéri. Voyez tome I, page 77.

Si pas un d'eux ne me veut secourir,
    Et si l'on me balotte,
Cherchons La Serre ; et, sans tant discourir,
Traitons du moins, et payons la calotte.

    Traiter sans tirer ma raison !
Rechercher un marché si funeste à ma gloire !
Souffrir que Chapelain impute à ma mémoire
D'avoir mal soutenu l'honneur de sa toison !
Respecter un vieux poil, dont mon ame égarée
    Voit la perte assurée !
N'écoutons plus ce dessein négligent,
    Qui passeroit pour crime.
Allons, ma main, du moins sauvons l'argent,
Puisqu'aussi bien il faut perdre l'estime.

    Oui, mon esprit s'étoit déçu.
Autant que mon honneur, mon intérêt me presse :
Que je meure en rimant, ou meure de détresse,
J'aurai mon style dur comme je l'ai reçu.
Je m'accuse déjà de trop de négligence.
    Courons à la vengeance :
Et tout honteux d'avoir tant de froideur,
    Rimons à tire d'aile,
Puisqu'aujourd'hui La Serre est le tondeur,
Et le tondu, père de la Pucelle.

SCÈNE V.

CASSAIGNE, LA SERRE[1].

CASSAIGNE.

A moi, La Serre, un mot.

LA SERRE.

Parle.

CASSAIGNE.

Ote-moi d'un doute.
Connois-tu Chapelain?

LA SERRE.

Oui.

CASSAIGNE.

Parlons bas, écoute.
Sais-tu que ce vieillard fut la même vertu,
Et l'effroi des lecteurs de son temps? le sais-tu?

LA SERRE.

Peut-être.

CASSAIGNE.

La froideur qu'en mon style je porte,
Sais-tu que je la tiens de lui seul?

LA SERRE.

Que m'importe?

CASSAIGNE.

A quatre vers d'ici je te le fais savoir.

LA SERRE.

Jeune présomptueux!

CASSAIGNE.

Parle sans t'émouvoir.

---

[1] (H.) Scène entre le comte Gomès et Rodrigue, seconde de

Je suis jeune, il est vrai; mais aux ames bien nées,
La rime n'attend pas le nombre des années.
LA SERRE.
Mais t'attaquer à moi! qui t'a rendu si vain,
Toi, qu'on ne vit jamais une plume à la main?
CASSAIGNE.
Mes pareils avec toi sont dignes de combattre,
Et pour des coups d'essai veulent des Henri quatre [1]!
LA SERRE.
Sais-tu bien qui je suis?
CASSAIGNE.
Oui, tout autre que moi,
En comptant tes écrits, pourroit trembler d'effroi.
Mille et mille papiers, dont ta table est couverte [2],
Semblent porter écrit le destin de ma perte.
J'attaque en téméraire un gigantesque auteur;
Mais j'aurai trop de force ayant assez de cœur.
Je veux venger mon maître; et ta plume indomptable,
Pour ne se point lasser, n'est point infatigable.
LA SERRE.
Ce phébus, qui paroît au discours que tu tiens,
Souvent par tes écrits se découvrit aux miens [3];

---

[1] (H.) Cassaigne avoit composé un poème intitulé: Henri IV.

[2] (H.) Ce vers et le suivant sont de Boileau, selon sa lettre du 10 décembre 1701, à Brossette.

[3] (Cr.) Ces deux vers correspondent à ceux qui se lisent ainsi dans Corneille:

> Ce grand cœur qui paroît au discours que tu tiens
> *Par tes yeux* chaque jour se découvroit *aux miens.*

Cela étoit fort clair; mais la parodie est presque inintelligible. Comment le phébus se découvre-t-il *par des écrits à des écrits?* Si *aux miens* signifie *dans les miens,* l'expression est encore louche où

Et te voyant encor tout frais sorti de classe,
Je disois : Chapelain lui laissera sa place.
Je sais ta pension, et suis ravi de voir
Que ces bons mouvements excitent ton devoir;
Qu'ils te font sans raison mettre rime sur rime,
Étayer d'un pédant l'agonisante estime;
Et que, voulant pour singe un écolier parfait,
Il ne se trompoit point au choix qu'il avoit fait.
Mais je sens que pour toi ma pitié s'intéresse;
J'admire ton audace, et je plains ta jeunesse.
Ne cherche point à faire un coup d'essai fatal;
Dispense un vieux routier d'un combat inégal.
Trop peu de gain pour moi suivroit cette victoire :
A moins d'un gros volume, on compose sans gloire;
Et j'aurois le regret de voir que tout Paris
Te croiroit accablé du poids de mes écrits.

CASSAIGNE.

D'une indigne pitié ton orgueil s'accompagne :
Qui pèle Chapelain craint de tondre Cassaigne.

LA SERRE.

Retire-toi d'ici.

CASSAIGNE.

Hâtons-nous de rimer.

LA SERRE.

Es-tu si prêt d'écrire?

CASSAIGNE.

Es-tu las d'imprimer?

LA SERRE.

Viens, tu fais ton devoir. L'écolier est un traître,
Qui souffre sans cheveux la tête de son maître.

LA MÉTAMORPHOSE

DE

LA PERRUQUE DE CHAPELAIN EN COMÈTE.

La plaisanterie que l'on va voir est une suite de la parodie précédente. Elle fut imaginée par les mêmes auteurs, à l'occasion de la comète qui parut à la fin de l'année 1664. Ils étoient à table chez M. Hessein[1], frère de l'illustre madame La Sablière.

On feignoit que Chapelain, ayant été décoiffé par La Serre, avoit laissé sa perruque à calotte dans le ruisseau, où La Serre l'avoit jetée.

> Dans un ruisseau bourbeux la calotte enfoncée,
> Parmi de vieux chiffons alloit être entassée,
> Quand Phébus l'aperçut, et du plus haut des airs
> Jetant sur les railleurs un regard de travers :
> Quoi! dit-il, je verrai cette antique calotte,
> D'un sale chiffonnier remplir l'indigne hotte!

Ici devoit être la description de cette fameuse perruque :

> Qui de tous ses travaux la compagne fidèle,
> A vu naître Guzman et mourir la Pucelle;
> Et qui de front en front passant à ses neveux
> Devoit avoir plus d'ans qu'elle n'eut de cheveux.

Enfin Apollon changeoit cette perruque en comète. Je veux, disoit ce dieu, que tous ceux qui naîtront sous ce nouvel astre, soient poètes,

> Et qu'ils fassent des vers, même en dépit de moi.

[1] (H.) Il sera parlé de lui dans la correspondance de Racine et

Furetière, l'un des auteurs de la pièce, remarqua pourtant que cette métamorphose manquait de justesse en un point : c'est, dit-il, que les comètes ont des cheveux, et que la perruque de Chapelain est si usée qu'elle n'en a plus. Cette badinerie n'a jamais été achevée.

Chapelain souffrit, dit-on, avec beaucoup de patience les satires que l'on fit contre sa perruque. On lui a attribué l'épigramme suivante, qui n'est pas de lui :

> Railleurs, en vain vous m'insultez,
> Et la pièce vous emportez;
> En vain vous découvrez ma nuque :
> J'aime mieux la condition
> D'être défroqué de perruque,
> Que défroqué de pension.

VERS LATINS

DE BOILEAU.

In novum Causidicum, (C. Herbinot) rustici lictoris filium.
(1656-1658)

(Voyez, tome IV, la lettre de Boileau à Brossette, du 9 avril 1702.)

Dum puer iste fero natus lictore perorat,
  Et clamat medio, stante parente, foro;
Quæris quid [1] sileat circumfusa undique turba?
  Non stupet ob natum, sed timet illa patrem.

In Marullum, (Abbatem Loménie de Brienne [2].) versibus phaleucis antea male laudatum. (1656-1658)

(Voyez la lettre à Brossette du 9 avril 1702.)

Nostri quid placeant minus phaleuci,
Jamdudum tacitus, Marulle, quæro,
Quum nec sint stolidi, nec inficeti,
Nec pingui nimium fluant Minerva.
Tuas sed celebrant, Marulle, laudes:
O versus stolidos et inficetos!

---

[1] (V.) *Cur*, dans l'édition de Brossette et dans plusieurs autres.

[2] (H.) Henri Louis Loménie de Brienne, né en 1642, mort en 1698, a été secrétaire d'état: il a écrit des poésies diverses, l'histoire de ses voyages; etc.

SATIRA.

(1656-1660)

Quid numeris iterum me balbutire latinis
Longe Alpes citra natum de patre sicambro,
Musa, jubes? Istuc puero mihi profuit olim,
Verba mihi sævo nuper dictata magistro
Quum pedibus certis conclusa referre docebas.
Utile tunc Smetium[1] manibus sordescere nostris;
Et mihi sæpe udo volvendus pollice Textor[2],
Præbuit adsutis contexere carmina pannis.
Sic Maro, sic Flaccus, sic nostro sæpe Tibullus
Carmine disjecti, vano pueriliter ore
Bullatas nugas sese stupuere loquentes....[3]

---

[1] (H.) Prosodie latine de Henri Smétius, grammairien, né en Flandre en 1537, mort en 1644.

[2] (H.) *Dictionnaire d'épithètes* à l'usage de ceux qui font des vers latins, composé par Tixier, ou Teissier, seigneur de Ravisy en Nivernois; auteur dont le nom latinisé est *Ravisius Textor*. Il étoit recteur de l'université en 1500, et il est mort en 1522 à l'hôpital.

[3] (H.) C'est, comme on voit, le commencement d'une satire contre les auteurs de poésies latines. Boileau entreprit depuis, sur le même sujet et dans le même esprit, un dialogue en prose dont on trouvera un fragment dans le tome III. Une lettre qu'il écrivit à Brossette le 6 octobre 1701, (tome IV), achèvera de prouver qu'il sentoit parfaitement l'impossibilité de composer de bons vers dans une langue, *dont nous ne savons pas même*, disoit-il, *la prononciation*. Cet exercice peut bien être utile à la jeunesse; mais prolongé, comme il l'a été trop souvent, dans l'âge mur, il égare le talent, accoutume aux idées vagues, aux expressions approximatives, et retarde au moins les véritables progrès dans l'art d'écrire. Il fait prendre l'habitude, non de l'imitation, mais du centon ou même du plagiat: *adsutis contexere carmina pannis*, comme vient de le dire Despréaux qui, si l'on en juge par ce petit nombre de vers latins, auroit réussi aussi bien qu'un autre, dans ce genre facile. Heureusement il en reconnut de très-bonne heure la futilité. Il avoit aussi, dans sa jeu-

nesse, composé une pièce latine sur la fatale complication des lois et des procédures :

> O mille nexibus non desinentium
> Fœcunda rixarum parens,
> Quid intricatis juribus jura impedis?

Mais il n'en cite que ces trois premiers vers dans sa lettre du 15 juin 1704, à Brossette (tome IV) : « J'ai, dit-il, oublié le reste. »

Cependant, lorsque des littérateurs fort estimables eurent traduit son *Ode sur Namur* en vers latins, il fut si sensible à cet hommage, qu'il inséra ces versions dans l'édition de ses œuvres donnée par lui en 1701, et qu'il y joignit même quelques compliments versifiés pour lui en ce même langage. Afin de ne rien omettre de ce que contient cette édition *favorite* de 1701, nous allons terminer le tome II par la transcription de ces poésies latines faites en l'honneur de Boileau.

DOCTISSIMO ET CLARISSIMO VIRO

NICOLAO B. D.

HENDECASYLLABI.

Gallici decus arbiterque Pindi,
Codris ac Baviis timende vates,
Per quem laude vigens nova vetustas
Contra murmura plebis imperitæ,
Et convicia stat calumniantum:
Munus accipe, te, BOLÆE, dignum;
Quod tu, sis licet aure delicata
Judex difficilis, severiorque,
Non tamen, reor, improbare possis.
Versus ecce tuos tibi latinis
Donatos numeris modisque mitto.
Nostris crediderim hoc opus Camœnis
Intractabile. Nubium meatus
Tecum tendere in arduos verebar,
Pennisque imparibus sequax hirundo
Post audacem aquilam volare stridens
Insuetum per iter. Sed adstitere,
Quotquot Roma tulit bonos poetas,
Inservire operi tuo, locumque
Versus inter habere gestientes
Vatis, vindice quo perenne servant
Illæsi decus inter inquieta
Allatrantum odia, irritosque morsus.

Imprimis, tua cura, amorque Flaccus,
Flaccus deliciæ tuæ, superbis
Te cujus spoliis nitere, dudum
Grex crepat malesanus invidorum,
Ardet dicere principis triumphos,
Qualem tempora nec tulere prisca,
Qualem nec sua venditavit ætas.
Terretur tamen insolens locorum
Aspris nominibus, rudesque contra
Luctatur fluvios diu : sed omnes
Moras vincit amor tuî, nec ullus
Te propter labor arduus videtur.
Perge ergo veterum, Bolæe, famam,
Et scripta, et decus, ut facis, tueri.
Junctis hoc precibus reposcit à te
Quidquid est hominum eruditiorum,
Quidquid est hominum politiorum,
Et sani ingenii, bonæque mentis.
Corvorum interea sinas cohortem
Te contra crocitare garrulorum:
Quid possunt aquilis nocere corvi?

Carolus Rollin[1],
Regius eloquentiæ professor.

Σοφὸς ὁ πολ-
λὰ εἰδὼς φυᾷ;
Μαθόντες δὲ, λάβροι
Παγγλωσσίᾳ, Κόρακες ὡς,
Ἄκραντα γαρύετον,
Διὸς πρὸς ὄρνιχα θεῖον.

Pind., ode II, Olymp.

[1] (H.) Rollin a honoré à jamais l'université de Paris comme professeur et comme écrivain. Il a rempli la chaire d'éloquence latine au

Natura vatem sola facit : labor
Si quos per artem promovet improbus,
　　Clamore nequicquam procaci
　　Rauca crepant crocitantque corvi
Contra ministrum fulminis alitem.

collége royal de France; il étoit de l'Académie des Inscriptions, non de l'Académie françoise. Ses ouvrages sont universellement connus et estimés; et sa gloire pure et brillante seroit immortelle, quand même il n'eût pas publié de vers latins. Charles Rollin mourut en 1740, âgé de soixante-dix-neuf ans, et il ne fut pas permis de prononcer son éloge sur sa tombe, parce qu'il étoit du nombre des théologiens pieux qu'on appeloit jansénistes.

ODE
IN EXPUGNATIONEM NAMURCÆ.

[1] Quis fonte sacro dulciter ebrium
Repente doctus me furor abripit?
   Fallorne? Castas en sorores
     Ante oculos mihi Pindus offert.
Huc vos, Camœnæ, dum lyra parturit
Sonora cantus, ferte citæ pedem :
   Adeste, et arrectis modosque
     Auribus ac numeros notate.
Concussa pronis arboribus mihi
Jam sylva plaudit. Vos, jubeo, graves
   Silete venti : LUDOVICUM
     Aggredior celebrare versu.
[2] Audax volatu Pindarus arduo
Secare tractus ætheris invios,
   Cœtusque vulgares perosus,
     Longe humiles fugiente penna
Terras relinquit. Tu, lyra, tu potes,
Si fida jussos reddideris sonos,
   Audita sylvis montibusque,

---

[1] Ire stance de l'ode de Boileau.
[2] IIe stance de Boileau ; nous indiquerons de même le commencement de chacune des stances suivantes de l'ode françoise.

Threïcios superare cantus.
3 Proh ! quanta moles surgit in æthera !
Phœbusne murorum inclytus artifex,
    Comesque Neptunus laboris,
        Rupibus imposuere celsis
Turres superbas ? Hinc Sabis, hinc Mosa
Fluctus amicos consociare amant;
    Hostique inaccessas profundo
        Gurgite, præcipitique fossa
Tuentur arces. Ærea desuper
Centum e tremendis culminibus tonant
    Tormenta, ferratasque torquent
        Ignivomo procul ore mortes.
4 Hinc inde miles cedere nescius,
Ipsi nec impar viribus Herculi,
    Muros coronans, fulgurantes
        Aeria jaculator audax
Ab arce flammas, et crepitantia
Subjectum in hostem fulmina decutit.
    Quin et dolosis terra celans
        Undique visceribus paratos
Erumpere ignes, ut propius subis,
Infida rupto nempe sinu, vomit
    Repente Vulcanum latentem, et
        Sulphureum reserat sepulchrum.
5 Namurca, turres ante tuas ferox
Hæreret olim Græcia plus decem
    Lustris, et incassum suorum
        Funera mille ducum videret.
At quis catervas innumerabiles
Inter tumultus horrisonos trahens,

Quis ille bellator propinquat ;
Aggeribusque tuis ruinam
Minatur audax fulminea manu ?
Quos dat fragores ! Jupiter ipse adest,
Aut qui triumphatis superba
Montibus imposuit trophæa.
6 Agnosco frontem, lumina, regios
Vultus honores : omnia LUDOVIX.
Jam cerno pallentem sub ipsis
Nassavium trepidare castris.
Frustra Batavus jam docili jugum
Cervice portans, et Leo belgicus,
Olimque germanæ feroces
Nunc humiles Aquilæ, britannis
Servire Pardis accelerant. 7 Pavor,
Quem sparsit ipso nomine LUDOVIX,
Terrore concussos recenti
Cogit in auxilium remotas
Vocare gentes. Hos Tagus aurifer
Mittit perustos solibus : hi domos
Linquunt pruinosas, pigroque
Finitimas Boreæ paludes.
8 Repente sed quæ vis fera turgidos
Irritat amnes ? Arva decembribus
Mirantur exsangues Gemelli
Undique diluviis natare.
Ante ora sævis prædam aquilonibus
Perire messem strata gemit Ceres,
Urnisque nimbosis furentum
Mersa Hyadum sua regna plorat,
9 Laxate vestris fræna furoribus,

Imbresque, ventique, et populi, et duces :
  Armate nos contra pruinas;
    Colligite innumeras cohortes :
Namurca versis aggeribus tamen
In pulverem ibit : scilicet hac manu
  Arces tremendas fulminante,
    Oppida qua cecidere centum ;
Qua, terror ingens, Cameracum ruit,
Pendensque celsa rupe Vesontio,
  Limburgus, Hispanoque fastu
    Ganda tumens, Ypra, Dola, Montes.
10 Non falsa vates auguror. En tremit
Concussa moles : jamque sub ictibus
  Muri laborantes fatiscunt,
    Præcipitemque trahunt ruinam.
Mars rupe ab alta ferreus imminens,
Fragore vasto mortiferos procul
  Eructat ignes : fœta flammis
    Machina sulphureis repente
Sublata in auras, fulminis intimos
Quærit recessus ; mox strepitu gravi
  Videtur infernas relabens
    Velle sibi reserare sedes.
11 Huc, ô Namurcæ rebus in ultimis
Spes sola, linguis egregii duces,
  Adeste, Nassavique prudens,
    Tuque ferox Bavare : hinc licebit
Impune tutos post vada fluminis
Cuncta intueri. Terribiles minas
  Murorum, et anfractus malignos,
    Difficilesque aditus locorum

Spectate : ut aspris rupibus impiger
Reptando miles nititur ; ut grave
    Cœnum inter ac flammas, laborem
        Dux operis Lodoïcus urget.
12 Inter procellas turbinis ignei,
  Cristam eminentem vertice regio
    Spectate, sidus Gallo amicum,
        Hostibus at pariter timendum.
Ut lucet, illuc scilicet omnibus
Victoria alis advolat, aureos
    Currus triumphalesque lauros
        Approperans, sequiturque passu
Victorem anhelo. 13 Quin agite, inclyti
Heroës, oræ maxima Belgicæ
    Tutela : vos huc, tempus urget,
        Omnibus huc properate turmis.
En totus in vos lumina contulit
Arrectus orbis. Nunc animis opus.
    Jam cerno latis ad Mehennam
        Signa procul volitare campis.
Miratur amnis pauper aquæ suis
Tot ire ripis agmina militum.
    Ite ergo. Quid ! tranare segnes
        Exiguum trepidatis amnem ?
14 Haud Gallus obstat ; littoribus procul
Ultro reduxit castra ; patens iter
    Vobis relinquit. Quid moratur
        Tot peditumque equitumque turmas ?
Vultusne Galli ferreus aspici
Repente sistit ? Quo validi duces
    Fugere, dementes ruinas,

Gallico et imperio minati
Crudele funus? qui ruere omnia
 Ferro parabant, et Tamesis procul
  Ab usque ripis atque Dravi,
   Sequanicos superare fluctus.
15 Terror NAMURCÆ mœnibus interim
Augetur : arcis jam petit ultimæ
 Hispanus extremos recessus;
  Protinus hunc medios per ignes,
Per tela Gallus persequitur ferox;
Interque rupes atque cadavera,
 Armorum et ingentes acervos,
  Latum iter ense aperit cruento.
16 Actum est : ab alto triste sonans dedit
Fatale signum buccina; supplices
 En cerno dextras, flamma cessat,
  Urbsque patet reserata portis.
Nunc, nunc feroces ponite spiritus,
Infensa Gallis agmina; nuncium
 Ferte nunc superbi fœderatis
  Urbibus, ante oculos NAMURCAM
Perisse vestros. 17 Ast ego, quem choros
Phœbus poetarum inter amabiles
 Primis receptum sponte ab annis,
  Numinis interiore lapsu,
Suaque præsens mente animat, Deo
Afflante plenus, per juga nobili
 Calcata Flacco, perque saltus
  Pierios animosus ibo :
Quin et, senectus immineat licet,
Crudis juventæ viribus integer,

Tentabo inaccessos profanis [1].
Altior invidia, recessus.

[1] (Cr.) Rollin pouvoit dire *Peraltis;* mais apparemment il n'a pas jugé à propos de traduire fidèlement le trait de satire personnelle qui termine l'ode de Boileau.

NAMURCUM EXPUGNATUM.

ODE

EX GALLICA N. B.[a]

AUCTORE LENGLETIO[b], REGIO ELOQUENTIÆ PROFESSORE.

---

[1] Quis me insolenter concutit ebrium
 De fonte potus Castalio furor?
  Phœbumne, Pimplæasque cerno
   Linquere Pieriam sorores?
 Adeste, Divæ. Jam mihi vertice
 Querceta moto plaudere gestiunt
  MAGNUM triumphantem canenti,
   Nec placidis strepit aura silvis.
[2] Tranare ventos par Jovis aliti
 Exit procellis Pindarus altior;
  Visusque mortales, et alis
   Vile solum fugit explicatis.
 Tu me canentem si poteris, lyra,
 Æquare plectro non imitabili,
  Nil tecum olorinos recusem
   Vincere, Threïciosque cantus.
[3] Muri stupendam quis Deus extulit
 Molem minacis, quam procul intuor

---

[a] (H.) Nicolai Bolœi.

[b] (H.) Pierre Lenglet né en 1660, mort en 1707, professeur en l'université de Paris.

[1] Ce chiffre et les suivants 2, 3, 4, etc., correspondent aux stances I, II, III, etc., de l'ode françoise de Boileau.

Surgentem, et insano labore
 Rupibus impositam tremendis?
Hinc vorticosis gurgitibus fremens
Defendit arces aerias Mosa;
 Et Sabis illinc tortuosis
  Flexibus irrequietus ambit.
Tormenta ab altis culminibus tonant
Ahena centum. Mulciber impotens
 Glandesque flammatas, et atram
  Fulmineo vomit ore mortem.
4 Delecta summis turribus insidet
Enses coruscans mille virum manus,
 Dextraque fatales rubente
  Desuper ejaculatur ignes.
Tellus dolosas pestifero sinu
Flammas recondit: sulphura fomite
 Incensa supposto laborant
  Rumpere cum sonitu gementes
Subtus cavernas. Saxa volant solo
Ejecta ab imo, cumque suis viros,
 Fumi redundantis per umbram,
  Armaque mixta rotant ruinis.
5 Non hæc furenti mœnia Ulysseo
Quondam, superbo non Agamemnoni
 Bello decennali paterent
  Militibus quatefacta Graiis.
Quis ille contra terrifico tamen
Fragore tendit? Jupiter impiam
 Rursusne bellator Gigantum
  Igne parat sobolem caduco
Delere? campis an grave Belgicis

Ferrum retractat Marte ferox novo,
 Qui nuper horrendo tumultu
  Montibus intonuit subactis?
⁶ Agnosco mixtum frontis honoribus
 Regalis instar grande supercilî,
  Quo celsa Bruxellæ tremiscunt
   Mœnia, Nassaviusque pallet
Regnator aulæ perfidus anglicæ;
Servire cui nunc ambitiosior
  Hollandus ardet; cui suorum
   Belga acuit rabiem Leonum
Nequicquam; ab Istro cui venit ultimo
Germanus audax ultro Aquilas truces
  Miscere cum signis Batavum
   Et dominis sociare Pardis.
⁷ Atque impiati fœderis artifex,
 Nunc ille cassus multiplicis doli,
  Ad bella gentes indecente
   Sollicitat pretio redemtas,
Et dives auro quas liquido Tagus
Sub æstuoso proluit æthere;
  Et quas procellosus Riphæis
   Exagitat Boreas pruinis.
⁸ Sed cur malignis, sidere non suo,
 Messes december verberat imbribus?
  Cur Sabis insuetum refusa
   Sternit agros violentus unda ?
Luctu refugit, seque per avios
Mœstam recessus proripuit Ceres,
  Dum ruris immites honorem
   Versa Hyades populantur urna.

Sævite, nimbi; tollite sibila
Tempestuosis flaminibus, Noti,
    Caurique; reges, fœderato
        Undique ferte metum duello :
Ibit Namurci mœnia Ludovix
Per densa nimbis et nive nubila,
    Cauros per obstantes, Notosque
        Vertere, perque metum ferentes
Regum catervas. 10 Jamque sub intimis
Concussa nutant ardua sedibus
    Vallique, tectorumque, et alti
        Aggeris omne latus fatiscit.
Libratus igni sulphureo globus
Longum liquenti signat iter polo;
    Noctemque mox præceps relabens
        Sub pedibus Stygiam recludit.
11 Huc signa tempus vertere, Nassavi :
Inferre turmas huc, Bavare, ocius
    Hortatur in Martis labore
        Usque tibi decus expetitum.
Hic vos periclo quippe manet levi
Captanda magni gloria nominis :
    Impune post ripam licebit
        Fluminis oppositi quietis
Spectare Francum saxa per invia
Nitentem in auras, nec bene lubricos
    Gressus regentem dissipati
        Fragmina per resupina montis;
Spectare Magnum stagna paludibus
Infusa pigris milite cum suo
    Tranantem, et audentem catervas

Ducere fatiferos per ignes;
12 Insignis olli ut vertice regio
  Dat crista lucem terribilem hosticis
    Longe maniplis. Hoc recentes
      Sidere Francigenum triumphos
Bigis in aureis gloria promovet:
Hoc illa pulchræ præmia laureæ,
    Plenisque honorum Lodoïco
      Deproperat manibus coronas.
13 Huc ergo Iberis ultima gentibus
  Spes, et Namurco præsidium, duces,
    Unum supremis in periclis:
      Eia, moras removete segnes.
Audimur: æris jam tuba Martium,
Ripa Mehennæ prætrepidi super,
    Dedit sonorem; prælioque
      Protinus expediunt cruento
Vestræ cohortes tela micantia,
Et ora in hostem versa ferociter.
    Quæ vos repentini retardat
      Visa tamen facies pericli?
Spectator omnes huc oculos diu
Intendit orbis, quid facilem vado
    Languente tam florens juventus
      Audeat exsuperare rivum.
Audetis? an vos terrificat minans
Ferale ripa Francus ab altera?
    14 En sponte Lucemburgus æquum
      Milite dat spatium reducto.
Et statis! acres nunc ubi pectore
Virtus sub alto quæ stimulos modo

Addebat, Hispanisque prædam.
 Arva dabat Parisina turmis ?
15 At, dum sedentes arma lacessitis,
 Totas Namurco Gallicus imprimit
  Mavors cohortes, et propinquis
   Excidiis metuendus instat.
Plebs fessa mussant intus, et ultimo
Se dux recessu jam male protegit,
  Milesque; nec Francum ruentem
   Ulla queunt prohibere tela :
Quin igne, ferroque horridus arietet
Portas sub ipsas, perque cadavera
  Confusa cum tetris cruore
   Ensibus, et galeis cadentum,
16 Summas in arces protinus emicet;
Ni sueta pacem signa, sub erutas
  Moles patescentis ruinæ,
   Supplicibus, veniamque poscant.
Nunc ite, reges, quos agit improbus
Livor furentes, ite per oppida, et
  Haud læta vestris hæc referte,
   Polliciti meliora dudum :
Turres Namurci, nec Bavaro procul,
Nec longe Ibero stantibus, et suis
  Spectante cum turmis Batavo,
   Imperium subiisse MAGNI.

Lenglet n'a point traduit la dix-septième et dernière stance de Boileau : sa version des seize premières est pénible ; elle manque d'énergie et surtout d'élégance. Nous ne l'avons transcrite que pour nous conformer à l'édition de 1701.

IN EXPUGNATIONEM NAMURCI
ODE

EX GALLICA V. C. N. B. D.[a]

AUCTORE J. B. DE SAINT-REMI.[b]

---

1 Quis mentem furor impotens
  Æstu Castalio perculit ebriam?
Fallor? num subito adstitit
  De monte Aonio Pieridum chorus?
Aspirate, Aganippides:
  Cantu non solito quem lyra parturit
Rupesque et sylvæ assonant;
  Ferte aurem ad numeros. Vos, zephyri leves,
Compresso fremitu procul
  Audite attoniti. BORBONIDEN cano.

2 Magnos dum celebrat duces,
  Immortale sonans Pindarus, altior
Fertur nubibus arduis,
  Ventosque exsuperans, aut aquilæ impetum,
Pennis per liquidum æthera
  Vulgares oculos præpetibus fugit.

---

[a] (H.) *Viri clarissimi Nicolai* Boileau Despréaux.

[b] (H.) *Autore J.-B. De La Landelle. S. J.*
Ce traducteur de *l'Ode sur Namur* s'appeloit le père De La Landelle chez les jésuites : après les avoir quittés, il étoit connu sous le nom de l'abbé de Saint-Remi. Il a traduit Virgile en prose françoise.

[c] Stance Ire de l'ode françoise de Boileau.

At si me, docilis lyra,
　　Audentem sequeris quo furor abripit,
Nil tantum Rhodope audiit,
　　Saltusque, et gelidæ littora Thraciæ,
Quod tu non superes, prius
　　Inconcessa aliis, carmina dividens.
3 An fatis iterum exsules
　　Neptunus lycio junctus Apollini
Arcem hanc rupe sub aspera
　　Struxere artifici terribilem manu?
Illam gurgite turbido
　　Concordes subeunt et Sabis, et Mosa,
Fatalemque aditum vetant;
　　Prærupto e scopulo mille tonantia
Tormenta, et segetem igneam,
　　Ardentesque globos, atque necem vomunt.
4 At qui mœnibus arduis
　　Stant lecti juvenes, horrificant diem
Funestis procul ignibus;
　　Muri fulminea grandine personant.
Flammam terra tegit sinu
　　Infido, latebras indocilem pati,
Quæ victrix fremitu horrido
　　Immanes reserans undique vortices;
Infandum! miseros rapit,
　　Et raptos tumulo condit in igneo.
5 Nequicquam impeteret tuos,
　　Namurcum, scopulos Græcia solibus
Centum : cerneret irrito
　　Undantes fluvios sanguine militum.
At quis tam subito tamen

Se bellator agens agmina promovet,
 Fatale exitium parans?
  Quis circum strepitus, quis rutilat nitor?
Lapsus Jupiter æthere
  Rursum immane fremens, vel Lodoïx tonat.
6 Ipse est, teque minax petit;
 Dignus rege decor toto habitu micat.
Tristem Nassavius tibi
  Non vano augurio perniciem timet:
Nil spes erigit anxias
  Densum agmen Batavi jam docilis jugo;
Incassum Leo belgicus,
  Et romanæ Aquilæ præsidium simul
Junctis viribus afferunt,
  Pardorum faciles imperium pati.
7 Tanto sollicitus metu
  Ad bellum populos undique concitat.
Gentes indomitæ advolant:
  Illinc aurifero qua Tagus alveo
Agros Hesperiæ rigat;
  Hinc et perpetuis qua nivibus rigent
Campi, qua mare Balticum
  Horrentem glacie Norvegiam ferit.
8 At cur diluvium parant
  Amnes sub geminis sidere torrido?
Hibernis procul imbribus
  Campique, et segetes frugiferæ natant.
Desperata fugit Ceres,
  Messes conspiciens prædam aquilonibus
Factas; spectat Atlantides
  Tempestate graves tempore non suo,

Immensoque sub æquore
 Mersas agricolæ divitias gemit.
9 Iram promite lugubrem
 Et sævite, procellæ, et populi, et duces;
Æther horreat imbribus,
 Tellus sanguineis militibus fremat.
Vobis vana minantibus
 Namurcum valido fulmine corruet
Illo, quod dominam Lisæ
 Gandavum, atque Dolam stravit, et Insulas,
Trajectumque Mosæ arbitram,
 Ypras, Audomarum, et tecta Vesontii,
Montes, et Cameracium,
 Turresque innumeras, vallaque Teutonum.
10 Stragem non dubiam auguror.
 Densis ecce vides quassa tonitribus
Munimenta fatiscere;
 Mavors flammiferis vorticibus furit,
Et circum pluit ignibus,
 Spargens horrifico funera murmure.
Bombæ cum fremitu volant,
 Clarescuntque polo fulminis æmulæ;
Tum diro impete decidunt,
 Quo credas retegi tartareum specus.
11 Ingens præsidium arcibus,
 Nassavi, armiferæ duxque Bavariæ,
Huc, huc ferte citi pedem:
 Tutis en propius conspicere omnia
Torrente opposito licet.
 Horrendos juvenes cernite, rupibus
Nitentes rigida manu;

In tantis LODOÏCUM aspicite ignibus,
Ut promptus volat undique,
Et cunctos animis impavidis replet.
12 Qua bellum furit acrius,
Cristam Borbonidæ cernite candidam,
Quæ circum volitat caput,
Et densorum oculos provocat hostium.
Huic victoria sideri
Fixa est, imperium prompta capessere;
Et Mavors comes additus
Offert conspicua non sine gloria
Palmam sanguine sordidam,
Atque ardens celeri subsequitur pede.
13 Diræ fulmina Iberiæ,
Maturate gradum, magnanimi duces.
Sic est. Ripa Mehaniæ
Jam passim tegitur dira frementibus
Turmis; æthere ventilat
Torvarum aura furens signa cohortium;
Numquam litore territo
Tam multos equitumque et peditum globos
Conspexit. Sed enim mora
Quæ lentos retinet? vos tacito undique
Orbis lumine respicit.
Quis ripam timor est oppositam sequi?
14 Late circum aditus patent;
Fatalique retro litore militem
Dimovit MOMORANCIUS.
Quid statis? facies territat hostium
Haud pridem impavidos duces,
Lauro quam Tamesis turbidus obtulit

Indigna male turgidos,
   Et qui suppositum servitio Dravum
Linquentes, ruere omnia,
   Et regnum in cineres vertere destinant.
15 Hæc inter violentior
   Namurci in scopulis incubuit metus,
Extremamque moram objicit
   Defensor, latebris conditus ultimis;
Illum vividior premit
   Gallus, circumagens et gladium et faces,
Et congesta cadavera
   Calcans, et galeas, sparsaque rudera,
Victor per crepitantia
   Tormenta, ense sibi latum iter explicat.
Auditis? cava buccina
   Fatali sonitu littora percutit.
16 Actum est. Jam posuit furor,
   Jam Gallo patet arx pervia militi.
Spem nunc abjicite improbam,
   Et fastus nimios ponite, Galliæ
Hostes, non tumidi amplius;
   Et junctis populis fœdere perfido
Urbis tristia perditæ
   Testes, voce humili, dicite nuncia.
19 Majores ego spiritus
   Gestans sub pedibus degenerem metum
Projeci, et sola deserens
   Ad cœlum rapior plenus Apolline;
Indoctisque reconditos
   Fontes Æmoniæ visere gestiens,
Magnum, crudus adhuc senex,

Flaccum pone sequar per nemora invia,
Montesque, et sacra segnibus
Hac ignota tenus lustra PERALTIIS.

Cette traduction est peut-être plus précise et plus animée que celle de Rollin : elle est certainement fort supérieure à celle de Lenglet ; mais le mètre uniforme des épodes d'Horace convenoit moins que la strophe alcaïque à une si longue pièce.

CLAUDII FRAGUERII[1]

AD FABULLUM[2],

VETERUM CONTEMPTOREM[3],

HENDECASYLLABI[4].

Vovi Dîs superis tuas, FABULLE,
Quod sunt illepidæ atque inelegantes,
Sacris ignibus ustulare chartas,
Ni te flagitii tui puderet.
  Quare, si sapias, refige dictum :
Omittas veteres calumniari ;
Lauda Virgiliumque, Tulliumque ;
Lauda, delicias meas, Catullum.
Noli respuere atticos lepores :
Homerus tibi sit bonus[5] poeta ;
Sit Plato sapiens, venustus idem

---

[1] (H.) Claude-François Fraguier naquit à Paris le 28 août 1666. Il se fit jésuite en 1683, quitta cette société vers 1693, et fréquenta celle de Ninon de Lenclos. Il devint membre de l'Académie françoise en 1708 ; il étoit de celle des Inscriptions depuis 1705. Plusieurs de ses dissertations sont insérées dans le recueil de cette dernière compagnie ; il faisoit aussi, comme on voit, des vers latins. Il mourut le 7 mai 1728.

[2] (V.) *Peraltum*, dans l'édition des œuvres de Boileau, publiée en 1634.

[3] (H.) Il n'est pas question de Boileau dans cette pièce, ni dans la suivante ; seulement Fraguier y professe les mêmes opinions que ce poète sur les anciens si mal jugés par Perrault.

[4] (H.) Vers de onze syllabes.

[5] (V.) *Bona poeta*, dans l'édition de Boileau, publiée en 1821, chez J.-J. Blaise.

Spargat mille sales. Anacreonque
Dicatur pater elegantiarum.
Id si feceris, ut decet, remittam
Illos, quos modo comminabar, ignes,
Nec ultra superis ero obligatus.
Res est ardua. Quis negat? sed isto
Vitabis pretio ustulationem.

Verum ne videar nimis severus,
(Namque gens facilis sumus poetæ[1]),
Concedo veniam tibi libenter,
Excuses modo putidum libellum
Istum, cui meritos paramus ignes.

Dic te non animo malo invidoque
Te tam difficili implicasse bello,
Sed fecisse mala ista, nescientem
Quod crimen faceres, et ut volares
Vivus instabilis per ora vulgi.
Dic te non satis esse literatum
Ut Græcos legere, et notare possis.
Quis puris lepor insit in poetis,
Quæ vis grandibus insit in poetis.
Id si feceris, ut decet, remittam
Illos, quos modo comminabar, ignes,
Nec ultra Superis ero obligatus.

Fateri pudet, inquies. Bonum sit.
Factum non pudet, et pudet fateri.
Da librum propere, puer. Venite,
Sæcli quisquiliæ, venite in ignem,
Ut vovi Superis. Inusta labes
Nostro ne maneat perennis ævo.

---

[1] (Cr.) Fraguier se compte, sans façon, au nombre des poètes.

EJUSDEM

AD FABULLUM,

FASTIDIOSUM CRITICUM,

IAMBUS.

FABULLE noster, delicatus es nimis:
Tibi videtur esse rus merum Plato;
Iliadem Homeri carmen e trivio æstimas;
Etiam in Marone nauseare diceris;
Tibi Catullus ille non habet salem.
Solos Cotinos et Capellanos legis.
FABULLE noster, delicatus es nimis.

EJUSDEM

AD FABULLUM

EPIGRAMMA,

E GALLICO V. C. N. B. D. [1]

Ain', FABULLE, me gravi eripuit malo
Tuus iste frater nobilis veneficus,
Fuisse medicum nempe quem narras meum?
Omitte. Nam quod vivo sat refelleris [2].

[1] (H.) *Viri clarissimi Nicolai* Boileau Despreaux. Ces quatre vers latins traduisent l'épigramme XXI ci-dessus page 359.

[2] (H.) La même épigramme de Boileau a été traduite aussi par le P. Commire :

> Mene tuus, clades quondam urbis publica, frater
>   Eripuit morbo difficili atque gravi?
> Mentiris: medico non sum usus fratre, Peralti.
>   Vis testem? vita perfruor incolumi.

EJUSDEM AD EUMDEM.

Si quod ridicule, Fabulle, narras,
Frater iste tuus mihi fuisset
Ægroto medicus; tibi liceret
Tuto Virgiliosque, Tulliosque,
Tuto Mæonidemque, Pindarumque,
Dictis figere contumeliosis.
Vel nostrum impeteres caput, silerem.

CL. (CLAUDIUS) FRAGUERIUS

V. N. NIC. REMUNDO,

PARLAMENTI CONSILIARIO S. (SALUTEM).

Adhortatus es me sæpius, V. I. (vir inclyte) ut amicum nostrum e gravi morbo recreatum latino carmine compellarem; qùod item a me meus in illum amor flagitabat. Feci igitur, ut potui, ne desiderio tuo, ne volontati meæ deessem; et hoc qualecumque carminis est ante pauculos dies effudi potius quam limavi. Fugio enim laborem, eum præsertim qui in locandis componendisque verbis ut tesserulis positus est. Adde, quod non ignoras, me longe alio studiorum genere, horrido illo atque inculto [1] detineri. Sed nihil ad rem. Versuum enim, si mali sunt, stulta excusatio est. Atque hoc totum tolline an relinqui debeat, judicium tuum esto. Mihi perinde est, dummodo vobis persuasum sit nihil esse quod vestrî causa non sim facturus, qui versus fecerim. Vale.

IV. KAL. Feb. cIↄ. IↄccI [2].

[1] (H.) Fraguier aspiroit en 1701 à l'Académie des Inscriptions, et s'occupoit de recherches savantes.

[2] (H.) 29 janvier 1701.

AD V. C. N[1]. BOLÆUM,

E GRAVI MORBO RECREATUM.

Sola suburbani ruris[2] te detinet umbra
Assidue, sacrumque nemus fontesque morantur
Laxantem curas, et carmina docta canentem,
Non secus ac vitreas Permessi Phœbus ad undas
Errat, et attentos cantu demulcet olores.
   Dicite, quis vatis vestri Deus otia rupit,
Aonides, morboque virum violavit acerbo?
Invidia erectis frontem vallata colubris.
Sensit enim pulchro vatem indulgere labori,
Dum toties laudata refingit carmina lima
Impiger, et libro diversa recolligit uno[3],
Unde per ora virum magna cum laude feratur.
Sensit opus prodire novum, quod livida frustra
Mordeat; et meminit musis irrisa, quod hujus
Nuper ubi extremis operum defigere dentem
Quæreret, offendit solido, et rabiosa recessit.
   His super infrendens, mediis e faucibus Orci
Tartaream excivit febrem, quam lurida flamma,
Lurida flamma, nigrisque agitant insomnia monstris;
Si posset duro famam prævertere leto.
   Illa tibi accensas igni depasta medullas,
Quam prope te eripuit nobis, divine poeta!

---

[1] *Virum clarissimum Nicolaum.*
[2] (H.) Maison de campagne d'Auteuil.
[3] (H.) Boileau donnoit son édition de 1701.

Tecum artes ipsasque involvens funere musas
Impia, quas lacrimas, quæ non suspiria movit!
Ipsa etiam in tenebris et amictu noctis opacæ,
(Horresco referens) Orci longæva sacerdos,
Mors aderat, dirasque manus falcemque parabat;
Nequicquam: neque enim tanto in discrimine vitæ
Deserit illustres Phœbi tutela poetas.

   Ille quidem pura juvenis descendit ab æthra,
Nube vehens, habilique coma conspectus et auro,
Et laurum et citharam læva complexus eburnam.
Isque ubi vicina mortem respexit in umbra:
Non hic ulla tuis devota est victima sacris,
Aspera mors, nec te, nostro sine numine, Divûm
Fata sinunt sanctos Erebo mactare poetas.
Nam quia supremo vitas ex æthere ducunt
Nascentes, vivaque animati pectora flamma
Divinum accipiunt ipso de fonte furorem;
Idcirco nostrum est arctis exsolvere nodis
Puram animam, et castis illimem reddere lucis.
Ille igitur, fati legem quandoque subibit,
Non cadet obscœnæ pulsatus verbere falcis:
Ipse adero, solvamque manu mortalia vincla,
Ipse legam magnæ cœlestia semina mentis.

   Me duce tunc, Erebo procul, et trans rauca fluenta,
Ibit in Elysium, qua mollibus humida rivis
Arva tenent umbræ, et spatiis felicibus errant,
Umbræ nobilium vatum, quos Græcia, magnis
Dives terra viris, quos Itala terra creavit:
Ascræusque senex, et Divûm interpres Homerus,
Pindarus, Ausoniæque decus Maro, quique dicaci
Perversos hominum distringunt carmine mores;

Quique theatrali suram vinxere cothurno;
Clari omnes, tortaque umbrati tempora lauro;
Queis ultro comitem sese Racinius addit,
Laude recens [4], primo veterum neque cedit honori.

Atque illi æternæ positi sub tegmine palmæ,
(Sive lyra carmen, sola seu voce ciebunt,
Dum lyra vicinis pendebit plurima ramis)
Assurgent venienti, et prima in sede reponent
Lumen Castaliæ defensoremque coronæ.

Tum si quis pro laude virûm quos ultima mundi
Sæcla ferunt, vel quos jampridem exacta tulêre,
Diversas partes, contrariaque arma secutus,
Claruit ingenio pollens et divite vena,
Mortalis dum vita fuit, dum jurgia fervent;
Illius arbitrio componet nobile bellum,
Atque aget æternam tanto sub judice pacem.
Si quis erit tamen interea qui lædat Homerum,
Aut alios quorum nostro sub numine fama est,
Illum silva teget longis horrenda cupressis,
Cum strigibus corvisque, et raucisono comitatu
Obscœnarum avium, et sola sub nocte volantum.
Dî melius. Nunc vive animo gratissime nostro,
Vive diu vates, doctisque laboribus insta.
Olim erit ut claræ distinguas murmure famæ
Sæclum istud, neque, tot posthac labentibus annis,
Ulla tuæ veniet sese quæ conferat ætas.

Hæc ait [5], increpuitque lyra. Quo protinus omnes

---

[4] (H.) Racine n'étoit mort que depuis vingt-deux mois.

[5] (H.) Tout ce qui précède depuis le vers 34, *Non hic ulla tuis*, est un discours d'Apollon : nous en faisons la remarque, parce qu'on ne s'en apercevroit guère au ton de ce morceau.

Attonitæ pestes, et mors invita refugit.
Ipse polum redit exsultans, atque æthere toto
Aurea purpurea collucet semita flamma [6].

[6] Cette pièce de Fraguier, péniblement remplie d'idées communes, de détails traînants, d'expressions empruntées et énervées, nous paroît justifier pleinement les jugements portés par Despréaux et par d'autres écrivains illustres contre les poésies latines des modernes.

FIN DU SECOND VOLUME.

TABLE

DES ARTICLES CONTENUS DANS LE TOME II

DES OEUVRES DE BOILEAU.

AVERTISSEMENT. page	v
ÉPITRES.	1
Avis. (1672.)	3
Épître I. (1669.) Au roi, contre les conquêtes.	5
Épître II. (1669.) A. M. l'abbé Des Roches, contre les procès.	17
Épître III. (1673.) A. M. (Antoine) Arnauld, docteur de Sorbonne, sur la mauvaise honte.	22
Avertissement, à la tête de l'épître IV. (1672.)	29
Épître IV. (1672.) Au roi, sur le passage du Rhin.	31
Épître V. (1674.) A M. de Guilleragues, sur la connoissance de soi-même.	42
Épître VI. (1677.) A M. de Lamoignon, avocat-général, sur les plaisirs de la campagne.	52
Épître VII. (1677.) A M. Racine sur le profit à tirer des critiques.	62
Épître VIII. (1676.) Au roi; remerciement.	73
Épître IX. (1675.) Au marquis de Seignelay : Rien n'est beau que le vrai.	80
Préface des trois dernières épîtres.	92
Épître X. (1695.) A mes vers. Détails de la vie de l'auteur.	97
Épître XI. (1695.) A mon jardinier; sur le travail.	106
Épître XII. (1695.) A M. l'abbé Renaudot; sur l'amour de Dieu.	113

L'ART POÉTIQUE. (1569-1674.) Page 125

CHANT PREMIER. (Préceptes généraux.) 127

CHANT SECOND. (L'idylle, l'élégie, l'ode, le sonnet, l'épigramme, le rondeau, la ballade, le madrigal, la satire, le vaudeville.) 143

CHANT TROISIÈME. (La tragédie, l'épopée, la comédie.) 160

CHANT QUATRIÈME. (Génie poétique, études et mœurs du poète, etc.) 191

LE LUTRIN, poème héroï-comique. (1672-1683.) 207

Avis au lecteur. (1674.) 209

Premier et second avis au lecteur. (1683.) 212

CHANT PREMIER. (1672.) 215

CHANT SECOND. (1672.) 230

CHANT TROISIÈME. (1672-1673.) 241

CHANT QUATRIÈME. (1673, 1674.) 253

CHANT CINQUIÈME. (1681-1683.) 269

CHANT SIXIÈME. (1681-1683.) 284

ODES ET POÉSIES DIVERSES. 295

AVERTISSEMENT (des éditeurs). 296

DISCOURS (en prose) de Boileau sur l'ode. (1693.) 297

ODE SUR LA PRISE DE NAMUR. (1693.) 302

ODE CONTRE LES ANGLAIS. (1656.) 315

CHANSONS, STANCES, SONNETS, ÉPITAPHES, etc. (1653-1704.) 318

I.	Chanson à boire. (1653.)	318
II.	Autre chanson à boire. (1653-1656.)	319
III.	Vers sur Marie Poncher de Bretouville. (1656-1671)	320
IV.	Chanson à boire, faite à Baville. (1672.)	321
V.	Vers dans le style de Chapelain.	322
VI.	Sonnet sur la mort d'une parente. (1653 ou 1654.)	323
VII.	Autre sonnet sur le même sujet. (1690-1692.)	424
VIII.	Stances à Molière. (1663.)	325

IX.	Épitaphe de la mère de l'auteur. (1670.)	Page 327
X.	Vers pour mettre au bas du portrait de mon père. (1690.)	327
XI.	Vers au bas du portrait de l'auteur. (1704.)	328
XII.	Vers à Le Verrier, sur le même portrait. (1704.)	329
XIII.	Sur le buste de l'auteur, sculpté par Girardon.	330
XIV.	Vers au bas du portrait de Tavernier. (1668.)	330
XV.	Vers au bas d'un portrait du jeune duc du Maine. (1677.)	331
XVI.	Vers au bas du portrait de mademoiselle de Lamoignon. (1687.)	332
XVII.	Vers au bas du portrait de M. Hamon. (1687.)	332
XVIII.	Vers à mettre sous le buste du roi. (1688.)	333
XIX.	Vers au bas du portrait de Racine.	334
XX.	Autres vers sur le même sujet.	334
XXI.	Vers au bas du portrait de La Bruyère. (1693.)	335
XXII.	Épitaphe d'Antoine Arnauld. (1694.)	336
XXIII.	A madame la présidente de Lamoignon, sur le portrait du P. Bourdaloue. (1704.)	337
XXIV.	Énigme. (1653.)	338
XXV.	Sur le cheval de Don Quichotte. (1653-1656.)	338
XXVI.	Autre fragment de la religion d'un voyage à Saint-Prix. (1653-1656.)	339
XXVII.	Vers pour mettre au-devant de la Macarise, roman de l'abbé d'Aubignac. (1664.)	340
XXVIII.	Le bûcheron et la mort, fable. (1668.)	341
XXIX.	Impromptu sur la prise de Mons. (1691.)	343
XXX.	Sur Homère. (1702.)	344
XXXI.	Plainte contre les Tuileries. (1703.)	345
Épigrammes. (1653-1704.)		346
Avertissement (des éditeurs).		346
I.	A Climène. (1653-1660.)	347

II.	A une demoiselle. (1658-1660.)	Page 347
III.	Sur une personne fort connue. (1660-1670.)	348
IV.	Contre Gilles Boileau, frère ainé de l'auteur. (1660-1670.)	349
V.	Contre Saint-Sorlin. (1660-1670.)	350
VI.	Sur l'Agésilas de Pierre Corneille. (1666.)	351
VII.	Sur l'Attila de P. Corneille. (1667.)	351
VIII.	A Racine contre Desmarets. (1674.)	352
IX.	A un médecin (Claude Perrault). (1674.)	352
X.	Contre Linière.	353
XI.	Contre Cotin.	353
XII.	Contre le même.	354
XIII.	Contre un athée. (Saint-Pavin.)	354
XIV.	Contre Chapelain.	355
XV.	Le débiteur reconnoissant. (1681.)	355
XVI.	Parodie de cinq vers de Chapelle.	356
XVII.	Contre Pradon et Bonnecorse. (1685.)	356
XVII.	A la fontaine de Bourbon. (1687.)	357
XIX.	Sur la manière de réciter du poète S. (Santeuil.)	358
XX.	Contre Claude Perrault. (Imitation de Martial.)	359
XXI.	A Charles Perrault, contre son frère Claude.	359
XXII.	A Charles Perrault, sur les livres qu'il a faits contre les anciens.	360
XXIII.	Sur le même sujet.	360
XXIV.	Sur ce qu'on avoit lu à l'Académie françoise des vers contre Homère et contre Virgile. (1687.)	361
XXV.	Sur le même sujet.	361
XXVI.	A Charles Perrault. (1693.)	362
XXVII.	Contre Charles Perrault et ses partisans. (1693.)	363
XXVIII.	Parodie de la première ode de Pindare à la louange de M. Perrault.	364

XXIX.	Sur la réconciliation de l'auteur et de M. Perrault. Page	365
XXX.	Contre Boyer et La Chapelle.	366
XXXI.	Sur une harangue d'un magistrat.	367
XXXII.	Épitaphe (épigrammatique).	367
XXXIII.	Sur un portrait de l'auteur. (1699.)	368
XXXIV.	Sur une (mauvaise) gravure du portrait de l'auteur.	368
XXXV.	Aux jésuites, auteurs du Journal de Trévoux. (1703.)	369
XXXVI.	Réplique aux mêmes.	370
XXXVII.	Aux mêmes sur le livre des flagellans. (De l'abbé Jérôme Boileau.) (1703.)	371
XXXVIII.	L'amateur d'horloges. (1704.)	372

Épigrammes mal-à-propos attribuées à Boileau.   373

FRAGMENT D'UN PROLOGUE D'OPÉRA.   374

   Avertissement au lecteur.   374

   Prologue d'opéra; la poésie, la musique.   378

CHAPELAIN DÉCOIFFÉ, parodie de quelques scènes du Cid.   381

   Scène I.   La Serre, chapelain.   381

   Scène II. Monologue de Chapelain.   386

   Scène III. Chapelain, Cassaigne.   387

   Scène IV. Monologue de Cassaigne.   389

   Scène V. Cassaigne, La Serre.   392

   La métamorphose de la perruque de Chapelain en comète.   395

VERS LATINS DE BOILEAU.   397

   In novum causidicum (C. Herbinot). (1656-1658.)   397

   In Marullum (Loménie de Brienne). (1656-1658.)   397

   Commencement d'une satire latine contre les versificateurs latins. (1656-60.)   398

VERS LATINS EN L'HONNEUR DE BOILEAU, ou traduits de ses vers françois.   400

   Vers latins adressés à Boileau par Rollin.   400

   L'ode sur la prise de Namur, traduite en latin par Rollin.   403

La même ode, traduite par Lenglet. Page 410

La même, traduite par De La Landelle (S.-Remi). 415

Vers latins de Fraguier contre Charles Perrault. 423

Autres vers latins de Fraguier sur le même sujet. 425

Épigramme (XXI) de Boileau, traduite en vers latins par Fraguier (et par Commire). 426

Autres vers latins de Fraguier. 427

Lettre en prose latine de Fraguier à un conseiller du parlement, en lui envoyant la pièce suivante. (1701.) 428

Épître latine de Fraguier à Boileau, à l'occasion de la convalescence de ce poète. (1701.) 429

FIN DE LA TABLE.

PARIS, IMPRIMERIE DE GAULTIER-LAGUIONIE,

HÔTEL DES FERMES.

www.ingramcontent.com/pod-product-compliance
Lightning Source LLC
Chambersburg PA
CBHW070608230426
43670CB00010B/1452